U0613944

本书出版受到广东省文化馆资助

文化馆
总分馆制研究

曹树金　韦景竹　王惠君　刘　翔　等　著

国家图书馆出版社

图书在版编目(CIP)数据

文化馆总分馆制研究/曹树金等著. —北京:国家图书馆出版社,2019.8
ISBN 978-7-5013-6539-5

Ⅰ.①文… Ⅱ.①曹… Ⅲ.①文化馆—建设—研究—中国 Ⅳ.①G249.2

中国版本图书馆 CIP 数据核字(2018)第 186970 号

书　　名 文化馆总分馆制研究
著　　者 曹树金　韦景竹　王惠君　刘　翔 等　著
责任编辑 高　爽　唐　澈
封面设计 耕者设计工作室

出版发行 国家图书馆出版社(北京市西城区文津街 7 号　100034)
(原书目文献出版社　北京图书馆出版社)
010-66114536　63802249　nlcpress@nlc.cn(邮购)
网　　址 http://www.nlcpress.com
排　　版 凡华(北京)文化传播有限公司
印　　装 北京鲁汇荣彩印刷有限公司
版次印次 2019 年 8 月第 1 版　2019 年 8 月第 1 次印刷

开　　本 787×1092(毫米)　1/16
印　　张 17
字　　数 330 千字
书　　号 ISBN 978-7-5013-6539-5
定　　价 85.00 元

目　录

前　　言

文化馆(站)是开展公共文化服务的重要场所,是满足人民群众文化需求、保障人民群众基本文化权益的重要阵地。然而,在基层特别是乡镇、村,文化馆(站)经费投入、人才队伍、设施设备等不充分、不平衡现象的广泛存在,导致了基层文化馆(站)服务能力不强、文化活动品质不高、城乡文化服务发展不均衡等突出问题。为此,2015 年 1 月,中共中央办公厅、国务院办公厅办印发的《关于加快构建现代公共文化服务体系的意见》就提出,为统筹推进公共文化服务均衡发展,要以县级文化馆、图书馆为中心推进总分馆制建设。2016 年 12 月,文化部、财政部等五部门印发的《关于推进县级文化馆图书馆总分馆制建设的指导意见》中指出"通过县级文化馆总分馆制,整合县域内群众文化艺术资源,加强对县域内文化活动、文艺创作、文艺辅导、送戏下乡、队伍培训,以及演出器材设备调配等方面的统筹"。

近几年来,文化馆领域的改革、创新、发展卓有成效,尤其是县级文化馆总分馆制的探索,各地在推进文化馆总分馆制建设的过程中形成了许多宝贵的实践经验。因此,有必要对文化馆总分馆制进行深入的研究,以深化对文化馆总分馆制建设和发展规律的认识。有鉴于此,广东省文化馆联合中山大学资讯管理学院曹树金教授团队组成课题组,开展了"广东省文化馆总分馆体系制度设计与研究"课题。课题组经过多次的研究方案讨论、充分的文献调研、细致的实地考察、深入的问卷调查,完成了研究报告《广东省文化馆总分馆体系制度设计与研究》,该报告被文化部评为全国文化系统 2016 年度十佳调研报告。

2017 年 10 月 18 日,习近平总书记在中国共产党第十九次全国代表大会上的报告中指出:中国特色社会主义进入新时代,我国社会主要矛盾已经转化为人民日益增长的美好生活需要和不平衡不充分的发展之间的矛盾。满足人民过上美好生活的新期待,必须提供丰富的精神食粮。要深化文化体制改革,完善文化管理体制,加快构建把社会效益放在首位、社会效益和经济效益相统一的体制机制。完善公共文化服务体系,深入实施文化惠民工程,丰富群众性文化活动。

我们认识到,文化馆总分馆制建设是基层公共文化体制机制改革的重要内容之一,我们必须更加深入地开展文化馆总分馆制的研究。因此，在之前课题研究成果的基础上，我们对文化馆总分馆制进行了更系统、细致的研究，尤其优化了实证分析部分，经过多次修改，形成了这部书。

在课题研究和书稿撰写过程中，曹树金、韦景竹、王惠君、刘翔带领中山大学资讯管理学院的博士和硕士研究生刘慧云、李佳蝶、包丹宇、常赵鑫、颜蕴琦、葛星佑、杨宇、王雨、卢光栩、伍诗瑜、刘珂妤、陈锦轩、温晓洁等，投入了大量的时间和精力；广东省文化馆及广东省各级文化馆为我们的实地调研和问卷调查提供了有力的支持；我们不仅参考了许多正式发表的论著，也学习了全国各地一些文化馆在总分馆建设上的先进经验材料。在此，对相关的人和机构表示衷心的感谢！

本书的出版，得到广东省文化馆的资助和国家图书馆出版社的大力支持，在此深表谢意！

曹树金

2019 年 7 月 1 日

绪　论

一、文化馆总分馆制研究背景和意义

为普及文化知识、传播先进文化，满足群众文化需求、保障群众文化权益、丰富人民群众精神文化生活，传承中华优秀传统文化，增强文化自信，弘扬社会主义核心价值观，促进中国特色社会主义文化繁荣发展，提高全民族文明素质，我国开展了由政府主导、社会参与形成的公共文化服务体系建设[①]。在我国，公共文化服务体系是指以文化馆（站）、公共图书馆和博物馆等面向社会公众的文化机构和场所为中心，以非政府、非营利的相关社会组织为外围的，遍布城乡的文化服务节点和网络体系[②]。回首我国公共文化服务体系建设的历程，在党中央、国务院高度重视下，我国公共文化服务体系建设在过去的十多年中取得显著成效，呈现出整体推进、重点突破、全面提升的良好发展态势。我们彻底改变了公共文化服务全面落后于发达国家的状况，走出了一条保障十四亿人基本文化权利的中国道路，创造出了公共文化服务的中国经验和中国模式。但对比当前经济社会发展水平和人民群众日益增长的精神文化需求，当前我国的公共文化服务体系建设水平仍然有较大的提高空间。在党的十八届三中全会上，以习近平同志为总书记的党中央站在时代高度，提出了建设现代公共文化服务体系。加上"现代"二字，突出了公共文化服务体系建设的时代性、创新性和开放性要求。这是党中央对新时期我国公共文化服务体系建设提出的新任务，为我国公共文化服务建设指明了新的发展方向。构建现代公共文化服务体系，是保障和改善民生的重要举措，是全面深化文化体制改革、促进文化事业繁荣发展的必然要求，是弘扬社会主义核心价值观、建设社会主义文化强国的重大任务[③]。党的十八大将现代公共文化服务体系建设作为全面建成小康社会的重要内容，并明确提出了到2020年"公共文化服务体系基本建成"的战略目标。党的十九大也提出要继续完善公共文化服务体系。现代公共文化服务体系是过去十多年我国公共文化服务体系建设的继承和发展，它更加强调公共文化服务从思想理念到方针政策再到服务实践的时代性、创新性

---

① 刘新成，张永新，张旭. 中国公共文化服务发展报告 2015—2016［M］. 北京：社会科学文献出版社，2015：1 - 36.

② 张妍. 文化体制改革视域下现代公共文化服务体系建设研究［M］. 沈阳：东北大学出版社，2015：17.

③ 中共中央办公厅、国务院办公厅印发《关于加快构建现代公共文化服务体系的意见》［EB/OL］.［2017 - 09 - 20］. http://www.gov.cn/xinwen/2015-01/14/content_2804250.htm.

和开放性,要求在标准化、均等化、社会化、数字化、效能化和体制机制创新等方面实现新的突破[①]。其中,作为公共文化服务体系的重要组成部分的文化馆虽然也取得了较大的成就,但囿于原有文化行政管理体系的制约,公共文化资源统筹管理和合作共享等方面存在较大的障碍和壁垒,在一定程度上阻碍了文化馆推进现代公共文化服务的建设,进而造成了文化馆的公共文化服务效能不强,资源、人员难以统筹等问题。其中城乡公共文化服务不均衡这一当前公共文化服务中的突出问题已经成为新时代制约文化馆公共文化服务的主要短板之一。习近平总书记在党的十九大报告中指出,中国特色社会主义进入新时代,我国社会主要矛盾已经转化为人民日益增长的美好生活需要和不平衡不充分的发展之间的矛盾。整个基本矛盾的变化,要求文化馆系统尽快解决城乡公共文化服务不均衡的问题,特别是解决农村地区的基本公共文化服务不到位、覆盖不全面等问题,实现文化馆公共服务均等化。

为解决文化馆城乡公共文化服务不均衡的问题,我国已相继颁布了相关的政策和法律,并最终创造性地提出了以县级为中心的文化馆总分馆创新模式。早在 2011 年 10 月 18 日,中国共产党第十七届中央委员会第六次全体会议通过了《中共中央关于深化文化体制改革推动社会主义文化大发展大繁荣若干重大问题的决定》,其中提出的文化改革发展奋斗目标就包括覆盖全社会的公共文化服务体系基本建立,努力实现基本公共文化服务均等化等[②]。2012 年,中共中央办公厅、国务院办公厅共同印发了《国家“十二五”时期文化改革发展规划纲要》,指出要加快构建公共文化服务体系、加强公共文化产品和服务供给、加快城乡文化一体化发展、广泛开展群众性文化活动的要求[③]。2015 年 1 月 12 日,中共中央办公厅、国务院办公厅印发了指导我国今后一个时期现代公共文化服务体系建设的纲领性文件[④],即《关于加快构建现代公共文化服务体系的意见》[⑤],该文件的诸多条款涉及文化馆的理论创新和实践转型,并首次提出推进县级文化馆总分馆制建设的要求,且明确指出了促进城乡基本公共文化服务均等化,建立公共文化服务城乡联动机制,以县级文化馆、图书馆为中心推进总分馆制建设,实现农村、城市社区公共文化服务资源整合和互联互通……创新运行机制,建立事业单位法人治理结构,推动公共图书馆、博物馆、文化馆、科技馆等组建理事会。促进基本

---

① 李国新. 现代公共文化服务体系建设的主攻方向:标准化、均等化[J]. 公共图书馆,2014(4):2.

②⑤ 中共中央办公厅、国务院办公厅印发《关于加快构建现代公共文化服务体系的意见》[EB/OL]. [2017 - 09 - 20]. http://www.gov.cn/xinwen/2015-01/14/content_2804250.htm.

③ 中国网. 国家“十二五”时期文化改革发展规划纲要[EB/OL]. [2017 - 10 - 16]. http://www.china.com.cn/policy/txt/2012-02/16/content_24647982.htm.

④ 李国新. 现代公共文化服务体系建设与公共图书馆发展——《关于加快构建现代公共文化服务体系的意见》解析[J]. 中国图书馆学报,2015(3):4 - 12.

公共文化服务标准化、均等化，是现代公共文化服务体系建设的主攻方向，是统领其他重点任务的“纲”[①]。同期，我国还颁布了《国家基本公共文化服务指导标准(2015—2020 年)》文件，提出了包括基本公共文化服务项目、硬件设施和人员配备在内的 3 大类、14 项、22 条基本公共文化服务指导标准，在“六大任务”的基础上有明显拓展。

2015 年 7 月 4 日，中共广东省委办公厅、广东省人民政府办公厅印发了《关于加快构建现代公共文化服务体系的实施意见》，提出要推进基层公共文化服务城乡联动，推进图书馆、文化馆总分馆制建设。2016 年 3 月 31 日，文化部公共文化司颁布的《关于推进县级文化馆、图书馆总分馆制建设的实施意见》，是我国文化馆发展史上首次围绕总分馆制建设而专门下达的中央政府部门文件，为我国县域文化馆总分馆制建设指明了具体推进的发展方向。该文件提出要按照“稳妥实施、逐步推开”的原则，先期在国家公共文化服务体系示范区创建城市和贫困地区开展试点，并提出了在 2017 年底前，探索一批东、中、西部比较成熟的总分馆工作模式，从 2018 年起在全国范围全面推开，2020 年大部分县(市、区)建成文化馆、图书馆总分馆制这一明确的目标[②]。该意见还被文化部、新闻出版广电局总局、体育总局、发展改革委及财政部联合印发。

2016 年 12 月 25 日，中华人民共和国第十二届全国人民代表大会常务委员会第二十五次会议通过了《中华人民共和国公共文化服务保障法》[③]，旨在促进基本公共文化服务标准化均等化、提升服务效能，切实保障人民群众基本文化权益[④]。该文件以法律的形式将公共文化服务纳入国民经济和社会发展规划，建立健全公共文化服务资金使用的监督和统计公告制度，明确了包括文化馆在内的公共文化部门和政府职责。这一法律的出台，标志着我国公共文化服务保障性立法的支撑研究与实践迈出了重要而坚实的一步，标志着我国以政府为主导的公共文化法治建设的历史性突破[⑤]，也为今后文化馆开展文化馆总分馆建设，履行公共文化服务职能提供了切实的法律保障。

2017 年 10 月，党的十九大报告提出了从 2020 年到 2035 年的 15 年内基本实现基本公共服务均等化。推进以县级文化馆、图书馆为中心的总分馆制建设，是构建现代公共文化服务体系的重要任务，对于有效整合公共文化资源、提高公共文化服务效能、促进优质

① 李国新. 现代公共文化服务体系建设的主攻方向:标准化、均等化[J]. 公共图书馆,2014(4):2.

② 中国政府网. 五部门出台《关于推进县级文化馆图书馆总分馆制建设的指导意见》[EB/OL]. [2017 - 10 - 16]. http://www. gov. cn/xinwen/2017-02/20/content_5169412. htm.

③ 全国人大信息中心. 中华人民共和国公共文化服务保障法[EB/OL]. [2017 - 10 - 16]. http://www. npc. gov. cn/npc/xinwen/2016-12/25/content_2004880. htm.

④ 中华网. 补齐公共文化服务不均衡的“短板”[EB/OL]. [2017 - 10 - 16]. http://cul. china. com. cn/2016-12/30/content_9259388. htm.

⑤ 陆晓曦. 中国公共文化服务保障性立法研究与实践综述[J]. 中国图书馆学报,2017(2):117 - 131.

资源向基层倾斜和延伸具有重要的推动作用[①]，为实现基本公共文化服务均等化提供重要保障。虽然经过近几年的探索，以县级文化馆为中心的文化馆总分馆制建设已在我国部分试点地区得以有效实施且取得了不俗的成就，但从总体来看，文化馆总分馆的理论和实践研究仍然处于初步探索阶段，相关理论探索和实证研究成果较为缺乏，不利于文化馆总分馆制在全国的推广。因此，对文化馆总分馆的具体制度设计、模式选择、建设指标等进行深入的研究，对实现2020年大部分县（市、区）建成文化馆总分馆制的目标有着重要意义。

二、文化馆总分馆制研究目标

经过试点，文化馆总分馆制建设已经有了一定的实践基础，但是随着试点的开展，发现文化馆总分馆制建设存在诸多亟须解决问题，如建设主体权责不一、具体制度选择不明确等，而理论界对文化馆总分馆制的研究尚未全面开展，仅有个别学者对文化馆总分馆制的总体模式进行过初步的设想。因此，需要在已有文化馆总分馆制实践的基础上，对文化馆总分馆模式的类型、具体制度设计的因素等进行探讨，以便获得对全国范围的文化馆总分馆制建设有参考价值的理论成果。

具体地说，开展文化馆总分馆制研究的目标在于，在全面总结分析全国各地文化馆总分馆制建设或试点经验，借鉴已经较为成熟的公共图书馆总分馆制的相关理论和实践的基础上，对基层文化馆总分馆模式及相应的制度因素进行实证研究，力图回答以下问题：

（1）有哪些可以选择的文化馆总分馆模式？其构成要素是哪些？哪些因素对文化馆总分馆模式的选择有显著影响？当前应该选择何种模式？

（2）在选择了特定的文化馆总分馆模式后，应该实施哪些制度？应该实施什么样的制度？为实现公共文化服务均等化，提高公共文化服务效能，应该如何开展设施建设、资源保障、运营管理、服务提供？

三、文化馆总分馆制研究内容与方法

不同的国家因其发展背景不同，形成了各具特色的公共文化服务模式[②]。总体来看，

---

① 中华人民共和国文化部. 文化部 新闻出版广电总局 体育总局 发展改革委 财政部关于印发《关于推进县级文化馆图书馆总分馆制建设的指导意见》的通知[EB/OL]. [2017-10-16]. http://zwgk.mcprc.gov.cn/auto255/201701/t20170118_477688.html.

② 宋先龙. 我国西部地区基本公共文化服务均等化问题研究[D]. 杭州：浙江大学，2011：18-20.

当前国内外的公共文化管理服务模式主要分为“民间主导”模式、“分权化”模式和“政府主导”模式[①]。我国属于通过中央部门及下属的行政部门直接领导文化服务开展的“政府主导”模式，即我国现代公共文化服务体系建设是在“政府主导”模式下，设立文化馆、图书馆、博物馆、美术馆等公共文化服务机构为民众提供公共文化服务[②]。不同的模式都不同程度地与非政府组织进行“共同治理”，各个国家在具体机构设置、法律体系方面又有诸多不同之处[③]。因此，本书以“政府主导”模式为背景，围绕我国基层文化馆的总分馆制，展开以下研究：

第一，文化馆总分馆建设必须以适合文化馆自身发展的特点为前提，因此需要对文化馆发展的历程、发展现状和发展特点等进行全面考察和分析，为后续文化馆总分馆制研究奠定基石。本书拟通过文献分析的方法，在对我国文化馆发展的历程进行梳理的基础上，依据《中国文化文物统计年鉴》等相关资料，对文化馆发展现状、当前的发展环境和建设文化馆总分馆制的必要性进行较为全面的分析，为后续文化馆总分馆制建设要素研究提供背景依托，为提炼文化馆总分馆模式、设计文化馆总分馆制度提供依据。

第二，我国已经有不少地区在近些年开展了文化馆总分馆制的相关实践，形成了独具特色的文化馆总分馆制的管理模式、运行机制，这些管理模式和运行机制在实践中被发现存在很多问题，如建设主体权责不一、具体制度体系不明确、建设经费保障不充分、对总分馆制建设的认识不到位等。因此，我们拟以案例分析的方法对我国文化馆总分馆制建设的先进经验进行总结归纳，对我国各地文化馆总分馆制建设实践中出现的问题进行剖析，为提炼文化馆总分馆模式、设计相关制度提供参考。此外，广东省在《关于加快构建现代公共文化服务体系的实施意见》发布之后，高度重视文化馆总分馆制建设，连续发布了与文化馆总分馆制建设相关的文件，顺利完成首批广东省文化馆总分馆制 11 个试点地区建设工作。因此，我们在剖析全国范围内的总分馆实践典型案例的基础上，也将对广东省 11 个试点地区文化馆总分馆实践情况进行归纳总结。

第三，相比于图书馆总分馆制的实践和理论研究成果，文化馆总分馆制的实践和理论研究成果相对较少。因此，我们拟通过对文化馆和图书馆总分馆制比较，借鉴图书馆总分馆制建设的管理运行、服务提供等内容，提出文化馆总分馆模式的选择以及设施建设、资源保障、服务提供、运营管理、指标构建等具体内容。

第四，对文化馆总分馆制的模式及一系列相关制度，如资金统筹、人才队伍、馆舍设施、

---

① 毛少莹. 公共文化服务概论[M]. 北京：北京师范大学出版社，2014：466－468.

② 张琳娜，朱孔来. 国内外公共文化服务研究现状评述及未来展望[J]. 西安财经学院学报，2013(3)：123－128.

③ 李雅，马越. 发达国家和地区公共文化服务模式研究[J]. 图书馆，2017(3)：37－43.

服务标准等进行讨论，为随后的调查研究做好准备。

第五，在先前研究的基础上，我们设计出文化馆总分馆制的调查问卷，面向广东省基层文化馆（站、室）的相关文化工作人员发放问卷，并对通过问卷收集的数据进行统计分析，对文化馆总分馆制进行实证研究。

最后，给出本研究的结论，并基于研究所得对我国文化馆总分馆制的建设和发展提出建议。

第一章　我国文化馆发展分析

文化馆，是指县和县级以上人民政府设立的，以组织群众文化活动，开展文化艺术教育培训和基层群众文化辅导为主要职能的公益性文化事业机构[①]。在乡镇(街道)、村(社区)则称为文化站、文化室或综合文化中心。在不需要做出区分时，本书将它们统称为文化馆。作为基础的公共文化机构，文化馆是政府设立的群众文化事业机构，是政府与群众之间架起沟通和联系的一座桥梁。在发展社会主义文化、满足人民群众精神文化需求、推动社会主义物质文明和精神文明协调发展、推动社会进步和经济发展上，文化馆做出了不可替代的重要贡献。本章首先回顾我国文化馆的发展历程，然后主要利用《中国文化文物统计年鉴 2016》的数据对我国文化馆的总体情况及各级文化馆的建设情况进行论述。

第一节　我国文化馆的发展历程

关于我国文化馆的发展历程，有人认为我国文化馆源于民国时期的通俗教育馆，有人认为始于新中国成立之初普立的文化馆，还有人认为古代的私塾、书院、社学、茶馆、戏院等公共文化场所亦形同文化馆。

经对相关资料的查阅与分析研究，我们认为古代的公共文化场所应属我国文化馆的起源，文化馆的雏形是民国时期的通俗教育馆，而新中国则正式赋予了文化馆之名。因此，我们结合民国建立、新中国诞生、“大跃进”与“文化大革命”、改革开放等历史节点，将我国文化馆的发展历程大致分为六个阶段：萌芽时期、过渡时期、曲折时期、振兴时期、科学发展时期、免费开放新时期。

一、萌芽时期(1911—1949 年)

20 世纪初，一些具有民主思想的知识分子和资产阶级教育家，开始关注群众文化问题，提出了通俗教育和社会教育的主张。辛亥革命成功后，在蔡元培、陶行知等先后倡导下，着重针对农村“贫、愚、弱、私”四大弊病，各省开始进行社会教育和通俗教育，为我国文化馆的

---

① 文化部科技司. 文化馆服务标准：GB/T 32939—2016[S]. 北京：中国标准出版社，2016：1.

萌芽奠定了基础[①]。因此,文化馆的萌芽时期可被分为"通俗教育馆"(1911—1927 年)和新中国成立前的"民众教育馆"(1927—1949 年)两个阶段。

民国建立之初,教育部总长蔡元培鉴于"近日国民教育尚未普及,多数国民类皆缺乏常识"[②]的事实,极力提倡社会教育,教育部规定"通俗教育馆"是实施社会教育的中心机构,通令各省提倡社会教育,并以"开通民智,改良风俗"为宗旨[③]。遂最具代表性的江苏省立南京通俗教育馆[④]和成都市立通俗教育馆[⑤]分别于 1915 年和 1924 年成立。尤其是在卢作孚领导下的成都市立通俗教育馆为成功代表,内设博物、图书、体育、音乐、讲演、出版、友谊、事物八个部分,各部门均开展丰富多彩的活动。成都市立通俗教育馆在全国产生了较大的影响力,被美国一家杂志评价为"没有人和一个通俗教育馆在名副其实地完成其自己的宗旨方面,比它做得更好"[⑥]。可惜当时各地方实际处于军阀割据状态,战争不断,中央政权相继更迭,社会教育缺乏强有力的领导,除个别代表性机构外,各地群众文化机构的名称、组织、活动因地制宜,发展参差不齐、活动单一[⑦]。

从南京国民政府成立到 1937 年抗战全面爆发前,这一期间,在民众教育呼声的影响下,各省市于 1927 年开始组织设立民众教育馆,教育部于 1929 年通令全国将原来的通俗讲演所和通俗教育馆改为民众教育馆。而且,中央及地方各级政府都给予民众教育馆高度的重视。从 1932 年起,国民政府先后颁发了《民众教育馆暂行规程》《民众教育馆工作大纲》《民众教育馆辅导各地社会教育颁发大纲》等政策,并对民众教育馆的普及和它的任务等做了具体规定。民众教育馆集图书馆、博物馆、体育场、音乐厅等功能于一身,通过组织参观、阅读报刊、看戏、办壁报、讲演等活动对民众进行启蒙教育。民众教育馆的数量于 1936 年达到顶峰,共计 1612 所,工作人员有 7054 人,自 1929 年以来呈直线上升趋势[⑧]。但是各地民众教育馆的发展又呈现不平衡的趋势,江苏、浙江、江西、湖北、河北等民众教育馆数量较多,经费相对充裕,而贵州、青海、新疆等省份却没有民众教育馆,不同城市的民众在接受社会教育方面处于不平等地位[⑨]。

---

① 杨晓芳. 浅谈新时期文化馆职能和作用[G]//文化部艺术发展中心. 2011—2013 中国民间文化艺术之乡全集. 北京:中国戏剧出版社,2013:418 - 419.

② 白淑兰,赵家鼐. 北京通俗教育会史料[J]. 北京档案史料,1994(2):28.

③ 茆正修. 民众教育馆的过去与将来[J]. 民众教育,1934(50):17.

④ 江苏省教育厅编审室. 江苏省教育概览[M]. 1928:364,375 - 376.

⑤ 毛文君. 民国时期民众教育馆的发展及活动述论[J]. 西南交通大学学报(社会科学版),2006(4):29 - 35.

⑥ 骆永寿. 卢作孚与成都通俗教育馆[J]. 四川教育学院学报,1995(10):70.

⑦ 毛文君. 近代中国(1911—1937)城市民众教育馆述论[D]. 成都:四川大学,2002:7.

⑧ 毛文君,赵可. 民国时期社会教育实施效果有限的原因探析——以民众教育馆为例[J]. 广西社会科学,2006(11):121.

⑨ 毛文君. 近代中国(1911—1937)城市民众教育馆述论[D]. 成都:四川大学,2002:11.

抗日战争爆发至新中国成立前，民众教育馆在不同政党势力统治下的职能出现了不同的面貌，并存的三种民众教育馆具有鲜明的阶级性。解放区的民众教育馆，在宣传党的方针、政策，组织群众学习，组织和辅导群众文化艺术等方面，做了大量的工作。国民党统治区的民众教育馆，虽然制定和出台了许多政策和措施，开展类似扫盲、讲座之类的文娱活动，以适应民众教育的需要，但国民政府民众教育馆始终没能恢复到战前水平。而日伪统治区的民众馆，名曰"为民众"，搞的却是奴化教育，其目的在蒙蔽群众，为维护其军国主义的统治地位服务。

客观地讲，自 1927 年至 1949 年，国民政府在 20 多年的统治中所建立的民众教育馆，是政府探索乡村社会的文化教育、政治和农业经济全面改造的一条重要途径，对当时乡村教育提高和乡村基层政治、农业生产的近代化应当说起到了一定的积极作用①。解放区的民众教育馆正是在此基础上，不断完善、创新，才逐步恢复并发展出新型的民众教育馆。民众教育馆，以"开通民智，改良风俗"为宗旨，提供综合性的社会公共教育，普及科学文化知识，以提高广大国民的整体素质，被视为现代文化馆的前身。

二、过渡时期（1949—1957 年）

之所以将 1949—1957 年称为过渡时期，是因为这个时期内新中国成立并完成了新民主主义向社会主义过渡。同时，我国文化馆进行了正名、整顿和改造，开始兴办文化站、群众艺术馆，我国文化馆得到了初步发展，开启一个新的发展航程。

新中国成立以后，人民政府共接收了近千所民众教育馆，借鉴苏联兴办文化馆的做法，将国内的民众教育馆统一改建为人民文化馆。为发展我国基层文化建设，江苏省、浙江省的一些乡镇带头兴办乡镇文化站②。1952 年，文化部接管文化馆事业后对文化馆的情况进行了调查研究，于 1953 年 12 月发布了《关于整顿和加强文化馆、站工作的指示》③，这是文化部第一次对文化馆专门下达指示，第一次明确了文化馆的性质和工作任务，确定了以识字教育、政治宣传、文艺活动及普及科学知识为主要职能，集行政管理、业务开展于一身。在国家的组织动员以及集体经济的支撑下，国家实现了对公共文化的全能式包办，文化馆的内容和形式都打上了深刻的政治烙印④。

文化部在 1955 年试建的北京市、浙江省群众艺术馆的实践证明，群众艺术馆可以加强

---

① 周慧梅．民国时期民众教育馆变迁的制度分析［J］．教育学报，2008（4）：12．

② 夏玉珍，卜清平．前世与今生：乡镇文化站的历史变迁与路径转向——公共文化服务不同时期的功能［J］．甘肃社会科学，2014（1）：43．

③ 中国艺术馆筹备处，北京华人经济技术研究所．文化部关于整顿和加强文化馆、站工作的指示（1953 年 12 月 18 日）［M］．北京：社会科学文献出版社，1997：67．

④ 孙政．群众艺术馆文化治理的历史嬗变［D］．武汉：华中师范大学，2014：19．

对群众与艺术的业务指导，各地于 1956 年按文化部要求陆续成立群众艺术馆[①]。同年，文化部颁布了《关于群众艺术馆的任务和工作的通知》，对文化馆的机构性质做了进一步的规定：群众艺术馆是各省、自治区、直辖市文化局所属的事业机构，专门负责从业务上研究和指导群众与艺术活动，并规定省、自治区、直辖市以下不建群众艺术馆[②]。由此，我们认为此时的文化馆划分层级为：群众艺术馆，指省、自治区、直辖市及以上的公益性文化事业机构；文化馆，指县及县以上的公益性文化事业机构；文化站，指县以下的公益性文化事业机构。1957 年，我国文化部召开了城市文化馆工作座谈会，这是新中国成立以后第一次全国性的文化馆工作会议，此次会议在探讨文化馆的地位、作用以及反映文化馆当下面临的困难、问题的同时，大大鼓舞了全国的文化馆工作者。

过渡时期，文化馆从 1949 年新中国成立后新建的文化馆及接管的旧民众教育馆共 896 所，发展到 1957 年共 2748 所[③]。文化站和群众艺术馆亦从无到有，发展到 1957 年的共 2117 所文化站[④]、38 所群众艺术馆[⑤]。总的来说，在我国政治、经济、文化、科技各领域自由蓬勃发展的背景下，此时我国的文化馆事业也取得了很大进步，公共文化事业一度繁荣。

三、曲折时期(1958—1976 年)

根据我国经历了"大跃进"和"文化大革命"这两个重大变革来划分，本时期可分为两个阶段：曲折发展阶段(1957—1966 年"文革"前)和严重破坏阶段(1966 年"文革"爆发—1976 年"文革"结束)。这一时期，我国文化馆发展的最显著特点是"左"倾。

随着国民经济"全面大跃进"运动的展开，"跃进"之风也刮进了中国文艺界，我国文化馆的发展开始进入曲折发展阶段。1958 年，我国文化部通过会议正式部署了文化工作的"大跃进"，提出群众文化活动要做到"人人能读书，人人能写会算，人人看电影，人人能唱歌，人人能绘画，人人能舞蹈，人人能表演，人人能创作"，还要求文艺创作要"行行放卫星，处处放卫星，层层放卫星"[⑥]。这种表面的"浮夸式"繁荣并不能代表公共文化取得了真正的进步，但对普及文艺知识和发展农村群文活动有一定的作用。1959 年，文化部组织编写了《群众文化工作概论》，这是新中国成立以来第一次对群众文化工作经验的系统总结，对于提高干部的业务和政策水平，促进群众文化事业的发展起到了积极的作用[⑦]。1960 年，全国总工

---

① 杨晓芳. 浅谈新时期文化馆职能和作用[G]//文化部艺术发展中心. 2011—2013 中国民间文化艺术之乡全集. 北京：中国戏剧出版社，2013：418.

② 孙政. 群众艺术馆文化治理的历史嬗变[D]. 武汉：华中师范大学，2014：21.

③④ 文化部群众文化事业管理局. 文化馆工作概论[M]. 延边：延边人民出版社，1984：8.

⑤ 谈祖应. 中国文化馆学概论[M]. 海口：海南出版社，2008：17.

⑥ 徐秋海. 1958 年的文艺大跃进运动[J]. 文史精华，2008(4)：33.

⑦ 文化部群众文化事业管理局. 文化馆工作概论[M]. 延边：延边人民出版社，1984(12)：11.

会、文化部、团中央、全国妇联、中国文联在北京举办了新中国成立以来第一次全国职工文艺会演，推动了职工群众文艺活动的进一步普及和提高[①]。1962 年以后，群众文化活动逐步恢复发展。在这个阶段，虽然文化馆事业超越了当时的经济发展水平，“左”的偏向日趋明显，文化馆的性质、任务、工作、设施、经费等关键问题仍旧得不到解决，有些地方的文化馆甚至只有表面吹嘘实际却停止活动，但是在党的八届二中全会精神的鼓舞下，文化馆也发挥了一定的创造性并取得了一些群文工作成果。总体上讲，在曲折发展阶段，文化馆事业属于发展和困境并存，在曲折中前进。

“文化大革命”爆发后，文化部进入瘫痪状态，文化领域首当其冲成为重灾区。不仅公共文化建设走入文化大批判、大破坏的死胡同，思想意识领域浓厚的政治气氛削弱了人民的文化需求，国家在阶级斗争领域过多的关注使公共文化的供给受到阻碍甚至停滞，还使文化馆失去原有的价值，成为阶级斗争的场所，大批艺术家、文化工作者在“文革”中遭到迫害[②]。在“文化大革命”中，群众文化活动内容和形式因为受到“左”的思想影响而遭受禁锢，文化机构被撤销，房舍被占用，设备被抢走，工具被砸烂，图书资料散失殆尽[③]，文化馆的本质属性和工作规律被严重扭曲。

据统计，截至 1976 年，我国有文化馆 2609 所、文化站 2886 所、群众艺术馆 80 所[④]。

四、振兴时期（1977—2002 年）

“文化大革命”结束后，党的十一届三中全会前，我国文化馆有两年的调整期，为遭遇迫害、打击的文化馆专业人员和文艺骨干平反昭雪并陆续招募他们归队，为遭受破坏的设施设备做了维修保护，还恢复、发展了被禁锢的群文活动。至 1978 年，全国的文化馆发展到 2748 所，文化站发展到 3260 所，群众艺术馆发展到 92 所[⑤]。

1978 年 12 月，党的十一届三中全会召开，文化馆事业的发展得到了党和政府的重视，从此进入了快速发展的振兴时期，文化战线拨乱反正、正本清源，我国文化馆事业发生了翻天覆地的变化。1981 年，文化部颁布了《文化馆工作试行条例》，对文化馆的性质、方针、任务、业务范围、工作方法、组织机构、工作人员等都做了明确规定，是我国第一次通过规章的形式对县级文化馆的工作做出试行规范，推动了文化馆朝制度化、规范化、科学化方向发展。文化馆事业发展更于 1982 年被写入《中华人民共和国宪法》。为加强文化馆的建设，增加为社会主义物质文明和精神文明建设服务的活动，文化部于 1992 年依据《中华人民共和国宪法》

① 梁泽楚. 群众文化史（当代部分）[M]. 北京：新华出版社，1989（4）：85.

② 李少惠. 建国以来我国公共文化政策的发展[J]. 社会主义研究，2010（2）：111.

③ 彭泽明. 中国文化馆（站）发展之路[M]. 重庆：重庆出版社，2012：40.

④⑤ 梁泽楚. 群众文化史（当代部分）[M]. 北京：新华出版社，1989：138.

的规定制定了《群众艺术馆、文化馆管理办法》，这是我国第一次通过规章的形式对地（市）级以上群众艺术馆的工作做出规范，第二次对县级文化馆的工作做出规范。随后文化部又颁布了《文化站管理办法》，巩固和加强了文化站的建设①。1997 年，文化部发出《关于印发〈文化事业发展“九五”计划和 2010 年远景目标纲要〉的通知》，第一次提出要开展文化馆评估定级工作及发展流动文化设施②。2000 年，文化部又发出《关于印发〈关于进一步加强少数民族文化工作的意见〉的通知》，提出各地区要努力在“十五”期间实现县县有文化馆、乡乡有文化站的目标，该文件推动了我国少数民族地区的文化建设，开创了少数民族文化工作的新局面③。2002 年，国务院办公厅发布《文化部、国家计委、财政部关于进一步加强基层文化建设指导意见的通知》，该通知指出城市要在搞好群众艺术馆、文化馆、图书馆建设的同时，加强社区和居民小区配套文化设施建设，发展文化广场等公共文化场所④。

据统计，到 2002 年底，我国群众艺术馆已由 1978 年的 92 所增加到 389 所，文化馆由 2748 所增加到 2854 所，文化站由 3260 所增加到 39 273 所⑤，群众艺术馆、文化馆、文化站设备购置费分别为 1521.1 万元、3311.3 万元、5432.8 万元⑥。同时，我国群众艺术馆从业人员达到 11 042 人，其中高级职称 1635 人、中级职称 3600 人；文化馆从业人员达到 41 449 人，其中高级职称 1576 人、中级职称 10 063 人；文化站工作人员达到 66 581 人⑦。而且，群众艺术馆、文化馆、文化站共举办展览 92 917 次，组织文艺活动次数 301 792 次，组织录像放映 1 676 344场次，观众达 14.5 亿人次⑧。显然，在党的十一届三中全会以后，我国文化馆事业有了高速发展，在馆站、设施设备、人才队伍、活动等方面都有了飞跃。

这一时期，文化馆以政府经营为主，配以“以文补文、多业助文”的政策。虽然文化馆事业在此期间得到了飞速的发展，但是文化馆偏向经济服务，在公益道路上有渐行渐远的趋势。

五、科学发展时期（2003—2010 年）

自 2002 年底党的十六大吹响了发展公益性文化事业、保障人民基本文化权益的号角后，文化馆事业的发展得以稳步向前，其职能得到了丰富、完善，拥有宣传职能、娱乐职能、教

---

① 彭泽明. 中国文化馆（站）发展之路［M］. 重庆：重庆出版社，2012：60.

② 彭泽明. 中国文化馆（站）发展之路［M］. 重庆：重庆出版社，2012：64.

③ 中顾法律网. 文化部. 国家民委关于印发《关于进一步加强少数民族文化工作的意见》的通知［EB/OL］.［2019 - 07 - 10］. http://www.9ask.cn/fagui/200002/384616_2.html.

④ 文化部、国家计委、财政部关于进一步加强基层文化建设指导意见的通知［J］. 天津政报，2002（Z1）.

⑤ 文化部. 中国文化文物年鉴 2003［M］. 北京：北京图书出版社，2003：15.

⑥ 文化部. 中国文化文物年鉴 2003［M］. 北京：北京图书出版社，2003：306，310，315.

⑦ 文化部. 中国文化文物年鉴 2003［M］. 北京：北京图书出版社，2003：304，308，312.

⑧ 文化部. 中国文化文物年鉴 2003［M］. 北京：北京图书出版社，2003：300 - 301.

育职能、培训辅导、非遗保护、指导交流等多项职能，基本架构起了当今文化馆的职能体系。此时的文化馆以政府经营为主，企业、个人兴办为辅①，党的十六大报告第一次提出“文化事业”和“文化产业”两个文化建设概念，首次明确了“文化事业”和“文化产业”二者的分野②。文化事业具有公益性、公共性，旨在满足广大人民群众的基本文化需求，而文化产业具有经营性、市场性，旨在满足广大人民群众的多样性文化需求③。在我国文化馆事业的发展道路上，科学把握好“文化事业”和“文化产业”的辩证关系，意义重大。从此，文化馆被纳入整个公益性文化事业范畴里，文化馆事业的发展进入科学发展时期。为了适应发展的新形势，文化部从 2003 年开始，着手在 1992 年《群众艺术馆、文化馆管理办法》的基础上草拟新的《文化馆管理办法》。

这一时期，党中央、国务院高度重视公共文化服务体系建设，国家实施了县级文化馆修缮、乡镇综合文化站建设及其设备购置专项、文化信息资源共享、流动舞台车、城市社区文化中心（文化活动室）设备购置专项等重大文化项目。

从机构数量和覆盖率来看，覆盖城乡的公共文化设施体系初步形成。据统计，截至 2010 年底，全国 31 个省、自治区、直辖市（不含港澳台地区）都有群众艺术馆，覆盖率 100.00%；地级（含副省级）城市 333 个（其中地级市为 283 个），建有群众艺术馆 330 个，覆盖率为 99.10%；2861 个县级行政区全部建有文化馆，覆盖率 100.00%；44 821 个乡镇建有综合文化站 34 191个，覆盖率 76.28%；6524 个街道中，共建有街道综合文化站 4545 个，覆盖率 69.66%；83 370 个社区居委会中，建有社区文化室 37 732 个，覆盖率 45.26%④；截至 2009 年，全国 59.7 万个行政村中，建有村文化室 25 万个，覆盖率 41.88%⑤。

从人才队伍来看，文化馆的人员得到不断充实，结构有所优化。据统计，截至 2010 年底，全国群众艺术馆、文化馆（站）共有从业人员 141 002 人，比 2002 年增加了 21 930 人，其中高级职称 6240 人，占总人数的 4.43%，比 2002 年的 2.70% 提高了 1.73%，中级职称 25 048人，占总人数的 17.76%，比 2002 年的 11.47% 提高了 6.29%⑥。

从活动情况来看，文化馆的服务能力和水平有了很大的提升。据统计，2010 年，全国群

---

① 王婧. 论免费开放背景下文化馆发展研究[D]. 南宁：广西艺术学院，2013：10.

② 温朝霞. 文化产业与文化事业之辨与辩[J]. 广州社会主义学院学报，2004(1)：48.

③ 辛向阳. 准确把握文化事业与文化产业的辩证关系[EB/OL]. [2019-07-10]. http://zqb.cyol.com/html/2012-01/04/nw.D110000zgqnb_20120104_3-02.htm.

④ 施耀忠. 大力推进社区文化建设——完善公共文化服务体系[EB/OL]. [2019-07-10]. http://theory.people.com.cn/GB/40537/16203726.html.

⑤ 中华人民共和国中央人民政府. 文化部：5 年内争取实现每个行政村都有文化活动室[EB/OL]. [2019-07-10]. http://www.gov.cn/jrzg/2010-11/19/content_1749188.htm.

⑥ 文化部. 中国文化文物统计年鉴 2010[M]. 北京：国家图书馆出版社，2011：120.

众艺术馆、文化馆(站)共组织文艺活动 576 799 次(较 2002 年增加 275 007 次)[①]、举办展览 117 353 个(较 2002 年增加 24 436 个)[②]。其中,群众艺术馆组织文艺活动 19 157 次,举办展览 2600 个[③];文化馆共组织文艺活动 118 875 次,举办展览 15 516 个[④];综合文化站共组织文艺活动 438 767 次[⑤],举办展览 99 237 个[⑥]。此外,全国群众艺术馆、文化馆(站)还组织各类理论研讨会和讲座共 12 192 次,编辑出版群众文艺报刊 1076 种[⑦];利用 258 台流动舞台车演出 10 524 场次,惠及 1255.2 万人次;开办文艺团体 5590 个,演出 73 854 场次;开办老年大学 783 所;指导群众业余文艺团队 304 505 个[⑧]。

六、免费开放新时期(2011 年至今)

为进一步加强我国公共文化服务体系建设,保障广大人民群众基本的文化权益,实现公共文化服务的均等化,2011 年初,文化部、财政部联合出台了《关于推进全国美术馆公共图书馆文化馆(站)免费开放工作的意见》[⑨],要求文化馆承担起公益性文化的使命,进一步明确自己的定位,强化各方面的职能,以更加便捷、有效的方式为群众提供文化服务,使其走向更加合理、健康的发展轨道。文件还要求,到 2011 年底,全国所有的文化馆(站)要实现无障碍、零门槛进入,公共空间设施场地全部免费开放,所提供的基本服务项目全部免费。

作为一项群众文化工作的系统工程,各级文化馆的免费开放共享合作是构建我国国家公共文化服务体系的基础。推动文化馆免费开放,对于人民群众而言,可以提高其科学文化素质与道德素养,保障其基本文化权益;就社会文化发展而言,可以促进社会主义核心价值体系建设,有利于提高政府的公共文化服务水平,促进社会文化事业的发展[⑩]。由于经验不多的缘故,文化馆在免费开放过程中仍旧出现了一些问题,存在着不少挑战。例如,资金不足,活动场地和文化设施受限,专业人才不足、素质不高,存在安全隐患,服务内容和形式单一等[⑪]。要承接现代公共文化服务,开启文化馆服务的新时代,必须从内打破、从上借力、标本兼治,做到机构名称一体化、服务设施均等化、服务队伍职业化、产品与服务项目化、传播

---

① 文化部. 中国文化文物统计年鉴 2010[M]. 北京:国家图书馆出版社,2011:121.

② 文化部. 中国文化文物统计年鉴 2010[M]. 北京:国家图书馆出版社,2011:120.

③ 文化部. 中国文化文物统计年鉴 2010[M]. 北京:国家图书馆出版社,2011:132.

④ 文化部. 中国文化文物统计年鉴 2010[M]. 北京:国家图书馆出版社,2011:144.

⑤ 文化部. 中国文化文物统计年鉴 2010[M]. 北京:国家图书馆出版社,2011:150.

⑥ 文化部. 中国文化文物统计年鉴 2010[M]. 北京:国家图书馆出版社,2011:151.

⑦ 文化部. 中国文化文物统计年鉴 2010[M]. 北京:国家图书馆出版社,2011:156.

⑧ 文化部. 中国文化文物统计年鉴 2010[M]. 北京:国家图书馆出版社,2011:131.

⑨ 关于推进全国美术馆公共图书馆文化馆(站)免费开放工作的意见[EB/OL]. [2019 - 07 - 10]. http://www.gov.cn/zwgk/2011-02/14/content_1803021.htm.

⑩ 谭熠. 试论新时期文化馆免费开放工作中存在的问题与对策[J]. 大众文艺,2015(4):7.

⑪ 王玲玲. 当前文化馆免费开放工作中存在的问题与对策分析[J]. 大众文艺,2016(12):9.

手段数字化、服务供给标准化、绩效考评科学化、决策管理民主化①。

面对新形势，各级文化馆有必要进一步探索和设计有利于文化事业发展的新的工作方法和机制。免费开放的文化馆建设需要社会各界人士的积极参与，只有制度健全了、管理到位了，社会参与程度高，才能更好地为人民群众提供文化服务，方能使文化馆发挥出强大的社会功能。

回顾我国文化馆发展历程，文化馆的发展离不开人民群众，离不开党和国家的“文化自觉”，离不开基本阵地、基本队伍、基本内容和基本活动的建设，也离不开改革创新。因此，文化馆工作的性质不能偏离公益属性；文化馆工作不能片面强调宣传职能，虽然文化馆具有一定的宣传属性，但在实际工作中不能被过分夸大和片面强调，不能忽视了它的文化娱乐、知识培养、技能培训、美育教育、非物质文化遗产保护等职能②。

第二节 我国文化馆建设总体情况

上节提到的《关于推进全国美术馆公共图书馆文化馆（站）免费开放工作的意见》和2017年1月出台的《“十三五”推进基本公共服务均等化规划》均要求落实国家基本公共文化服务指导标准和地方实施标准，强调以群众需求为导向，深入推进文化馆、综合文化站等免费开放，以县级文化馆、图书馆为中心推进总分馆制，实现农村、城市社区公共文化服务资源整合和互联互通③。为了对我国文化馆总体建设现状有较为清晰的全面了解，我们详细考察了《中国文化文物统计年鉴2016》的数据以及部分其他机构对我国文化馆的调查统计数据，包括文化馆机构数量和收入情况、人才队伍建设现状、设施设备投入情况、服务内容和覆盖人群等，在此基础上进行分析与解读。

本节提到的文化馆是指省级文化馆、地市级文化馆和县级文化馆各级文化馆的总称，文化站指乡镇/街道文化站，群众文化机构包含文化馆、文化站、综合文化服务中心和群艺馆。

一、机构数量和收入情况

我国文化馆事业自“十二五”以来发展迅速，《中国文化文物统计年鉴2016》数据显示，2011年至2015年我国各级文化馆总计数量每年逐步稳定增长，在这五年里文化站的数量也

① 龙胜兰.构建现代新型文化馆开启文化馆服务新时代[J].艺海，2014(9)：151－154.

② 彭泽明.中国文化馆(站)发展之路[M].重庆：重庆出版社，2012：137.

③ 国务院.关于印发“十三五”推进基本公共服务均等化规划的通知[EB/OL].[2017－10－24].http://www.gov.cn/zhengce/content/2017-03/01/content_5172013.htm.

呈现增长趋势，且文化站增长率超过文化馆的增长率。2014 年文化站的数量在经过较大幅度的增长后，于 2015 年减少了 134 个，但仍超过 2011 年文化站数量。

表 1－1　2011—2015 年我国文化馆和文化站机构数基本情况

年份	文化馆机构数（含群艺馆）	文化站机构数
2011 年	3285	40 390
2012 年	3301	40 575
2013 年	3315	40 945
2014 年	3313	41 110
2015 年	3315	40 976

2010 年全国群众文化机构（文化馆、文化站、综合文化服务中心和群艺馆）收入合计以及财政拨款增长迅猛，比 2009 年分别增长 341 204 万元和 318 954 万元，同比增长率分别为 26.54% 和 28.41%。2015 年全国群众文化机构收入合计及财政拨款比 2011 年分别增长了 61.61% 和 65.32%。2015 年我国文化馆收入合计相比 2009 年的收入合计增长了 54.54%，其中财政拨款的增长率为 56.69%。目前全国群众文化机构总计收入不断增长，并且文化馆相比其他群众文化机构（如文化站和综合文化服务中心）的收入总计和财政拨款增长率要高。

表 1－2　2011—2015 年全国群众文化机构收入基本情况

年份	2011 年	2012 年	2013 年	2014 年	2015 年
收入合计（万元）	1 285 601	1 453 601	1 667 594	1 901 726	2 077 606
财政拨款（万元）	1 122 872	1 300 692	1 478 439	1 623 756	1 856 374
财政拨款占比	87.34%	89.48%	88.66%	85.38%	89.35%

二、人才队伍建设现状

2011 年每个文化馆平均从业人员约 16 人，2015 年每个文化馆平均从业人员为 17 人。文化馆的从业人员人均服务人数从 2010 年的每位工作人员服务 9510 人、2011 年的 9116 人、2012 年的 8668 人、2013 年的 8276 人，下降到 2014 年的 8031 人。

值得注意的是，自 2011 年到 2015 年，文化馆专业技术人才数占文化馆从业人员数的比例一直呈上升趋势，目前全国各个文化馆有七成的工作人员为专业技术人员。同时，文化站专业技术人才数占文化站从业人员数的比例也一直不断上涨，但没有达到文化馆专业技术人才的增长幅度，目前各个文化站有约四成的工作人员为专业技术人员。

表1－3　2011—2015年按年份群众文化机构从业人员基本情况

年份	文化馆从业人员数	专业技术人才		文化站从业人员数	专业技术人才		合计
		人数	百分比		人数	百分比	
2011年	52 004	34 903	67.12%	95 728	20 869	21.80%	147 732
2012年	53 597	37 491	69.95%	102 631	23 525	22.92%	156 228
2013年	55 921	39 563	70.75%	108 434	25 706	23.71%	164 355
2014年	55 443	39 941	72.04%	114 856	28 197	24.55%	170 299
2015年	55 307	40 405	73.06%	118 192	30 135	25.50%	173 499

从上表数据可知,2015年我国文化馆的从业人员达到了55 307人,专业技术人才为40 405人,在整个从业人员队伍的比例为73.06%;与2011年相比,从业人员总数增幅为6.35%,高、中级职称者增幅为21.33%和10.60%。说明文化馆的人员结构有较大改善,但就总数而言,有职称的从业者占比还太少。

到2015年,全国每万人拥有的文化馆从业人员数仍处于较低水平。随着免费开放政策的进一步落实,文化馆从业人员数和服务人数之间的矛盾将进一步凸显。

三、设施设备状况

2015年,全国文化馆实际使用房屋建筑面积、计算机和流动舞台车分别为954.85万平方米、53 260台和748辆。其中,省级文化馆实际使用房屋建筑面积为24.13万平方米,地市级文化馆为183.61万平方米,县级文化馆为747.12万平方米;省级文化馆拥有计算机数量为2381台,地市级文化馆拥有计算机数量为10 868台,县级文化馆拥有计算机数量为40 011台;省级文化馆拥有流动舞台车数量为6辆,地市级文化馆为51辆,县级文化馆691辆。从2011年至2013年,文化馆的各项物力投入都在持续增长。到2015年,实际使用房屋建筑面积、业务用房、实际拥有产权面积有所下降,但计算机、流动舞台车等硬件设备却成倍增长。

四、公共文化服务开展情况

文化馆作为公益性文化事业机构,目前开展的公共服务内容主要包括组织文艺活动,举办各类展览、训练班和公益性讲座,辅导群众文化活动,利用流动舞台车开展流动演出等。2011年"三馆一站"免费开放后,我国各级文化馆无论是服务项目的个数,还是服务群众的总人次都稳步增长。2015年文艺活动参加人次比2011年增长27.12%,培训班培训的人次比2011年增长45.44%,参加展览人数比2011年增长23.50%,参加讲座人数比2011年增长33.92%,观看流动舞台车演出的人数比2011年增长28.87%。这五年来文化馆开展的公共文化服务项目欣欣向荣,尤其2014年之后,各类活动次数增加并且服务到的群众数逐步上升。

表1-4 全国文化馆开展公共文化服务情况

	2011年	2012年	2013年	2014年	2015年
组织文艺活动参加人次(万人次)	12 939.71	14 008.7	16 064.66	17 305.54	17 754.83
举办训练班班次(次)	103 122	118 471	108 332	144 543	168 727
培训人次(万人次)	615.18	787.03	861.07	1025.20	1127.54
举办展览个数(个)	19 400	21 930	22 731	24 886	25 850
参观展览人次(万人次)	3379.69	4028.41	4153.6	4572.31	4418.16
组织公益性讲座次(次)	17 590	20 825	23 637	25 555	27 860
参加讲座人次(万人次)	315.61	365.86	441.29	445.37	477.64
利用流动舞台车演出场次(场次)	13 382	14 534	14 446	18 877	23 783
观看流动舞台车演出人次(万人次)	1174.09	1148.39	1326.62	1519.5	1650.59

武汉大学国家文化发展研究院的《中国公共文化政策研究实验基地观察报告(2016—2017)》①中对文化实验基地文化馆②的调研数据显示,公众参与文化活动的年龄结构如下:41—60岁的占比28.4%,是参与度最高的一个年龄群,其次是60岁以上的退休人群。从职业的角度来看,学生和离退休人员到馆的频率更高一些,分别为23.9%和23.7%。从文化程度的角度来看,到馆的人员占比最高的是中学、中专程度者,占47.3%,其次为大专、本科生,占36.5%。另外,参观者从居住地到文化馆的距离,在3公里以内的占到整个被调查人数的85.4%,3—5公里的只占8.5%,5公里以外的占6%,可见到馆的人群以当地人为主,而且距参观地较近。关于文化馆在人们心中的地位调查结果显示:认为文化馆在生活中必不可少的占17.1%,觉得文化馆在生活中比较重要的占40.7%,认为一般的占33.1%,认为无所谓的占9.1%。被调查者中有22.5%的人在文化馆组织文艺活动时会来到文化馆,43.0%的人选择享受文化馆的氛围和环境,28.5%的人在文化馆交流会友,21.5%的人在这里陪同家人,37.7%的人在文化馆从事他们的某项兴趣爱好活动。对各类培训、讲座、文艺演出、非物质文化遗产的展示和群众文化活动辅导满意的占被调查者总数的近70.0%。

① 武汉大学国家文化发展研究院.中国公共文化政策研究实验基地观察报告(2016—2017)[R/OL].[2018-06-06].http://nccc.whu.edu.cn/xsyj.asp? cid=549.

② 武汉大学国家文化发展研究院在全国范围内选取85家公共图书馆、博物馆和文化馆作为其公共文化政策实验研究基地,其中文化馆及文化站有24家。

第三节　省市级文化馆的建设情况

目前,我国文化馆事业整体处在一个免费开放与快速发展的时期,省市级文化馆也在这样的大环境下逐步发展与进步,在机构数量、收入、从业人员、设施设备建设、公共文化服务的开展等多方面都有所提升与改善,以下所涉及省市级文化馆包括我国31个省份(不含港澳台地区)。

一、机构数量和收入情况

据2012—2016年的《中国文化文物统计年鉴》显示,我国省市级文化馆机构数2011—2015年的变化如下:

表1-5　2011—2015年各省省市级文化馆机构数　(单位:个)

地区	2011年	2012年	2013年	2014年	2015年
全国总计	379	382	385	385	386
北京	1	1	1	1	1
天津	1	1	1	1	1
河北	14	13	13	13	13
山西	12	12	12	12	12
内蒙古	13	13	13	13	13
辽宁	23	24	23	23	22
吉林	14	14	14	14	14
黑龙江	17	17	17	17	17
上海	1	1	1	1	1
江苏	14	14	14	14	14
浙江	12	12	12	12	12
安徽	14	14	15	15	16
福建	10	10	11	10	10
江西	13	13	14	14	14
山东	18	18	18	18	18
河南	18	19	19	19	19
湖北	12	13	13	13	13
湖南	15	15	15	16	16

续表

地区	2011 年	2012 年	2013 年	2014 年	2015 年
广东	22	22	23	23	23
广西	15	15	15	15	15
海南	3	3	3	3	4
重庆	1	1	1	1	1
四川	22	22	22	22	22
贵州	10	10	10	10	10
云南	17	17	17	17	17
西藏	8	8	8	8	8
陕西	11	11	12	12	12
甘肃	17	17	17	17	17
青海	9	9	9	9	9
宁夏	7	7	6	6	6
新疆	15	16	16	16	16

可见,从 2011 年以来,31 个省份的省市级文化馆数量基本没有变化,其中极个别省份有数量上的增减:2011—2012 年,河北省减少 1 个省市级文化馆,辽宁、河南、湖北、新疆四省区各增加 1 个省市级文化馆;2012—2013 年,辽宁省减少 1 个省市级文化馆,安徽、福建、江西、广东四省则各增加 1 个省市级文化馆;2013—2014 年,福建省减少 1 个省市级文化馆,湖南省则增加 1 个省市级文化馆,我国省市级文化馆整体数量仍为 385 个,未发生变化;2014—2015 年,辽宁省减少 1 个省市级文化馆,安徽省、海南省各增加 1 个省级文化馆,值得注意的是,2015 年,甘肃省减少 1 个地市级文化馆,增加 1 个省级文化馆,是 31 个省份中唯一一个有 2 个省级文化馆的省份。

据《中国文化文物统计年鉴 2016》显示,我国省市级文化馆收入情况如表 1－6 所示:

表 1-6　2011—2015 年省市级文化馆收入情况

（单位：千元）

	年份（年）	本年收入		财政补贴收入		上级补助收入		事业收入		经营收入		附属单位上交收入		其他收入	
		合计	均值	合计	均值	合计	均值	合计	均值	合计	均值	合计	均值	合计	均值
省级文化馆	2011	453 716	14 636	361 438	11 659	28 650	924	34 317	1107	3394	109			25 917	836
	2012	565 655	18 247	478 935	15 450	18 583	599	31 765	1025	3357	108			33 015	1065
	2013	703 070	22 680	622 489	20 080	29 456	950	28 744	927	3257	105			19 124	617
	2014	617 671	19 925	527 394	17 012	32 331	1043	39 133	1262	3159	102			15 654	505
	2015	797 526	24 923	704 646	22 020	39 715	1241	33 628	1051	2392	75			17 145	536
地市级文化馆	2011	1 333 220	3831	1 209 131	3475	41 535	119	38 356	110	9955	28.60	41	0.12	34 202	98
	2012	1 657 034	4721	1 506 719	4293	68 417	195	28 297	81	4700	13.39			48 901	139
	2013	1 976 465	5583	1 834 886	5183	52 253	148	35 853	101	4810	13.59	100	0.28	48 563	137
	2014	2 179 537	6157	2 029 509	5733	63 720	180	21 344	60	4496	12.70	200	0.56	60 268	170
	2015	2 629 004	7427	2 435 752	6881	67 662	191	17 097	48	4376	12.36	701	1.98	103 416	292
省市级文化馆总计	2011	1 786 936		1 570 569		70 185		72 673		13 349		41		60 119	
	2012	2 222 689		1 985 654		87 000		60 062		8057				81 916	
	2013	2 679 535		2 457 375		81 709		64 597		8067		100		67 687	
	2014	2 797 208		2 556 903		96 051		60 477		7655		200		75 922	
	2015	3 426 530		3 140 398		107 377		50 725		6768		701		120 561	

近五年数据显示，省市级文化馆的收入来源较为稳定且多样化，有财政补贴、上级补助、事业收入、经营收入、附属单位上交收入和其他收入几个方面，其中财政补贴是文化馆收入的主要来源，可见文化馆的运营与发展离不开政府提供资金与支持。而其中经营收入只占极少一部分，文化馆在举行各类活动时，并非以营利为目的，更主要的是文化的宣传与培养。

同时可见，省级文化馆与市级文化馆在年度总收入以及各项收入上均存在着一定的差距，且省馆的各项收入情况均高于市级文化馆，其中财政补贴差距最大，其次是上级补助收入和事业收入。

二、人才队伍建设现状

据《中国文化文物统计年鉴2016》显示，省市级文化馆从业人员具体数据如下：

表1-7　2011—2015年省市级文化馆从业人员总数

	年份（年）	机构个数（个）		从业人员（人）		专业技术人才（人）		正高级职称（人）		副高级职称（人）		中级职称（人）	
		合计	均值	合计	均值	合计	均值	合计	均值	合计	均值	合计	均值
省级文化馆	2011	31	1	1720	55	1228	40	140	5	334	11	438	14
	2012	31	1	1837	59	1404	45	142	5	376	12	480	15
	2013	31	1	1900	61	1432	46	136	4	370	12	521	17
	2014	31	1	1819	57	1352	44	128	4	363	12	563	18
	2015	32	1	1825	57	1402	44	154	5	381	12	554	17
地市级文化馆	2011	348	—	9651	27	7431	21	383	1	1383	4	3197	9
	2012	351	—	9968	28	7799	22	403	1	1427	4	3473	10
	2013	354	—	10 349	29	8237	23	422	1	1485	4	3623	10
	2014	354	—	10 514	30	8613	24	437	1	1536	4	3769	11
	2015	354	—	10 501	30	8529	24	425	1	1544	4	3770	11
省市级文化馆总计	2011	379		11 371		8659		523		1717		3635	
	2012	382		11 804		9203		545		1803		3953	
	2013	385		12 249		9669		558		1855		4144	
	2014	385		12 333		9965		565		1899		4332	
	2015	386		12 326		9931		579		1925		4324	

从2011—2015年省市级文化馆从业人员数据可见，专业技术人才约占从业人员总数的76%—80%，其中正高级职称人才最为紧缺，占极少一部分，其次是副高级职称人才，中级职称人才的基数则相对较大。可见，省市级文化馆的高层次人才还不够充足与完备，更多高层次和高职称人才有待引进与扩充。

此外，这五年以来，文化馆从业人员数量基本呈稳定缓慢上升趋势，专业技术人才、正高级、副高级以及中级职称人员数量呈缓慢增加趋势。同时，对省市级文化馆分别进行平均数的比较可见，省级文化馆的专业技术人才储备更为丰富，具备职称的从业人员也更多，地市级文化馆更缺乏专业性技术人才。

此外，根据《中国文化文物统计年鉴 2016》内容获得了全国各个省级文化馆的从业人员数，具体数据如下表所示：

表 1－8　2015 年各省级文化馆从业人员数

地区	机构数（个）	从业人员（人）	专业技术人才（人）	正高级职称（人）	副高级职称（人）	中级职称（人）
全国	32	1825	1402	154	381	554
北京	1	55	23	1	5	17
天津	1	59	48	5	7	25
河北	1	48	39	5	13	6
山西	1	71	64	4	17	29
内蒙古	1	43	39	1	11	18
辽宁	1	46	43	4	12	18
吉林	1	57	38	4	13	21
黑龙江	1	41	38	8	13	12
上海	1	65	36	3	11	22
江苏	1	44	39	9	12	9
浙江	1	64	44	14	21	8
安徽	1	28	23	1	6	8
福建	1	39	37	5	8	18
江西	1	41	35	2	12	14
山东	1	55	49	6	11	23
河南	1	49	40	3	14	16
湖北	1	94	66	8	15	29
湖南	1	77	70	5	15	33
广东	1	53	37	2	14	13
广西	1	94	83	6	17	24
海南	1	38	25	5	7	12
重庆	1	87	55	6	15	15
四川	1	73	48	15	16	17
贵州	1	65	60	6	17	26

续表

地区	机构数(个)	从业人员(人)	专业技术人才(人)	正高级职称(人)	副高级职称(人)	中级职称(人)
云南	1	55	47	3	16	11
西藏	1	41	19	1	8	10
陕西	1	74	66	7	14	24
甘肃	2	68	38		14	22
青海	1	46	38	2	10	14
宁夏	1	109	79	10	10	34
新疆	1	46	36	3	7	16

从上表数据可以很明显地看出,专业技术人才的缺乏,尤其是正高级职称人员的稀缺对于省级文化馆是同样存在的问题,全国共32个省级文化馆中,仅有浙江省、四川省文化馆的正高级职称人数超过10人,其余均在个位数。省市级文化馆在今后的发展过程中应当注重高职称人才的引进,使各个层次的工作都有相应的人员进行配置。

三、设施设备状况

省市级文化馆的建设与设施设备的状况息息相关,笔者根据2012—2016年的《中国文化文物统计年鉴》,统计出我国31个省份省市级文化馆在设施设备建设方面的相关情况,从数量、面积等各个方面进行比较,具体如下:

表1-9　2011—2015年省市级文化馆设施设备拥有情况

	年份(年)	实际使用房屋建筑面积(万平方米)		业务用房面积(万平方米)		对公众开放阅览室面积(万平方米)		实际拥有产权面积(万平方米)		流动舞台车数量(辆)	
		合计	均值	合计	均值	合计	均值	合计	均值	合计	均值
省市级文化馆	2011	18.35	0.592	11.71	0.378	2.19	0.071	10.00	0.323	7	0.226
	2012	20.41	0.658	14.31	0.462	2.08	0.067	11.14	0.359	8	0.258
	2013	24.54	0.792	15.16	0.489	2.25	0.073	11.85	0.382	8	0.258
	2014	25.07	0.809	17.43	0.562	1.48	0.048	11.80	0.381	6	0.194
	2015	24.13	0.754	16.13	0.504	1.66	0.052	11.73	0.367	6	0.187

续表

	年份（年）	实际使用房屋建筑面积（万平方米）		业务用房面积（万平方米）		对公众开放阅览室面积（万平方米）		实际拥有产权面积（万平方米）		流动舞台车数量（辆）	
		合计	均值	合计	均值	合计	均值	合计	均值	合计	均值
地市级文化馆	2011	125.38	0.360	84.19	0.242	10.31	0.030	49.80	0.143	33	0.094
	2012	134.33	0.383	89.53	0.255	10.12	0.029	50.61	0.144	38	0.108
	2013	151.35	0.428	93.91	0.265	13.36	0.038	58.49	0.165	42	0.119
	2014	166.26	0.470	106.92	0.302	17.22	0.049	81.50	0.230	46	0.130
	2015	183.61	0.517	115.03	0.325	16.84	0.048	86.63	0.245	51	0.144
省市级文化馆总计	2011	143.73		95.90		12.50		59.80		40	
	2012	154.74		103.84		12.20		61.75		46	
	2013	175.89		109.07		15.61		70.34		50	
	2014	191.33		124.35		18.70		93.30		52	
	2015	207.74		131.16		18.50		98.36		57	

从表格中数据可见，由于省级文化馆机构数单一，因此实际使用房屋建筑面积与实际拥有产权面积相对较小，而地市级文化馆（站、室）的基数较大，占用面积也相应较大；同时，省市级文化馆主要使用业务用房面积较多，对于公众开放阅览室的面积则只占一小部分，可见省市级文化馆举办的活动和日常工作运营中阅览室的利用和使用频率并不是很高；而省级文化馆在2014、2015年仅有流动舞台车6辆，这对于30多个省级文化馆是远远不够的。

同时，对省市级文化馆设施设备拥有情况进行平均数的分析，可见省级文化馆与地市级文化馆在设施设备拥有的平均水平上业务用房面积和实际拥有产权面积存在一定的差距，对公众开放阅览室面积与流动舞台车的平均拥有数量则相差不大。

此外，近五年来，省市级文化馆在建筑面积和设施设备拥有方面，也在不断进步与发展，建筑面积在逐年扩大，设施设备的数量也在逐年提高。

四、公共文化服务开展情况

文化馆作为公益性文化事业机构，从现有服务内容看，主要业务包括组织文艺活动，举办各类展览、训练班和公益性讲座，辅导群众文化活动，利用流动舞台车开展流动演出等。自2009年以来，特别是2011年“三馆一站”免费开放后，我国文化馆无论是服务项目的个数，还是服务群众的人次都稳步增长。

我国31个省份的文化馆2015年的活动场次、参与不同活动的人群数等情况如下：

表 1－10 省市级文化馆公共文化服务开展情况

地区	组织品牌节庆活动（个）	提供文化服务次数（次）	文化服务惠及人次（万人次）	组织文艺活动次数（次）	为老年人组织专场（次）	为未成年人组织专场（次）	为残障人士组织专场（次）	为进城务工人员组织专场（次）	文化活动观众人次（万人次）	举办训练班班次（次）
全国	1082	78 078	5562.63	28 318	4998	2721	748	2180	3500.56	39 840
北京	2	45	5.15	16	1	1			4.00	19
天津	5	742	42.90	547	114	23		49	31.50	83
河北	25	3577	158.64	1296	236	101	42	86	127.20	1588
山西	32	2394	117.10	1339	230	71	17	114	94.06	957
内蒙古	35	1374	87.23	676	278	91	19	25	62.29	423
辽宁	55	4703	166.65	1066	280	135	24	66	100.98	3223
吉林	76	2984	124.94	761	331	98	18	28	65.32	1957
黑龙江	35	1384	103.62	838	165	123	29	44	69.46	372
上海	1	275	5.50							
江苏	79	3096	213.77	1669	385	161	41	108	154.84	1004
浙江	75	8069	383.19	1497	66	94	26	72	256.24	5907
安徽	39	3080	160.15	1015	178	102	33	57	87.96	1590
福建	38	5181	224.26	821	69	101	14	30	55.33	3887
江西	18	2281	160.00	1071	134	158	166	70	124.85	928
山东	47	4023	168.66	1157	213	126	19	48	91.94	2327
河南	46	5590	363.77	1808	289	278	67	113	194.56	3273
湖北	44	2372	198.84	731	176	91	10	62	154.13	1468
湖南	39	2368	185.19	749	231	124	15	139	128.20	982
广东	95	6707	788.25	3847	680	206	46	600	616.28	2130
广西	42	4206	283.18	1288	153	155	28	98	231.50	2573
海南	9	436	45.02	151	14	9	1	13	30.07	198
重庆	3	349	29.47	63	5	39	4	2	20.00	264
四川	61	3723	254.27	1454	133	88	37	74	151.30	1751
贵州	23	842	70.88	445	116	55	21	73	48.06	206
云南	19	1557	102.90	771	81	49	6	32	69.49	540
西藏	4	620	78.29	317	47	15	13	36	51.56	258

续表

地区	组织品牌节庆活动（个）	提供文化服务次数（次）	文化服务惠及人次（万人次）	组织文艺活动次数（次）	为老年人组织专场（次）	为未成年人组织专场(次)	为残障人士组织专场(次)	为进城务工人员组织专场（次）	文化活动观众人次（万人次）	举办训练班班次（次）
陕西	29	1445	122.39	646	94	56	15	44	69.65	509
甘肃	39	1125	130.82	461	164	64	11	36	100.28	360
青海	11	798	135.46	491	7	11	6	20	130.72	211
宁夏	29	1517	163.50	932	65	53	8	15	140.72	326
新疆	27	109.11	488.64	495	63	43	12	26	38.19	526

总体来看,各地举办文化活动的频次不一,但是受众多样,特别关注到了老年人、未成年人、残障人士和进城务工人员几类特殊群体。文艺活动举办频次相对较高的则是以浙江省、广东省、河南省和福建省等经济相对较为发达的省份为代表。

第四节　基层文化馆建设情况

这里所说的基层文化馆包括县级行政区(县、县级市、副省级及地级市的区)的文化馆及乡镇(街道)的文化站和村(社区)文化室(综合文化中心)。下面选择发展情况相对较好的广东、江苏、重庆、浙江、上海等省、直辖市的基层文化馆,分别从机构数量和收入情况、人才队伍建设现状、设施设备状况和公共文化服务开展情况等方面论述其建设情况。

一、机构数量和收入情况

据《中国文化文物统计年鉴 2016》的数据,上海、浙江、重庆、江苏、广东的基层文化馆(站)点数量变化如下所示(见表 1 - 11):

2011 到 2015 年基层文化馆(站)点都维持在一个较平稳的状态,全国的基层文化馆(站)点数目从 2011 年的 40 390 个增长到了 2015 年的 40 976 个。但是从数据来看,江苏省和浙江省的基层文化馆(站)点数在五年内都呈现出一个下降的趋势,江苏省的基层文化馆(站)点数从 2011 年的 1415 个下降到了 2015 年的 1382 个,浙江省的基层文化馆(站)点数从 2011 年的 1437 个下降到了 2015 年的 1405 个。

作为社会基层文化建设核心单位的基层文化馆（站），全国的基层文化馆（站）点数量在五年内从 40 390 个增长到了 40 976 个，可以看出基层文化馆（站）的数量有一定的增长。这说明在群众文化总体形势趋好的情况下，基层文化建设的情况有所改善。

表 1－11　2011—2015 年全国五个直辖市（省份）基层文化馆（站）点数　（单位：个）

	2011 年	2012 年	2013 年	2014 年	2015 年
上海	243	239	213	237	236
浙江	1437	1435	1349	1408	1405
重庆	1036	1037	997	1039	1044
江苏	1415	1405	1291	1381	1382
广东	1718	1722	1621	1723	1719

据《广东省文化文物统计年鉴 2015》统计数据可知，2014 年，广东省共有 124 个区县级文化馆，897 个乡镇文化站，省内各区县、乡镇都有自己的文化馆与文化站，说明广东省基础文化设施普及得比较到位。

据 2012—2016 年《中国文化文物统计年鉴》数据，全国基层文化馆（站）收入变化如下表所示：

表 1－12　2011—2015 年全国基层文化馆（站）收入变化

	2011 年	2012 年	2013 年	2014 年	2015 年
全国基层文化馆（站）收入（千元）	11 069 078	12 313 323	13 996 501	16 220 055	17 349 525

由数据可知，至 2015 年，全国基层文化馆（站）的总收入已经达到了 173.49525 亿元，从 2011 到 2015 年，我国基层文化馆（站）的收入不断提升，而收入的主要来源还是财政补贴，由此可以看出，我国对基层文化馆（站）的扶持力度不断增大。

而浙江、江苏、重庆、上海、广东的文化站收入情况如下表所示：

表 1－13　五省市 2015 年文化站收入情况

	浙江省	江苏省	重庆市	上海市	广东省
收入合计（千元）	1 627 652	1 349 712	845 261	1 427 001	1 773 460
财政补贴收入（千元）	1 414 285	725 498	763 000	1 214 392	1 572 369
上级补助收入（千元）	157 734	62 103	60 911	140 113	139 231

可以看出，在基层文化馆（站）的收入中，占比最高的是财政补贴收入，说明基层文化馆（站）的建设还是依赖于政府的投入。2015 年，浙江省和广东省在基层文化馆（站）财政投入的力度较江苏省、重庆市和上海市要大，在一定程度上体现了这两个省份对文化事业的重

视。而数据明显反映出,广东省对基层文化馆(站)的财政补贴更是高于其他五个省(直辖市),即广东省对基层文化馆(站)的扶持力度是很大的。

据《中国文化文物统计年鉴 2016》数据,2015 年度县市级文化馆与文化站平均收入对比如表 1－14 所示:

表 1－14　2015 年县级文化馆与文化站平均收入对比

	全国	浙江省	江苏省	重庆市	上海市	广东省
文化站(千元/个)	260.00	937.15	647.50	417.10	5022.87	843.96
且市级文化馆(千元/个)	2282.35	4389.15	5151.14	5770.30	15 089.67	3467.43

表 1－15　2015 年县级文化馆与文化站数量与收入对比

	文化站(个)	县市级文化馆(个)	文化站收入(千元)	县市级文化馆收入(千元)
浙江省	1315	90	1 232 628	520 266
江苏省	1281	101	829 446	395 024
重庆市	1004	40	418 767	230 812
上海市	212	24	1 064 849	362 152
广东省	1596	123	1 346 966	426 494

由于基层文化馆(站)的收入大多来自于财政拨款,从收入情况可以反映,同是基层文化机构,对于县市级文化馆和文化站的财政拨款,差别是很大的。从表 1－14 及表 1－15 可以看出,2015 年文化站和县市级文化馆的收入差距。

据《中国文化文物统计年鉴 2016》数据,广东省 2015 年度基层文化馆(站)收入占比情况如图 1－1 所示:

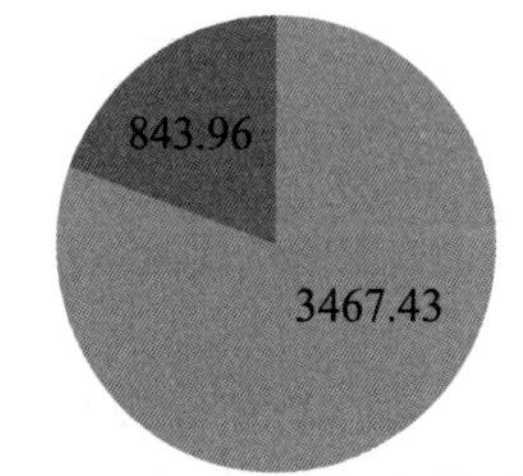

图 1－1　广东省 2015 年基层文化馆(站)收入情况

可以看出,在全国出现的县市级文化馆收入明显高于文化站收入的情况在广东省也出现了,在整个基层文化机构的收入中,平均到每个县市级文化馆的收入约为每个文化站的四倍左右。

据我们的一项调查,广东省各县级文化馆和乡镇文化站 2015 年度收入合计如表 1－16 所示:

表 1－16　广东省各县区级文化馆 2015 年收入合计描述性统计

	各县区级文化馆 2015 年度收入合计（千元）	乡镇文化站 2015 年度收入合计（千元）
均值	2263.74	1082.50
极小值	18	3
极大值	16 238	48 448
峰度	10.244	68.354

表 1－16 中，峰度（peakedness）指概率密度分布曲线在平均值处峰值高低的特征数（下同）。从表 1－16 中看到，广东省文化站中，各县区级文化馆年度总收入均值为 2263.74（单位：千元），乡镇文化站年度总收入均值为 1082.50（单位：千元）。各级文化设施的主要收入都来自于财政拨款。在分布上，文化馆和文化站三者的收入数据整体呈轻微右偏趋势，峰度偏大，说明超过半数的基层公共文化设施的年收入均大于中位数且主要分布在中位数周围。乡镇文化站年收入的峰度较高，说明各地文化站收入差距相对较小，基本不存在两极分化现象。

二、人才队伍建设现状

据《中国文化文物统计年鉴 2016》数据，2011—2015 年我国基层文化馆（站）从业人员如下表所示：

表 1－17　2011—2015 年我国基层文化馆（站）人员情况

	2011 年	2012 年	2013 年	2014 年	2015 年
机构数	43 296	43 504	41 299	44 038	43 095
从业人员（人）	136 361	144 423	152 106	157 996	161 173
专业技术人员（人）	44 213	51 813	55 600	58 173	60 609

表 1－18　2015 年基层文化机构从业人员情况

	全国文化馆（站）人员平均数		广东省文化馆（站）人员平均数	
	县市级文化馆（人/馆）	文化站（人/站）	县市级文化馆（人/馆）	文化站（人/站）
从业人员	15	2.88	14	5.6
专业技术人员	10	0.73	9	1.12

2011 至 2015 年我国基层文化机构数目、从业人员数和专业技术人员数总体呈现一个上升的趋势，说明国家在基层文化建设这一块的投入力度不断加大，从 2013 年起增速加快，而专业技术人员增长速度也是不断加快，在总体从业人员中所占比例不断加大。从表 1－19 中可以看出，在五个发展情况较好的省市中，广东省的从业人员最多，说明其发展情况较好。

表 1－19　2015 年五省(直辖市)基层文化馆(站)人员情况

	浙江省	江苏省	重庆市	上海市	广东省
专业技术人员(人)	3530	2517	1383	1102	2878
从业人员(人)	6500	6474	4934	4770	10 801

但从表 1－18 看,不论是全国还是广东省,平均到每个县市级文化馆的工作人员都比平均到文化站的工作人员多,而且其间的差距非常大。但文化站针对更为广大的乡镇以及村一级,是主要承担普及文化水平,提高基层群众文化素养的中坚力量,这样平均到每个文化站的工作人员数量明显不够。造成这种情况的原因,除了县市级文化馆受扶持力度更大之外,也有文化站自身难以吸引到足够的工作人员等原因。

同时,广东省县市级文化馆的工作人员平均数量与全国水平相当,且文化站的工作人员数量远超全国水平,说明广东省在基层文化馆/站的人才投入是领先全国的,广东省的基层文化站有较为充足的工作人员保证文化活动的开展。

而 2011 年到 2012 年,专业技术人员中高级职称人员在减少,同时中级职称人员增长缓慢,2013 年后《中国文化文物统计年鉴》的数据中并未区分高级职称和中级职称人员,这与快速增长的基层文化从业人员人数出现了矛盾。这是因为,社会上以营利为目的的多种文化的兴起,从客观上导致干部群众对文化站的发展产生怀疑,基层政府对文化站的建设重视不足,同时也对文化骨干的培养重视程度不够,导致文化站的编制人员有的调离文化战线,有的调为他用①。再者,由于待遇偏低,文化站等工作单位难以吸引到优秀的年轻专业人才来工作,加上准入门槛较低,调进或分配的新增人员大都不是专业人员,真正能胜任工作的业务人员却寥寥无几②。这应当是出现缓慢增长甚至减少的专业技术人员同快速增长的从业人员数量的矛盾的原因。

广东省 2013 年有 1599 个文化站,而 2015 年有 1596 个,在三年时间内,文化站数量没有上升反而下降了,从业人员从 2013 年的 8254 人增长到了 2015 年的 9061 人,但专业技术人才只增长了 426 人,在 2013 年的数据中,文化站甚至没有高级职称和中级职称的工作人员。

据我们进行的一项调查,广东省的文化站人员情况如表 1－20 所示:

① 王苗苗. 农村基层文化建设的现状与思考[J]. 今日南国(中旬刊),2010(5):171－172.

② 李秀英. 基层文化建设中存在的问题与策略分析[J]. 现代国企研究,2016(24):283.

表 1－20　广东省文化站人员描述性统计

	从业人员总数	专职人员总数	在编人员人数	专业技术人才数
均值	6.53	4.41	3.46	3.53
峰度	151.184	45.502	57.061	28.005
极小值	1	0	0	0
极大值	287	97	65	50

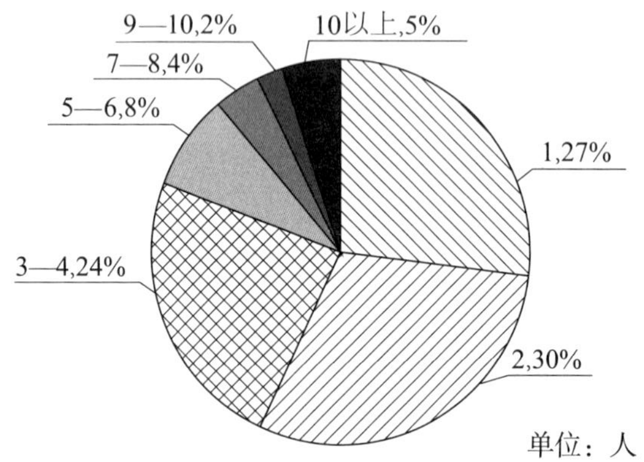

图 1－2　2015 年广东省文化站在编人员情况

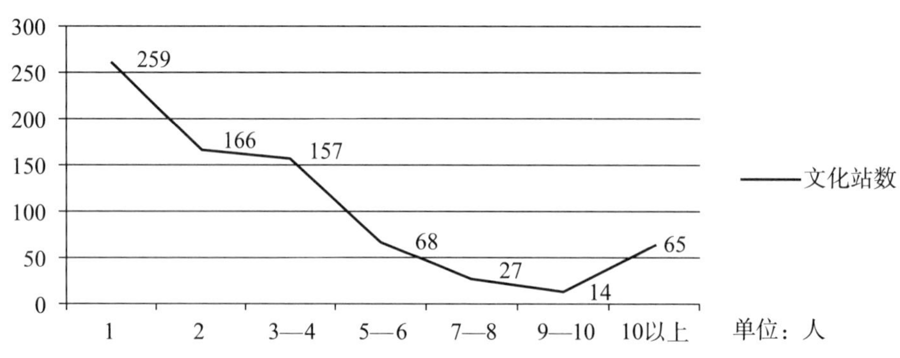

图 1－3　2015 年广东省文化站专职人员数量

表 1－21　2015 年广东省文化站专职、在编和专业技术人员对比　（单位：人）

	1	2	3—4	5—6	7—8	9—10	10 以上
专职人员	34.26%	21.96%	20.77%	8.99%	3.57%	1.85%	8.60%
在编人员	27.31%	29.61%	24.39%	7.89%	3.64%	1.94%	5.22%
专业技术人员	41.64%	22.87%	16.72%	6.83%	2.39%	2.73%	6.73%

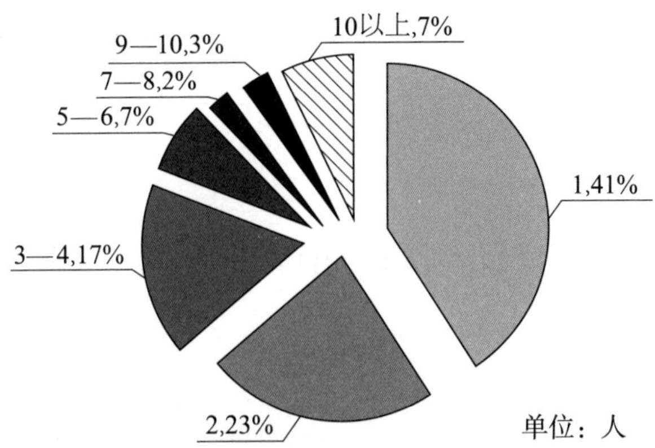

图 1－4　2015 年广东省文化站专业技术人才情况

表 1－22　2015 年广东省县区级文化馆人员情况描述性统计

	从业人员	专业技术人员	正高级职称	副高级职称	中级职称
均值	16.71	9.30	2.00	2.13	3.55
峰度	111.158	2.829	3.694	3.604	3.856
极小值	1	1	1	1	1
极大值	403	30	6	8	15

广东省县区级文化馆的专业技术人才中,比较重要的是正高级职称、副高级职称、中级职称的人才。按照《县级文化馆等级必备条件和评估标准》对年鉴数据进行处理和统计可知,各文化馆的专业技术职称人员占业务人员总数的比例情况处于两极分化的趋势,即有48.4%的文化馆的专业技术人员比例在60%以下,达不到文化馆评级标准,但也有37.9%的文化馆的专业技术人员比例高于70%,达到评为一级文化馆的标准。而在专业技术人才水平方面,69.4%的文化馆的中级(含中级)以上职称占业务人员总数的比例低于评级的最低标准30%,20.2%的文化馆的中级(含中级)以上职称的业务人员比例达到评选为一级文化馆的标准,总体上各县区级文化馆的专业技术人才水平还比较低,有待提高。

各乡镇文化站从业人员的总人数差距不大,均值在6人左右。各类人才数量极大值与极小值相差较大,专职人员、在编人员和专业技术人才的缺省值较大,说明地区间文化站建设依然存在差距。绝大部分文化站在编人员为1人或2人,共占57%;文化站中专职人员与专业技术人员数量都主要以1—4人以内为主,比例超过70%;5人以上的文化站数量较少,仅占20%左右。可见,广东省文化站专职人员与专业技术人员都较少,应该受到关注。

显而易见,广东省乃至全国的基层文化队伍是基层文化建设的一块短板,是基层文化发展的"瓶颈"①,要想发展好基层文化,必须要加强基层文化队伍建设,对基层文化人才的培养和应用投入更大的关注。

三、设施设备状况

据《中国文化文物统计年鉴2016》数据,2011—2015年我国基层文化馆(站)物力投入情况如图1-5所示:

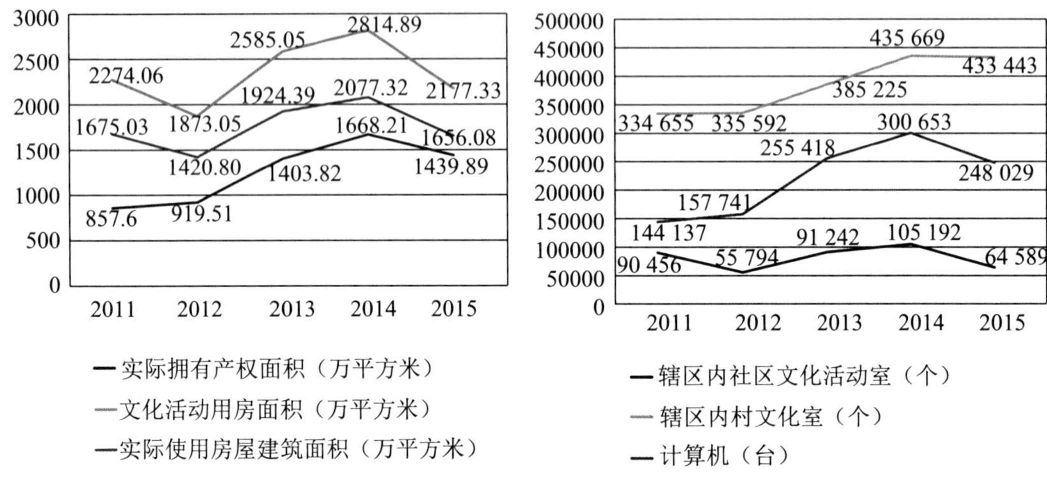

图1-5　2011—2015年我国基层文化馆(站)物力投入情况

文化站作为基层文化建设中为大众服务的文化阵地,就应该具备相当完善的文化设施设备,硬件设施如电脑等要跟得上,使之成为群众了解学习文化资源的风向标②。同时,活动室作为文化活动最主要的组件,是文化站的核心,是文化站组织活动、办展览、搞演出的基础阵地,因此,我们可以看到,从2011年到2015年,我国文化站的各项物力投入都在增长,这说明国家实施的诸如广播电视村村通工程、农村电影放映工程、全国文化信息资源共享工程、农家书屋等重大文化惠民项目得到了确切的落实③。从表1-23中可以看到,发展情况较好的五个省市的社区文化活动场所个数和村文化活动场所个数都较多,尤其浙江省,在村文化活动场所个数上更是遥遥领先;而广东省的计算机台数则是最多的,表明广东省在利用信息化技术推动基层文化发展方面投入较多。

---

① 李秀英.基层文化建设中存在的问题与策略分析[J].现代国企研究,2016(24):283.

② 王苗苗.农村基层文化建设的现状与思考[J].今日南国(中旬刊),2010(5):171-172.

③ 李秀英.基层文化建设中存在的问题与策略分析[J].现代国企研究,2016(24):283.

表 1－23　2015 年五省市基层文化馆(站)物力投入情况

	浙江省	江苏省	重庆市	上海市	广东省
辖区内社区文化活动场所(个)	10 392	12 916	4558	5229	11 790
辖区内文化活动场所(个)	51 452	24 305	10 706	3465	28 323
实际使用房屋建筑面积(万平方米)	360.79	365.72	89.77	135.21	377.51
实际拥有产权面积(万平方米)	188.5	166.87	70.61	79.4	162.9
计算机(台)	15 513	15 109	13 236	5680	18 352

据《中国文化文物统计年鉴 2016》数据,2015 年度我国和广东省基层文化馆(站)设施设备情况如表 1－24 所示:

表 1－24　2015 年基层文化馆(站)设施设备状况

	全国		广东省	
	县市级文化馆	文化站	县市级文化馆	文化站
实际使用房屋建筑面积(平方米/站)	2600	700	4900	2000
业务用房面积/文化活动用房面积(平方米)	1700	500	2400	1500
实际拥有产权面积(平方米/站)	1300	400	1600	900
计算机(台/站)	13.66	8.5	15.96	10.26

可以看到,县市级文化馆的用房主要为业务用房,而文化站的用房主要为文化活动用房,在这两个数据中,广东省的数据均优于全国水平,文化站的文化活动用房面积甚至达到了全国水平的三倍,说明在房屋建设和配置中,广东省的基层文化馆(站)的支持力度都较大。而不论是县市级文化馆还是文化站,计算机平均到每个馆(站)的数量都在 10 台左右。

据我们的一项调查,广东省基层文化馆(站)计算机拥有情况如表 1－25、1－26 所示:

表 1－25　2015 年广东省县区级文化馆拥有计算机台数的描述统计

	计算机台数
均值	14.13
峰度	6.858
极小值	1
极大值	84

表 1－26　2015 年广东省文化站拥有计算机台数的描述性统计

	计算机台数
均值	13.53
峰度	10.709
极小值	1
极大值	100

进一步分析,以广东省为例,根据《中国文化文物统计年鉴 2016》的统计数据可知,在 124 个区县级文化馆中,有 34 个文化馆没有计算机设备,占比 27.4%,38.7% 的文化馆拥有的计算机数量低于 10 台,拥有 30 台以上的计算机的文化馆仅占 8.1%,说明各区县级文化馆的计算机设备较为缺乏。

文化站计算机拥有量集中在10—30台之间，比例超过一半；拥有4台以上计算机的文化站有565个，超过总体(1006个)56%，信息化程度较高。根据描述性统计结果，各乡镇文化站计算机台数的均值约为13台，在分布上整体趋近于正态分布。

由此可见，广东省的基层文化建设虽然已取得一些良好的成果，但是仍然有许多不足需要改进。这是因为，在基层文化建设中，资金投入的力度不够，会造成基层文化建设中一些基础设施不能得到妥善的维护和管理，进而影响到文化建设工作的后续进展①。

四、公共文化服务开展情况

基层群众文化活动是用来满足基层群众娱乐需求、调剂生活节奏的休闲活动，随着经济和生活水平的发展，人们的物质文化需求越来越大，基层群众文化活动越发成为人们日常生活中的一部分。在实施了"特色文化、经济村""文化、经济大户"等工程后，整合的综合性乡镇文化站成为农村文化与经济双向互动的重要纽带。同时，为了组建综合性的乡镇文化站，扩大乡镇文化站的覆盖面，中央提出了"五个纳入"和"三化"的方针，向发展基层文化站的政策倾斜力度加大。还有一些地区开展了"乡镇文化站(活动中心)标准化建设工程"试点②，使得基层文化站的建设在五年中有了较大的进步。而2011年"三馆一站"免费开放之后，无论是文化站的服务项目数还是服务群众的人次都稳步增长，说明免费开放政策的执行不仅推动了文化站的建设，而且受到了群众的欢迎。

据《中国文化文物统计年鉴2016》数据，2011—2015年全国基层文化馆(站)公共服务开展情况如图1-6所示：

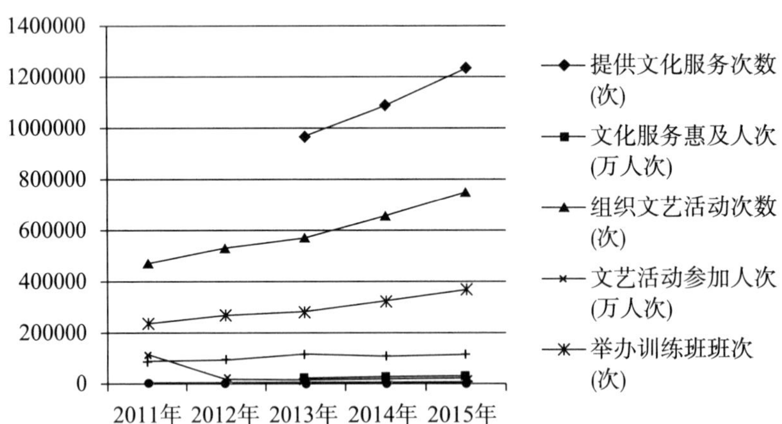

图1-6　2011—2015年全国基层文化馆(站)公共文化服务开展情况

① 李秀英.基层文化建设中存在的问题与策略分析[J].现代国企研究，2016(24)：283.

② 郭玉笑.文化站怎样才能站起来——对构建农村公共文化服务体系的思考[J].今日浙江，2006(15)：58-59.

在图 1－6 中,我们可以看到,2011 年到 2012 年,参与文艺活动的人次有一个下降,而后至 2015 年也没有回升到原有的水平,这个数据值得深思,在总体基层文化建设状况前进的状态下,为何会出现这样一个参与人次的波动？究其原因,很可能还是基层文化活动存在不足。

据《中国文化文物统计年鉴 2016》数据,2015 年五省市基层文化馆(站)公共服务开展情况如表 1－27 所示：

表 1－27　2015 年五省市基层文化馆(站)公共文化服务开展情况

	浙江省	江苏省	重庆市	上海市	广东省
提供文化服务次数(次)	114 734	85 303	45 464	119 545	98 869
组织文艺活动次数(次)	65 826	53 629	25 595	64 393	46 423
举办展览个数(个)	9725	8229	4692	3224	7804
举办培训班次数(次)	37 372	21 721	14 563	51 408	43 549

可以看到,2015 年五个省市的基层文化馆(站)公共文化服务开展情况还是比较好的,提供文化服务次数除了城市辖区较小的重庆市以外,其他省市都在 8 万次以上,而上海市更是超过了 11 万次。而不论是举办展览还是举办培训班,五个省市的数量都较为可观,也从侧面反映出,虽然我国有公共文化服务开展情况较好的省份,但也有许多发展不是很好的省份,以至于全国的数据不甚乐观。

2012—2016 年的《中国文化文物统计年鉴》显示,广东省基层公共文化服务开展情况如图1－7 所示：

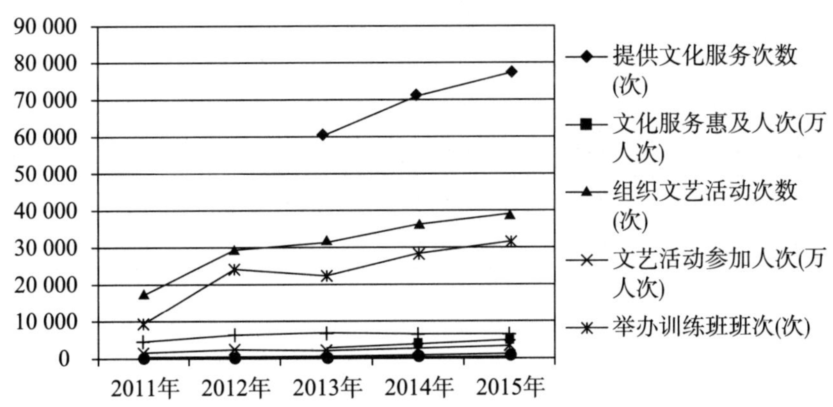

图 1－7　2011—2015 年广东省基层公共文化服务开展情况

单独列出广东省的数据,发现广东省的基层文化站公共文化服务开展情况自 2012 年起有一个飞速的发展,这和广东省实施的一系列政策有着密切的关系。《广东年鉴》(2013、2014)显示,2012 年广东省乡镇(街道)综合文化站动态评估定级后,全省有特级文化站 325

个、一级文化站 183 个、二级文化站 227 个、三级文化站 504 个，达标率 77.7%。广东省在 2012 年展开了基层文化设施全覆盖工程，扶持全省经济欠发达地区完成新建、改扩建乡镇（街道）综合文化站 118 个、行政村（社区）文化室 1000 个、乡镇（街道）综合文化站公共电子阅览室 333 个。2013 年，省文化厅推进基层公共文化设施建设，补助欠发达地区"三馆一站"免费开放资金 7319 万元，推动各馆（站）完善基本服务项目，提升服务能力。

据我们的一项调查，2015 年广东省县区级文化馆开展文艺活动次数如图 1－8 所示：

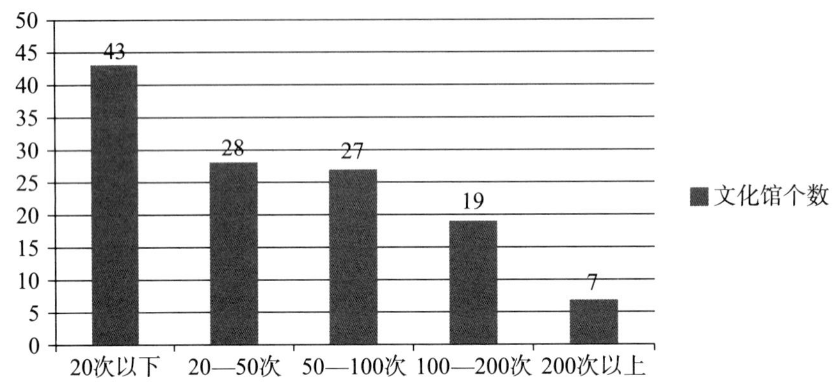

图 1－8　广东省各县区级文化馆组织文艺活动次数统计

除了文化馆（站）是各类文化活动的重要场地外，社区（村）一级的文化活动中心由于距离民众生活场所近的便捷性，越来越成为开展各类文化活动的重要阵地。

据《中国文化文物统计年鉴 2016》数据，我国发展情况较好的五个省市的基层文化馆（站）公众参与文化活动情况如表 1－28 所示：

表 1－28　2015 年五省市基层文化馆（站）公众参与文化活动情况

	浙江省	江苏省	重庆市	上海市	广东省
文化服务惠及人次（万人次）	4785.61	2421.36	1752.66	2357.99	5937.65
文化活动观众人次（万人次）	3562.35	1800.53	1210.56	1483.97	4088.32
培训人次（万人次）	264.80	168.86	129.91	341.68	427.92
参观展览人次（万人次）	934.34	429.95	398.91	526.32	1403.80

从表 1－28 中可以看出，在五个省市中，广东省的文化服务惠及情况、观众人次和参观展览的人数、参加讲座的人数都是最多的，而文化服务惠及人次更是遥遥领先。所以，在这五个省市中，广东省的公众参与文化活动的情况是较好的。

据《中国文化文物统计年鉴 2016》数据，全国及广东省基层文化馆（站）公众参与文化活动情况如表 1－29、1－30 所示：

表 1－29　2015 年全国及广东省县市级文化馆公众参与情况

	文化服务惠及情况（万人次/馆）	文化活动观众人次（万人次/馆）	参观展览人数（万人/馆）	参加讲座人次（万人次/馆）
全国	6.40	4.87	1.09	0.12
广东	8.29	6.17	1.58	0.14

表 1－30　2015 年全国及广东省文化站公众参与情况

	文化服务惠及情况（万人次/馆）	文化活动观众人次（万人次/馆）	参观展览人数（万人/馆）	参加讲座人次（万人次/馆）
全国	0.75	0.54	0.16	0
广东	3.08	2.08	0.76	0

可以看到，将公众参加各类文化活动平均到每个馆站之后，广东省的数值均高于全国平均水平，说明广东省在基层文化机构上实施的政策和投入的资金的确起到了作用。

据我们的一项调查，广东省民众没有或很少使用基础公共文化设施的原因如表 1－31 所示：

表 1－31　广东省民众没有或很少使用基础公共文化设施原因

管理人员		民众	
没有时间	88.24%	没有时间	71.72%
交通不便	80.88%	功能太少	70.82%
资源少或旧	80.15%	资源少或旧	70.03%
功能太少	75.38%	设施缺乏	65.38%
没有兴趣	75.19%	距离太远	59.39%
设施缺乏	74.05%	服务质量不高	56.20%
距离太远	73.13%	没有兴趣	55.69%
开放时间短	55.47%	交通不便	54.83%
服务质量不高	53.49%	开放时间短	54.57%

调查组以广东省佛山市为例，在基层文化站进行了走访调查，并从下发的基层统计表的反馈数据发现，关于民众没有或很少使用公共文化设施的原因，基层公共文化设施管理人员和民众的认知大体相当，二者都认为“没有时间”是民众没有或很少使用的主要原因，但管理人员认为“交通不便”对民众使用公共文化设施影响较大，而实际上通过对公众的调查，“交通不便”的影响并不大，设施功能、资源和设备的不足对民众是否使用公共文化设施的影响更大。

第二章　全国文化馆总分馆制实践案例

近几年来，特别是国家公共文化服务体系示范区（项目）建设的相关工作启动以来，为了有效解决基层文化馆（站、室）的功能布局不合理、文化资源零散分布、城乡文化服务发展不均衡、服务效能低等问题，县域范围内的总分馆制建设已经有所开展。一些地区在示范区创建工作推动下，结合本地的实际情况大胆探索文化馆总分馆制建设，产生了许多有益的经验。

本章以浙江嘉兴、江苏张家港、重庆大渡口、上海浦东、山东潍坊和内蒙古康巴什新为例，介绍其总分馆制实施背景及试点过程中总体架构设计，分析其在文化馆总分馆制推进途中的相关经验，并将其最终形成的成熟的总分馆运行机制进行整体的介绍和分析，将这几种模式进行对比评价，以便进一步推广和建设文化馆总分馆制。之所以选择这六个地区作案例，原因主要如下：嘉兴市是推进文化馆总分馆制建设起步较早的地区，而且嘉兴市文化馆作为浙江省第一批公共文化服务法人治理结构试点单位[①]，通过总分馆的建设，乡镇、村一级现有的文化资源被盘活了，基层文化活动在数量和质量上都取得了很大飞跃，百姓满意度不断提升，嘉兴市以"人"为纽带，通过"两员"队伍建设提升基层文化机构的服务能力，极具特色；张家港市发布全国首个县级文化馆总分馆制建设地方标准，且张家港市在全国县域率先探索实施文化馆总分馆制，并成功入选2016年度国家文化创新工程重点项目[②]；重庆市大渡口区以"1 + N"业务副馆长轮派制度，实现专业人才的有效流动，大渡口区的"文化馆总分馆制"的首次提出和探索，对公共文化建设的理论和实践具有开创性意义，必将推动文化馆服务全方位的创新和发展；浦东试点了极具特色的"群艺总馆 + 区域中心馆 + 分馆的'1 + 4 + X'试点工作体系"，给其他实行总分馆制的地区提供不一样的体系借鉴；潍坊市文化馆探索推行群众文化基层辅导制度的总分馆建设模式，发展过程中便民、利民、惠民；康巴什新区作为少数民族区，坚持以服务基层、服务群众为主，以社区文化室活动为载体，以免费开放为支撑，来探索文化馆总分馆制。六个试点地区各有特色，最终成果也甚为喜人，我们根据多种方式获得的资料，汇总它们的先进经验，以期对其他地区的文化馆总分馆制建设有所启发。

---

① 嘉兴市文化馆. 文化馆简介[EB/OL]. [2019 - 07 - 11]. www. jxswhg. com/about. asp? id = 1.

② 文广新局. 张家港市发布全国首个县级文化馆总分馆制建设地方标准[EB/OL]. [2017 - 09 - 21]. www. zjg. gov. cn/zwfw/076002/076002001/076002001027/20170921/2f6065d6-346a-4bcd-aa3b-e7db4aa8240e. html.

第一节　嘉兴市海盐县文化馆总分馆制

文化馆总分馆建设是浙江省嘉兴市国家公共文化服务体系示范区创建制度设计研究的重点内容和重点突破项目。2014 年,在文化部专家的指导下,嘉兴市充分调研、创新机制、探索路径,形成了具有嘉兴特色的文化馆总分馆服务体系建设方案,并在海盐县率先试点,形成了可复制、可推广、可实践的制度性经验①。到 2017 年,嘉兴市海盐县已经在文化馆总分馆制的建设中取得了长足的进步,对其发展历程及重点项目进行分析,可为其他地区总分馆制的发展提供有益的参考。

一、建设概况

1. 文化馆建设概况

嘉兴市本级及 7 个县(市、区)均建有文化馆,全部达到部颁一级以上标准,馆均建筑面积超过 8000 平方米,在全国处于领先水平。全市 73 个镇(街道)均建有综合文化站,其中省级一级站以上 36 个,平均每个文化站面积在 2000 平方米以上;全市 1135 个行政村(社区),全部建有文化活动中心(室),平均面积超过 350 平方米。2013 年开始,嘉兴市整合基层宣传文化、党员教育、科普教育、体育健身、道德礼仪于一体,将 130 多个文化活动中心改建为文化礼堂,构建新的基层文化综合体,嘉兴市文化礼堂总面积是全国乡镇文化站平均面积的 3 倍,其中拥有特级文化站 11 个、一级文化站 25 个②。嘉兴市不仅在文化馆硬件设施上处于全国领先水平,同时将基层文化中心改造成文化综合体,实现了文化场所的“聚零为整”③。

2. 基层人才队伍建设

嘉兴市平均每个文化馆有人员编制 21.5 人;全市镇(街道)文化站平均每站工作人员 4.4 人,超过浙江省平均 2—3 人的标准;所有行政村均配有至少一名享有财政补贴的文化专职管理员,基本实现了镇、村文化员全覆盖。以海盐县文化馆系统为例,专业技术人员中副高以上占总数的 35.6%;全县招聘村级文化专职管理员 99 名,大专以上学历占总数的 86.9%,80 后年轻人占到文化员队伍的 98%,成为实施文化馆总分馆体系的重要支撑。

---

① 嘉兴文化网. 嘉兴着力构建文化馆总分馆服务体系[EB/OL].[2019-07-10]. http://www.jxcnt.com/sfqcj/content/2014-12/18/content_2564205.htm.

② 王学思. 嘉兴着力构建文化馆总分馆服务体系[N]. 中国文化报,2014-12-12(8).

③ 顾金孚,王显成,刘靖. 嘉兴市文化馆总分馆服务体系研究[J]. 上海文化,2014(8):46-51.

3. 政策支持及制度

2011 年,嘉兴市文化馆就开始探索文化馆联盟运作机制,创新文化馆服务内容和方式,制定了《关于建立市县文化馆联动机制的实施方案》,建立了以“会议联席、活动联办、培训联做、平台联建、场地联用”为主要内容的“五联”工作机制。在这个机制推动下,文化馆进一步拓展服务领域,增强服务能力,整合市、县(区、市)文化馆活动、人才和空间资源,搭建市县文化馆多层次、多门类、多方位的交流协作平台,努力形成“资源共享、优势互补、区域联动、服务基层”的长效运作机制,切实保障人民群众的基本文化权益,全面提升基本公共文化服务质量。

4. 公共图书馆总分馆体系建设经验

2013 年 5 月,嘉兴市城乡一体化公共图书馆服务体系建设国家示范项目以优异成绩通过文化部验收评审①。全市已形成 1 个中心馆、6 个总馆、58 个分馆、82 个村(社区)分馆、400 多个流通服务点的公共图书馆服务网络。构建了“中心馆—总分馆”“嘉兴图书馆联盟”“社会资源整合”三重服务体系,被誉为公共图书馆建设的“嘉兴模式”。这种公共图书馆建设的“嘉兴模式”,启发着文化馆建设文化馆总分馆服务体系,实现城乡文化馆服务一体化。

二、体系架构

在“大嘉兴”范围内,构建以嘉兴市文化馆为中心馆,联盟各县(市)文化馆,以县(区、市)文化馆为总馆,镇(街道)文化站为分馆,村(社区)文化活动中心(文化礼堂)为支馆的城乡一体化文化馆总分馆服务体系,形成“中心馆—总馆”联盟服务体系、“总馆—分馆”总分馆服务体系、“分馆—支馆”延伸服务体系三级服务体系②,如下图 2 – 1:

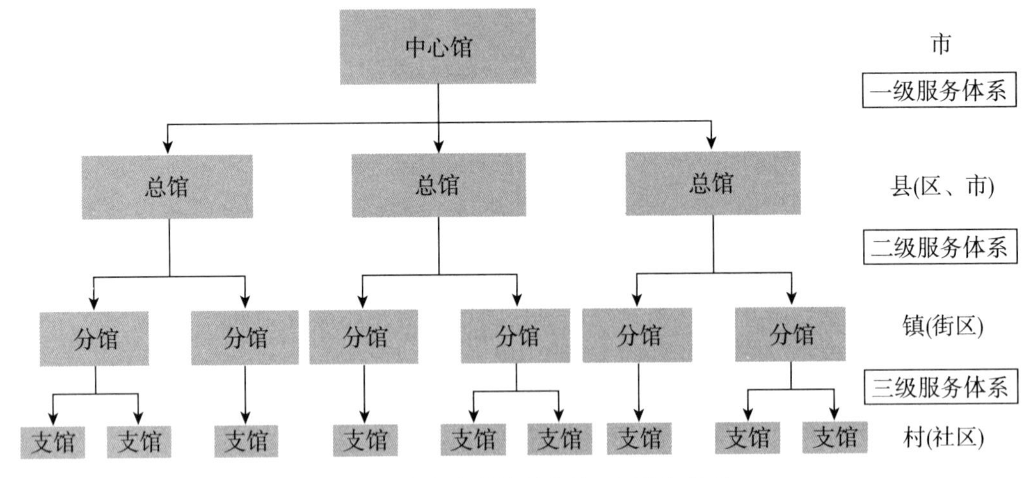

图 2 – 1 嘉兴文化馆总分馆三级服务体系

① 李超平. 中国公共图书馆服务体系“嘉兴模式”研究[J]. 中国图书馆学报,2009(6):10 – 16.

② 王学思. 嘉兴着力构建文化馆总分馆服务体系[N]. 中国文化报,2014 – 12 – 12(8).

三级服务体系着力打造“平台共享、资源互补、区域协同、供需对接”的文化馆运行模式，逐步形成城乡群众文化活动一体化，促进基本公共文化服务标准化、均等化。

在嘉兴市文化馆总分馆服务体系中，以各级“文化员”的作用发挥为核心要素，重新定位市级文化馆馆长、县（市、区）文化馆馆长、镇（街道）文化员、村级文化专职管理员的组织角色。嘉兴市文化馆为全市的中心馆，馆长兼任服务体系中心馆馆长；各县（市、区）文化馆馆长任各地文化馆总馆馆长；各镇（街道）文化站增挂当地文化馆分馆牌子，分馆馆长由文化站站长或各镇（街道）文化下派员担任（站长兼任分馆馆长时文化下派员任分馆馆长助理）；各村（社区）文化活动中心（文化礼堂）为分馆延伸到末端的支馆，纳入所属镇（街道）分馆统一管理，文化专职管理员任支馆干事。具体情况如图2－2：

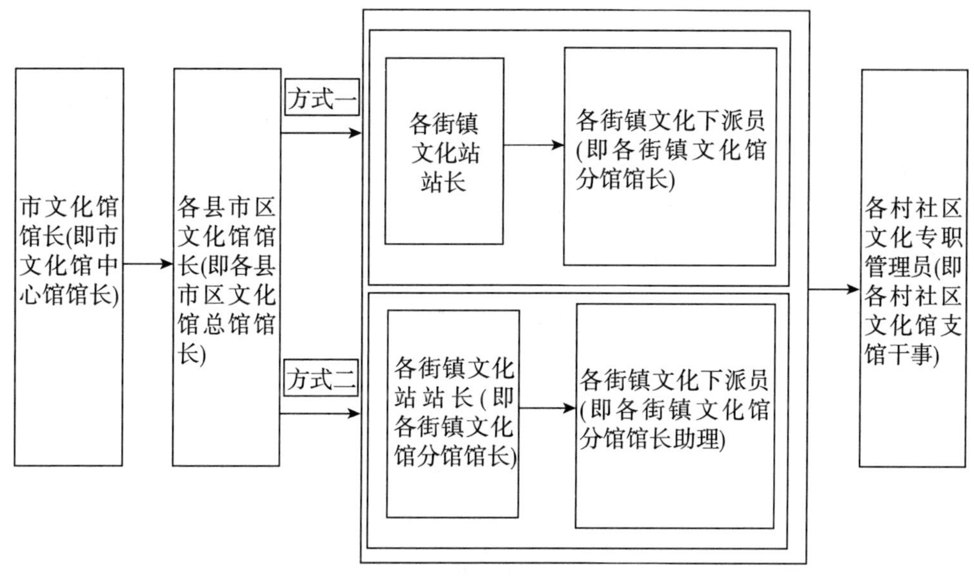

图2－2　嘉兴文化馆总分馆组织体系图

三、具体做法

这一体系以县域为基本单元，以县（市、区）文化馆为总馆，镇（街道）综合文化站为分馆，村（社区）文化活动中心（文化礼堂）为支馆，形成“人员互通、设施成网、资源共享、服务联动”的服务体系。在“大嘉兴”范围内，以嘉兴市文化馆为中心馆，统筹协调全市总分馆开展公共文化服务，形成中心馆—总分馆服务体系，并体现为“统一网点布局、统一服务标准、统一数字服务、统一效能评估、统一下派上挂”的特点①。

① 嘉兴市南湖区人民政府办公室关于印发南湖区构建城乡一体化文化馆总分馆服务体系实施意见的通知（南政办发〔2015〕107号）[EB/OL].［2019－07－11］. http://xxgk.nanhu.gov.cn/web1/site/zfxxgk/article.jsp? cid＝824&infoid＝67981&jdid＝1.

1. 坚持社会共治，建立理事会管理机制

按照十八大三中全会的精神，根据政事分开、管办分离的思路，探索建立权责明确、富有生机、监管有力的文化馆理事会制度，率先在中心馆实践试行。理事会由政府部门、党代表、人大代表、政协委员、总分馆专业人士、文化志愿者、业余文艺团队、社会组织、群众代表和媒体代表等组成①。着重完善绩效考核机制，健全决策、执行和监督机制，积极推行以岗位管理和岗位聘用为核心的人事制度改革，形成能上能下、能进能出的流动机制，提高运行效率，确保公益目标实现，推动公共文化服务社会化发展。

2. 坚持规范管理，建立工作例会机制

建立中心馆、总馆、分馆相关负责人参加的工作例会制度。例会每季度举行，每年可召开1—2次扩大会议，扩大到部分支馆干事及部分基层群众代表。例会重点是讨论研究文化馆服务体系中公共文化服务目录的运行情况和基层群众评价反馈情况，研究通过项目竞标、政府采购、服务外包、志愿服务等多种形式，促进文化馆公共文化服务方式的多元化、社会化，研究建立以现代信息技术为手段，完善文化馆总分馆服务体系的有效措施等。

3. 坚持政府主导，建立经费稳增机制

在中心馆、总馆、分馆、支馆日常运行经费来源不变的情况下，增设总分馆建设运行专项资金，建立稳定的经费增长机制，重点保障总分馆体系的平台建设、资源调配、队伍培训和作品创作等方面的支出②。

4. 优化结构布局，建立人员配置服务机制

依托国家公共文化服务体系示范区创建工作领导小组，制定时间表和路线图，按照“试点先行、总结完善、逐步推广”的思路，在全市建设文化馆总分馆服务体系。按照“统一服务标识、统一发布平台、统一调配资源、统一辅导培训”的原则，制定出台《嘉兴市文化馆总分馆服务体系建设运行标准》。

实行年度评定奖励，将考评结果纳入职称评定体系；鼓励上级文化馆工作人员下派，县（市、区）文化馆专业技术人员在晋升职称时设置有一定时间到分馆及基层工作的经历要求。

嘉兴市在不断推进文化馆总分馆服务体系的研究与建设中，基层文化人才队伍的建设得到了高度重视，通过不断创新取得了一批具有全国性示范意义的成果，其中包括村级文化中心（室）专职文化管理员制度、镇（街道）文化站专职工作人员编制量化制度、文化员下派制度等。

5. 层级职能明确，建立总分馆管理机制

各层级文化馆发挥自身的基本职能，统筹运行，实现整体总分馆制的成功运营。在嘉兴

① 顾金孚，王显成，刘靖. 嘉兴市文化馆总分馆服务体系研究[J]. 上海文化，2014(8)：46－51.

② 张诗东. 关于加强公共文化馆总分馆体系建设的相关问题论述[J]. 文化学刊，2016(4)：135－137.

模式中各馆职能如下表 2－1①：

表 2－1　嘉兴各层级文化馆具体职能

	基本职能
中心馆	数字服务中心、产品创作中心、文艺培训中心、理论研究中心、策划保障中心
总馆	文化骨干培训、文化产品策划、设施设备统筹、资金政策保障、数字文化服务
分馆	开展文化艺术辅导、文化活动实施、文化项目承办、文化品牌创建
支馆	开展延伸服务，管理村级公共文化设施；创作编排具有本地特色的文艺节目；组建培育村（社区）各类文艺团队，组织开展健康有益的文体活动；宣传党的各项方针政策；进行农村文化礼堂建设

四、项目成果

通过一系列努力之后，嘉兴的文化馆总分馆体系建设取得了可观的成果，具体如下②：

1. 统筹文化资源

通过文化馆总分馆制，进一步明确了不同层级文化馆（站）的职能，协调总分馆之间的资源配送和交流互动，实现了物尽其用、人尽其才，有效解决了文化馆运行中的“孤岛”问题，提升了服务效能。

2. 对接群众需求

总分馆制的中心馆和总馆优势在人才、技术和资源，分馆和支馆的优势在对接群众、了解需求。通过体系化的运行，文化馆总分馆制推动了文化惠民项目与群众文化需求的有效对接。

3. 促进均衡发展

总分馆体系通过统筹发展、统一标准、末端延伸，实现优质公共文化资源向基层倾斜，增加公共文化产品和服务供给，提升了总体质量，促进城乡文化馆服务的均衡发展。

4. 形成嘉兴经验

嘉兴在全国率先创造以“人”为纽带的文化馆总分馆制，受到了文化部领导和专家的充分肯定，多次应邀在全国会议、论坛上做典型经验交流。《中国文化报》以专版形式介绍了嘉兴的经验和做法，《人民日报》以文化馆如何“从逆境中突围”为主题，大篇幅报道了嘉兴的创新实践。

---

① 顾金孚，王显成，刘靖. 嘉兴市文化馆总分馆服务体系研究[J]. 上海文化，2014(8)：46－51.

② 陈云飞. 着力构建文化馆图书馆总分馆制的“嘉兴模式”——嘉兴市推进文化馆、图书馆总分馆制建设情况介绍[J]. 图书馆杂志，2017(3)：13－16.

第二节　张家港市文化馆总分馆制

2014 年 9 月 25 日，江苏省张家港市文化馆总分馆体系建设座谈会中提出为解决基层公共文化资源分散、各自为政带来的公共文化服务不均等、效率低问题，张家港市在全国率先探索实施了文化馆总分馆制服务模式，促进城乡公共文化服务标准化、均等化。张家港亦是全国率先开展文化馆总分馆制实践的城市之一。与嘉兴不同，它最终形成了三级节点、一体运行的文化馆总分馆服务体系①，对之后的文化馆总分制建设亦有较大的参考意义。

一、建设概况

1. 文化馆建设情况

作为全市公共文化服务的主力军，张家港市文化馆着力推进网格化公共文化服务体系建设，设立全市网格化公共文化服务艺术辅导中心、活动指导中心，健全网格辅导机制。张家港文化馆由文化娱乐区、艺术培训区和行政配套服务区三大部分组成，设有创作中心、辅导中心、东方礼仪服务中心和东方艺术团、东方少儿艺术团等业务部门和自办团体，同时专门开辟有书画、戏曲创作室，音乐、影视制作室和专家工作室，并附设张家港文化成果展览厅、综合展览厅、张家港民族民间文化保护与利用办公室②。张家港市文化馆建成全国一级馆，各镇级、办事处级文化中心建设标准化工程全面启动，村（社区）基层公共文化设施“八个一”实现全覆盖，文化馆（站）服务效能不断提升。市文化馆建立艺术辅导和活动指导中心，为全市各区镇及网格文化员提供优质辅导指导。

分馆建设充分，包含杨舍分馆、金港分馆、塘桥分馆、锦丰分馆、凤凰分馆、乐余分馆、南丰分馆、大新分馆、常阴沙现代农业示范园区分馆、双山岛旅游度假区分馆 10 个分馆③。

2. 文化体系建设情况

张家港一直高度重视公共文化服务体系建设，在全国率先探索实施网格化公共文化服务。全市文化馆（站）不断丰富服务内容，创新服务方式，提升服务效能，取得了显著成效，文化馆（站）阵地网络不断健全，文化馆（站）联动机制不断完善。张家港市深入实施网格化公

---

① 张家港市文化馆总分馆体系建设实施意见（试行）[EB/OL].[2019－07－11]. www. zjgwhg. com/UnitIntroductionInfo. aspx? guid =9595c163-3975-423c-8aeb-a1ae5c5672a3&type = ManageSystemView.

② 张家港文化馆简介[EB/OL].[2019－07－11]. http://www. zjgwhw. com/E_ReadNews. asp? NewsID =195.

③ 张家港市文化馆分馆介绍[EB/OL].[2019－07－11]. http://www. zjgwhg. com/UnitIntroduction. aspx? Type = BranchIntroduction&ImgType = BranchIntroduction.

共文化服务，出台《张家港市文化馆、区镇综合文化站、村（社区）文化站标准化运行管理办法》。坚持公共文化服务公益性、基本性、均等性、便利性原则，整合市、镇（办事处）、村（社区）各级文化馆（站）和文化网格资源，加强体系化运行管理，推动文化馆服务城乡一体化，公共文化共建共享，为广大群众提供优质、便捷、均等的文化活动、公益培训、艺术鉴赏等服务，构建现代公共文化服务体系，切实保障人民群众基本文化权益，满足人民群众基本文化需求①。

3. 群众文化活动参与情况

开展的长江文化艺术节、"幸福港城"网格文化活动、村村演、周周演、群文大讲堂及各区镇自行开展的各类文艺演出、展览、培训等活动都深受欢迎，每年全市文化馆（站）举办各类文化活动超过4000场次，受益群众超过200万人次。

活动联办机制初步形成，各项主题活动由市文化馆总体负责，从文化网格发动，区镇文化站进行协调配置。搭建群众文化需求和服务供给的信息沟通平台，全市网格文化员充分发挥桥梁纽带作用，促进了文化馆（站）服务项目与群众需求的有效对接。

每年培训各镇（区）文化队伍200多支，辅导、排练4000多次。同时，每年面向全市开设"群文大讲堂"系列培训，受益群众达1.5万人次②。

二、体系架构

张家港市文化馆总分馆体系，以张家港市文化馆为总馆，以各区镇（含常阴沙现代农业示范园区、双山岛旅游度假区）、镇办事处文化站为分馆，以文化网格为服务点，形成三级节点、一体运行的文化馆总分馆服务体系。其中，重点加强市文化馆统筹全局能力，健全乡镇文化站承上启下枢纽功能，完善文化网格长效机制。文化网格依托村（社区）文化站阵地设施开展服务。同时，各公益文化服务设施机构、企业和其他社会力量和个人自主投资建设并可提供公益文化服务的场馆，由投资方提出申请，经市文化行政部门审核批准后，均可以联盟方式纳入张家港市文化馆总分馆体系③。

---

① 中国文化报. 文化馆总分馆服务的张家港样板[EB/OL]. [2019-07-11]. http://www.ndcnc.gov.cn/zixun/yaowen/201503/t20150327_1079108.htm.

② 总馆概况. 张家港文化馆[EB/OL]. [2019-07-11]. http://www.zjgwhg.com/UnitIntroduction.aspx? Type=UnitIntroduction1&ImgType=UnitIntroduction.

③ 张家港市文化馆总分馆体系建设实施意见（试行）[EB/OL]. [2019-07-11]. http://www.zjgwhg.com/UnitIntroductionInfo.aspx? guid=9595c163-3975-423c-8aeb-a1ae5c5672a3&type=ManageSystemView.

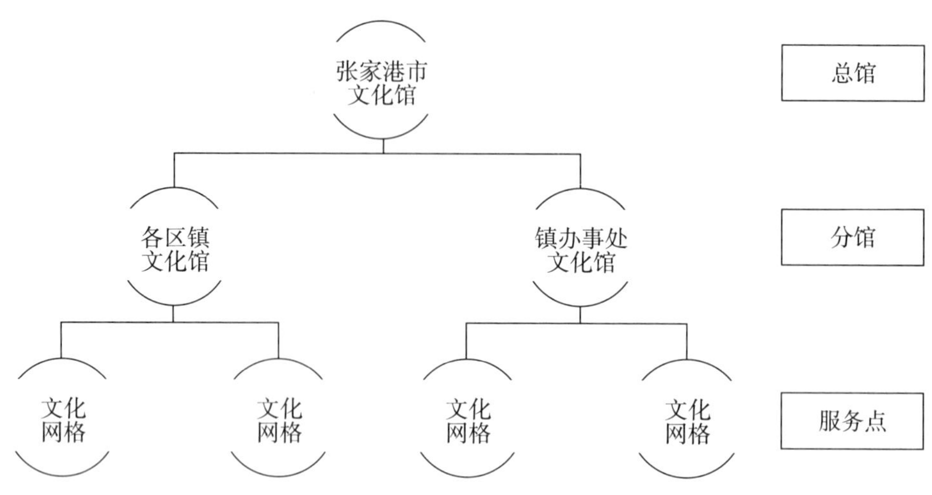

图 2-3　张家港市文化馆总分馆体系

三、具体做法

张家港市坚持政府主导、社会参与、重心下移、共建共享①，在不同建设主体之间搭建共建共享平台，促进文化馆（站）事业蓬勃发展，推动文化馆总分馆体系长效运行。

1. 坚持政府主导，建立部门协同机制

各级党委（党工委）、政府（管委会）作为责任主体，为文化馆总分馆体系建设提供良好的政策保障、经费保障、组织保障。市文广新局作为主管部门，会同其他职能部门及各区镇，实行行业监管，形成工作合力。市文化馆、镇（办事处）综合文化馆（站）、村（社区）文化馆（站）积极转变职能，切实履行总分馆职责。同时设立张家港市文化馆总分馆体系运行专项经费。由政府出资建设并保障运行的市、镇文化馆总分馆体系建设所需的设施设备、辅导培训、产品供给、活动开展、人员及免费开放等经费，分别由市级和镇级财政给予相应保障。按照属地管理原则，各级党委（党工委）、政府（管委会）作为文化馆总分馆体系建设的责任主体，要把文化馆总分馆体系建设作为构建现代公共文化服务体系的重要任务，纳入当地经济和社会发展总体规划，纳入城市建设规划，统一部署，加快推进。市文化行政部门、镇文体服务中心应认真履行公共服务职能，抓紧制订本区域内文化馆总分馆体系建设发展规划和相关政策，切实保障总分馆体系的顺利实施。

2. 坚持社会共治，建立理事会管理机制

2014 年 10 月 20 日，张家港市文化馆总分馆理事会成立大会举行。理事会邀请相关单

① 中国文明网. 十八大以来我国构建现代公共文化服务体系成就述评[EB/OL]. [2019-07-11]. http://www.wenming.cn/whtzgg_pd/yw_whtzgg/201709/t20170929_4440761.shtml.

位代表、专业人士、各界群众以及基层网格文化员加入，并邀请国家公共文化服务体系专家委员会的三位专家作为理事会专家委员会成员①。张家港市文化馆总分馆理事会参与总分馆体系管理，审议总分馆发展规划，整合全市群众文化资源，监督考评各级馆（站）业务工作，完善总分馆设施网络，创响群众文化活动品牌，繁荣群众文艺创作，促进张家港群众文化蓬勃发展。鼓励社会力量参与文化馆建设，以联盟方式运作的文化馆分馆的日常运行经费原则上按照原渠道解决，可结合实际情况对社会出资建设的文化馆分馆在资源配置、房屋和土地使用、配套服务等方面给予扶持。

3. 坚持规范管理，建立工作例会机制

根据安排，张家港市每月召开一次总分馆工作例会，由总馆相关负责人主持，各分馆馆长、分馆助理参加。每季度召开一次理事会工作例会，由总馆向理事会报告总分馆体系建设进展，并接受理事会评议。每年召开一次监管会议，由市文化行政部门及其他职能部门对总分馆体系建设情况进行综合考察。各镇级分馆每双月召开一次本辖区工作例会。

4. 优化结构布局，建立人员配置服务机制

以文化馆总分馆体系建设为契机，切实优化现有基层公共文化中心布局。市文化行政部门根据全市常住人口总量、分布情况和群众需求等，对现有的镇（镇办事处）文化中心和村（社区）文化站进行评估，只要选址、馆舍、服务人口符合开放条件的，均纳入总分馆体系建设，优化功能配置，提高服务水平。在优化现有基层文化站的基础上，仍不能满足市民的文化需求的，参照国家、省、市标准，科学规划、建设分馆和网格服务点。分馆和网格服务点遵照国家《文化馆服务标准（GB/T 32939—2016）》配置工作人员，通过职员、雇员、文化协管员、劳务派遣等多种用工形式，满足分馆、网格服务点人员配置要求，并积极倡导文化志愿者参加文化馆（站）服务②。所有新配置人员由总馆进行统一的专业培训后方能上岗。政府建设的分馆和网格服务点人员经费由镇财政予以保障，与社会（包括厂区）共建的分馆及网格服务点人员由建设需求方提供保障。

5. 层级职能明确，建立总分馆管理机制

张家港市制定了明确的层级职能标准，从而建立完善的总分馆管理机制，各层级职能如表2－2所示③：

---

① 张家港市文化馆总分馆理事会章程[EB/OL].[2019－07－11]. http://www.zjgwhg.com/UnitIntroductionInfo.aspx? guid＝f355bea0-8755-40fb-be93-5089ad73e750&type＝CouncilView.

② 文化馆服务标准（修改稿）【最新】[EB/OL].[2019－07－11]. http://www.docin.com/p-1497986431.html.

③ 张家港市文化馆总分馆体系建设实施意见（试行）[EB/OL].[2019－07－11]. http://www.zjgwhg.com/UnitIntroductionInfo.aspx? guid＝9595c163-3975-423c-8aeb-a1ae5c5672a3&type＝ManageSystemView.

表 2-2　张家港市文化馆总分馆制各层级职能

总馆职能	1. 编制体系规划 2. 业务指导援助 3. 培训专业人才 4. 构建统一平台 5. 建立反馈机制 6. 实施考核评估
分馆职能	1. 严格执行落实总馆制订的总体规划和服务规范，根据总馆要求开展业务工作 2. 搭建分馆和网格服务点展示平台 3. 挖掘辖区内地方特色文化，结合辖区实际开展特色服务活动 4. 指导、帮助网格文化员开展服务
支馆职能	1. 严格执行落实总馆制订的总体规划和服务规范，根据总馆、分馆要求开展业务工作 2. 挖掘辖区内地方特色文化，结合辖区实际开展特色服务活动 3. 了解、征集服务点内群众意见建议，向总馆、分馆反馈群众需求

四、总分馆制特色

张家港市的文化馆总分馆体系，以"设施建设标准化、助理派遣制度化、服务活动均等化、网格激励常态化、数字平台一体化、考核评估社会化"的运作模式，对市镇村各级文化设施的建设标准、人员管理、服务内容、考核评估等都进行了明确规定，确保城乡公共文化资源共享、高效管理。其具体特色为①：

1. 设施建设标准化

张家港市对总馆、分馆进行科学合理规划，完善功能布局，统一配置标准。总馆作为全市群众文化组织体系的龙头和核心，在江苏省乃至全国保持领先水平。镇分馆阵地面积达5000 平方米以上，常阴沙现代农业示范园区、双山岛旅游度假区及各镇办事处分馆达 2000 平方米以上，场地设备向公众免费开放。村（社区）文化站为文化网格提供阵地支撑，阵地面积达 200 平方米以上，功能活动室齐全，并向公众免费开放②。

2. 助理派遣制度化

张家港市探索建立"政府购买岗位、擂台公开招贤、派遣分馆助理"的制度，协助分馆馆

① 人民网. 张家港在全国率先探索实施文化馆总分馆制服务模式[EB/OL]. [2019-07-10]. http://culture.people.com.cn/n/2014/0925/c87423-25736356.html.

② 张家港文化广电新闻出版局. 关于印发《张家港市村（社区）文化站标准化运行管理办法》的通知[EB/OL]. [2019-07-11]http://61.155.19.91/ZJGWaterMark/EditorFiles/file/20150813/20150813171444_8737.doc.

长负责辖区内活动策划、培训辅导、特色挖掘、文艺创作等工作。2015 年 1 月 4 日,《张家港市文化馆镇级分馆馆长助理派遣工作制度(试行)》①出台,10 名市文化馆(总馆)专职文艺人才被任命为各镇(区)分馆馆长助理,实现总分馆之间业务工作的有效衔接和管理。

3. 服务活动均等化

张家港市整合全市公共文化服务产品,将基层优秀文化产品纳入政府采购范围,由总馆进行统一管理、统一配送。分馆和网格服务点结合本辖区内实际和群众意愿,有针对性地设置开展各类差异性服务活动项目,满足不同群众需求。建立群众反馈机制,及时调整配送内容。建立区域联动机制,充分发挥总馆、分馆、网格服务点优势和特点,实现活动联办、品牌联创、培训联做、场地联用、平台联建。

4. 网格激励常态化

张家港市把文化馆总分馆体系的服务末端建立在文化网格上,建立常态化激励机制,促进网格文化员更好地开展工作,强化网格服务点在张家港市文化馆总分馆体系中的基础作用。2011 年起,张家港在全国率先探索实施网格化公共文化服务,将全市划为 1015 个网格,选聘 1075 名网格文化员,文化网格成为服务主阵地②。总馆每年开展不少于 110 课时的"群文大讲堂",举办不少于 1 场次的网格文化员集中资格认证培训,开展"幸福港城"网格文化系列活动,以群众文艺团队 PK 赛、网格文化员才艺大比拼等活动为网格文化员提供良好的展示平台。每年评选优秀网格文化员 100 名、星级群众文艺团队 100 支以上。

5. 数字平台一体化

张家港市大力实施文化数字化服务工程,打造总分馆一站式综合性数字服务平台③。创新服务方式,利用数字文化馆,开展网上查询、网上辅导、网上展览、网上比赛、网上讲座等服务,推动总分馆互动交流;利用实体数字文化体验馆,结合"群文大讲堂",在各分馆和有条件的网格服务点开设远程培训班,由总馆定期进行在线培训,扩大受益群众范围。加强资源建设,建立统一的数据库,根据总馆、分馆和网格服务点的不同职责,进行系统权限分配,实现全市公共文化资源的共建共享。

6. 考核评估社会化

张家港市对全市总分馆建设、管理、服务、质量、效益等开展科学合理的考评,突出社会参与,实现考核评估主体社会化,由党委(党工委)、政府(管委会)主导统一组织,由文化馆

---

① 张家港市向乡镇文化馆派遣馆长助理[EB/OL].[2019-07-11]. http://www.wgj.suzhou.gov.cn/wz/InfoDetail.aspx? InfoID=16943.

② 郑海鸥. 江苏张家港保障公共文化服务提质增效——家门口有了文化馆[EB/OL].[2019-07-11]. http://paper.people.com.cn/rmrb/html/2017-03/30/nw.D110000renmrb_20170330_5-09.htm.

③ 夏雪. 张家港公共文化数字化建设研究[EB/OL].[2019-07-11]. https://www.xzbu.com/2/view-7214244.htm.

总分馆理事会进行专业考评,委托第三方机构开展“群众满意度”等公众测评,并接受社会监督,注重传统考评方式和网络考评方式相结合。考评结果在全市进行通报,并实行相应的奖惩措施①。

第三节　重庆大渡口区文化馆总分馆制

重庆大渡口区自2011年创建国家公共文化服务体系示范项目“文化馆图书馆总分馆制”以来,从“五个统一”入手,在全国率先施行文化馆总分馆制运行模式,探索出一整套独特的管理方法。2011年6月,大渡口区重点打造的“文化馆图书馆总分馆制”被评为首批国家公共文化服务体系建设示范项目。2013年5月,该项目在文化部组织的全国首批公共文化服务体系示范项目评审中,以前瞻性、创新性、挑战性从全国47个示范项目中脱颖而出,以西部第一、全国第二的优异成绩荣获文化部最高等次“优秀奖”。大渡口区的“文化馆总分馆制”的首次提出和探索,对公共文化建设的理论和实践具有开创性意义②,大渡口区实践出一系列独特的管理经验,彰显出文化馆在公共文化服务体系建设中的“龙头”地位,对于推动全国城乡公共文化服务一体化进程具有“示范”和“引领”效应③。此外,大渡口区“总分馆制”实行的是垂直与属地相结合的双重管理机制,对以后的垂直型总分馆制建设有重要的启示。

一、建设概况

1. 文化馆建设情况

目前,大渡口区文化馆总馆已成功创建为国家一级馆,建筑面积约5000平方米,设置了多个功能房。镇(街)文化馆分馆已建成8个,完善了分馆文化设施设备和服务功能,现已全部达到一级标准。已建成标准化社区文化室40个、农家书屋(社区图书室)70个、文化信息资源共享工程基层服务点55个,初步形成了以区文化馆总馆为龙头,以街镇文化分馆为枢纽,以村(社区)文化室为基础的多层次、全覆盖的公共文化服务网络④。全区共建成区级广播站1个、镇级广播站3个、村级广播室3个和终端61个,实现辖区城市和农村广播电视网

---

① 人民网. 张家港在全国率先探索实施文化馆总分馆制服务模式[EB/OL].[2019-07-10]. http://culture.people.com.cn/n/2014/0925/c87423-25736356.html.

② 重庆市大渡口区文化馆总分馆云. 项目介绍[EB/OL].[2019-07-11]. www.ddkwh.com:8080/Index/ConentList? MenuLevel1=007&MenuLevel2=007002.

③ 谭畔. 大渡口文化馆总分馆制理想模式的建构[J]. 大众文艺,2016(2):4.

④ 华龙网. 大渡口推行“文化馆图书馆总分馆制”百姓家门口乐享文化大餐[EB/OL].[2019-07-11]. http://cq.cqnews.net/cqqx/html/2016-11/15/content_39449401.htm.

络电视户户通全覆盖,并在技术上实现了"三级可控,两级插播,上级优先,应急优先"的功能,全域15分钟文化服务圈初步形成。

2. 人才建设方面

通过对大渡口区文化馆官方网站数据统计,每年总馆业务干部深入分馆或基层服务点开展培训辅导1152人次,组织选派文艺骨干外出学习培训68人次,邀请专家学者来区开办讲座15场次,组织开展艺术专业培训和业务辅导班29次,参训人员4800人次。

3. 文化服务提供

文化馆提供的服务,由区文化总馆制订总体性方案,各镇街分馆与公共文化服务基层站根据不同年龄和不同层次群众的不同需要,差异化实施方案。区文化总馆根据社会调查和征求意见的结果,按照区文广局的总体安排部署,结合社区文化节,统一规划年度活动方案(统一明确总分馆服务项目,统一策划总分馆活动并统一印制公示),筹划常态化、经常化的文化活动(统一开展送戏剧、送故事、送展览、送春联、送演出"五送"活动)以及重大文化活动("文艺大篷车"城乡互动工程、公园故事会、广场红歌会、群星课堂、群星舞台)①。

4. 特色分馆建设

建设了各具特色的分馆,包括建胜镇分馆(民乐特色分馆)、春晖路街道分馆(戏曲艺术特色分馆)、跃进村街道分馆(合唱艺术特色分馆)、茄子溪街道文化馆分馆(民俗特色文化分馆)、新山村街道分馆(舞蹈艺术特色)、九宫庙街道分馆(科普特色分馆)、八桥镇分馆(康乐文化特色)、跳磴镇分馆(特色摄影分馆)②。

二、体系架构

1. "一个总馆 + 多个分馆 + 若干服务点"的三级网络模式

大渡口区按照"一个总馆 + 多个分馆 + 若干服务点"的模式,大力推进三级网络建设,将文化馆总馆创建为国家一级馆,推进总馆改造升级,在全区8个街镇建成8个文化馆分馆,在各村(社区)建成若干基层服务点,让分馆成为总馆的有机组成部分,让若干基层服务点成为分馆的延伸补充,逐步达到基础设施标准化、文化资源共享化、服务系统网络化,全面构建全域15分钟文化服务圈。通过合作协调与统一规划,将分散的、隶属关系不一的总分馆和村(社区)文化服务站点组合成正式的、相对固定的、联系紧密的公共文化服务网络组织,构建一个以现代化网络通信技术为依托,以文化馆总馆为龙头、文化馆分馆为骨干、社区(村)

---

① 重庆市大渡口区文化馆.大渡口区品牌文化活动[EB/OL].[2019-07-11].http://www.ddkwh.com:8080/Index/ConentList? MenuLevel1=005&MenuLevel2=005001.

② 重庆市大渡口区文化馆.分馆中心[EB/OL].[2019-07-11].www.ddkwh.com:8080/.

服务点为网点的三级公共文化服务网络,全面实现无缝衔接,强力推动全区公共文化资源共建共享①。

2."五个统一"的总分馆运行模式

总分馆运行的基本原则是坚持"政府主导、统筹规划、两级投入、双重管理、资源共享、服务创新"的总分馆建设模式,以均等化目标、一体化建设、双重化管理、标准化服务来统筹运行。从"五个统一"入手,在全国率先施行文化馆"总分馆制"运行模式。"五个统一"包括②:

(1)统一规划布局。大力完善总馆、分馆、村(社区)三级公共文化服务网络。深入打造现代数字化一流文化馆(站),全力打造8个各具特色主题的镇街文化馆分馆,广泛打造标准化社区文化室、楼道文化服务点、社区市民艺术学校等村(社区)基层服务点,探索建设特色文化广场,创新打造流动文化馆,实现从"馆内"向"馆外"延伸,打造全域15分钟公共文化服务圈。

(2)统一资源配用。打破原有行政区域,文化设施调配使用,形成总分馆之间、分馆之间的联动;实施"1+N"业务副馆长派驻制,文化专干调配使用。

(3)统一服务内容。文化馆总分馆通过统一活动组织策划、统一辅导培训、统一文化交流、统一文艺创作、统一数字服务,统筹开展文化服务。

(4)统一服务标准。分层级制定服务标准,实现按需服务、分层服务;规范制定服务标准,制定特色文化广场服务标准和"坝坝舞"规范管理标准、制定"五送"惠民活动服务标准,制定文化服务工作标准及行为规范,实现群众文化活动的标准化、常态化。

(5)统一管理体系。制定文化馆总馆、分馆、服务点三级公共文化服务机构工作职能职责,制定总馆馆长、分馆馆长、业务副馆长的岗位职责和行为规范,制定考核管理、资源调配等一系列管理制度,建立统一管理体系,实现文化馆总分馆管理制度化、规范化。

三、具体做法

大渡口区按照"均等化目标、一体化建设、双重化管理、标准化服务"的总体要求③,将文化馆总分馆制外部建设要素设施设备、经费和人员按领域合一的方式,内部建设要素服务内容按"领域分离"的方式重新组合,总中有分,分中有总,构建分馆业务上接受总馆统一管理的文化馆网络体群。具体做法如下④:

---

① 华龙网.一个总馆+多个分馆+若干服务点　大渡口"文化馆总分馆制"被点赞[EB/OL].[2019-07-11].http://cq.cqnews.net/cqqx/html/2016-11/15/content_39467296.htm.

②④ 彭明淅.大渡口区文化馆总分馆制路径探索[J].大众文艺,2015(18):5.

③ 大渡口区文化馆.总分馆制介绍[EB/OL].[2019-07-11].https://www.xzbu.com/2/view-7214244.htm.

1. 设备资源:区馆统一配置,投资即产权

出台《大渡口区文化馆分馆统一网点布局实施方案》和《大渡口区文化馆分馆统一设备资源的方案》,按照"四个统一"原则(统一规划、统一标识、统一配置、统一验收),全面建设区、街镇、社区(村)三级场馆设施;按照"谁投资谁有产权,谁投资什么谁就有什么产权"的原则,由区文化馆对统一配置的设备资源与服务标准以及服务方式统一标识。

2. 工作人员:多途径选拔,统一调配

既多途径整合人员编制,实施千名文化队伍组建计划,高规格配齐配强一把手,采取"三三三"①措施选拔文化馆馆长助理,又按照"集中管理、统一调配、联动作战"的总体思路,确保文艺专干人尽其才、才尽其用,实行分馆业务副馆长派驻制度,集中多重角色(区文化馆总馆文艺专干担当管理员、培训辅导员、演员和创作员)提升服务水平。

3. 业务经费:多级投入,分级落实

根据《大渡口区文化馆总分馆统一保障经费的方案》,按照中央补助一点、市级支持一点、区里预算一点、社会赞助一点的办法,将总、分馆和基层服务点所需人头经费、运行管理经费以及业务经费落到实处。

4. 产品供给:统一购入,分别推出

要在公共文化服务体系中发挥龙头作用,文化馆就必须有效解决公共文化资源空间配置的"结构性失衡"问题与文化产品供给模式单一问题。大渡口区根据社会调查和征求意见的结果,由区文化总馆统一购买流动服务或网络服务,镇街分馆与公共文化服务基层站根据地方习俗和群众意愿,针对不同群体文化需要,在总馆整体方案基础上设置各种差异性的服务项目,有选择性地开展文化活动,推出个性化的活动项目,扩大群众参与面,满足不同群众需求。坚持"政府主导、部门协作、社会参与"的原则,结合重大节庆活动实际,推行统一文化服务,由总馆统一策划制订总分馆活动实施方案和活动安排表下发到各分馆,确保全区上下"一盘棋"。全面实现以区域性大型广场文化活动为引领,以基层各街镇、系统开展的形式多样、小型分散的群众文化活动为延伸的公共文化产品供给体系,实现"点面并举,点上出彩,面上开花"的良好效果②。

5. 体制建设:工作协调、双向协议委托、三重考核、统筹运行

建立工作协调机制(大渡口区"文化馆总分馆制"工作组和业务协调组),成立大渡口区"文化馆总分馆制"工作组,定期研究解决"文化馆总分馆制"后续建设中的困难和问题;成立业务协调组,由文化馆总馆统筹,业务上深度融合,资源上共建共享。

---

①② 彭泽明,刘治恒,安桂香,等. 重庆市大渡口区文化馆总分馆制探索[J]. 上海文化,2013(2):24－32.

实行双向协议委托机制，在不改变现有镇（街）综合文化站行政体制的前提下，通过签订委托协议，实现总分馆上下联动运营。分馆馆长由各镇街根据自身实际选派熟悉文化工作的人员担任，分馆业务副馆长由总馆选派业务干部担任，并接受总馆和镇街的双重领导和双重管理。

建立三重考核机制，健全“政府部门对总分馆、总馆对分馆、群众民意调查测评”三重绩效考核评价机制，大力实施总分馆单位目标考核与总分馆工作人员绩效考核①。

建立经费统筹运行机制，设立总分馆制运行管理专项基金，用于总分馆日常业务工作基本运行，由总分馆制业务协调组进行统筹管理，确保基金的高效调配使用，并以项目申报及绩效考核等方式，充分调动总分馆开展业务工作的积极性。

四、建设成效

大渡口区在文化馆总分馆制建设过程中进行了多方面的探索，取得的主要成果如下②：

1. 理顺管理机制

文化馆总分馆制强化了文化馆总分馆的统筹和引领作用，有效解决了过去区文化馆和镇街综合文化站各自为政、资源不能共享的问题，形成了全区上下一盘棋。

2. 发挥带动功能

总馆工作人员派驻分馆担任业务副馆长，集管理员、培训辅导员、演员和创作员“四大员”角色于一身，充分发挥了总馆对分馆的管理和指导、带动功能，解决了过去街镇综合文化站无人管、无专业人员管的问题，促进了街镇分馆和基层服务点建得起、转得动、用得好。

3. 改进服务方式

文化馆总分馆制推动了由单一阵地服务向“阵地 + 流动 + 数字化”服务转变，从“要我服务”向“我要服务”转变，服务方式从“单一供给”向“多元供给”“交互供给”转变，进一步满足了老百姓基本的文化需求。

4. 提高服务技能

文化馆总分馆制完善了设施，壮大了人才队伍，使公共文化资源由“分散、分割”向“整合、一体”转变，放大了资源聚合效应，从而整体上提高了服务效能。

---

① 谭畔. 大渡口文化馆总分馆制理想模式的建构[J]. 大众文艺，2016(2)：4.

② 江存彬. 贴近文化民生　创新服务模式——大渡口区推进文化馆、图书馆总分馆制建设情况介绍[J]. 图书馆杂志，2017(3)：17－19.

第四节　上海浦东区文化馆总分馆制

本节根据调研组对浦东新区文化艺术指导中心的调研座谈和对有关人员的访谈，对浦东新区文化艺术指导中心（浦东文化馆）总分馆制建设状况及发展模式进行概括。同时，以特色分馆塘桥分馆和金海艺术中心为案例，具体介绍其特殊的管理模式和浦东区分馆建设中的不断探索过程。

一、建设概况

1. 文化馆建设情况

浦东新区文化艺术指导中心试点建设了1个区总馆（浦东群艺馆）、4个区域中心馆（浦东群艺馆惠南分中心、外高桥分中心、浦东文化馆、浦南文化馆）、2个街镇（大居）分馆（金海文化艺术中心、塘桥社区文化活动中心）、3个村居延伸示范点（塘桥街道贵龙园、南城、塘东居委会综合文化服务中心）。

2. 开放发展形势

浦东新区作为全国改革开放的先行区和示范区，在经济社会的发展中逐步形成了高度国际化、现代化和市场化的开放格局，人口结构多元复杂，公共服务资源供给多样，文化馆的管理运营主体既有事业体制主体，又有社会化主体，面向市场的多样化样本让浦东的文化馆总分馆试点建设具有代表性和示范意义。

3. 群众文化需求

浦东公共文化发展阶段已从一般意义的基本性、公益性逐步过渡到国际性和现代性，浦东570万常住人口和200万流动人口普遍具有日益高涨的精神文化需求，不同的群体、不同的层面、不同的区域都迫切需要政府提供均等化、标准化和更充分的公共文化服务，这需要浦东的公共文化体系在原有分散化、一元式管理的基础上，进行体制和机制的转换和创新，建立一个能融合各类管理机制、运作形式的公共文化服务模式。

二、体系架构

1. 群艺总馆 + 区域中心馆 + 分馆的“1 +4 + X”体系

浦东新区以浦东群艺中心为总馆，分别试点建立了浦南、浦东、惠南、外高桥为4个区域中心馆和曹路、塘桥两个分馆，逐步形成了群艺总馆 + 区域中心馆 + 分馆的“1 +4 + X”体系,并逐步向村居服务点延伸,为构建区、中心区域、街镇和村居四位一体的总分馆体系打下了基础。

2.“自愿加入”的分馆发展模式

目前主要采取自愿加入的方式发展分馆,该模式通过标准化带动目前分馆公共文化服务在硬件配置、服务机制和管理模式等方面逐步实现均等化,分馆的建立坚持“自愿加入”的原则,根据分馆的标准和各地实际,自主申报、分批吸纳、逐步覆盖,属于联盟式的较为松散的总分馆体系。为了吸引更多文化服务中心加入总分馆体系中,浦东采取了公共文化资源配送倾斜的方式。公共文化资源配送包括演出、电影、指导员、培训的派送,通常根据地区人口等因素,秉承均等化的原则进行分配,将重大的高端演出优先配送到分馆,将民众需求呼声高的活动优先向分馆派送。

3. 分方案统筹管理

对目前总分馆体系中各馆的管理,浦东有两套方案。对文广体制内的独立事业法人中心馆(例如浦东群艺馆惠南分中心、外高桥分中心等),采用区级文化部门行政助推的方式,将其列为总馆下属的事业法人,人财物统一由总馆负责,赋予其独立单位的职能,全面提升服务分馆和基层单位的能力;而针对街镇分馆和公办民营的分馆,则通过建立理事会制度,提高管理运营的社会化、标准化程度。

三、具体做法

1. 认真调研,初步建立协调各方的统筹机制

2014 年初,浦东新区文广局等单位通过“深入调研 + 引入外智”的形式,在充分了解、梳理区内文化馆管理运营具体情况的基础上,邀请国家、市、区有关专家、学者开展专题研讨,并组织调研组赴嘉定区以及重庆、江苏等文化建设发达地区进行考察,基本形成了浦东群艺馆总分馆制建设及浦东公共文化运作机制创新的思路和初步举措。同时,加快建立以文广局为牵头单位的总分馆体系建设试点工作协调小组,将相关事业单位、街镇和社会主体纳入工作小组的序列,以例会和专题会为抓手,定期定点研究和解决试点工作开展中的重点项目和重点问题,在区层面形成了协调推进工作的整体合力。

2. 精心试点,初步建立“1 + 4 + X”的试点架构

浦东群艺馆根据浦东新区文广局的指导意见,认真制订总分馆建设试点工作的总体方案,明确了总分馆建设中功能定位、体系建设、机制转换、共建整合等方面的工作内容,通过下发文件、挂牌、统一制度、建立理事会等不同形式,以浦东群艺馆为总馆,分别试点在浦南、浦东、惠南、外高桥建立了 4 个区域中心馆和曹路、塘桥两个分馆,逐步形成了群艺总馆 + 区

域中心馆+分馆的"1+4+X"试点工作体系，并逐步向村居服务点延伸，为构建区、中心区域、街镇和村居四位一体的总分馆体系打下了基础。

3. 分类管理，初步建立一体运作的工作模式

总馆通过"以点带面"的形式，通过重点聚焦"塘桥分馆"和"四个中心馆"建设，分类探索和积累不同工作样本的运作机制。在推进过程中，主要着力于机制的转换，通过总分馆一体化、均等化的运作机制，改变原先中心馆和分馆的运作模式，实现相关公共文化资源更宽层面的整合和有效利用。一是针对文广体制内的独立事业法人中心馆，采用区文广局行政助推的方式，将其列为总馆下属的事业法人，业务、人事、财务等统一由总馆负责管理，激活其事业单位的活力；二是针对文广体制内的部门式中心馆，赋予其独立单位的工作职能，全面提升服务分馆和基层的能力；三是针对街镇分馆和公办民营的分馆，通过建立理事会制度，提高公共文化服务阵地管理运营的社会化、标准化程度，形成更加现代化的服务工作机制。

4. 制定标准，初步建立均等融合的服务平台

总馆根据文化部和上海公共文化服务部门的相关要求，制定了总分馆公共文化服务标准（建议稿），对总馆、中心馆、分馆和服务点的建设标准、服务内容和评价工作进行了指标性的量化，以标准化带动均等化，初步建立了均等、一体的指标服务体系。通过制定标准，进一步明确了试点架构中各个层面的功能定位和职责范围，形成了各层面公共文化资源充分整合、相互流通、共建共享的工作格局，并对每个层面的服务工作形成了实质的推动。每个试点单位都在总馆的指导支撑下，推出了1—2项更具示范效应和辐射效应的文化惠民和特色项目，形成了围绕中心、各具特点的公共文化服务平台。

5. 确定层级，建立明确的总分支馆职能

根据《关于试点推进浦东新区群众文化艺术馆总分馆体系建设的实施意见》，各级馆必须尽力明确总分支馆职能，形成鲜明层级。

（1）总馆职能：总馆主要负责制订总分馆建设和发展的各项规划、计划、指标和任务，统筹管理中心馆、分馆和延伸点的工作业务，制定统一的服务标准，建立统一的配送机制和网络平台，开展统一的业务培训和绩效考核等。

（2）区域中心馆职能：区域中心馆主要按照总馆确定的标准和要求，负责制订本单位工作计划和任务，确定相关服务规范和工作制度，对辖区内分馆的工作进行指导和督促，统筹推进所辖区域内区级公共文化资源配送和活动等。

（3）街镇（大居）分馆职能：街镇（大居）分馆主要按照总分馆建设的目标要求，负责分馆建设各项计划和任务，负责所在街镇（大居）各项公共文化活动的组织和实施，建立分馆的标准化服务模式，指导和督促所辖示范点建设等。

(4)村居延伸示范点职能:村居延伸示范点主要根据建设标准,负责本延伸点的标准化建设,开展文化、教育、体育、科技、旅游、党建等综合服务,对街区、街镇公共文化资源的供给和输送,创新公共文化服务机制等。

四、主要成效

1. 创新公共文化运营管理机制

总分馆试点建设工作为浦东建立区总馆、区域中心馆、街镇分馆、村居服务点"四位一体"的公共文化管理模式进行了实质性的推进,探索在高度国际化城区发展建设现代公共文化服务体系的基础路径,创新文化馆建设管理机制,为下一步开展以总分馆体系为核心的更宽领域的浦东文化服务奠定了基础。

2. 实现公共文化资源的均等服务

浦东新区通过试点建设总分馆体系,建立了一个更加开放和更具包容度的公共文化资源体系,推动文化服务标准化建设和资源均等配置,实现上层资源更有效地下沉到基层,让市民能够更便捷更直接地共享优质文化资源,大幅增加公共文化资源的使用效率。

3. 为深化文化馆建管创新提供样本

浦东群艺馆总分馆建设起点于体制机制创新,着眼于全区公共文化资源的多元整合和有效利用,是现代社会背景下的一次文化服务模式的升级改造,目的是建立现代公共文化服务体系,其建设体系中丰富的样本能为其他地区文化馆总分馆建设,为创新城市公共文化服务机制提供良好的借鉴。

五、特色案例分馆

下面以塘桥社区文化活动中心和金海文化艺术中心分馆为例具体展示浦东文化馆总分馆的建设方式。

1. 塘桥社区文化活动中心"三不变"总分馆制建设模式探索

塘桥社区文化活动中心坚持"三不变"的总分馆制建设模式,即分馆人员不变、分馆资金渠道不变、分馆资产性质不变。同时,探索阵地共同管理、活动共同开展、队伍共同建设(业务方面)、品牌共同培育、效能共同评估的五大建设机制。开展两年总分馆制建设后,在文化团队建设、文化项目打造、设施管理三个方面取得了显著的成效。在文化团队建设方面,总馆每周对塘桥社区文化活动中心进行业务指导,建立了合唱、码头号子、戏剧等文化团队;在文化项目打造方面,总馆协助塘桥分馆打造了"午间文化一小时"的文化项目,在设备管理方面,总馆为分馆提供音控服务、专业设备业务指导。

2. 金海文化艺术中心分馆“公办民营”二级管理模式

金海文化艺术中心是由浦东新区政府主办，2014 年 9 月，该中心在落成之初即采用政府面向社会机构进行招标，购买专业化服务的“公办民营”方式，探索建立法人治理结构，以此创新公共文化服务设施管理体制和运营机制。最终，民办非企业机构浦东上上文化服务中心成功中标，承担了该中心的运营管理任务，并建立由新区宣传部（文广局）、新区文化艺术指导中心、街镇文化干部、群众代表等组成的理事会，初步形成了以理事会决策领导，社会机构负责运营管理，各方代表参与监管，第三方评估监督的公共文化设施法人治理结构。2015 年，该中心加入总分馆体系后，采取理事会进行预算管理，总馆进行业务管理的二级管理模式。总馆提供干部培训、文化派送（演出、文体培训）等业务指导，分馆积极参与浦东新区文化节等总馆活动。

第五节　山东潍坊市文化馆总分馆制

潍坊市文化馆探索推行群众文化基层辅导制度的总分馆建设模式，发展过程中便民、利民、惠民，其总分馆设置也独具特色，为人民服务，以群众为基石，并且将社会力量很好地运用到公共文化服务过程中，值得学习和借鉴。

一、建设概况

1. 硬件基础设施

潍坊市已基本实现市（县、区）有图书馆、文化馆，镇（街）有综合文化站，村（社区）有基层综合性文化服务中心的目标。全市 13 个文化馆全部为国家二级以上馆，其中一级馆 10 个，总建筑面积 4.5 万平方米；118 个镇（街）全部建有达到国家二级以上标准的综合文化站，总建筑面积 9 万平方米；全部行政村均建有达到山东省二类以上标准的文化大院，市、县、乡、村的四级公共文化服务设施网络实现有效覆盖①。

2. 资金引进情况

社会力量已成为潍坊各地推进公共文化服务均衡发展、提升服务效能的有益补充。潍坊各市县采取企业冠名、文企结对等方式，吸引较多的社会资金参与社区文化服务中心建设，同时，接受社会捐赠图书、文体活动器材。

---

① 浙江省文化厅. 山东潍坊推进公共图书馆、文化馆总分馆制，构建一体化服务体系——共建共享提高服务效能[EB/OL].[2019 - 07 - 10]. http://wht.zj.gov.cn/dtxx/2016 - 10 - 11/204701.htm.

3. 群众文化活动

潍坊市潍城区通过广告宣传置换的方式，将音响公司提供的数百件演出设备用于公益性群众文化活动；潍城区、寿光市、昌邑市成立文化志愿者指导中心，专门负责文化志愿者的招募、注册、培训以及志愿服务管理工作，形成覆盖全域的志愿者服务网络；青州市成立了文化行业协会，通过协会的引领，带动各类民间文艺团体迅猛发展，群众文化活动的数量、规模逐年递增。

二、体系架构

潍坊市文化馆探索推行群众文化基层辅导制度的总分馆建设模式，其主要内容由建立群众文化基层辅导示范点、建设权利义务约束机制和监督考核评价体系 3 个方面构成。

潍坊决定首批择优建立 15 个群众文化基层辅导示范点，变被动“等上门”为主动“走出去”，每年举办群众文化活动 2000 多场，辅导群众 10 多万人次，促进了服务阵地外延式发展。此外，当地还借助辅导示范点举办高层次艺术培训、文艺骨干会演等活动，有效承接文化馆部分公共文化服务职能，形成“文化馆专业人员—社会文艺团体—参与群众”的服务模式，把优质公共文化服务和文化艺术资源送到基层，有效改善了基层演出设备相对匮乏、文艺爱好者得不到系统培训等情况①。

三、具体做法

为了大力推进基本公共文化服务标准化、均等化，全面提升城乡公共文化服务水平，加快构建具有潍坊特色的现代公共文化服务体系，具体实施方案如下②：

（一）推进公共文化服务均等化

1. 完善提升公共文化服务设施网络

区、街道、村（社区）三级建成标准化、规范化、科学化的公共文化服务设施网络。区文化馆达到国家标准二级馆；街道建有达到国家二级以上标准的综合文化站（中心）。全区所有街道、村（社区）建有资源充足、设备齐全、服务规范、保障有力、群众满意的基层综合性文化服务中心。

2. 推行公共文化场馆一体化服务

建立服务城乡联动机制，有效利用资源、提高服务效率。实行总分馆制，以区文化馆为

① 浙江省文化厅. 山东潍坊推进公共图书馆、文化馆总分馆制，构建一体化服务体系——共建共享提高服务效能［EB/OL］.［2019－07－10］. http://wht. zj. gov. cn/dtxx/2016－10－11/204701. htm

② 寒亭区文化广电新闻出版局. 潍坊市寒亭区加快构建现代公共文化服务体系实施方案［EB/OL］.［2019－07－11］. http://xxgk. hanting. gov. cn/QWGXJ/201608/t20160817_347046. htm.

中心，在街道、村（社区）设立分馆，开展常态流动服务和丰富快捷的数字服务，打通公共文化服务“最后一公里”。

3. 深入实施文化惠民工程

完成农家书屋出版物更新和数字化升级改造，落实“一村一年一场戏”、农村数字电影放映任务，推进“三农”出版物出版发行、广播电视涉农节目制作和农村题材文艺作品创作工作。做好为中小学生和进城务工人员免费放映电影工作。

4. 加大文化扶贫力度

把贫困村公共文化建设作为脱贫攻坚的重要任务，与新型城镇化和新农村建设相结合，加大精准投入，谋划实施重大项目。完成省定贫困村建设标准化基层综合性文化服务中心任务。以广播电视网络服务、数字文化服务、流动文化服务为重点，打造一批有影响的文化扶贫品牌项目。

5. 加大特殊群体基本文化权益保障力度

农家书屋配有盲文书籍，开展盲人阅读服务，其中有条件的农家书屋建设有声图书室。影视作品和节目加配字幕。加强残疾人文化艺术扶持工作，在文化馆设置和完善无障碍服务设施，针对特殊群体开展特色文体活动。加强进城务工人员文化工作，开展面向该群体的文体活动，满足他们的基本文化需求。

（二）建立公共文化服务标准体系

1. 建立健全保障标准体系

按照国家和省市有关标准，建立基本公共文化服务保障标准体系。以政府为主导落实保障底线，建立保障标准动态调整机制。

2. 建立健全技术标准体系

建立公共文化设施布局、土地使用、建设规模、设计和施工规范等标准，按照均衡配置、严格预留、规模适当、功能优先、经济适用、节能环保的原则，合理规划建设。坚持运行管理与设施建设相辅并重，建立文化馆管理标准。

3. 建立健全评价标准体系

坚持以效能为导向，完善公共文化服务绩效考核标准，考核结果作为评定领导班子和领导干部政绩的重要依据。建立各级文化馆评价标准，落实绩效考评制度，考评结果作为预算确定、收入分配和负责人奖惩的重要依据。完善服务质量监测体系，制定公众满意度指标，建立群众评价和反馈机制。探索建立公共文化服务质量第三方评价机制。

（三）强化公共文化服务发展动力

1. 创新开发文化产品和服务

依托本地资源加强文化创意产品研发，创新文化产品和服务内容，打造文化精品和服务品牌，促进公共文化服务标准化与个性化、品牌化相统一。

2. 培育和促进文化消费

采取政府购买、票价补贴、运营补贴等方式，支持艺术表演团体公益性演出和社区影院公益性电影放映，鼓励商业性文化活动对群众免费或优惠提供文化服务。鼓励教育培训、会展演艺、数字网络等文化企业开发公共文化产品和服务，满足群众多样化的文化需求。区、街道每年要组织开展有影响、有规模的文化消费活动，推动提升文化消费水平。

3. 鼓励社会力量参与公共文化服务

引入竞争机制，拓展政府购买范围。激发社会各界参与公共文化服务的积极性和创造性，对适合社会力量承担的公共文化服务逐步采取政府购买服务的方式进行运作。落实税费减免、项目帮扶等优惠政策，引导社会力量以兴办实体、捐赠物品、资助项目、赞助活动、提供设备等方式，参与公共文化服务体系建设。推广政府和社会资本合作模式，吸引社会资本参与公共文化产品及服务项目的投资和运营管理，促进公共文化服务提供主体和方式多元化。

4. 大力推进文化志愿服务

推动文化志愿服务与政府服务、市场服务相衔接，构建参与广泛、机制灵活的文化志愿服务体系。

(四)推进文化、科技融合发展

1. 加大文化科技创新力度

充分发挥科技对文化创新发展的支撑作用，将信息技术、数字技术、网络技术充分应用于公共文化服务体系建设，积极运用高新技术改进文化创作、生产和传播方式。以争创省“文化创新奖”为契机，加快推进公共文化服务专用装备、软件、系统研发和文化科技成果转化应用，培育打造一批公共文化服务科技创新示范项目。支持公共文化单位与科研单位、高科技企业协同创新，丰富公共文化服务手段，提高文化产品吸引力。建设文化科技融合发展示范基地，培养和发展新型文化业态，提高产品的美学价值和经济的文化含量。

2. 加强公共文化服务数字化建设

统筹文化信息资源共享工程及数字文化馆资源，建设与省数据库有效对接的公共文化资源共建共享数据库。结合“智慧城市”建设，建成与市级互联融通，具有公共文化数字化管理服务和 APP 移动服务功能的“公共文化云平台”，推进公共电子阅览室改造升级，增强便捷服务效能①。适应群众多样化数字文化服务需求，利用网站、微博、微信、微视、微电影等现代信息技术手段，打造公共文化服务“微空间”，开展立体化、互动式公共文化服务。

（五）丰富公共文化产品和服务供给

1. 着力提升公共文化服务效能

建立政府采购公共文化项目库和服务配送制度，采取互动式、菜单式服务方式，推动公共文化服务与群众文化需求有效对接。推进文化馆免费开放，拓展服务项目，增加服务窗口，创新服务机制。建立公共文化服务反馈、评价机制。推动公共文化机构建立服务联盟，实行文化服务“一卡通”，开展公共文化巡展、巡讲、巡演等服务。

2. 加强文化产品创作生产

以“画乡文化奖”为载体，完善文化产品激励机制和评价体系。开展“中国梦”主题文艺创作活动，创新题材、内容和形式，重点扶持体现社会主义核心价值观、弘扬民族精神和时代精神的优秀文艺作品创作。将有政府投入所生产（或有版权）的文化产品，免费或优惠用于公共文化服务。

3. 大力传承弘扬优秀传统文化

加强对优秀传统文化的挖掘和阐发，实施文化创新传承计划，推动优秀传统文化创造性转化、创新性发展。实施潍水文化建设工程，按照保护区总体规划要求，健全完善相应政策法规和工作机制，如期完成建设任务。注重面向基层开展公共文化服务和全民艺术普及活动，逐步达到“一村（社区）一品”，努力实现“一人一艺”。组织开展好“社区文化节”等品牌活动。深入开展全民阅读活动。制订全民阅读中长期规划，推动全民阅读进家庭、进社区、进校园、进农村、进企业、进机关。积极宣传科学思想、传播科学方法、普及科学知识，促进公众不断提升科学素质。

（六）加强公共文化服务人才队伍建设

1. 完善公共文化人才选用机制

落实公共文化机构人员编制要求，坚持控制总量、盘活存量、优化结构、有减有增，根据公共文化服务需要适时调整编制标准。重视专业技能考察，大力选拔优秀人才进入公共文化服务领域。

2. 配齐基层文化馆服务人员

在核定的编制数额内，按照适应基层综合性文化服务中心功能要求、具备综合性服务

① 潍坊市文化广电新闻出版社. 潍坊：公共文化云平台试运行[EB/OL].［2019－07－11］. http://www.sdwht.gov.cn/html/2015/gdxw_0630/21856.html.

能力的标准,落实基层综合文化站人员编制,每个街道综合文化站配备编制1—2名,规模较大的街道适当增加编制。设立城乡基层公共文化服务岗位,配置由公共财政补贴的工作人员。

3. 加大基层文化人才培养力度

深入实施"百千万"公共文化人才培养工程,建立综合性培训基地,完善市区两级联动培训机制,广泛培养基层文化骨干、乡土文化能人、民族民间文化传承人和文化活动积极分子,不断壮大公共文化人才队伍。推行基层公共文化从业人员备案制度,设立公共文化人才库。

四、项目成果

1. 公共文化服务均等化建设水平有效提升

(1)着力打造公共文化服务"微空间"。适应群众多样化数字文化服务需求,积极利用现代信息技术,开设区文化馆网站,建成潍城美协、诗词楹联、广场舞协会等社团组织微信群。公共文化服务"微空间"的发展,既丰富了公共文化服务的手段,又促进了公共文化信息的高效传播和文化服务质量的改进提升。

(2)积极推进公共文化服务数字化。在推动基层综合性文化服务中心普遍建成公共电子阅览室的基础上,大力开展实施农家书屋数字化提升工程,为全区一百多个村(社区)农家书屋进行了数字化提升。与潍城电视台合作,运用高新技术改进文化传播方式,把全区非遗项目制作成专题片,有效保护数字化文化资源①。

2. 标准化试点工作有效推进

近年来潍坊市委、市政府高度重视公共文化服务体系建设,不断强化措施,加大工作力度,公共文化服务设施均等化建设有效覆盖,公共文化服务活动有效开展,公共数字文化服务品质有效提升,公共文化服务标准化试点工作有效推进,取得了显著的建设成效。全市文化系统在市委、市政府的正确领导下,在社会各界的大力支持下,不断推进文化与金融、科技、新媒体和旅游相结合②,真抓实干,锐意进取,为加快建设富裕文明新潍坊做出了新的更大的贡献。

---

① 潍城区文化广电新闻出版局. 潍城区现代公共文化服务体系"四化"建设取得阶段性成果[EB/OL].[2019-07-11]. http://whj.weifang.gov.cn/Item/Show.asp? id=5844&m=1.

② 潍坊市文化广电新闻出版局. 潍坊:"四个融合"助推文化产业发展[EB/OL].[2019-07-11]. http://www.sdwht.gov.cn/html/2015/gdxw_0719/22432.html.

第六节　内蒙古康巴什新区文化馆总分馆制

康巴什新区文广局坚持以服务基层、服务群众为主,以社区文化室活动为载体,以免费开放为支撑,按照"十个全覆盖"工程要求,使城乡文化活动全覆盖。

一、建设概况

1. 硬件基础设施

康巴什新区文化馆实行总分馆制,共有总馆 1 处,分馆 10 处,为新区各社区居民服务。总馆负责新区层面的文化活动统筹、协调、安排、组织工作,分馆负责社区文化活动的具体组织和开展。所有阵地均免费开放,每处每周开放时间不低于 70 小时。各馆内设有图书室、电子阅览室、舞蹈室、健身房、培训室、音乐室、老年活动室、少儿活动室以及多功能活动厅等,设备器材齐全①。

2. 人员配置情况

为繁荣康巴什新区群众文化,整合康巴什新区现有公共文化资源,实现优势互补,康巴什新区文广局制定了文化馆总分馆制度,为了最大限度地满足群众的文化需求,康巴什新区文广局为每个社区下派文化指导员 1 名,有条件的社区还聘请了有文艺爱好或有文艺专长的离退休老干部、文艺骨干参与社区文化活动。

3. 群众文化参与

开展文化辅导员下社区工作,为新区群众、文艺队培训 500 余次,培训人数近 2 万人次,为新区机关、学校、群众文艺队编排合唱、舞蹈、小品等各类文艺节目 20 个。

二、体系架构

康巴什新区文广局积极探索符合康巴什新区文化发展繁荣的体制改革之路,结合街道社区改革,在新区建立完善的公共文化服务体系建设协调机制,推进公共文化服务设施、场馆、设备、人员、经费、管理、服务等主要指标规范化、标准化,并建立起群众对各类文化活动的语言和反馈机制,推动文化惠民项目与群众需求有效对接。将社区分馆建成功能完善,服

① 李冬.康巴什区文化总分馆制满足群众文化的多样性需求[EB/OL].[2018-06-13].http://www.kbsdzb.gov.cn/bmdt/201806/t20180613_2179463.html.

务周到的综合性宣传思想文化活动阵地①。

文化馆总馆负责康巴什新区层面群众文化活动的统筹、协调、安排、组织工作,分馆负责社区文化活动的具体组织和开展,总馆与社区共同进行群众文化活动的安排,整合和调动文化资源积极为群众进行服务,满足群众文化的多样性需求。建立群众对各类文化活动的语言和反馈机制,推动文化惠民项目与群众需求有效对接。将社区分馆建成功能完善、服务周到的综合性思想宣传文化活动阵地。依托文化馆总分馆,大力进行文艺创作与培训②。

三、具体做法

1. 在各社区成立群艺文艺理事会

由群众文艺队代表、群艺文化爱好者及普通居民组成。每季度召开一次会议,商议确定新区群众文化活动的开展形式及活动内容,评价反馈文化行政主管部门所属公益性文化事业单位的履职情况及群众文化需求。

2. 建立文化活动预报机制和文化服务机制

文化行政主管部门、各街道、各社区文化活动中心利用现有资源,以多种形式向辖区居民预告阶段性文化活动。

3. 确立公共文化服务评议机制

在文化馆、社区活动中心开展文化服务群众满意度调查,制定、发放"康巴什新区公共文化服务评议反馈表",确保活动计划能根据群众需求及时调整。

4. 实行"菜单式"文化服务方式

实现群众点文化服务内容,政府直接提供或者购买文化服务,邀请群众及第三方社会组织对服务进行评价③。

四、项目成果

康巴什新地区认真实施文化馆总分馆体制,贯彻落实了"五个突破",具体内容包括④:

一是公共文化服务设施网络建设实现新突破,积极探索企业和政府共建公共文化设施场所的新模式;二是文化服务队伍建设实现新突破,探索专业人才、社区人才、志愿者相结合

① 光明网. 创新推进文化馆总分馆制[EB/OL]. [2018 - 06 - 13]. http://www.ndcnc.gov.cn/cpcca/hangye/201604/t20160413_1210068.htm.

② 康巴什新区文化体制改革工作亮点纷呈[EB/OL]. [2016 - 04 - 13]. http://www.sohu.com/a/68993889_116198.

③ 李志奇. 康巴什文化体制改革提升为民服务水平[EB/OL]. [2017 - 11 - 27]. www.kbsdzb.gov.cn/bmdt/201711/t20171127_2043404.html.

④ 鄂尔多斯市人民政府网站. 康巴什新区"五个突破"推进国家公共文化服务体系示范区建设[EB/OL]. [2018 - 06 - 13]. www.kbs.gov.cn/kbs2014/xxgk_74500/zfgzbg/201702/t20170224_1897102.html.

的新模式;三是群众文化活动品位提高实现新突破,探索文艺团队政府管理和群众自我管理相结合的新模式;四是文化服务机制实现新突破,探索小区、社区、街道办事处不同层次文化机构合理分工、协同服务的新模式;五是创建工作氛围,实现新突破,探索民间团体、企业、政府齐抓共管的创新模式。

第七节 文化馆总分馆制实践案例的比较

本节选取上文6个实践案例中最有代表性的嘉兴、张家港、大渡口这三个案例,对其文化馆总分馆建设的关键因素进行对比分析。

一、嘉兴、张家港、大渡口文化馆总分馆建设对比表

表2-3将嘉兴、张家港、大渡口三地文化馆总分馆建设的建设模式、总分馆架构、资金保障、设施设备、人才队伍、服务标准、工作例会、理事会制度、数字平台、考评制度进行了归纳。

表2-3 嘉兴、张家港、大渡口文化馆总分馆建设对比

	嘉兴	张家港	大渡口
建设模式	•“三级服务体系+五个统一+组织体系”的总分馆建设模式	•“三级节点、一体运行”的总分馆建设模式	•“一个总馆+多个分馆+若干服务点”的总分馆建设模式
总分馆架构	•在“大嘉兴”范围内,构建以嘉兴市文化馆为中心馆,联盟各县(市)文化馆,以县(区、市)文化馆为总馆,镇(街道)文化站为分馆,村(社区)文化活动中心(文化礼堂)为支馆的城乡一体化文化馆总分馆服务体系	•以张家港市文化馆为总馆,以各区镇(含常阴沙现代农业示范园区、双山岛旅游度假区)、镇办事处文化站为分馆,以文化网格为服务点,形成三级节点、一体运行的文化馆总分馆服务体系	•以区文化馆总馆为龙头,以街镇文化分馆为枢纽,以村(社区)文化室为基础的多层次、全覆盖的公共文化服务网络

续表

	嘉兴	张家港	大渡口
资金保障	•在中心馆、总馆、分馆、支馆日常运行经费来源不变的情况下,增设总分馆建设运行专项资金,建立稳定的经费增长机制,重点保障总分馆体系的平台建设、资源调配、队伍培训和作品创作等方面的支出	•设立张家港市文化馆总分馆体系运行专项经费 •由市级和镇级财政提供市、镇文化馆总分馆体系建设所需经费 •鼓励社会力量参与文化馆建设,以联盟方式运作的文化馆分馆的日常运行经费原则上按照原渠道解决,可结合实际情况对社会出资建设的文化馆分馆在资源配置、房屋和土地使用、配套服务等方面给予扶持	•按照镇街文化馆分馆由区、镇(街)两级财政共同投入,区文化馆为管理主体的指导思想——总馆、分馆建设经费和日常运行经费以文化部免费开放补助经费为主要来源,区财政预算文化馆总分馆建设和运行专项经费为补充
设施设备	•总馆统筹协调本地区的公共文化设施、演出、摄影、展览、培训等设施和设备,提高设备利用率和服务效能	•统一配置标准	•设施设备上,所有权与经营权分离。按照"四个统一"原则(统一规划、统一标识、统一配置、统一验收),全面建设区、街镇、社区(村)三级场馆设施 •按照"谁投资谁有产权,谁投资什么谁就有什么产权"的原则,由区文化馆对统一配置的设备资源与服务标准以及服务方式统一标识
人才队伍	•"两员"建设 •专职文化员管理制度 •专职文化员下派制度 •人员编制量化制度	•探索建立"政府购买岗位、擂台公开招贤、派遣分馆助理"的制度,协助分馆馆长负责辖区内活动策划、培训辅导、特色挖掘、文艺创作等工作 •制定总分馆从业人员管理培训制度,统一派遣分馆助理,为全体从业人员、网格文化员提供统一培训辅导	•实施"1+N"业务副馆长派驻制,文化专干调配使用 •集中多重角色提升服务水平:区文化馆总馆文艺专干集中多重角色担当"四大员" •建立文化人才数据库,整合文化馆总馆专业干部、分馆的文化专干和文化管理员、社区文艺团队、文化志愿者,由总馆统一培养统一协调

续表

	嘉兴	张家港	大渡口
服务标准	•按照"统一服务标识、统一发布平台、统一调配资源、统一辅导培训"的原则,制定出台《嘉兴市文化馆总分馆服务体系建设运行标准》	•总分馆统一服务标准,指导、援助、监督分馆和网格服务点开展服务活动	•文化馆总分馆通过统一活动组织策划、统一辅导培训、统一文化交流、统一文艺创作、统一数字服务,统筹开展文化服务 •统一服务标准。分层级制定服务标准,实现按需服务、分层服务
工作例会	•例会每季度举行,每年可召开1—2次扩大会议,扩大到部分支馆干事及部分基层群众代表	•每月召开一次总分馆工作例会,由总馆相关负责人主持,各分馆馆长、分馆助理参加 •每季度召开一次理事会工作例会,由总馆向理事会报告总分馆体系建设进展,并接受理事会评议 •每年召开一次监管会议,由市文化行政部门及其他职能部门对总分馆体系建设情况进行综合考察 •各镇级分馆每双月召开一次本辖区工作例会	•大渡口区文化馆图书馆总分馆制业务协调组议事制度分为月例会和专题会。月例会每月底召开,专题会依需要召开
理事会制度	•理事会由政府部门、党代表、人大代表、政协委员、总分馆专业人士、文化志愿者、业余文艺团队、社会组织、群众代表和媒体代表等组成	•理事会邀请相关单位代表、专业人士、各界群众以及基层网格文化员加入,并邀请国家公共文化服务体系专家委员会李国新、巫志南、戴珩三位专家作为理事会专家委员会成员	

续表

	嘉兴	张家港	大渡口
数字平台	●以嘉兴市文化馆为载体,建设嘉兴市数字文化馆。将全市总分支馆场地、设备、活动、团队、人才、作品等资源按照一定的标准分类编目,集成在嘉兴市数字文化馆,构建数字化公共文化资源库和公共文化服务平台,促进公共文化信息资源整合共享,利用现代信息技术提高公共文化服务机构的管理效率,创新服务模式,促进管理方法和服务技能的现代化。同时,作为全市文化馆系统的技术服务中心,提供相关技术支持服务	●总分馆一站式综合性数字服务平台	●信息资源服务平台,把公共文化产品的供给方、公共文化服务方与公共文化需求方有机地联系在一起。整合后的各分馆可以通过先进的网络集成系统,实现规范化的管理和资源的共享,而总馆也可以通过对分馆的建设弥补特色资源的匮乏
考评制度	●统一考评制度	●制定分馆、网格服务点考评细则,对分馆、网格服务点进行定期业务考核评估	●建立三重考核机制("政府部门对总分馆、总馆对分馆、群众民意调查测评"三重绩效考核评价机制)

二、比较结论

对上表内容进一步比较分析,可得出以下结论:

(1)在建设模式上,嘉兴、张家港和大渡口文化馆总分馆建设基本上是采用统筹或联合模式,总分馆体系内的各机构相对独立,但在资源调配和业务管理上实现不同程度的统一。

(2)在总分馆架构方面,大渡口与张家港都是设总馆—分馆—服务点这三级节点,而嘉兴虽也是总馆—分馆—支馆的三级服务体系,但其最高层级是以嘉兴市文化馆为中心馆,实际形成中心馆—总馆—分馆—支馆的四层服务体系,原因应该是嘉兴市属于地级市。

(3)在资金保障方面,三地区都设立了文化馆总分馆体系建设专项经费,其中张家港由市级和镇级提供市、镇文化馆总分馆体系建设所需经费,并鼓励社会力量参与文化馆建设。

(4)人才队伍方面,三地区形成了各有特色但总体思路趋同的人才配备和管理方法,嘉兴的“两员”建设、张家港的“派遣分馆助理”制度以及大渡口的“1 + N”业务副馆长派驻制及“四大员”制，总体上都保证了总分馆各级场馆的人员交流。

（5）管理体制方面，嘉兴和张家港建立了理事会制度，三地都实施了工作例会制度，形成了各具特色的考评制度。

（6）服务标准方面，三地区均采用统一服务标准的方式，由总馆统筹安排。大渡口在统一标准之下还提出按需服务、分层服务。

（7）在信息技术利用方面，三地都建立了统一的文化馆总分馆数字平台，但是名称各异，功能不一。

由三地区的比较性分析可以得出，虽然三个地区在一些方面各有自己的特色，但是在总分馆制建设的大方向以及各种标准的建立中还是有很多相似之处的，这些地方的一致性以及各馆的特色之处值得其他地区在建设文化馆总分馆制时借鉴学习。

第三章　广东省文化馆总分馆制试点分析

为响应文化部开展全国文化馆总分馆制试点工作，广东省于2016年实施了文化馆总分馆建设试点工作。本章根据各试点地区的检查和验收材料，对广东省第一批文化馆总分馆试点的实践情况、经验和问题进行概括，以期为全国文化馆总分馆制建设提供参考和借鉴。

第一节　广东省文化馆总分馆制试点概述

一、广东省文化馆总分馆制试点简况

为推动基层文化馆（站、室）服务效能的提升，加快构建现代公共文化服务体系，广东省文化厅下发《广东省文化厅关于申报2016年图书馆、文化馆总分馆试点建设项目的通知》（粤文公〔2016〕15号）和《广东省文化厅关于做好2016年图书馆、文化馆总分馆建设试点工作的通知》（粤文公〔2016〕53号），于2016年2月启动了第一批文化馆总分馆试点建设工作，确定了11个首批试点地区：广州市黄埔区、韶关市乐昌市、河源市连平县、梅州市大埔县、惠州市惠东县、江门市开平市、阳江市阳东区、湛江市雷州市、茂名市电白区、清远市佛冈县、潮州市饶平县。文件要求各试点地区根据当地经济社会发展水平和公共文化工作基础，科学规划，大胆创新，探索制订符合地方实际的实施方案，充分整合基层公共文化资源，创新服务方式和手段，提高公共文化服务效能。针对各试点地区文化馆建设的实际情况，在现有的省、市、县（区）、乡镇（街道）、村（社区）五级公共文化服务网络的基础上，按照统一领导管理、统一服务提供、统一考评评价"三统一"的要求推进总分馆建设，促使总分馆制成为文化馆未来发展的基本方向[①]。试点到2017年3月基本结束，广东省文化厅于2017年3月27日至4月14日对试点地区进行了实地验收。

二、广东省文化馆总分馆试点结果评价

在广东省文化厅对首批广东省县（市、区）文化馆总分馆试点地区进行验收的过程中，专家通过实地验收检查对各地的试点工作进行了评价打分，表3－1是对11个试点地区进行

① 陈海明.县级文化馆总分馆制在广东省的建设实践及问题对策[J].神州民俗，2017(6)：113－115.

33 人次评价的结果汇总。

表 3－1　广东省文化馆总分馆试点验收评价结果

	类别	指标	指标说明	评价人次
组织保障	组织领导	建立工作领导小组	建立强有力的工作领导小组，并形成良好工作机制	32
			建立工作领导小组，并正常运行	1
			未建立工作领导小组，或已建立但未运行	0
	政策措施	出台工作方案	出台工作方案，方案科学、创新、契合当地实际，推进有力，成效显著	28
			出台工作方案，方案基本完善，取得初步成效	5
			出台方案，操作较差，或未出台工作方案	0
	会议制度	建立工作例会制度	定期召开例会，研究、策划城乡公共文化活动	27
			召开 1 次例会	5
			未召开例会	1
	业务指导	总馆派业务干部兼任分馆副馆长	总馆派业务干部兼任分馆副馆长，分馆副馆长对分馆管理和服务的指导、执行有力	30
			总馆派业务干部兼任分馆副馆长	2
			总馆未派业务干部兼任分馆副馆长	1
	在岗情况	分馆人员在岗情况	分馆人员 80% 以上在岗，分馆对服务点配备业务指导员，工作得力	28
			分馆人员 60%—80% 以上在岗，分馆对服务点配备业务指导员	5
			分馆人员 60% 以下在岗，分馆未对服务点配备业务指导员	0
	资金保障	总分馆建设运营资金保障	根据总分馆制建设、管理和运行需要，加大资金扶持力度，资金保障到位	28
			总分馆制项目建设、资源调配和体系化运行缺乏资金保障	5
服务基础	场地保障	分馆建筑面积	分馆建筑面积达到 1500 平方米以上	17
			分馆建筑面积达到 1000—1500 平方米以上	14
			分馆图书室面积低于 1000 平方米	2
	免费开放	分馆免费开放时间	分馆每周对公众开放 56 小时以上	26
			分馆每周对公众开放 48—56 小时	7
			分馆每周开放时间不足 48 小时	0
	设备保障	总分馆建设运营设施设备保障	根据总分馆制建设、管理和运行需要，确保免费开放对外服务的设施设备	29
			总分馆建设及运行缺乏设施设备保障	4

续表

	类别	指标	指标说明	评价人次
资源调配	联动服务	联合开展送演出下基层活动	10 场以上	32
			6—10 场	1
			0—5 场	0
		联合举办公益性艺术培训	10 次以上	26
			6—10 次	7
			0—5 次	0
		联动举办讲座、展览	10 场以上	29
			6—10 场	4
			0—5 场	0
	资源共享	联合编创节目	2 个以上	26
			1 个	7
			0 个	0
		联合打造总分馆服务品牌	3 个以上	29
			1—2 个	4
			0 个	0
		演出器材设备调配	演出器材设备总馆、分馆、服务点全部实现互通互享	29
			演出器材设备未能很好或没有做到互通互享	4
人员队伍	人员培训	分馆工作人员业务培训	分馆工作人员参加业务培训每年达到 4 次以上	26
			分馆工作人员参加业务培训每年不少于 4 次	6
			分馆工作人员参加业务培训每年 4 次以下	1
		服务点工作人员业务培训	服务点工作人员参加业务培训每年达到 2 次以上	26
			服务点工作人员参加业务培训每年不少于 2 次	6
			服务点工作人员参加业务培训每年 2 次以下	1
	业余文艺团队	建立业余文艺团队	建立不少于一支业余文艺团队，文艺团队开展演出等活动	33
			建立不少于一支业余文艺团队	0
			未建立业余文艺团队	0
	文化志愿者队伍	建立文化志愿者服务队伍	总馆、分馆和服务点均有文化志愿者队伍，文化志愿服务有制度、有项目、有成效	25
			总馆、分馆和服务点均有文化志愿者队伍	8
			总馆、分馆或服务点未建立文化志愿者队伍	0

续表

<table>
<tr><th></th><th>类别</th><th>指标</th><th>指标说明</th><th>评价人次</th></tr>
<tr><td rowspan="8">服务规范</td><td rowspan="2">形象标识</td><td rowspan="2">使用统一标识</td><td>总馆、分馆和服务点使用统一标识</td><td>30</td></tr>
<tr><td>总馆、分馆和服务点未使用统一标识</td><td>3</td></tr>
<tr><td rowspan="3">服务标准</td><td rowspan="3">制定并实施统一服务目录和标准</td><td>制定完善统一服务标准并实施，取得明显效果</td><td>22</td></tr>
<tr><td>制定统一服务标准并实施，相关标准仍需完善</td><td>9</td></tr>
<tr><td>未制定统一服务标准或未实施</td><td>2</td></tr>
<tr><td rowspan="3">服务平台</td><td rowspan="3">建立统一数字服务平台</td><td>建立并使用统一服务平台，及时公布总分馆的服务目录和具体安排，为群众提供点单服务</td><td>17</td></tr>
<tr><td>建立并使用统一服务平台</td><td>10</td></tr>
<tr><td>未建立或未使用统一服务平台</td><td>6</td></tr>
<tr><td rowspan="14">考评管理</td><td rowspan="5">监督管理</td><td rowspan="3">制定并实施考评办法</td><td>制定完善考评办法并实施，取得明显效果</td><td>27</td></tr>
<tr><td>制定考评办法并实施</td><td>6</td></tr>
<tr><td>未制定或未实施考评办法</td><td>0</td></tr>
<tr><td rowspan="2">考评结果运用</td><td>把考评结果作为干部任用、资金分配的依据</td><td>27</td></tr>
<tr><td>未做考评或考评结果得不到运用</td><td>6</td></tr>
<tr><td rowspan="3">台账管理</td><td rowspan="3">建立台账</td><td>总分馆建设运行过程中建立台账，台账条理清晰、内容完善</td><td>29</td></tr>
<tr><td>总分馆建设运行过程中建立基本项目台账</td><td>3</td></tr>
<tr><td>总分馆建设运行过程中未建立台账</td><td>1</td></tr>
<tr><td rowspan="3">宣传推广</td><td rowspan="3">总分馆建设宣传</td><td>总分馆建设宣传到位，群众知晓度高，相关内容在县级及以上报刊刊登</td><td>25</td></tr>
<tr><td>总分馆建设宣传有力</td><td>7</td></tr>
<tr><td>总分馆建设缺乏宣传</td><td>1</td></tr>
<tr><td rowspan="3">档案管理</td><td rowspan="3">建立档案</td><td>建立总分馆建设运行档案，档案材料规范完备</td><td>25</td></tr>
<tr><td>建立总分馆建设运行档案，档案基本齐全</td><td>7</td></tr>
<tr><td>未建立总分馆建设运行档案</td><td>1</td></tr>
</table>

从表3－1可以看出，几乎所有试点地区都建立了强有力的工作领导小组，并形成良好工作机制；总馆派业务干部兼任分馆副馆长，分馆副馆长对分馆管理和服务的指导、执行有力；联合开展送演出下基层活动10场以上；建立不少于一支业余文艺团队，文艺团队开展演出等活动。但是，也有部分试点在分馆建筑面积、建立统一数字服务平台等方面存在问题。

第二节　广东省文化馆总分馆制试点实践经验

广东省文化馆总分馆试点建设取得了较好的成效①，根据检查验收的材料总结，其主要经验有以下七个方面。

一、优化建设架构

目前，广东省文化馆总分馆试点建设架构多数是县（区）文化馆作为总馆，处于核心地位，乡镇（街道）文化站作为分馆，村（社区）文化室作为服务点，处于从属地位，彼此共同形成覆盖城乡、布局合理、结构完整、功能健全、实用高效的文化馆服务体系。实行“一个总馆＋多个分馆＋若干服务点”的架构，让分馆成为总馆的有机组成部分，让若干基层服务点成为分馆的延伸或补充，诉求基础设施标准化、文化资源共享化、服务系统网络化，形成以县（区）文化馆总馆为龙头，以乡镇（街道）文化馆分馆为枢纽，以村（社区）文化馆服务点为基础的文化服务圈。多数试点地区都建设了《广东省文化厅关于进一步推进图书馆、文化馆总分馆试点建设工作的通知》中要求的不少于街镇数量30%（且不少于5个）的分馆，多数总馆在每个分馆下也建设了不少于3个基层服务点。各试点地区已建分馆个数和服务点个数统计如表3－2。

表3－2　广东省文化馆总分馆制试点地区已建分馆及服务点个数　（单位：个）

试点地区	分馆个数	服务点个数
梅州市大埔县	11	22
潮州市饶平县	6	18
江门市开平市	15	45
河源市连平县	13	20
韶关市乐昌市	14	42
茂名市电白区	7	21
惠州市惠东县	12	30
湛江市雷州市	5	15
阳江市阳东区	9	18
清远市佛冈县	6	18
广州市黄埔区	7	0

① 广东省文化厅.广东图书馆、文化馆总分馆试点建设见成效[EB/OL].[2017－04－26].http://zwgk.gd.gov.cn/006940079/201704/t20170428_703706.html.

各试点地区在组织保障、服务基础、资源调配、人员队伍、服务规范、考评管理等方面效果较好，说明总馆对分馆、服务点的管理比较高效有力。一般来说，分馆个数应结合县（市、区）的人口、面积等具体情况考虑，既保证总分馆服务通过服务点覆盖到村（社区），又确保总分馆对服务点的管理质量。

开平市在完善文化馆、站、室现行运作管理机制的基础上，制定实施开平市文化馆总分馆管理制度。以开平市文化馆为总馆，15 个镇（街）文体中心为分馆，把 45 个村（社区）文化室作为服务点，努力打通三级服务网络。同时，结合江门五邑联合馆建设，依托省、江门市中心馆，将服务网络增加到五级，建立起文化服务网络横向和纵向的统一协调管理机制，进一步扩大公共文化服务的覆盖面，探索符合开平实际、运行高效便捷的总分馆管理体系。

二、强化组织保障

文化馆总分馆的基本模式是以政府为主导，多级文化部门及事业单位投入到建设中，在遵循资源共享的原则下构建总分馆业务，在总馆的统一管理下形成文化馆网络体系以及资源共建共享的服务体系。如何将分散的、隶属关系不同的、财政分级拨款的各级文化馆进行有效整合，使之成为整体性的网络组织，是构建文化馆总分馆的关键。因此，政府要发挥自身的主导作用，加强文化建设的关注和投入力度。

试点区县均成立了以政府为责任主体、由区县分管领导为组长、多部门为成员单位的工作领导小组，强化文化馆总分馆制建设工作的组织领导，落实总分馆试点建设工作责任。结合各试点地区自身实际，制订了文化馆总分馆试点建设方案，切实增强试点工作实效。县（市、区）人民政府作为总分馆制建设的责任主体，负责对县（市、区）总分馆制建设所需的人财物进行保障，并对其进行监督管理。乡镇人民政府（街道办事处）负责落实分馆服务设施、运营资金、基本工作人员等。在试点地区中，佛冈县政府的重视程度相对较高，建立了佛冈县文化馆总分馆试点建设工作领导小组，领导小组下设办公室，由县文广新局局长兼任办公室主任，办公室成员包括县文广新局副局长、文艺股负责人、文化馆馆长、分馆馆长和副馆长，负责总分馆建设的日常运作工作。惠东县文化馆总馆专门设立了总分馆办公室，承担全县总分馆试点建设的统筹、协调和台账管理等工作职能，实现总分馆之间业务工作的有效衔接和管理。

三、夯实服务基础

广东省文化馆总分馆服务体系试点建设，要求各试点地区固本强基，加大基础设施建设力度，创新管理体制。试点地区进一步投入经费，统筹软、硬件建设，不断提升总馆、分馆和服务点的服务效能,实现文化服务手段上的联动,吸引更多的群众参与总分馆文化活动,为广大群众提供优质、便捷、均等的文化服务,推进文化馆总分馆建设。

首先,充分保障总分馆对公众的免费开放,包括免费开放公共空间设施场地以及免费向群众提供与总分馆职能相适应的基本公共文化服务项目活动。乐昌市各分馆根据当地群众需求,结合自身情况,采取免预约和预约相结合的方式对群众开展免费开放服务,并在原有的基础上科学合理地增加免费开放服务场馆、项目及延长开馆时间,充分利用分馆的文化资源,让群众更好地享受文化成果。

其次,根据总分馆建设、管理和运行需要,完善各分馆和服务点的设施设备,提高公共文化服务供给能力,进一步覆盖人民群众的精神文化需求。乐昌市结合各馆在开展文化活动、文化培训、文化宣传等方面存在的设施设备短板问题,为总馆、分馆添置了流动舞台和培训器材,14 个分馆各添置了电子琴一台。连平县文化馆总分馆具备灯光、音响等文艺演出设施设备,服务器、存储设备、计算机、宽带、数字文献等电子阅览设施设备,投影仪、电脑、桌椅、黑板等培训设施设备,镜子、把杆、音响、DVD 播放机等排练设施设备,钢琴、小提琴、二胡等十多种乐器,以及丰富的藏书;连平县文化馆总分馆都设置有图书阅览室,拥有藏书 7000 多册,以艺术类书籍(戏曲、美术、书法、摄影、音乐、舞蹈、文学小说)为主,还有哲学、法律、科普和少儿读物等,并有 20 多种报纸、杂志,可供读者免费阅览,适合多层次读者的需求,还配备有多台电脑可供读者查阅资料。

此外,部分试点地区对场馆进行改造,使总分馆的环境更加舒适,为群众提供多元化文化活动平台。惠东县加强室内功能室的完善、提升和利用,随着功能室的重新布局和设施设备的升级改造,过去“沉睡”的功能室多数得到唤醒;加快分馆馆址和服务点的调整、建设工作进度,其中,建立“非遗”传承人、文艺团队、文体协管员联合办公的工作机制,并在全县进行推广,成为试点工作的新亮点;以社会资金为主,促进村级文化广场的建设;随着室内功能室、室外文化广场、网络文化交流平台的建设,逐步形成“室内—室外—数字平台”的多形式公共文化服务阵地网络。

四、统筹资源调配

(一)资金方面

广东省文化馆总分馆试点资金来源渠道一般是本级政府,但是也受中央、市级和街镇级财政支持,在进行总分馆试点建设后,全省公共文化服务财政投入整体上逐步增加,增加了省级总分馆制建设专项资金共 880 万元(见表 3 - 3),可见广东省政府对公共文化服务的重视。各试点切实加大试点建设工作的投入,为试点建设提供资金保障。

表 3-3　广东省文化馆总分馆制建设专项资金补助情况(万元)

试点县(市、区)	广州市黄埔区	韶关市乐昌市	河源市连平县	梅州市大埔县	惠州市惠东县	江门市开平市	阳江市阳东区	湛江市雷州市	茂名市电白区	清远市佛冈县	潮州市饶平县	合计
补助金额	0	90	85	85	85	85	85	95	95	80	95	880

大部分地区总分馆制建设资金较为充足,例如佛冈县本级财政提供总分馆制建设专项资金人均1—1.4元,有省级和本级政府提供的两项专项资金。然而,部分地区对经济建设投入多,对文化事业投入少,公共文化服务建设资金仍然得不到有效的保障,且由于不同县区、街镇和村居之间经济发展差异极大,得到的本级财政支持力度差异巨大。尤其在农村,主要依靠农村集体经济,村(社区)本来就收入微薄,能投入到公共文化建设的资金则更少,部分地区的演出道具和服装都需要村民自费,这种情况下如果缺乏上级政府的扶持和保障则难以维持当地总分馆制建设的资金。

大部分资金来源是当地政府,也有少数地区会通过基金会、工会费、企业或民众捐助等形式筹集资金。开平市采取财政补助、社会投入相结合的方式,鼓励企业、社会组织和其他社会力量通过赞助活动、捐助设备、资助项目、提供服务以及采取公益创投、公益众筹等多种方式参与试点工作,他们的"金秋敬老周活动"就是由民众赞助的。虽然有部分地区每年拉动不少社会资本投入公共文化服务领域,但总体上各地区的资金仍来自政府,缺乏多元化投入。

为了保证资金的有效利用,对文化馆总分馆专项资金的统筹使用非常重要。广东省在《广东省公共文化服务体系建设资金管理细则》中提到文化馆总分馆试点建设项目资金用于县级图书馆及文化馆总分馆试点建设工作,包括资源调配、活动开展、人员培训、购买服务等。在建设过程中,各试点地区对分馆、服务点如何向总馆申请使用专项资金等问题制定了具体的办法,提高资金使用效率。开平市建立了总分馆建设运营经费统筹机制,将省财政和地方财政给予的总分馆补助资金以及各馆、站部分业务和免费开放经费,统一纳入总分馆建设运营专项工作经费,实行经费统筹管理使用,近3年省、市、镇投入本地文化站建设资金达2000多万元。

(二)资源方面

大部分地区都存在公共文化设施建设不平衡的问题,这种不平衡不仅体现在各个区县之间,区县内各街镇、街镇内各村居之间也由于地理位置、经济条件、土地规划等各方面的差异而使其公共文化设施建设呈现出巨大的差异。资源少旧的问题在村(社区)综合文化室最严重,其次是乡镇(街道)文化站,这反映了各层级文化馆间的资源不平衡问题。为适应新形势下公共文化建设的发展要求,进一步推进基层公共文化服务体系建设,解决层级间资源不均衡的问题，文化馆总分馆的工作要加大整合人、财、物的力度，建立城乡文化互相促进的联动机制，实现有效降低运营成本、大幅度提升服务效能，充分保障群众文化权益，实现城乡文化服务均等化。广东省文化馆总分馆试点建设为实现资源的有效调配，以试点地区文化馆总分馆为主体，开展一系列联动服务，让分馆成为总馆的有机组成部分，让基层服务点成为分馆的延伸和补充，实现区域内资源的上下贯通、横向流动、共建共享，即总馆的资源流动到分馆，分馆间资源同级流动或向下级服务点流动，甚至是分馆、服务点反哺总馆，推进基础设施标准化、文化资源共享化、服务系统网络化。典型的资源统筹分配方式有总馆派业务人员或指导老师到有需求的分馆或基层服务点，总馆将设备送到有需求的分馆或基层服务点，总馆将展览所需的字画文物或展板送到有需求的分馆或基层服务点等。

目前，多数试点地区实现了包括区域内场地、人力、师资、服务等资源的统筹利用，提升文化馆总分馆的服务效能，形成合力，增强优势，推进基层公共文化服务深入开展。各试点地区围绕文化馆总分馆建设重在提高服务水平和服务效能的目标，根据资源共享、共联互通和服务延伸的原则，采取阵地服务和流动服务相结合、总馆分馆和服务点相结合的方式，提供多种形式的文化服务。

为了丰富群众的文化生活，提高群众的艺术审美情趣和艺术修养，总馆联合分馆和服务点开展送演出下基层活动，举办公益性艺术培训、专题讲座、展览等文化惠民活动。佛冈县总馆长期开设的免费培训项目有舞蹈、戏剧、音乐等；总馆下文要求各镇分馆根据当地群众的需求，提出各镇分馆的免费培训计划；业务副馆长围绕总分馆试点建设，按照各镇特色，结合自己专长开展特色培训，培训计划和方案、经费预算、所需设备器材等相关事宜由业务副馆长联系各镇和相关协会制定。乐昌市培训了一大批文艺骨干在分馆担任流动培训老师，使当地群众享受到与总馆同等的培训服务，有力地促进了全民文化艺术素质的提高。

在文化馆总分馆建设过程中，应该加大当地文化特色以及民间传统的发掘力度，做好文化产业的维护，甚至可以打造属于当地人的文化特色产业，提升人文知名度。因此，总馆联合分馆、服务点编创具有地方特色、群众喜闻乐见的节目，营造良好的文艺创作氛围，并将活动延伸到乡镇（街道）和村（社区）；打造贯通区（县）、乡镇（街道）、村（社区）的总分馆服务品牌。乐昌市围绕当地群众需求，依托地方特色文化资源，采取总馆、分馆、服务点分级共建的方式，精心打造包括“千人书画大赛”“美丽中国梦　快乐乐昌人”“文化志愿者活动”“开心广场　百姓舞台”及“乐昌市原创作品文艺展演”等服务品牌。各分馆在参与总馆联办活动的基础上，结合地方习俗和群众需求，也开展了各具特色的“一馆一品”镇级文化活动，如两江文化馆分馆举办了“第二届农民排舞大赛”，乐城街道文化馆分馆开展了“美丽中国梦　快乐乐昌人”文艺进社区活动，坪石文化馆分馆开展了重阳老人节文艺联欢活动，庆云镇文化馆分馆举办了庆云镇民俗文化展演暨户昌山古村推介讲解员竞赛活动，九峰文化馆分馆举办了首届“农家乐杯”书法大赛、九峰山歌表演赛等。总馆通过引领带动各分馆活动的开展，使各分馆形成了具有自身特色的文化活动，为创建“一馆一品”常态化文化活动打下了良好的基础。

在联动举办的各类群众文化活动中，建立区域联动机制，高度整合资源，充分发挥总馆、分馆、服务点的优势和特点，实现活动联办、品牌联创、培训联做、场地联用、平台联建，器材设备互通共享，促进文化资源有效流动、群众需求上通下达、公共服务普惠均等，全面提升文化馆总分馆服务水平。

在资源统筹管理方面，文化馆要与其他文化事业单位形成有效联系，建立起良好的合作伙伴关系，有效利用外部资源，为分馆和服务点的发展打下基础，共同做大、做强文化事业。开平市将纵向管理和横向联动相结合，真正实现跨边界文化服务，形成了一个整体扩展的公共文化服务覆盖面。开平市文化馆总分馆制着眼于文化资源从总馆到分馆到服务点的垂直性上下贯通、共建共享，整合群众文化艺术资源，加强对区域内文化活动、文艺创作、文艺辅导、送戏下乡、队伍培训以及演出器材设备调配等方面的统筹；通过文化馆分馆和基层服务点把优质文化服务送到农村基层，取得了较好的效果。创新横向拓宽文化资源渠道，把文化馆、图书馆、美术馆、博物馆四馆资源整合，寻找共性，打造平台，把文化资源的最大化注入总分馆体系中，让群众享受公共文化服务的“流量”加大。例如“我们在这里成长”暑期公益培训班，活动中除了总分馆纵向垂直的联动，还有图书馆、文化馆、博物馆、美术馆四馆的横向联动；从原来的以艺术类专业为主的培训，发展成为有社会科学、乡土文化、专业技能等专业的综合性公益培训；学位也从原来的300多个，增加到800多个。“我舞蹈　我健康”百姓健康舞片区展演，除了有镇与镇之间的广场舞展示表演外，广场周边还设有美术、摄影、非遗、文物、书画等项目的图文展览，每一场活动都吸引了群众广泛参与。

五、充实人员队伍

根据《广东省文化文物统计年鉴（2015）》的数据计算，广东省地市级文化馆平均有工作人员27人，县级文化馆平均有工作人员14人，乡镇（街道）文化站平均有工作人员6人，基层文化服务中心的工作人员数量更加不足，并且存在缺少专职文化从业人员、文化室管理人员身兼数职等问题。总馆人员编制一般是10—20人，分馆专职人员一般是2—3人，情况较好的地区可达到5—7人，服务点大多只有1名工作人员，部分地区服务点只有1名兼职工作人员。开展文化馆总分馆试点建设工作意味着基层文化馆（站、室）的任务量有所增加，但人员数量却基本不变，人力支撑不足显然是推进文化馆总分馆制建设的障碍之一。

随着人们对文化生活的要求越来越高,文化活动的组织策划、活动形式及内容、宣传方式需要相应改进与创新。然而,目前广东省文化从业者结构比较不理想,基层文化馆(站、室)工作人员可能存在专业水平较低,对文化馆总分馆的认识不足等问题,这也阻碍着各试点文化馆总分馆的建设工作。

为了解决以上问题,各试点地区实行总分馆人员"上挂下派"。一方面,综合素质较高、发展潜力较大的基层工作人员到总馆担任相应职务,既提升了上挂人员的思维层次和业务水平,又将基层的需求反映上来;另一方面,经验丰富、业务突出的总馆工作人员到分馆和服务点,把政策精神和宝贵经验带下去,考察基层工作中面临的实际困难。这一举措架起了上下沟通的桥梁,激发了文化队伍的活力,充分发挥了总馆人力资源在文化馆总分馆建设中的作用,充实了分馆和服务点的人才力量,缩小了乡镇(街道)文化站、村(社区)文化室与县(市、区)文化馆之间的公共文化服务水平差异,提高了公共文化均等化程度。佛冈县、大埔县、乐昌市等地在总分馆队伍"上挂下派"建设方面较为突出。佛冈县向社会招聘6名文化站免费开放工作人员,同时招聘3个文化站业务副馆长或馆长助理下派到6个分馆,工资由总馆负担,但是不纳入编制内。大埔县文化馆共13个在编在岗人员,其中大部分都是90后并有两名经验丰富的副高职称人员带领,整个文化队伍活力蓬勃;定期召开由总馆召集分馆馆长参加的会议,下派总馆3位副馆长兼任11个分馆副馆长,每个分馆配备有专职的工作人员,分馆对服务点均配备业务指导员,根据总分馆建设、管理和运行需要,加大资金扶持力度,资金保障到位。乐昌市文化馆的工作人员数量小于分馆数量,无法做到所有分馆都下派一名业务指导,因此乐昌市文化馆用一人负责两个分馆,一个分馆对应两名负责人的方法解决了这一问题。开平市在保证各馆站室人员编制不变、隶属关系不变的前提下,制订开平市文化馆分馆副馆长派驻工作方案,由总馆选派工作骨干担任分馆副馆长,充分发挥分馆副馆长的作用,对分馆进行业务指导,协助各分馆各项业务工作和各类活动的开展;规定各分馆骨干参加总馆文化活动实践锻炼每年不少于3期。惠东县文广新局发文任命了总馆馆长、分馆馆长和外聘教师,总馆下派了6名业务骨干作为分馆副馆长,每人负责2个分馆,对分馆业务工作进行指导,协助分馆馆长负责辖区内活动策划、培训辅导、特色挖掘、文艺创作等工作;12个分馆各安排一名上挂人员定期到总馆挂职学习。

除此之外,各试点地区组织培训和调研,加强学习。几乎所有的试点文化馆总馆都对各分馆的负责人进行了培训,多为业务方面的培训,着重培养分馆负责人活动策划、活动举办方面的能力,也有对文艺素养方面的培训,例如湛江雷州市对负责人进行文艺素养基础知识科普,着力培育各分馆负责人的艺术修养,以期更好地向群众普及文化。部分试点地区要求分馆馆长、副馆长参与到总馆的活动举办中,以增长分馆馆长的活动策划举办经验,能够更好地独立开展活动。惠东县文化馆建立健全了培训工作制度，总馆先后举办了文化馆分馆馆长、服务点的文体协管员、文化志愿者、讲解员、台账资料整理归档等9场次的集中培训，接受培训总人数超过300人次。佛冈县文化馆多次参加省、市组织的考察学习，吸收重庆和浙江嘉兴的成功经验，并利用省文化厅在佛冈县举办全省文化馆馆长培训班、文化站站长培训班的机会，安排相关干部参与培训班学习，向专家请教，与其他试点区县进行交流，学习先进经验。黄埔区文化局主要领导带队到全区各分馆、服务点试点进行实地调研，根据试点的具体情况研究制订具体运作方案，并到中山、佛山、东莞、深圳等文化馆工作先进地区实地调研借鉴，学习先进地区的成功经验。

六、统一服务规范

为了规范文化馆总分馆制下各级馆提供的服务，各试点地区对形象标识、服务标准、服务平台进行了统一，取得了比较明显的效果。

首先，总馆、分馆、服务点设计制作统一的总分馆文化标识，统筹场馆规格设计和设备配置。连平县文化馆总馆、各镇分馆统一门面装扮，标识设计为以公共文化服务圆形标志和公共文化服务字样，以橙色调设计组合装扮馆、站门面。总分馆三级点大门侧装挂方牌，连平县文化馆挂“连平县文化馆总馆”，13个镇文化站挂“连平县文化馆××镇分馆”，20个村文化室挂“连平县文化馆××镇××村基层服务点”，还制定了《连平县文化馆试点建设统一服务标识要求》，总分馆成员单位全部按照此要求执行。佛冈县按照建设要求，统一服务标识、统一开放时间、统一功能室数量和统一服务项目，总馆、分馆、支馆统一制作牌匾，在2016年11月下旬的总分馆建设启动仪式上进行授牌，并统一挂牌，在醒目位置公示公共文化服务的基本项目、内容、时间、方式，免费开放多功能厅、展览厅、培训教室、排练厅、公共电子阅览室等公共空间设施场地，免费提供普及型的文化艺术辅导培训、公益性群众文化活动、展览讲座、文艺演出等。开平市文化馆在每个分馆统一配备一个综合排练厅（室），可开展舞蹈、合唱、曲艺、小戏小品等艺术形式的活动，并选择有独立文化室的村、社区作为基层服务示范点。

其次，各试点地区结合本地的经济、人口、社会发展状况以及文化馆事业发展规划，制定并实施统一的服务标准和服务目录，开展的各类文化服务满足了群众公共文化服务基本需求。佛冈县统筹本地区年度群众文化活动项目，每年组织大型群众文化活动，开展公益性培训、讲座；打造本地群众文化品牌活动；挖掘、整理、发展民间艺术和地方特色文化资源，积极编排反映当地风土人情的文艺节目，创作文艺精品，为优秀群众文化艺术品牌提供交流和推介服务。开平市文化馆设立文化活动、艺术演出、陈列展览、讲座培训、创作辅导、非遗展演等项目 65 项;依托特色文化资源,采取共建共享的方式,将总馆的原有文化服务品牌,延伸到分馆,提高镇(街)服务水平;每个分馆组建一支有特色的艺术社团,固定时间活动,总馆对活动策划、活动开展的主力人员进行培训辅导后上岗;各乡镇(街道)文化站通过“定单式”服务,达到统一的服务事项和标准。连平县文化馆总分馆围绕基本公共文化服务内容,制定了服务标准和业务规范,明确总分馆开展服务所需场地、功能设置和设备配备等方面的具体指标,明确开展基本公共文化服务的对象、范围、种类、数量和质量要求。

最后,试点地区根据实际情况设立文化馆总分馆网络服务平台和微信服务平台,以生动直观的形式为群众展示文化活动,通过关注服务平台的信息,群众能够了解到文化服务的动态,更好地满足群众的文化需求,这意味着文化馆总分馆在数字化、网络化建设方面的进步。开平市文化馆总分馆全部接入“广东公共文化云”基本公共文化服务供需平台,将总分馆的基本公共文化服务资源和内容纳入平台内容建设,进行数字化、网络化的统一管理、配给;各镇(街)分馆通过公共文化服务网络平台,实现“网上预约、互联互通、百姓点单、政府配送”的有效供给,比如“周末艺术小剧场”,社会机构可以在开平市文化馆微信平台预约使用,观众可以预订座位。连平县文化馆总分馆建立了统一数字门户网络平台,设计了总馆网站的体系框架,网站的系统主要有统一数字门户、总分馆集群活动培训管理系统、志愿者申请系统、微信服务大厅(服务总线)等,主要打造“活动报名”“志愿者服务”等网上服务栏目,并开设了“总分馆概况”“文化动态”“表演艺术”“视觉艺术”“文艺创作”“辅导培训”“非遗保护”“文艺团队”“精彩视频”“网上展厅”等十个宣传栏目;所有的系统功能都已向公众开放,并及时公布总分馆的服务目录和具体安排,为群众提供点单服务;连平县制定了《连平县文化馆总分馆门户网站管理制度》,配备了 2 名专职人员,负责总分馆网页的管理和日常事务,规范总分馆统一服务平台,保障总分馆网络平台健康发展,为广大群众提供便捷的公共数字文化服务。

七、完善考评管理

目前,非总分馆模式下的文化馆(站、室)的评估定级考核标准已经比较完善了,然而,总分馆制下的文化馆(站、室)的考评应包含各级文化馆(站、室)之间的协作情况,所以,当前的办法与标准不适用于文化馆总分馆的监督考评。广东省文化厅下发了《广东省县(市、区)文化馆总分馆试点验收标准》,对各级馆的组织保障、服务基础、资源调配、人员队伍、服务规范、考评管理六个方面做出了要求及标准。该标准主要是针对 2016 年各级文化馆总分馆试点建设情况的验收标准,其考核主体是省级文化馆,因此还亟须形成一个规范、长效的考评办法,规范总分馆的建设和管理,衡量总分馆服务质量。各试点地区需要建立总馆对分馆、分馆对服务点的逐级考评机制，以及分馆、服务点对总馆的反馈机制。通过双向反馈考评，不断完善总分馆服务能力，提升总分馆服务效能。

为了规范管理，各区县制定了相应的办法，科学合理地考核评估总分馆推进工作和行政绩效。佛冈县根据需要制定了《佛冈县总分馆工作例会制度》《佛冈县总分馆专项资金管理办法》《佛冈县文化馆分馆考核制度》《佛冈县文化馆支馆考核制度》等；总馆和分馆每周召开例会，研究工作推进情况；领导小组每季度召开例会，听取文广新局对工作情况的汇报，研究总分馆推进工作；年终由总馆组织考核组按照考核制度对分馆、支馆的绩效进行考核。

部分试点地区为了加大监督考评力度，将考评结果与资源分配、奖惩机制相结合，确保总分馆建设的健康运行和推进。连平县对总分馆基本免费开放服务情况、文化服务活动开展情况、人员队伍建设情况、各种管理制度制定实施情况、设施设备配置情况、台账档案建立情况、宣传推广情况等七个方面开展考评，接受社会监督，实行相应的奖惩措施。考评结果由县级文化行政主管部门备案并通报，作为资金分配的依据，年度考核奖补经费占各分馆免费开放经费总额的10%；对于考核不合格的分馆予以取消年度考核奖补经费，并将该项经费纳入总馆统筹集中使用，并由县级文化主管部门责令整改，连续两年评定为不合格的单位，从下年度起，取消其专项补助资金，直至考评合格。乐昌市制定了《乐昌市文化馆总分馆建设考评管理办法》，考评办法明确了考评结果将作为各分馆建设运行情况优劣的依据，镇级党政班子绩效考评依据，干部个人年终考核、评优评先的依据；制定了挂派人员工作目标责任制和考评机制，把挂派人员工作完成情况与个人年度考核和绩效考评挂钩实行奖惩。

各试点地区在做好各项工作的同时，建立总分馆建设运行台账和档案，对材料进行收集、整理、分类、归档，做到条理清晰、规范完备。除此之外，部分试点地区充分利用电视台、网站、微信、宣传手册、报纸、海报等媒介，大力宣传文化馆总分馆建设工作开展情况，提高群众对文化馆总分馆建设工作知晓度。乐昌市文化馆总馆采取联动舞台演出、书画培训、展览等方式，营造良好的文化氛围。

第三节　当前广东省文化馆总分馆制建设的问题

根据广东省文化馆总分馆制各试点地区的验收报告，对各试点地区存在不足的指标进行整理与统计，可以清晰地看到试点地区在哪些方面存在不足（见表3-4）。

表 3－4　广东省文化馆总分馆试点地区存在不足的指标情况

类别	指标	存在不足的试点数量
组织领导	建立工作领导小组	1
政策措施	出台工作方案	2
会议制度	建立工作例会制度	2
业务指导	总馆派业务干部兼任分馆副馆长	1
在岗情况	分馆人员在岗情况	2
资金保障	总分馆建设运营资金保障	3
场地保障	分馆建筑面积	7
免费开放	分馆免费开放时间	4
设备保障	总分馆建设运营设施设备保障	3
联动服务	联合开展送演出下基层活动	3
	联合举办公益性艺术培训	3
	联动举办讲座、展览	5
资源共享	联合编创节目	3
	联合打造总分馆服务品牌	4
	演出器材设备调配	2
人员培训	分馆工作人员业务培训	2
	服务点工作人员业务培训	2
文化志愿者队伍	建立文化志愿者服务队伍	4
形象标识	使用统一标识	3
服务标准	制定并实施统一服务目录和标准	5
服务平台	建立统一数字服务平台	6
监督管理	制定并实施考评办法	3
	考评结果运用	2
台账管理	建立台账	1
宣传推广	总分馆建设宣传	3
档案管理	建立档案	2

可见，试点地区存在不足的方面主要有场地保障、联动服务、服务标准、服务平台等，即分馆建筑面积、联动举办讲座及展览等活动、制定并实施统一服务目录和标准、建立统一数字服务平台等工作亟须改善。对这些问题进行分析，我们认为主要是以下三方面原因导致了问题的产生。

一、建设主体不一

构建文化馆总分馆体系之后，总馆、分馆和服务点这三个层级被统称为一个文化馆。但是在现阶段的文化馆总分馆体系建设中存在的一个主要问题是总馆与分馆两个层级之间相对独立，且总馆与分馆的建设主体不一，总馆和分馆分别是由不同的主体建设或由多级政府共同建设，所以总馆往往没有对分馆人财物的分配权，进而使文化馆总分馆在实际运行过程中表现出总馆与分馆之间的合作、文化管理部门与部分乡镇政府（街道办事处）之间的合作属于“信用关系”，并不是真正意义上的“隶属关系”，这在一定程度上影响服务标准的统一建立和把控。此外，文化馆分馆在时间因素、空间因素以及资源因素等实际需求量与占有量上不能清楚把握，难以对活动的具体开展情况做到心中有数，阻碍了文化馆总分馆制的高效实施。

二、制度体系不完善

2015 年 1 月 14 日，中共中央办公厅、国务院办公厅印发了《关于加快构建现代公共文化服务体系的意见》，明确要统筹推进公共文化服务均衡发展，提出“以县级文化馆、图书馆为中心推进总分馆制建设，加强对农家书屋的统筹管理，实现农村、城市社区公共文化服务资源整合和互联互通”。随后，广东省出台了《关于加快构建现代公共文化服务体系的实施意见》和《广东省公共文化服务体系建设资金管理细则》等文件，一定程度上填补了文化馆总分馆制建设在制度政策方面的空白。但这些文件的规定仍较为概括，文化馆总分馆制建设具体制度体系不够明确健全。

目前，大多数试点地区在制度设计方面都较为欠缺，缺少总分馆整体体制制度，出台的多是一些零散的不成体系的文件。而在现有体制背景下，各级文化馆归属于相应的地方政府，文化馆总馆并没有对分馆人财物的分配权，在这种情况下如果不从政府的层面上进行推动与协调，文化馆总馆对分馆、服务点的带动作用就相当有限，在向分馆、服务点协调布置工作时也缺乏管理效力，总分馆体系的垂直管理无从谈起，整个总分馆制的优越性也难以得到充分体现。

三、建设经费不足

通常而言，文化馆总分馆的建设主体是层级相对较高的地方政府，文化馆的建设体制和财政体制大致上是相同的，其建设经费一般由辖区内居民上缴的税收、上级政府提供的资金补助等构成。在有些地区的文化馆总分馆建设中，分馆的经费由基层政府提供，有时分馆不能获得充足的资金，以致其建设缓慢，文化场地缺少，设施设备落后。

此外，部分领导干部对文化馆总分馆制建设的认识不足，文化意识薄弱，存在“重建设，轻管理”以及“重经济建设，轻文化建设”等现象，对文化建设的资金支持力度不足，不利于本地区文化馆总分馆建设工作的推进。

第四章　文化馆总分馆制对公共图书馆总分馆制的借鉴

文化馆实行的总分馆制在国内尚属新鲜事物，在国外也鲜有直接对应的机构，可获得的文献资料较少，实践探索案例也不多。相反，国内外对公共图书馆总分馆制研究和实践开展较早，体系成熟，成果丰富。尤其国外公共图书馆已经有上百年实行总分馆制的经历，实践案例众多，总结了丰富的经验。在国内公共图书馆和文化馆同为《中华人民共和国公共文化服务保障法》认定的公共文化设施，二者之间有一定的相通性，公共图书馆对文化馆有一定的内在参考价值。因此研究文化馆总分馆制可以借鉴公共图书馆总分馆制的实践经验和研究成果。

第一节　公共图书馆总分馆制建设背景和模式

根据《中华人民共和国公共图书馆法》的定义，公共图书馆是指向社会公众免费开放，收集、整理、保存文献信息并提供查询、借阅及相关服务，开展社会教育的公共文化设施。所谓公共图书馆总分馆制度，是指在一个合适的地域单元内，由一个或多个建设主体建成一个“公共图书馆群”，形成图书馆服务体系，提供普遍均等服务[①]。《中华人民共和国公共图书馆法》规定，县级人民政府应当因地制宜建立符合当地特点的以县级公共图书馆为总馆，乡镇（街道）综合文化站、村（社区）图书室等为分馆或者基层服务点的总分馆制。

一、公共图书馆总分馆制的建设背景

图书馆总分馆制起源于西方公共图书馆。美国公共图书馆总分馆制基本上与美国公共图书馆同步诞生，不少公共图书馆建馆之初就考虑到图书馆的服务半径和人口等问题，开设了分馆。美国历史上第一个实行总分馆制度的公共图书馆是波士顿公共图书馆，它先建成一个总馆，又由于馆藏文献、服务范围、服务人口的不断扩大在1870年建立了第一所分馆。美国公共图书馆总分馆制的推广有法律作为支持和保障。1956年颁布的《图书馆服务法》、1964年的《图书馆服务和建设法》、1989年的《新图书馆服务改善法》、1996年的《图书馆服

① 范并思. 现代图书馆理念的艰难重建——写在《图书馆服务宣言》发布之际[J]. 中国图书馆学报，2008(6)：6－11.

务和技术法》和1997年的《博物馆和图书馆服务技术一致修正案》等，要求图书馆做到“服务广泛普及”和“提高服务质量”，这在客观上要求增加图书馆数量，以提供更优质便捷的服务。根据法律，美国各州、郡、市、镇等行政区各自设置公共图书馆，各公共图书馆根据需要又设置分馆。2008年，全美公共图书馆数量为17 022所，其中独立建制的公共图书馆有9763所，分馆则有7259所。一般来说，服务人口较少，服务半径较小的公共图书馆并无建设分馆的必要；规模较大，服务社区众多，服务人口基数较大的公共图书馆才会开设分馆，开设数量视具体情况而定，少则一两所，多则上百所。据美国图书馆协会（ALA）统计，全美12%的大型公共图书馆为73%的人口服务，不设置分馆的众多规模较小公共图书馆，服务的人口反而较少①。

我国公共图书馆长期以来实行的是分级财政基础上的多层管理体制和多元建设主体，形成了“一级政府建设并管理一个图书馆”的格局。到2000年，我国公共图书馆界开始探索总分馆制。2000年11月，上海市开展了“上海市中心图书馆”工程建设；2002年7月，北京市通过了《北京市图书馆条例》，明确要求“本市各级人民政府投资兴建的公共图书馆、学校图书馆、科学研究机构图书馆应当参加以首都图书馆为信息网中心的图书馆网络建设”，为北京市公共图书馆总分馆建设提供了法律依据。2002年9月，佛山市禅城区图书馆提出了“禅城区联合图书馆”的规划和设想，即在禅城区建成1个总馆、6—8个布局合理的分馆，形成小型图书馆群②。

二、公共图书馆总分馆制的不同模式

我国幅员辽阔，东、中、西部地区的经济社会发展和自然条件差异很大，再加上现行公共图书馆是分级财政基础上的多层管理体制和多元建设主体，这就决定了公共图书馆总分馆制建设不能照搬照抄欧美经验，不能以一种模式来框定各地因地制宜的创新发展。对我国公共图书馆总分馆制的模式，已有大同小异的多种概括，金武刚等所概括的三种模式比较有代表性，分别是“多元投入、协同管理”的松散型总分馆模式、“多级投入、集中管理”的集约型总分馆模式和“单一投入、统一管理”的统一型总分馆模式。“多元投入、协同管理”的松散型模式，是在不改变原有行政隶属及人事、财政关系的情况下，通过合作，在不同建设主体保障的资源之间建立共享机制，总馆在业务上对分馆进行指导和协调，分馆作为独立建制的图书馆，保持财产和人员的独立性。这种模式通常由图书馆行业发起而不是政府主导，总馆有业务管理权而没有行政管理权。“多级投入、集中管理”的集约型模式，是在不改变原有行

---

① 王嘉陵.美国公共图书馆总分馆制考察[J].图书馆理论与实践，2011(4)：66－70，86.

② 金武刚，李国新.中国公共图书馆总分馆制建设：起源、现状与未来趋势[J].图书馆杂志，2014(5)：4－15.

政隶属及人事、财政关系的情况下，总馆负责全区域内文献资源的采购、分编、加工，同时指导和协调读者服务工作，分馆专事各种读者服务工作，总分馆之间实行通借通还，一般由政府主导，由上下级政府共同出资，共同作为建设主体推行总分馆制建设。这种模式实现了建设主体的部分上移，上级政府参与到分馆建设中，发布相关文件并提供部分建设经费，总馆掌握部分人事和业务管理权。"单一投入、统一管理"的统一型模式，突破了一级政府管理一个图书馆的传统体制，改革了原有行政隶属及人事、财政关系。总馆和分馆同属于一个建设主体，分馆是总馆的一个派出机构，人财物由总馆统一采购、分编、加工和调配，分馆从事读者服务工作，工作人员由总馆统一派出，总分馆间实行一卡通用、通借通还、文献检索和数字资源共建共享服务。该模式与国际通行做法比较一致①。

1."多元投入、协同管理"的松散型总分馆模式案例

杭州图书馆"一证通"是松散型模式的一个典型案例。杭州图书馆对总分馆制的探索经历了从公共图书馆通借通还的"一证通"到城乡一体化建设，再到"中心馆—总分馆"的模式。2003 年，杭州市公共图书馆服务体系建设之初采用的模式是"联盟式总分馆制"，即在实现"九馆一证通"的基础上，以"图书信息一证通"工程为平台，通过九馆的合作共建，以及乡镇（街道）、村（社区）基层服务网点建设，逐渐形成了一个以杭州图书馆为总馆，区县图书馆为分馆，乡镇（街道）和村（社区）为基层服务点的四级图书馆服务网络，从而构成跨行政区域的图书馆联盟。其特点是保持各成员馆人财物不变的情况下，统一了技术平台、文献分编、业务服务规范、图书信息管理系统，从而在文献通借通还、书目数据共享的基础上，实现大服务、大流通，获得了 2007 年文化部颁发的社会服务最高奖"全国第十四届群星（服务）奖"。随着公共图书馆服务延伸需求的不断提高，图书馆服务体系的不足之处逐渐显露出来。作为总馆的杭州图书馆要全面管理本区域内 2000 多家分馆（服务点）的建设和服务，压力与日俱增，在借鉴诸多国外公共图书馆总分馆模式后，杭州图书馆提出了构建"中心馆—总分馆制"服务体系，并于 2011 年力促杭州市委、市政府颁发了《市委办公厅市政府办公厅关于进一步加强杭州市公共图书馆服务体系建设的实施意见》，用行政手段规定了区县各级政府在"中心馆—总分馆"服务体系建设中的角色与担当，也为杭州市公共图书馆服务体系确立了明确的目标、要求和标准，具有较高的可操作性和可推广性②。

2."多级投入、集中管理"的集约型总分馆模式案例

嘉兴市城乡一体化总分馆体系是集约型模式的典型案例。嘉兴市在政府主导下以统筹

---

① 金武刚，李国新. 中国公共图书馆总分馆制建设：起源、现状与未来趋势[J]. 图书馆杂志，2014(5)：4－15.

② 梁亮，冯继强. 城乡统筹的中心馆—总分馆模式研究——以杭州图书馆服务体系建设为例[J]. 图书馆理论与实践，2013(9)：12－14.

城乡发展为指导思想,探索出了一条构建城乡一体化新型公共图书馆服务体系的发展道路,形成了“政府主导,统筹规划,多级投入,集中管理,资源共享,服务创新”的总分馆建设嘉兴模式。该模式是“构建以市、县级图书馆为中心,以乡镇(街道)分馆为骨干,以村(社区)图书室和图书流动车为基础,以企业、学校、部队等其他行业图书馆联合加盟为补充,覆盖全市、城乡一体、功能完善、资源共享、管理规范的公共图书馆服务体系”,目标是为广大城乡居民提供优质、免费、全覆盖的公共图书馆服务。由于乡镇一级政府财力无力独自承担起公共图书馆建设,嘉兴市明确乡镇分馆的建设资金和运营资金由市、区、镇三级政府共同投入,打破了一级政府建设一个图书馆的传统体制。在市总分馆体系的管理层级是市—区县—乡镇三级网络,延伸到村(社区)一级的图书服务由流通站或流动车承担,乡镇图书馆由于管理单元太小,管理层级上移到区县分馆。目前嘉兴市城乡一体化的公共图书馆服务体系已经形成三级服务网络和金字塔式管理模式,1 所总馆、10 多所分馆(含 2 所区馆,其余为乡镇分馆)以及在条件成熟的村(社区)设置图书流通站①。

3.“单一投入、统一管理”的统一型总分馆模式案例

佛山市禅城区联合图书馆是统一型模式的典型案例。禅城区联合图书馆是根据该区人口分布状况、各街道(镇)产业特点,分别建立的一批布局合理、深入社区、贴近市民的中小型公共图书馆群。在满足各街道(镇)产业发展对专业文献和信息需求的基础上,提供社区图书馆服务,其主要特征是管理统一、服务统一、标志统一、资源高度共享。在投资建设方面,实行总分馆制,多方投资,统一管理。多方投资是指以区财政投入为主导,街道和社区财政参与,企业和其他社会力量共同投入;统一管理是指所有分馆使用统一的技术平台和资源,提供一致的服务模式,管理人员统一由总馆派出,所有分馆,无论由谁投资,无论冠以何名,管理权在总馆,运营经费由主馆集中控制②。

我国各地总分馆建设模式因地制宜、各具特色。有的通过行业合作创新,如松散型总分馆模式,绕过体制框架的制约;有的通过建设主体适当上移或者统一,如集约型、统一型总分馆模式,解决了村(社区)图书室建设主体悬空、乡镇图书馆建设能力薄弱等问题;有的以地(市)图书馆为中心馆,整合下辖区域内的县(区)图书馆总分馆体系,构成“中心馆—总分馆体系”,实现区域内文献资源的共建共享和图书馆服务的普遍均等③。

当前我国各类公共图书馆总分馆模式建设中,比较热门的话题是法人治理结构。党的十八届三中全会指出,推进文化体制机制创新,要明确不同文化事业单位功能定位,建立法

① 章明丽.图书馆总分馆建设的嘉兴模式[J].图书馆杂志,2009(10):46 - 48,51.

② 田碧.佛山市禅城区联合图书馆总分馆体系建设[J].图书馆建设,2008(8):1 - 4.

③ 金武刚,李国新.中国公共图书馆总分馆制建设:起源、现状与未来趋势[J].图书馆杂志,2014(5):4 - 15.

人治理结构,完善绩效考核机制。推动公共图书馆、博物馆、文化馆、科技馆等组建理事会,吸纳有关方面代表、专业人士、各界群众参与管理。2015 年 1 月 14 日,中共中央办公厅、国务院办公厅印发的《关于加快构建现代公共文化服务体系的意见》强调,要创新公共文化管理体制和运行机制,加大公益性文化事业单位改革力度,按照关于深化文化体制改革和推进事业单位分类改革的要求,进一步落实公益性事业单位法人自主权,强化服务功能,推动公共图书馆、博物馆、文化馆、科技馆等组建理事会,吸纳有关方面代表、专业人士、各界群众参与管理,健全决策、执行和监督机制。

从法人治理结构的基本架构来看,主要是通过搭建决策层、执行层、监督层,形成法人内部分权制衡的权力分配机制。公共图书馆作为公益性文化事业单位,举办主体通常是政府,投资主体单一,决策层的组织形式一般采用理事会的组织形式。公共图书馆法人治理结构监督层的组织形式,通常采取决策监督合一的方式,实行只设理事会的单层制模式,一般不采取既设理事会又设监事会的双层制模式①。

第二节　文化馆总分馆制不同模式对比

文化馆总分馆制从整体上看是指一个处于核心地位的文化馆作为总馆或者中心馆,处于从属地位的其他馆作为分馆,彼此共同形成覆盖城乡、布局合理、结构完整、功能健全、实用高效的文化馆服务体系。实行"一个总馆 + 多个分馆 + 若干服务点"或者"一个中心馆 + 多个总馆 + 多个分馆 + 若干服务点"的模式,让分馆成为总馆的有机组成部分,中心馆协调总馆之间的资源,让基层服务点成为分馆的延伸或补充,诉求基础设施标准化、文化资源共享化、服务系统网络化。国内目前文化馆总分馆制发展比较好的有重庆市大渡口区文化馆、嘉兴市文化馆和张家港市文化馆。大渡口区文化馆开创了国内推行文图两馆总分馆制先河,形成了"一体化建设、双重化管理、多元化服务"的总分馆制新模式②。嘉兴市文化馆总分馆制建设,开创了以嘉兴市文化馆为中心馆,以县(区、市)文化馆为总馆,镇(街道)文化站为分馆,村(社区)文化活动中心为支馆的城乡一体化文化馆总分馆服务体系,该体系包括"中心馆—总馆"联盟服务体系、"总馆—分馆"总分馆服务体系、"分馆—支馆"延伸服务体系三级服务体系。嘉兴市文化馆打造了"平台共享、资源互补、区域协同、供需对接"的文化

---

① 肖容梅. 我国公共图书馆法人治理结构建设现状与分析[J]. 国家图书馆学刊,2014(3):22-28.

② 重庆市大渡口区文化馆总分馆云. 项目介绍[EB/OL]. [2019-07-11]. http://www.ddkwh.com:8080/Index/ConentList? MenuLevel1=007&MenuLevel2=007002.

馆运行模式①。张家港市文化馆形成了以市馆为总馆，各区镇和镇办事处文化站作为分馆，文化网格作为服务点组织体系②。

文化馆总分馆制不同模式之间有一定差异。由于建设主体、管理主体各有特色，不同模式下建设标准、管理方式、总分馆架构、总馆职能和人员考核方式也各有区别。

一、文化馆总分馆制的三种模式

公共文化馆总分馆制有三种典型模式，分别以大渡口、嘉兴、张家港的文化馆总分馆为代表。根据第二章的案例，将三种模式分别概括如下：

1. 大渡口模式

2011 年 6 月，大渡口区重点打造的“文化馆图书馆总分馆制”被评为首批国家公共文化服务体系建设示范项目。

大渡口模式基本原则是坚持“政府主导、统筹规划、两级投入、双重管理、资源共享、服务创新”进行总分馆建设，在总馆与分馆之间施行“四个统一”，即统一规划、统一标识、统一配置、统一验收。

在巩固第一阶段创建成果基础上，大渡口区大力推进项目后续建设，紧紧围绕“均等化目标、一体化建设、双重化管理、标准化服务”的总体要求，以及“统一规划布局、统一资源配用、统一服务内容、统一服务标准、统一管理体系”的运行模式，形成文化馆总分馆双向委托、双重管理、资源共享、经费统筹的机制体制。

在建设投入方面，大渡口区强调多级投入、分级管理。按照中央补助一点、市级支持一点、区里预算一点、社会赞助一点的办法，将总、分馆和基层服务点所需经费落到实处。

在设备管理方面，大渡口模式中，按照“四个统一”原则（统一规划、统一标识、统一配置、统一验收），全面建设区、街镇、社区（村）三级场馆设施；按照“谁投资谁有产权，谁投资什么谁就有什么产权”的原则，由区文化馆对统一配置的设备资源与服务标准以及服务方式统一标识。

在人员考核上，施行双重管理、统一考核。在领导班子配置上，高规格配齐、配强一把手。

在行政管理方面，镇（街）政府和村（社区）居委会不再是被动一方，上级政府亦不再仅仅扮演只要财权、不要事权的管理方。在业务垂直管理方面，解决了文化行政部门对总馆管

---

① 李超平. 中国公共图书馆服务体系“嘉兴模式”研究[J]. 中国图书馆学报，2009，35(6)：10－16.

② 张家港市文化馆总分馆体系建设实施意见（试行）[EB/OL]. [2019－07－11]. http://www.zjgwhg.com/UnitIntroductionInfo.aspx? guid=9595c163-3975-423c-8aeb-a1ae5c5672a3&type=ManageSystemView.

理缺位的问题，解决了区文化馆对镇（街道）综合文化站指导缺位的问题，也相应解决了镇（街道）文化站（分馆）对村（社区）文化活动室管理缺位的问题。

2. 嘉兴模式

2011 年，嘉兴市文化馆就开始探索文化馆联盟运作机制。在这个机制推动下，文化馆进一步拓展服务领域，增强服务能力，搭建市县文化馆多层次交流协作平台，努力形成“资源共享、优势互补、区域联动、服务基层”的长效运作机制。在“大嘉兴”范围内，构建城乡一体化文化馆总分馆服务体系，形成“中心馆—总馆”联盟服务体系、“总馆—分馆”总分馆服务体系、“分馆—支馆”延伸服务体系三级服务体系。

嘉兴根据政事分开、管办分离的思路，探索建立文化馆理事会制度，率先在中心馆试行。

在建设资金投入方面，嘉兴在总馆、分馆等日常运行经费来源不变的情况下，增设总分馆建设运行专项资金，重点保障总分馆体系建设方面的支出。

在行政管理方面，嘉兴文化馆总分馆模式按照“统一管理、分级负责、稳步推进”的方式，加强领导，统筹协调，密切配合，建立机制，落实人员，确保此项工作顺利推进。

在人员管理和人才考核方面，嘉兴实行年度评定奖励，将考评结果纳入职称评定体系，通过在全市进行“两员”建设，有效解决了基层公共文化服务“最后一公里”问题。

3. 张家港模式

2014 年，张家港市文化馆进一步创新服务理念，率先建立了县域文化馆总分馆体系，确定了“三级节点、一体运行”的组织体系，并制定了文化馆镇级分馆馆长助理派遣工作制度及考核办法。

通过“设施建设标准化、助理派遣制度化、服务活动均等化、网格激励常态化、数字平台一体化、考核评估社会化”等一系列举措，张家港实现了总分馆之间业务工作的有效衔接和管理。

在运行机制上，按照属地管理原则，各级党委（党工委）、政府（管委会）成为文化馆总分馆体系建设的责任主体。市文广新局作为主管部门，会同其他职能部门及各区镇，实行行业监管。

在经费保障方面，设立张家港市文化馆总分馆体系运行专项经费，分别由市级和镇级财政给予相应保障。鼓励社会力量参与文化馆建设。

在人员管理和考核方面，遵照国家《文化馆服务标准》配置工作人员。探索通过职员、雇员、文化协管员、劳务派遣等多种用工形式，满足分馆、网格服务点人员配置要求，并积极倡导文化志愿者参加文化馆（站）服务。

张家港市对全市总分馆建设、管理、服务、质量、效益等开展科学合理的考评，突出社会参与,实现考核评估主体社会化,由党委(党工委)、政府(管委会)主导统一组织,由文化馆总分馆理事会进行专业考评,委托第三方机构开展“群众满意度”等公众测评,并接受社会监督。

二、文化馆总分馆制三种模式构成要素对比

1. 建设标准

文化馆总分馆制的建设标准主要体现在硬件设施是否达到相关标准和配套管理服务是否统一两个方面。文化馆总分馆制发展较晚,此时已经有了相关的国家标准或者地方标准,增加了准入门槛。建设标准受政府政策文件影响较大,也受地方经济发展水平影响。文化馆嘉兴和张家港属于经济较发达地区,因此建设标准相应较高,其基层文化基础设施配置完善,嘉兴有 11 个街镇文化站达到了特级文化站,而张家港的服务点也达到了“八个一”覆盖。

2. 管理主体

管理主体一般分成两类,分别为垂直管理和属地管理。当前文化馆和文化站主要是属地管理,其中大渡口模式在探索垂直管理和属地管理相结合,即受文广新局和街镇双重领导,不过这两类部门只是一种信用合作关系,缺少明确的文件界定双方的职权范围。管理主体主要受到建设主体的影响,文化馆的建设基本上是多级政府合作的结果。

3. 经费来源

三种模式基本都是依靠多级财政支持,大渡口模式的主要财政支持来自区级政府,但是也受中央、市级和街镇级财政支持;嘉兴和张家港模式经费来源在沿用过去渠道即各级政府为本级文化馆站提供财政支持的情况下,还增加了总分馆制专项经费。经费来源主要受建设主体和管理主体的影响,也受该地经济发展水平影响。

4. 总馆职能

由于目前总分馆制模式的差异化程度不高,因此三种模式中总馆的职能相差不大,基本上都是保障资金政策、业务指导、资源协调、统一标准、辅导培训、活动策划和数字文化服务。总馆的职能受到总分馆架构的影响,例如嘉兴模式为四级架构,一部分业务指导、辅导培训、活动策划的工作下放,中心馆(真正意义上的总馆)只承担保障资金政策、宏观统筹资源、统一标准、数字文化服务等工作。

5. 人员考核

在人员考核上,大渡口模式采用的是双重管理,即总馆考核自己派去分馆进行业务指导的业务副馆长,镇(街道)考核分馆的馆长和其他地方政府管理的工作人员,张家港模式采用的是社会化的考核方式,由党委和政府统一组织,文化馆总分馆理事会负责专业考核,由第

三方机构进行“群众满意度”考核。考核方式受到分馆归属权影响，也受到当地政府考核方式的影响。大渡口模式中分馆隶属于街镇政府，由地方政府负责考核；张家港市在人员考核方面做到了专业组织进行专业考核，第三方组织进行外部考核。

表4－1 文化馆总分馆制模式对比

模式	大渡口模式	嘉兴模式	张家港模式
建设标准	一体化建设，在网点布局、设备资源、经费保障、人员管理、形象标识、岗位培训、文化服务、考核管理等八个方面统一标准建设。区文化馆、图书馆达到国家一级馆，街镇文化馆、图书馆分馆达到市级一级综合文化站	中心馆（市级）和总馆（区县）都达到部颁一级以上标准，全部街镇都有综合文化站，省级一级站以上有36个，其中特级文化站11个	总馆达到全国一级馆，村（社区）服务点达到“八个一”覆盖
管理主体	垂直管理（文广新局）和属地管理（街镇政府），双方是一种信用关系	统一管理、分级负责	属地管理（各级党委、政府）
经费来源	中央、市级、区县级和乡镇四级，多级投入、分级管理	四级馆日常经费来源不变，增设总分馆建设运行专项资金	市级、乡镇级财政投入，增设张家港市文化馆总分馆体系运行专项经费
总馆（含中心馆）职能	总馆负责协调、业务指导、争取财政支持，调配资源（只有使用权不具备所有权）	中心馆负责协调工作，并统一服务标识、发布平台、调配资源、辅导培训等。总馆负责文化骨干培训、文化产品策划、设施设备统筹、资金政策保障、数字文化服务	编制体系规划、业务指导援助、培训专门人才、构建统一平台、建立反馈机制、实施考核评估
人员考核	双重管理，总馆负责考核分馆的业务副馆长，街镇负责考核分馆的馆长和其他工作人员		人才考核社会化，党委、政府统一组织，文化馆总分馆理事会进行专业考评，委托第三方机构进行“群众满意度”考评

第三节　公共图书馆总分馆制与文化馆总分馆制对比

本节从建设标准、管理主体、经费来源、总馆职能和人员考核等方面进行文化馆总分馆制与公共图书馆总分馆制的对比分析。

一、建设标准

文化馆总分馆模式还在形成之中，具体建设标准各有不同。大渡口模式中，文化馆采取了一体化建设，在网点布局、设备资源、经费保障、人员管理、形象标识、岗位培训、文化服务、考核管理等八个方面统一建设标准。区文化馆、图书馆达到国家一级馆，街镇文化馆、图书馆分馆达到市级一级综合文化站。在嘉兴模式中，中心馆和总馆都得到了部颁一级以上标准，全部街镇都建有综合文化站，省级一级站以上有 36 个，其中特级文化站有 11 个。张家港模式中，总馆达到全国一级馆，村（社区）服务点达到了“八个一”覆盖。公共图书馆总分馆制模式大多由公共图书馆界自发形成，各具特色。松散型模式中，建设主体多样，标准化不足，主要是以现有设备、场馆和管理制度纳入总分馆体系中，缺乏统一标准。集中型和统一型模式中，建设主体单一或者由一方建设主体主导，较易制定统一标准，规范公共图书馆总分馆体系。禅城区联合图书馆是一个典型的总分馆制架构的图书馆服务体系，它根据该区人口分布状况、各街道（镇）产业特点，建立了一批布局合理、深入社区、贴近市民的中小型图书馆群，主要特征是管理统一、服务统一、标志统一、资源高度共享①。各成员馆之间采用统一的技术平台，实现“一卡通”通借通还。

二、管理主体

大渡口模式中，文化馆总分馆制的管理主体包括两方，即文广新局（垂直管理）和街镇政府（属地管理）；而嘉兴模式和张家港模式主要依靠各级党委政府（属地管理）管理。在公共图书馆总分馆制中，松散型和集中型模式管理主体基本都可归为属地管理，即由分馆原本所属的某一层级人民政府管理。而统一型模式中，分馆是总馆的派出机构，受总馆管理，属于垂直管理。深圳福田区总分馆模式，是以福田区图书馆为总馆，各街道、文化站图书室及村图书馆作为分馆，由福田区政府统一拨款，福田区图书馆统一管理、统一采购、统一编目、统一配置。目前福田区所有分馆除办馆场地由所在社区提供，管理人员暂时由社区委派外，其

① 田碧. 佛山市禅城区联合图书馆总分馆体系建设[J]. 图书馆建设，2008(8)：1－4.

他一切资源由福田区图书馆统一配置①。

三、经费来源

大渡口模式中，文化馆总分馆体系的经费来自于中央、市级、区县级和乡镇四级财政，多级投入，分级管理；而在嘉兴模式中，四级馆日常经费来源不变，增设总分馆建设运行专项资金；在张家港模式中，经费主要来自市级和乡镇财政投入，并且也增设了张家港市文化馆总分馆体系运行专项经费。在公共图书馆总分馆制中，松散型模式的经费主要来自于各馆从所属各级人民政府获得的财政支持；集中型模式中主要是作为共同建设主体的上下两级人民政府的财政支持；而在统一型模式中，公共图书馆总分馆体系的经费主要来自于一级政府提供的财政支持。

四、总馆职能

在文化馆总分馆制中，大渡口模式下的总馆职能包括协调、业务指导、争取财政支持和调配资源（只有使用权无所有权）；嘉兴模式下总馆职能包括协调工作、统一服务标识、发布平台、调配资源、辅导培训等，总馆负责文化骨干培训、文化产品策划、设施设备统筹、资金保障、数字文化服务等；在张家港模式中，总馆的职能主要包括编制体系规划、业务指导援助、培训专门人才、构建统一平台、建立反馈机制和实施考核评估等。在公共图书馆总分馆制度领域，不同模式下总馆职能也有差异。在联盟性质的松散型模式下，总馆或者中心馆只在业务上对分馆进行指导和协调，包括文献统一编目、统一服务平台建设和数字资源共享等。在集约型模式下，总馆除了有上述职能外，还负责全区域内文献资源的采购、加工，同时指导和协调读者服务工作，分馆则专事读者服务工作，总分馆之间实行通借通还。在比较纯粹的总分馆模式，即统一型总分馆模式中，总分馆同属于一个建设主体，分馆只是总馆的派出机构，其人财物都由总馆统一规划安排。总分馆之间施行一卡通通借通还和文献检索和数字资源共享服务②。

五、人员考核

在文化馆总分馆制中，大渡口模式下的人员考核主要是双重管理，总馆负责考核分馆的业务副馆长，街镇负责考核分馆的馆长和其他工作人员；嘉兴模式中，人员考核由专业人员完成，还建立了管理人员评比制度；在张家港模式中，人才考核社会化，党委、政府统一组织，

---

① 肖焕忠. 总分馆制发展模式比较研究[J]. 图书情报知识，2007(3)：41－43.

② 张娟，倪晓建. 我国公共图书馆总分馆体系建设模式分析[J]. 图书与情报，2011(6)：17－20.

文化馆总分馆理事会进行专业考评，委托第三方机构进行“群众满意度”考评。在图书馆总分馆制中，松散型和集中型模式下人员考核主要由分馆和分馆所属的某一级人民政府进行；统一型模式下的人员考核主要由总馆和总馆所属的某一级人民政府进行。在海盐县城乡一体化公共图书馆服务体系建设中，人员经费由县、镇（街道）两级共同承担，村（社区）分馆的专（兼）职管理员由镇（街道）负责招聘，工资福利待遇参照镇（街道）图书管理员待遇，总馆负责培训和考核，实行基层管理员持证上岗制度。

第四节　公共图书馆总分馆制对文化馆总分馆制的启示

公共图书馆和文化馆都是国家公共文化机构，从行政管理上看，都归文化部门管辖。二者曾经都是层级制，即每一级政府建设并管理一级公共图书馆和文化馆，两个组织有共同的目的，即满足人民群众的精神文化需求。当前公共图书馆总分馆制的推行已经积累了大量经验，值得公共文化馆借鉴。

一、宏观角度

从宏观角度看，公共图书馆总分馆制提供的经验主要包括三个方面，即建设主体、资金来源和权责分配。

1. 建设主体

统一型图书馆总分馆制突破了一级政府建设并管理一个图书馆的体制，将多级政府投资并维持的各级图书馆整合在一个建设主体下，由此将行政隶属、人事、财务权力收归总馆，分馆只是总馆的一个派出机构，不具备独立资格，人财物受总馆管理，如佛山市禅城区联合图书馆、深圳福田区总分馆等。文化馆总分馆制建设中可以参考图书馆总分馆制的建设主体发展变化，将原本多级投入改为一级投入或一级投入为主，由此将人事、财务、业务指导等权力收归总馆。

2. 资金来源

图书馆总分馆制建设主体的变化导致图书馆资金来源变化。图书馆总分馆制可以分为三种模式，即松散型模式、集约型模式和统一型模式。松散型模式下，资金仍保持多级投入，各馆之间以协同方式进行合作，总馆只在业务上对分馆进行指导和协调，各分馆保持独立性，总馆不具备财务权力。集约型模式下，资金仍是多级投入，但由上级政府主导投资，建设主体上移，并不改变图书馆原有行政隶属关系和人事财政权力，各分馆保持相对独立性，总馆只掌握部分人事和业务管理权。

在统一型图书馆总分馆制下，建设主体由多级主体变为单一主体，资金来源由多级投入改为单一投入，各分馆不具备独立性，财务权力受总馆控制。图书馆总分馆制的发展方向是统一型模式，文化馆总分馆制在建设之初可以参照统一型模式，将多级投入改为单一投入，由此增强总馆的话语权。

3. 权责分配

图书馆总分馆制运作方式有三种，分别为协同工作、集中管理和统一管理。在协同工作模式下，图书馆总分馆制主要是通过行业合作实现的，总馆只有业务管理权，没有行政管理权。在集中管理模式下，总馆除了掌握业务管理权外，还获得了一定的人事管理权。在统一管理模式下，分馆的人事管理权、财务管理权和业务管理权都收归总馆。总体来看，权力越集中于总馆，总分馆制的图书馆管理效率越高。文化馆总分馆制在建设之初就应该进行合理的权力分配，进行明确的权责划分，这有助于减少各级政府、总馆与分馆之间的推诿，提高管理水平。

二、微观角度

从微观角度看，公共图书馆总分馆制提供的经验主要包括以下七个方面。

1. 改善总分馆经费保障能力

我国图书馆总分馆建设中，分馆经费主要由各基层政府承担，在目前的分税制财政体制下，基层政府财政普遍困难，很难保证分馆所需的各种经费。美国的地方政府是县和市，公共图书馆建设体制与财政体制基本一致，图书馆建设经费主要来自辖区内居民的税收，同时接受上级政府的资金补助，并以法律形式加以确定。如美国图书馆经费由地方、州和联邦三级政府承担，澳大利亚图书馆经费由州和地方两级政府承担。文化馆应该借鉴美国和澳大利亚的经验，明确文化馆建设的经费来源，并加以法律制度保障资金。

2. 明确总分馆隶属关系

我国的图书馆总分馆体系中，总馆只享有部分或全部文献资源的产权，其场地设备产权和工作人员的行政隶属一般隶属于各级政府，因此，总馆不能完全或真正意义上地对人财物进行管理和调配，也就不能在实际上保证统一的服务标准。文化馆建设总分馆制时，应该通过合作协调与统一规划，将分散的、隶属关系不一的总分馆和村（社区）文化服务站点组合成正式的、相对固定的、联系紧密的公共文化服务体系，构建一个以现代化网络通信技术为依托，以文化馆总馆为龙头、文化馆分馆为干、社区（村）服务点为网点的三级公共文化服务网络，全面实现无缝衔接①。

---

① 彭泽明，刘治恒，安桂香，等. 重庆市大渡口区文化馆总分馆制探索[J]. 上海文化，2013(2)：24－32.

3. 建立完善法人治理结构

公共图书馆领域法人治理结构改革仍在推进中，部分试点单位已经取得了初步成效，说明法人治理结构及其组织形式理事会在公共文化机构管理方面有一定优势。如深圳图书馆通过建立法人治理结构，在促进政事分开、建立制衡机制、完善监管体系等方面取得了阶段性成果①。文化馆建立总分馆体制时，也应将建立法人治理结构纳入规划，这符合《中华人民共和国公共文化服务保障法》的规定和中共十八届三中全会关于全面推进文化体制机制创新的要求。具体来说，文化馆应将理事会制度引入管理体系，吸纳总馆代表、政府相关部门代表、分馆代表、基层政府代表、民众代表、专业人士组成理事会，制订本馆发展计划，拟定规章制度，对重大事项进行决策。

4. 优化分馆（服务点）布局

图书馆分馆往往是按照行政区划来划分的，它的通借通还和馆际互借以及流动图书馆等功能也许可以弥补没有考虑到服务半径和服务人口的问题。然而，文化馆的分馆和服务点是居民直接参与文化活动的地方，因而需要根据人口密度与人口生活流动规律的标准，制定分馆的规划布局，统一规划镇街分馆和村（社区）文化服务点选址，设计场馆空间与功能用房布局。更为详细地考虑群众的方便程度、资源的共享程度等，在此基础上制订最优的分馆规划方案，确定分馆的数量和馆址。

5. 统一物资设备管理

统一型图书馆总分馆模式中，总分馆同属于一个建设主体，分馆的是总馆的一个派出机构，人财物都由总馆统一规划、统一协调管理②。文化馆应根据建设一体化、管理一体化和服务一体化的总体要求，将文化馆总分馆制外部建设要素、经费和设施按“领域合一”的方式组合，将产品、活动、服务、平台、产业等内部要素按“领域分离”的方式重新组合③。

6. 加强队伍建设和人才培养

文艺演出、文艺活动等公共文化活动的举办需要文艺队伍和文化专干，因此需要制定文艺队伍和文化专干的长期培养机制，加强基层文化人才队伍建设。

统一型公共图书馆总分馆模式中，分馆只是总馆的一个派出机构，工作人员由总馆统一派出、统一培训和考核。浙江省海宁市图书馆在推进公共图书馆城乡一体化发展过程中，建立整体推进的公共图书馆专业工作系统，图书馆专业人员编制和业务装备由地方政府统一核定，由公共文化开支集中投入配备，乡村分馆的专业人员配置及其所有业务活动由总馆实

---

① 李国新. 公共图书馆法人治理：结构 · 现状 · 问题 · 前瞻［J］. 图书与情报，2014（2）：1－6，9.

② 张娟，倪晓建. 我国公共图书馆总分馆体系建设模式分析［J］. 图书与情报，2011（6）：17－20.

③ 彭泽明，刘治恒，安桂香，等，重庆市大渡口区文化馆总分馆制探索［J］. 上海文化，2013（2）：24－32.

行专业化集中管理[①]。基层文化馆不仅缺少文艺骨干团队，也缺少稳定的管理团队。人事的隶属权在基层，分馆管理人员层级较低，会导致团队松散，活动难以开展[②]。

这种依托总分馆制，提升基层分馆工作人员的管理层级，纳入总馆统一管理，通过委派至分馆任职的方式，可以有效稳定基层队伍。

7. 加强终端服务和基层资源整合

文化馆总分馆制建设目标是坚持公共文化服务公益性、基本性、均等性、便利性原则，整合市、镇(办事处)、村(社区)各级文化馆(站)和文化网格资源，加强体系化运行管理，推动文化馆服务城乡一体，公共文化共建共享，为广大群众提供优质、便捷、均等的文化活动、公益培训、艺术鉴赏等服务，构建现代公共文化服务体系，切实保障人民群众基本文化权益，满足人民群众基本文化需求[③]。

因此，整个服务网络神经末梢是需要强化关注的，如果只是在形式上建设制度，而在服务上没有切实关注基层民众，则该总分馆制度难以达到其目标。在终端服务方面，图书馆总分馆中，宝鸡图书馆提出了重视基层服务的"馆点线制"服务体系建设[④]，嘉兴文化馆提出了每一层级工作重点不相同的"嘉兴模式"，两者都值得借鉴[⑤]。

基层资源往往分散且缺乏，如何将它们有效聚合是总分馆建设中需要考虑的问题。例如，图书馆总分馆制度中，苏州市吴江区自 2010 年起，在已经建成的图书馆总分馆制服务体系基础上，将农家书屋、文化共享工程基层服务点、党员现代远程教育中心和乡村图书室资源整合在一起，设立"四位一体"的"农村公共信息服务中心"，以一份成本提供多种服务[⑥]。文化馆也可以考虑将基层资源整合利用。

---

① 王丽霞. 统筹城乡背景下的区域公共图书馆事业协调发展——以海宁市城乡公共图书馆发展情况为例[J]. 图书馆杂志，2010(12)：37－39.

② 杨姜英. 海盐县深化城乡一体化公共图书馆服务体系建设的实践与思考[J]. 图书馆理论与实践，2014(2)：84－87.

③ 彭泽明，刘治恒，安桂香，等. 重庆市大渡口区文化馆总分馆制探索[J]. 上海文化，2013(2)：24－32.

④ 顾金孚，王显成，刘靖. 嘉兴市文化馆总分馆服务体系研究[J]. 上海文化，2014(8)：46－51.

⑤ 熊伟，索新全，陈碧红，等. 西部地区公共图书馆"馆点线制"服务体系建设研究——以宝鸡市公共图书馆服务体系建设的制度设计为例[J]. 中国图书馆学报，2013(4)：16－25.

⑥ 金武刚，李国新. 中国公共图书馆总分馆制建设：起源、现状与未来趋势[J]. 图书馆杂志，2014(5)：4－15.

第五章　文化馆总分馆模式及构成要素

本章以前述全国各地文化馆总分馆建设和试点经验为基础，借鉴公共图书馆总分馆制的实践和研究成果，结合文化馆的发展及其管理机制特征，提出文化馆总分馆制的两种主要模式——垂直型总分馆模式和统筹型总分馆模式，并讨论其相应的构成要素。

第一节　文化馆总分馆的模式划分及构成要素

对文化馆总分馆模式及其制度进行设计是本研究的核心。下面将对文化馆总分馆模式及制度设计中两个关键部分进行论述，回答本研究如何进行模式划分以及模式应该包含哪些要素的问题。

一、文化馆总分馆制的模式划分依据

通过观察和分析现有图书馆总分馆相关研究成果及实践，借鉴各地文化馆总分馆的建设经验，思考文化馆总分馆制应该有几种模式以及不同模式的划分依据。

在文献调研过程中发现，无论是邱冠华将图书馆总分馆模式分为完全总分馆模式、纯粹总分馆模式、紧密总分馆模式的分类模式①，还是金武刚将图书馆总分馆模式分为“多元投入、协同管理”的松散型总分馆模式、“多级投入、集中管理”的集约型总分馆模式以及“单一投入、统一管理”的统一型总分馆模式②，又或是马岩将图书馆总分馆模式分为合作制总分馆模式、联合制总分馆模式和协同制总分馆模式③，他们的核心分类标准多取决于总分馆是否由同一主体建设，是否有同一决策机构，人财物是否统一管理等，因此本研究在第五章将图书馆总分馆模式归纳为松散型及统一型。

第二章对一些地区文化馆总分馆制建设的经验进行了总结，以资金保障这一项为例，在大渡口模式中资金来源为中央、市级、区级和乡镇四级，多级投入但分级管理，也即总馆没有

---

① 邱冠华，于良芝，许晓霞. 覆盖全社会的公共图书馆服务体系[M]. 北京：北京图书馆出版社，2008.

② 金武刚，李国新. 中国公共图书馆总分馆制建设：起源、现状与未来趋势[J]. 图书馆杂志，2014(5)：4-15.

③ 马岩，郑建明. 图书馆总分馆制建设的模式、特色与思考[J]. 图书馆工作与研究，2015(7)：42-45.

财权;嘉兴模式中四级馆日常资金来源不变,增设总分馆制建设运行专项资金,总馆主要通过管理专项资金来实现资金统筹;张家港模式类似于嘉兴模式。可以发现无论是嘉兴模式、大渡口模式还是张家港模式,他们大都属于非同一主体建设,人财物也只达到部分的统一管理,都不可以称为“垂直”或“完全统一”的总分馆制。也就是说,目前我国文化馆总分馆制的统筹管理力度均没有达到图书馆的统一型模式,但可以看到目前各地区都在积极探索建设统筹力度更高,垂直管理更顺的文化馆总分馆制,因此在借鉴图书馆统一型文化馆总分馆模式后,结合对文化馆总分馆制建设基础及建设现状的分析,本研究将文化馆总分馆模式分为统筹型模式和垂直型模式,其核心就是资金、人员、资源是否由总馆统一垂直管理。统筹型模式下,分馆和服务点仍归属于各乡镇(街道)、村(社区),其人、财、物、管理和服务相对独立于总馆,但总馆在人、财、物、管理和服务上予以统筹并提供一定的支持。而垂直型模式下,分馆和服务点是总馆的组成机构或派出机构,分馆和服务点的资金、人员、资源、服务统一归总馆垂直管理和调配。两种模式的具体构成在本章第二节和第三节展开讨论。

二、文化馆总分馆制的构成要素

文化馆总分馆制应包含的要素也即总分馆建设中需要明确的关键因素,无论采用何种模式,都需要对这些要素做出制度性规定,只是不同模式所要做出的规定可能有所不同。

在图书馆、文化馆总分馆制研究与建设中,涉及的要素主要包括建设主体、行政隶属、资金保障与管理方式、人事管理方式、分馆地位、总馆职能等。但图书馆与文化馆仍存在许多方面的区别,本研究分析了文化馆与图书馆在职能定位、管理方面的不同之处,例如文化馆的服务是以群众文化活动为中心而不是图书,其基本职能主要是组织开展群众文化活动,提高群众的文化艺术水平,丰富群众精神生活。文化馆的设备也不同于图书馆,例如音响、灯光这类演出设备具有使用时间上的零散性,是可以在各馆间流转的,因此针对设施设备的管理使用也应是需要注意的要素之一。而且文化馆工作人员的服务效能对整个文化馆服务效能的影响也远远大于图书馆工作人员的服务效能对整个图书馆服务效能的影响,比起图书馆,文化馆就更要加强对工作人员的监督考评工作。因此,本研究将文化馆总分馆制中重要的要素梳理如下:

1. 建设主体

文化馆总分馆的建设主体是指主导文化馆总分馆建设的机构。明晰文化馆总分馆建设主体有助于厘清哪一方负有总分馆建设的最大责任,谁对总分馆建设所需的人财物进行保障。由于总分馆体系涉及不同层级的多个地方政府,建设主体是单一的还是多个的,如果是多个的,多个之间是何种关系,这是总分馆模式的决定因素,影响着其他因素的选择。

2. 资金保障

文化馆在开展群众文化服务时万万不能缺少的就是资金，资金保障与管理程度的松紧也直接体现了不同模式总馆权力集中的程度。目前无论是图书馆还是文化馆总分馆制下资金的来源、资金的管理方式都各有不同，显然资金方面是模式设计中需要重点考虑的要素。无论统筹型还是垂直型模式的资金要素都需要厘清的要点主要包括资金来源渠道和资金分配、管理方式。当前文化馆和文化站资金来源渠道主要是本级政府，其中县（区）政府负责文化馆，乡镇（街道）政府负责文化站，村（社区）负责本地的文化室（中心）。在进行总分馆制建设后资金来源是否发生变化，例如资金投入主体层级上移，由总馆属地政府加大投入，是需要厘清的问题。此外，在文化馆总分馆模式下，三级公共文化机构的资金管理方式势必会发生较大变化，分馆与服务点也可能有不同的资金统筹方式，由原来的各自为政向资金统筹利用转变。

3. 人员队伍

文化馆的人才队伍建设对于提高文化馆群众文化服务水平十分重要，群众文化活动开展的水平很大程度上是由工作人员的素质水平及工作能动性决定的。目前各地在文化馆总分馆人员队伍建设中对人员编制的收归尚未统一，人员考核制度也各不相同，仍需在这方面做进一步的探索以期充分发挥总分馆制的优势，其中需要重点考虑的问题有分馆及服务点人员编制归属问题、人员调配方式、人员培训方式、人员考核主体及考核方式等。

4. 设施设备

文化馆的设备主要有日常工作的办公设备和开展群众文化活动所需要的各种器材，例如音响、灯光设备等。齐全的设施设备无疑能使各级文化馆，尤其是分馆、服务点更好地履行公共文化服务职能，提高工作效率及水平。目前各地对设施设备都不约而同地采取了统一标示统一挂牌的做法，也有地区由总馆为分馆统一采购，但在设施设备流通共享上的做法较不成熟，而设施设备的流通本来应是文化馆总分馆制实行的一大亮点，因此需要考虑的主要问题一方面是设施设备的采购主体是否要上移，另一方面是总馆如何发挥设施设备调配管理的功能。对于垂直型总分馆模式还涉及场馆产权是否发生转移以及新建场馆主体是否上移的问题。

5. 监督考评

文化馆总分馆的监督考评涉及对总馆、分馆、服务点的监督考评，合理规范的监督考评有助于提升总分馆的服务效能。目前各地总分馆对于监督考评未有一个统一的执行模式，仅监督考评的实施主体就有所不同，而且总馆的考评与分馆、服务点的考评也存在差别，这是模式设计中需要考量的因素。

6. 管理机制

管理机制主要涉及文化馆的日常运行如何管理,目前主要包括法人治理(以文化馆总分馆理事会为主要形式)和例会制度。2013 年,党的十八届三中全会通过的《中共中央关于全面深化改革若干重大问题的决定》①,强调要"推动公共图书馆、博物馆、文化馆和科技馆等组建理事会,吸纳有关方面代表、专业人士、各界群众参与管理";2016 年 12 月,《中华人民共和国公共文化服务保障法》②将"建立健全法人治理结构"作为重要法律条款纳入其中。为解决服务效能低下、供需对接不精准等问题,法人治理正逐步成为"完善文化管理体制"的重要手段,因此在对文化馆总分馆模式进行设计时,考虑理事会组成成分和工作流程,设计高效的会议制度将对文化馆总分馆的管理工作起指导和促进作用。目前文化馆的例会制度尚未规范化,理事会制度尚未健全,为了保证文化馆的高效管理需要在模式设计时考虑将以上因素纳入考量范围。

7. 服务标准

服务标准是与文化馆服务的群众直接相关的要素,在文化馆总分馆制的建设中,进行合理的服务标准设计可以尽可能控制服务质量的差异化,维持整体服务环境的稳定性,使服务内容在必要的统一基础上根据各地群众实际需求做调整。因此,服务标准是文化馆总分馆制设计需要研究的重要因素。

在提出了文化馆总分馆模式及相应的关键要素后,接下来的两节将对统筹型文化馆总分馆模式与垂直型文化馆总分馆模式展开具体分析。

第二节 统筹型文化馆总分馆模式及构成要素

统筹型文化馆总分馆模式是指总馆对分馆、服务点基本是统筹、指导和支持关系,分馆和服务点归属于各乡镇(街道)、村(社区),其人、财、物、管理和服务相对独立于总馆,但总馆在人、财、物、管理和服务上予以统筹并提供一定的支持。从我国一些地区的文化馆总分馆建设经验中不难发现,目前的文化馆总分馆模式基本上都属于统筹型。统筹型文化馆总分馆模式实施阻力较小,是在已有文化馆制度上进行较小幅度的改进。虽然统筹型是当前文化馆总分馆普遍采用的模式,但在具体实施上还是存在差异,要探索符合实际情况的统筹

① 新华网. 中共中央关于全面深化改革若干重大问题的决定[EB/OL]. [2013-11-15]. http://www.china.com.cn/news/2013-11/15/content_30615132.htm.

② 全国人民代表大会常务委员会. 中华人民共和国公共文化服务保障法[EB/OL]. [2016-12-25]. http://www.npc.gov.cn/npc/lfzt/rlyw/node_30114.htm.

型模式还需将其具体要素厘清。下面就对统筹型模式总分馆的建设主体、资金保障、人才队伍、设施设备、监督考评、管理机制、服务标准等七个方面进行讨论。

一、建设主体

统筹型模式的文化馆总分馆意味着建设主体不是单一而是多个，即以县（市、区）人民政府作为总分馆制建设的主要建设主体，乡镇（街道）人民政府、村（社区）居委会为次要建设主体。主次关系的程度会具体体现在资金、人员、设施等因素的保障和管理的权责上。

二、资金保障

统筹型模式的总馆基本不掌控分馆、服务点的财权，在资金统筹管理上借鉴目前多数地区文化馆总分馆制建设经验，一般仍由分馆、服务点各自分配本级财政提供的维持其日常工作、管理的相关资金，总馆仅统筹调配文化馆总分馆专项资金，因此需要重点探析的问题是统筹型模式下分馆、服务点资金来源渠道和总馆对资金统筹的程度问题。

三、人才队伍

统筹型模式的总馆基本不掌控分馆、服务点的人事权，因此分馆、服务点人员编制保持不变，总馆仅管理总馆及其下派人员（包括在编和外聘）的编制及人事关系，分馆和服务点的人员编制仍归属于本级政府及本单位管理，关于其人才队伍的要素主要涉及人员的管理调配、评比考核方面。①人员管理调配方面，统筹型模式一般通过总馆向分馆、服务点下派文化员，下级馆人员在上级馆挂职学习的方式实现其人员调配能力。目前有的试点地区如嘉兴已经形成了专员下派制度，而有的地区还未将其制度化。在嘉兴模式中，专员下派被称之为“两员”制度，其核心内容是“各县（区）文化馆向每个街镇文化站分馆下派 1 名文化员，而每个村（社区）配备 1 名享受政府补贴的专职文化管理员”[①]。而在张家港也有类似的助理派遣制度，专员下派主要是为目前专业能力、业务能力不强的文化馆分馆、服务点提供稳定专业的专职人员，从而提高基层文化阵地的群众文化服务水平。在专员下派中各地存在的分歧主要在下派员的下派工作身份上，即他们以何种身份在分馆、服务点开展工作，目前主要有馆长或副馆长、部门领导、监督员、业务顾问这几种。②人员考评方面，在没有开展文化馆总分馆制建设前，文化馆人员考评主要是由文化馆自身组织实施，以年度考核评估为主，文化站、文化室的人员考评则主要由其所在乡镇（街道）、村（社区）进行考核评估[②]。在建设

---

① 嘉兴市文化广电新闻出版局. 嘉兴市公共文化服务创新案例［M］. 北京：中国社会科学出版社，2016：200.

② 冯守仁，于群. 文化馆（站）业务培训指导纲要［M］. 北京：北京师范大学出版社，2011：1.

文化馆总分馆后的统筹型模式中，分馆的人员考核主体可以是分馆自己、分馆主管部门或总馆。

四、设施设备

统筹型模式的总馆基本不掌控分馆、服务点原本的物权产权，因此分馆、服务点原本的设施设备及场馆的产权都不变。那么在统筹型模式中需要探讨的问题是设施设备的采购及管理。①设备采购方面，未实行总分馆制的文化馆、站、室的设备采购主要由本单位及本单位所属政府部门负责，这与当前三级机构建设主体相关，即一级政府建设并管理一级文化机构。而在统筹型模式下，会出现由总馆统一采购、统筹分配基础设施设备的方式。②在设备管理方面，统筹型总分馆模式中，建设主体多元，管理权限分散，分馆和服务点的设备所有权归本单位所有，一般由分馆和服务点自身负责管理及维护，总馆对分馆和服务点的控制能力较低。各分馆和服务点多数情况下也只能调配本单位的设备，总馆起协调和辅助作用。虽然总馆难以获取分馆、服务点设施设备的所有权，但在实践中也有不少地区总馆获取了对分馆、服务点设备的管理权，一般有两种方式，分馆管理本馆和辖区服务点设施设备及分馆和服务点自行管理。由总馆统一采购、统筹分配的设施设备，其产权归总馆所有，管理权归属总馆还是归属分馆、服务点也是需要讨论的。

五、监督考评

文化馆的考评在以往主要是依托于文化馆的评估定级工作而开展，考评的主体为文化部及各地政府部门。文化馆的评估定级在 2003—2004 年第一次开展，在 2011 年第三次全国文化馆评估定级工作时，评估标准和评估细则经过充分的修订变得更加科学。而文化站及文化室目前没有全国统一的评估定级，但是部分省份会自行开展文化站评估定级工作。而文化室由于数量众多且多数都设施不完善，目前基本没有开展考评。在实施总分馆制后，为了更好地衡量各级馆的服务效能应该定期对各级馆进行监督考评，其评价标准与原先的评估定级标准也应有所不同，要有能反映总分馆间相互联动程度的指标，而在统筹型文化馆总分馆模式下主要需要考虑的问题是总馆与分馆、服务点的监督考评主体。

六、管理机制

以文化馆总分馆理事会为主要形式的法人治理机制日趋成型，即文化馆理事会行使最高决策权，负责总分馆发展方针、政策制定、财务指导，并定期检查组织的政策、方案和运作；聘请馆长行使日常事务管理权，履行机构的实际管理职能，参与理事会决策，定期向理事会汇报机构运行状况，接受理事会监督，并对理事会负责；聘请相关学者组成专业委员会，负责决策咨询。通过理事会—行政执行人员—员工的组织架构，以及信息公开、公众参与、绩效评估等相关制度建设，建立决策机构、管理执行机构、监督约束机构三部分相互制衡、高效的内部治理机制。理事会负有战略决策、监督管理和公共关系三项主要职能。通过前两项职能与管理层协同合作实现文化馆的内部治理，通过第三项职能，借助信息公开等形式，与政府和群众进行有效沟通，达到外部治理的目的①。

在统筹型总分馆模式下，需要明确理事会的组成结构，如由总馆代表、政府相关部门代表、分馆代表、基层政府代表、民众代表、专业人士等哪些人士组成理事会？同时也需要明确理事会职责权限范畴，如包括制订本馆发展计划，拟定规章制度，对重大事项进行决策等。

例会制度，包括工作例会制度、监管会议制度。在统筹型总分馆模式下，需要探讨什么样的例会制度是最合适的。

七、服务标准

设置清晰的服务标准是保障服务效能的重要举措。因此，应当明确与现有的《文化馆服务标准（GB/T 32939—2016）》相比，统筹型文化馆总分馆制下的总馆、分馆、服务点的服务标准需要达到何种水平和最终实现怎样的服务效益。尤其是对标准规定的文化馆服务内容（主要包括文艺演出活动、公益性文体培训、举办讲座及展览、人员培训、节目编创、品牌打造等），需要明确总馆、分馆、服务点应该达到的服务标准。

经过对这七个要素的分析，它们各自需要厘清的主要问题整理如表5－1，为后文的问卷设计打下基础。

表5－1　统筹型模式下七要素待厘清问题

要素	待厘清问题
建设主体	多主体之间的关系
资金保障	分馆资金来源渠道
	服务点资金来源渠道
人才队伍	是否需要人员下派
	下派人员身份
	分馆、服务点人员培训方式
	人员考核主体及考核方式

① 杨文辉，王纲. 法人治理新探索：联合理事会制度——以西部遂宁市文化体制改革为例［J］. 四川图书馆学报，2018（1）：12－14.

续表

要素	待厘清问题
设施设备	设备的采购
	设备的调配管理
监督考评	总馆的监督考评主体
	分馆及服务点的监督考评主体
管理机制	理事会的组成结构、职责权限
服务标准	服务项目和要求

第三节　垂直型文化馆总分馆模式及构成要素

垂直型文化馆总分馆模式是指分馆和服务点是总馆的组成机构或派出机构,分馆和服务点的资金、资源、人员和服务统一归总馆垂直管理、统一调配。这种模式突破一级政府建设管理一级文化馆的传统体制,调整改革了原有行政隶属及人事、财政、物权关系。总馆和分馆同属于一个建设主体,统一投入。我国目前的文化馆总分馆都还未实现垂直型模式,但一直以来垂直管理都是我国上下级管理体制中的一个重要现象,我国国防、外交、海关、邮政、航空、铁路等事务部门已实现垂直管理模式,是上级对下级进行调控的重要手段①。

相对于统筹型文化馆总分馆模式来说,垂直型模式能够让文化馆总馆独立地行使职权,人事权、财物权和业务指导权集中于一条纵向线上,属于"完全意义上的总分馆",体系内的总馆与分馆之间不再是业务指导与业务合作的关系,强调总馆对分馆、服务点的直接管理。在理想情况下,这种模式不仅有利于提升人、财、物的效率,便于信息上传下达,也能够更好地保障公共文化服务的均等化与标准化。但垂直型模式面临的困难及阻碍较多,不仅需要打破目前一级政府管一级文化馆的职能架构,许多县区级文化馆的业务水平及服务能力也难以承担起县域总馆的职责。因此,垂直型模式比较适合政策条件及总分馆制建设经验成熟的地区。

前文已提及目前我国各地文化馆总分馆模式大都属于统筹型,真正的垂直型模式目前尚未出现,因此在探讨垂直型总分馆模式的要素构建时,要参考部分图书馆总分馆统一型模式的建设经验。如果采用垂直型总分馆模式,一个总馆可能需要管辖10—20个左右的分馆及上百个服务点,对于平均工作人员仅有15人左右的县区级文化馆总馆来说有较大的管理

① 沈荣华.分权背景下的政府垂直管理模式和思路[J].中国行政管理,2009(9):40-45.

难度，因此是否需要引入分馆协同管辖是垂直型模式在很多要素构建中都要思考的问题。

下面分别对垂直型模式的总分馆建设主体、资金保障、人才队伍、设施设备、监督考评、管理机制、服务标准等七个方面进行讨论。

一、建设主体

垂直型总分馆模式既然要把资金、资源、人员和服务统一归入总馆垂直管理、统一调配，并将文化站、文化室收归到总馆麾下，就意味着需要打破以前一级政府管一级文化馆的体制，所以就必须由县（市、区）人民政府担任总分馆的建设主体。但是，还需要明确县（市、区）人民政府是作为总分馆建设的单一主体还是主要主体，镇（街道）人民政府是作为辅助建设者还是次要主体。

二、资金保障

由于垂直型总分馆模式统一了财权，因此该模式区别于统筹型总分馆模式的一个显著特点就是垂直型模式的总馆对于资金的使用管理拥有更大的权利。垂直型模式不仅需要对其总馆、分馆及服务点的资金来源进行探究，也要探究总馆资金使用管理方式及社会赞助资金（物资）的管理方式。

三、人才队伍

由于垂直型模式统一了人事权，因此需要探讨的问题有分馆、服务点人员编制归属问题、人员调配管理、人员考核主体。①人员编制问题方面，文化馆、站人员的配置一般情况下是根据当地编委办核发配置，编制归本馆、站。在垂直型模式中分馆和服务点是总馆的组成机构或派出机构，分馆和服务点的人员应归总馆垂直管理，统筹调配。但是由于各馆原来编制并非归属总馆，实行垂直型模式后文化馆总分馆体系的人员编制归属应上移至总馆，而村级服务点工作人员往往并非专职文化人员，部分人员本来也没有编制，因此垂直型模式的分馆和服务点人员编制管理就有两种方式，即只管理分馆人员编制或管理分馆及服务点人员编制。②人员调配管理方面，在垂直型模式中，总馆理论上对分馆、服务点有全员调配的权力，但由于服务点数量多，总馆难以全权管辖，因此总馆也可以通过分馆对服务点进行间接管辖，即总馆、分馆人员由总馆统一调配，各分馆对辖区范围内服务点人员统一调配。③人员考核主体方面，所有人员由总馆统一考核最能体现总馆的权威，而总馆、分馆人员由总馆统一考核，各分馆对辖区范围内服务点人员统一考核的方式又能降低工作难度。

四、设施设备

由于垂直型模式统一了物权、产权，因此除了需要对设备进行统一管理外，场馆的管理问题也需要进行探讨。①设备的管理主要包括总馆对分馆原有设备调配权限及设备调用方式，虽然理论上来说垂直型模式享有分馆、服务点设备的产权，但分馆、服务点的原有设备毕竟是他们出资购买且即使产权发生了变化使用权也仍归各级馆所有，因此总馆在对分馆原有设备进行调配时有多大权限，是否要与分馆进行协商是需要进一步探讨的问题。此外，设备调配的方式也存在两条主要路径，由于服务点数量庞大，申请调用时调配的方式是都向总馆上报要求调配，还是自行向同级或上级馆要求调配也是值得探讨的问题。②场馆的管理主要包括各级文化馆（站、室）的场馆产权转移及新建场馆主体这两个问题。目前文化馆（站、室）的场馆产权所属情况多样，部分场馆产权属于各级馆本身，部分场馆产权属于该馆所属地政府，该馆仅有使用权。在垂直型总分馆模式中，由于物权财权的上移，原本场馆产权是否要发生变化是一个值得探究的问题。而在场馆新建主体问题上，目前未实行总分馆制的文化馆各级场馆的新建主体多是各级馆所属地政府，目前乡镇及村级新建场馆的情况较少，常见的情况是从旧的办公场地搬到新的办公场地，新办公场地许多是废弃的学校或是与其他政府部门联合共享一栋办公楼。但随着文化事业的发展，也有许多经济较好的地区专门为文化馆、分馆、服务点新建馆舍，那么在垂直型文化馆总分馆中涉及需要新建场馆时的建设主体是否应该由总馆承担也是待研究的。

五、监督考评

如前文所述，文化馆的考评在以往主要是依托于文化馆的评估定级工作而开展，考评的主体为文化部及各地政府。在垂直型模式下总馆监督考评的主体可以是总馆、总分馆理事会、省文化馆及总馆所属政府部门。文化站、服务点纳入总分馆体系后对其考核的主体可以有总馆、总分馆理事会、分馆、服务点所在地政府部门、总馆所属政府部门。应该怎么样选择考评主体也是需要研究的。

六、管理机制

在垂直型总分馆模式下，合适的管理机制是以联合理事会的形式进行法人治理，理事会对文化馆总馆和分馆进行重要决策和监督考评。理事会成员组成和职能涵盖范围是建立法人治理制度首先需要考虑的问题。其次，为了避免法人治理导致“争权”和“推诿”的现象，理事会中决策层、管理层的职责权限和规则也需要进一步厘清。

七、服务标准

不管是统筹型还是垂直型模式的总分馆，其服务对象的范围数量相同，同时也要尽量保证服务质量的稳定，因此两者之间服务标准不会有太大差异，但是，服务提供主体却有更多的选择。通过对身处不同层次的文化馆的管理人员进行调研，可以了解总馆提供的服务、总馆联合分馆提供的服务、总馆联合服务点（中心）提供的服务、分馆或服务点自行提供的服务。

经过对这七个要素的分析，把它们各自需要厘清的问题整理如表5－2，为后文的问卷设计打下基础。

表5－2　垂直型模式下七要素待厘清问题

要素	待厘清问题
建设主体	单一主体还是多主体
资金保障	分馆资金来源渠道
	服务点资金来源渠道
	总馆资金使用管理方式
	社会赞助资金（物资）的管理
人才队伍	分馆、服务点人员编制归属
	人员调配方式
	人员考核主体及考核方式
设施设备	设备的采购
	设备的调配管理
	场馆产权
	新建场馆主体
监督考评	总馆的监督考评主体
	分馆及服务点的监督考评主体
管理机制	理事会的组成结构、职责权限
服务标准	不同服务提供方式及服务内容和要求

在讨论了文化馆总分馆制的两种主要模式——垂直型和统筹型模式，并对这两种模式的核心要素及其可能的选择进行阐释的基础上，后面就可以以实证的方法，对相关问题进行调研和分析。

第六章　文化馆总分馆制的调查分析

第一节　文化馆总分馆制的调查问卷设计

一、问卷设计

为了在有限时间内充分了解一定范围内基层文化馆工作人员对于文化馆总分馆制的认知及选择，以及他们对于文化馆总分馆模式制度要素的建议，本研究采用问卷调查法，收集数据，对文化馆总分馆制进行实证分析。

本研究设计的调查问卷主要包括五个部分：第一部分是文化馆（站、室）建设与服务现状；第二部分是文化馆总分馆模式选择及其制度要素设计；第三部分是文化馆总分馆试点工作进展调查；第四部分是文化馆总分馆服务目录与服务标准；第五部分是样本的个人信息。

第一部分主要涉及各文化馆目前开展各类文化活动的种类及频次，以及民众对文化馆服务的使用情况，目的是了解现状，为之后的总分馆制设计做准备。第二部分首先将总分馆模式分为统筹型和垂直型，供受访者选择他们更认可的模式，然后，从资金统筹、人才队伍建设、设施设备管理、监督考评四个方面让受访者结合平时的工作经验对这些要素的具体设计做相应选择。第三部分主要针对目前已经开展了总分馆制试点工作的文化馆进行调研，分析试点单位工作人员对于本单位在试点建设过程中遇到的各种问题，以便后文探讨文化馆总分馆制是否能够解决这些问题。第四部分为了建设合理科学的文化馆总分馆制，围绕文化馆总分馆服务目录与服务标准进行调查，问项涵盖文艺演出活动、公益性文体培训、举办讲座及展览、人员培训、节目编创、品牌打造、服务标准指标七个方面，基本覆盖了基层文化馆在总分馆体系中的主要服务内容及工作内容①。第五部分是调查对象的个人信息，方便了解不同层级的文化馆管理人员对文化馆总分馆制的选择，以此探析其背后的原因。

问卷主要采用单选题、5 点李克特量表和少部分填空题。为了保证问卷的科学性和有效性，问卷选项的数值设置主要参考以下文件：《文化馆服务标准（GB/T 32939—2016）》《广东省文化馆总分馆巡回指导工作指引》《张家港市文化馆总分馆制建设标准》《海盐县文化馆总馆运行考核指标（总馆）》《海盐县文化馆总馆运行考核指标（分馆）》等。

---

① 文化部科技司. 文化馆服务标准：GB/T 32939—2016［S］. 北京：中国标准出版社，2016.

二、数据收集

本研究通过问卷星平台在线发布问卷。为了保证数据收集的效率和效果，广东省文化馆下发通知给省（内）的基层文化馆，请他们发动工作人员通过网络填写调查问卷。因此，本次调查范围主要是广东省的基层文化馆（站、室）。从2017年3月到6月，共收集到651份问卷，剔除3份无效问卷后（问卷未填完整），本次调查分析的最终有效问卷为648份。

第二节　调查样本分布与特征

本节主要从样本分布与样本特征两个方面进行分析，样本分布涉及样本的来源城市、样本所在文化机构的层级、样本的身份以及试点单位样本的分布。样本特征包括样本的性别、年龄、学历、岗位以及个人月收入等方面。

一、样本分布

通过统计样本的来源、工作单位和身份后发现，本次被调查人员主要来自广东省内，其中梅州市、清远市、深圳市、广州市、茂名市的样本占了总人数的52%；约51%的被调查者来自乡镇（街道）文化站，还有一半来自于县（市、区）文化馆和村（社区）综合文化室（中心）；被调查者中事业编制人员（63%）及合同聘用人员（25%）占大多数，其余为兼职及志愿服务人员。

1. 来源城市

根据问卷提交的IP来看，648份问卷中有645份来自广东省内，覆盖了广东省21个城市，其中有7份问卷无法判断其所属广东省的具体城市，此外还有2份来自福建，1份来自湖北。问卷填写比重最高的5个城市为梅州（14%）、清远（14%）、深圳（10%）、广州（9%）、茂名（8%），超过了全部样本的一半。

2. 文化机构层级

本次研究所调查的对象已覆盖县（市、区）文化馆、乡镇（街道）文化站以及村（社区）综合文化室（中心），具体分布见图6－1，其中超过一半（51.08%）的被调查者来自乡镇（街道）文化站，其余调查对象中，大部分（30.56%）来自于县（市、区）文化馆，而来自村（社区）综合文化室（中心）的成员则较少（18.36%）。

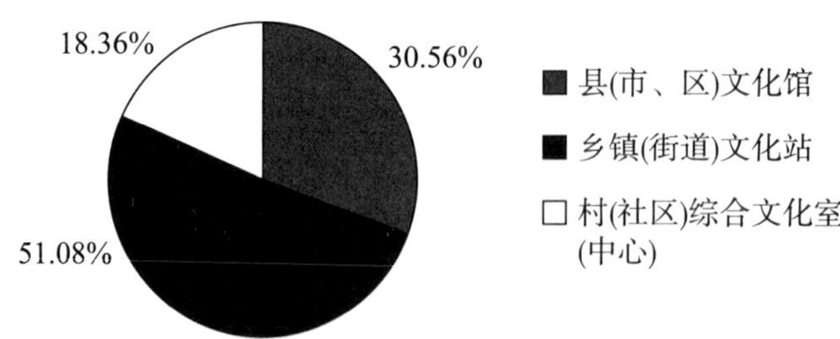

图 6－1　调查对象所属群众文化机构层级分布

3. 身份

648 名调查对象中事业编制人员(62.65%)及合同聘用人员(24.85%)占大多数,兼职(9.57%)及志愿服务(2.93%)两类非正式员工人数较少。

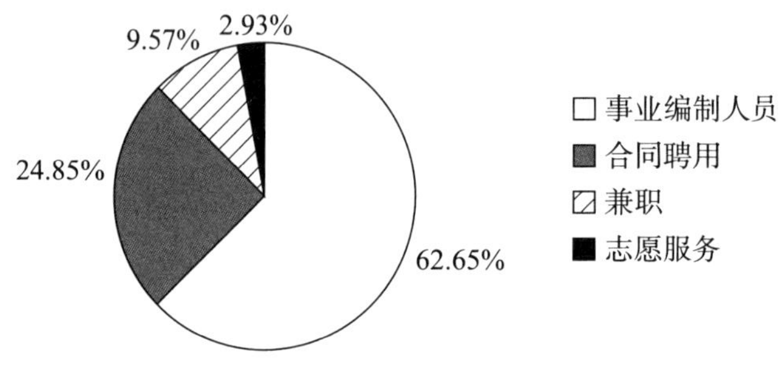

图 6－2　被调查者身份

4. 试点单位调查者分布

本次调查中,约 43% 的被调查者所在单位在广东省文化馆总分馆建设的 11 个试点单位中,57% 的被调查者所在单位不属于广东省文化馆总分馆试点单位。

二、样本特征

通过对样本的一些基本特征进行统计,包括样本的性别、年龄、学历、岗位以及月收入,发现本次调查的样本在性别分布上基本均衡,年龄主要集中在 18—45 岁,学历以本科学历和大专学历为主,从事管理岗位和一线服务的人数较多,大部分人的月收入在 2000—5000 元之间。

1. 性别

从性别上来看,被调查者中男性有 326 位,女性有 322 位,男女占比基本在 50% 左右,因此样本的性别分布较为均衡。

2. 年龄

样本的年龄主要集中在 18—45 岁之间,如图 6－3 所示,其中 18—30 岁占了 32.72%,31—35 岁占了 48.61%,46—60 岁的被调查者也占了一小部分(17.90%),而 18 岁以下和

60 岁以上的样本最少，分别只有 1 人(0.15%)和 4 人(0.62%)。

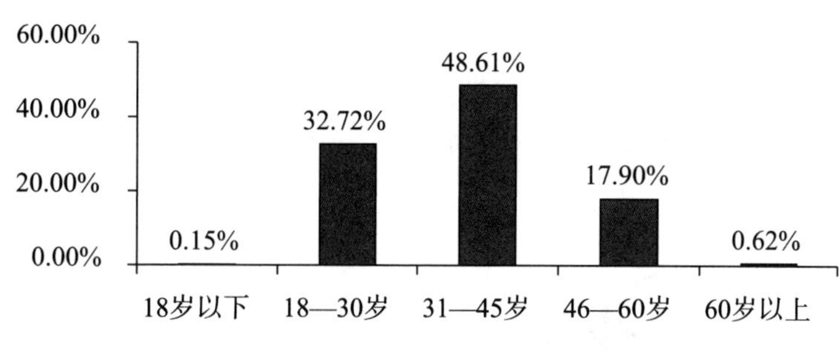

图 6-3　被调查者年龄

3. 学历

从图 6-4 中可以看出，绝大部分的被调查者拥有本科学历(41.51%)和大专学历(38.58%)，其次是高中/中专学历的人数占了 15.90%，初中及以下学历的人占了 3.40%，拥有硕士及以上学历的被调查者最少，只有 4 人，占了总体样本的 0.62%。

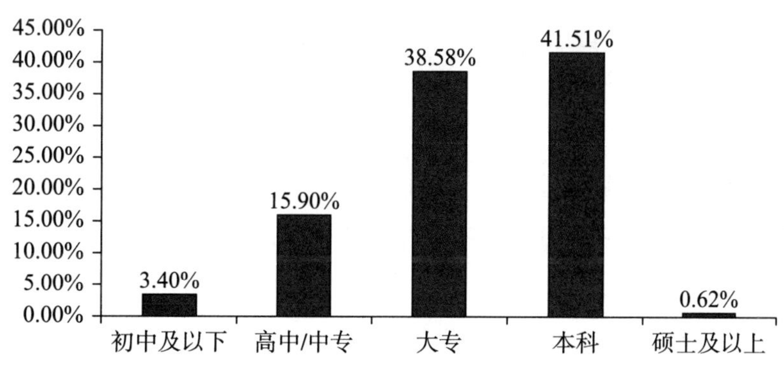

图 6-4　被调查者学历

4. 岗位

从图 6-5 中可以看出，本次接受调查的工作人员从事管理工作(30.86%)和一线服务工作(27.16%)的人数较多，超过了总人数的一半，还有 22.53% 的被调查者从事的是专业技能工作，另有 19.44% 的工作人员在行政岗任职。

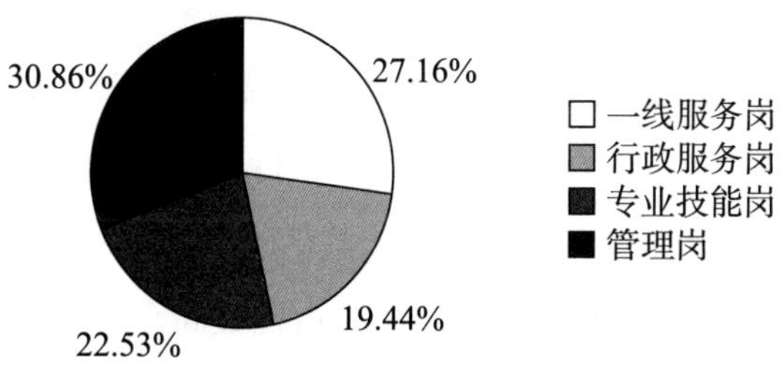

图 6-5　被调查者岗位分析

5. 个人月收入

从被调查者的月收入来看，大部分人(73.77%)的收入在2000—5000元之间，其次是2000元以下和5000—7000元的人占了少数，分别有12.96%和9.88%，月收入高于7000元的人较少，7000—10 000元的有16人占比2.47%，10 000元以上的人只有6人，占比0.93%，如图6－6所示。

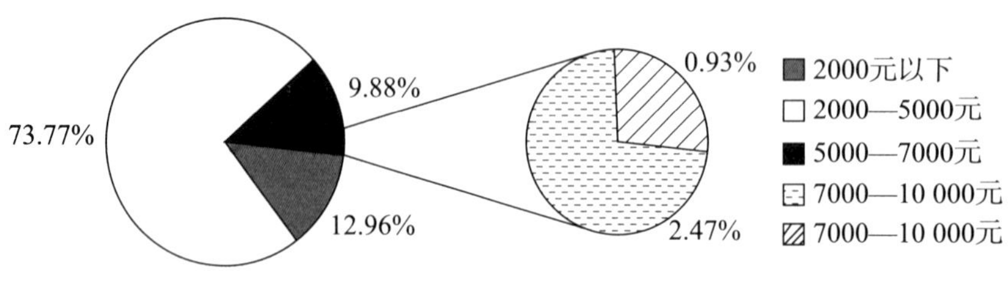

图6－6　被调查者个人月收入

第三节　基层文化馆(站、室)建设与服务现状分析

本节首先分析工作人员(调查样本)对目前基层文化馆(站、室)建设与服务现状的认知情况，然后结合样本的分布和特征分析不同群体对基层文化馆(站、室)建设与服务现状的认知情况之间的差异。

一、描述性统计分析

本节主要通过工作人员对自身工作的评价(如认可程度、满意程度)、工作人员所在单位提供的文化服务情况(如文化服务类型、开展频率)、工作人员对民众参与文化活动情况的认知(如文化服务类型、满足文化需求的程度)以及文化馆总分馆试点工作进展，分析和了解目前基层文化馆(站、室)建设和服务的现状。

(一)工作人员对自身工作的评价

高达97.69%的工作人员认为自己的工作对于提高民众文化生活质量来说是非常重要(63.43%)或者重要(34.26%)的；约81.48%的人对目前的工作非常满意(27.62%)或满意(53.86%)；认为基层文化馆(站、室)在设施数量、活动场所面积、经费投入、配套设施、人员素养、人员数量、宣传措施方面非常需要改善的人占比最高。

1. 对自身工作重要性认可度

648位被调查者中约有63.43%的人认为自己的工作对于提高民众的文化生活质量来

说非常重要,从图 6 - 7 还可看出超过 1/3 的工作人员(34.26%)认为自己的工作对于提高民众文化生活质量来说是重要的,只有极少数人(1.70%)认为是无所谓的,还有约 0.62% 的工作人员认为是不重要的,没有人觉得自己的工作是完全不重要的。

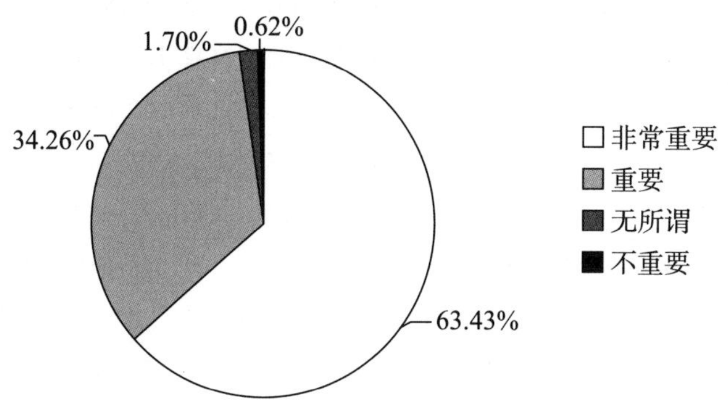

图 6 - 7 工作人员认为自身工作对于提高民众文化生活质量的重要性

2. 对目前工作的满意度

从图 6 - 8 可知,在所调查的 648 位文化馆(站、室)工作人员中,超过一半的人(约 53.86%)对目前的工作感到满意,约 27.62% 的工作人员对目前的工作非常满意,约 16.82% 的人感到一般,约 1.08% 的人对自己目前的工作表示不满意,还有约 0.62% 的人对自己目前的工作表示非常不满意。

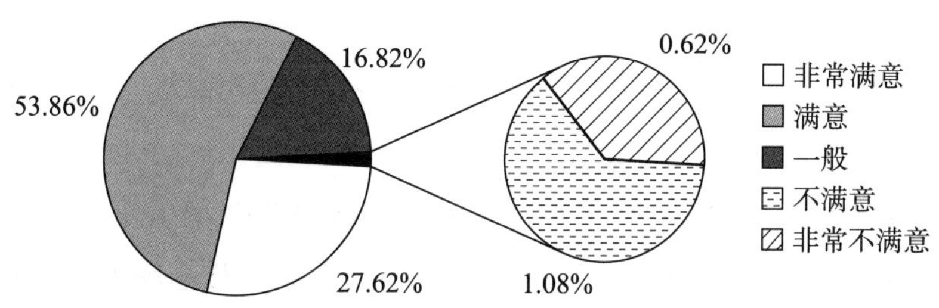

图 6 - 8 工作人员对目前工作的满意度

3. 对各方面需要改善程度的认知

根据得分平均分来看工作人员对于基层文化馆(站、室)在各方面需要改善的程度,如表 6 - 1 所示,可以发现工作人员认为经费投入需要改善的程度最高,其次是配套设施、人员数量、宣传措施、设施数量、活动场所面积、人员素养和服务质量,而工作人员认为场所位置需要改善的程度最低。

表 6－1　对基层文化馆(站、室)在各方面需要改善程度的认知

	非常不需要(1)		不需要(2)		一般(3)		需要(4)		非常需要(5)		平均分
	频数	百分比	频数	百分比	频数	百分比	频数	百分比	频数	百分比	
场所位置	117	18.06%	88	13.58%	184	28.40%	103	15.90%	156	24.07%	3.14
设施数量	60	9.26%	67	10.34%	169	26.08%	142	21.91%	210	32.41%	3.58
活动场所面积	71	10.96%	69	10.65%	166	25.62%	134	20.68%	208	32.10%	3.52
经费投入	46	7.10%	39	6.02%	114	17.59%	137	21.14%	312	48.15%	3.97
配套设施	44	6.79%	37	5.71%	144	22.22%	145	22.38%	278	42.90%	3.89
服务质量	74	11.42%	73	11.27%	196	30.25%	121	18.67%	184	28.40%	3.41
人员素养	76	11.73%	74	11.42%	180	27.78%	131	20.22%	187	28.86%	3.43
人员数量	58	8.95%	62	9.57%	164	25.31%	140	21.60%	224	34.57%	3.63
宣传措施	51	7.87%	64	9.88%	176	27.16%	155	23.92%	202	31.17%	3.61

(二)工作人员所在单位文化服务提供情况

从文化服务的类型来看,超过 80% 的被调查者指出其工作单位提供了组织团体活动(如广场舞、灯谜会)、文艺表演服务,超过 70% 的工作人员所在单位提供了讲座、展览、文体培训以及电脑上网;从开展各类文化服务的频率来看,有超过一半的工作人员指出本单位每季度或每年会开展 1—2 次讲座、展览、文艺表演、文体培训、文艺竞赛以及团体活动。

1. 所在单位提供的文化服务类型

从调查结果来看,工作人员所在单位所提供的文化服务类型较为丰富,从图 6－9 中可以看出,有 86.73% 的被调查者指出其工作单位提供了组织团体活动(如广场舞、灯谜会),约 84.26% 的工作人员所在单位提供了文艺表演服务,超过 70% 的工作人员所在单位提供了讲座(72.07%)、展览(70.99%)、文体培训(71.60%)以及电脑上网(70.52%),约 58.95% 的被调查者所在单位提供了文艺竞赛服务,53.24% 的被调查者所在单位提供了电影放映服务,还有 14.97% 的被调查者所在单位提供了其他类型的文化服务。

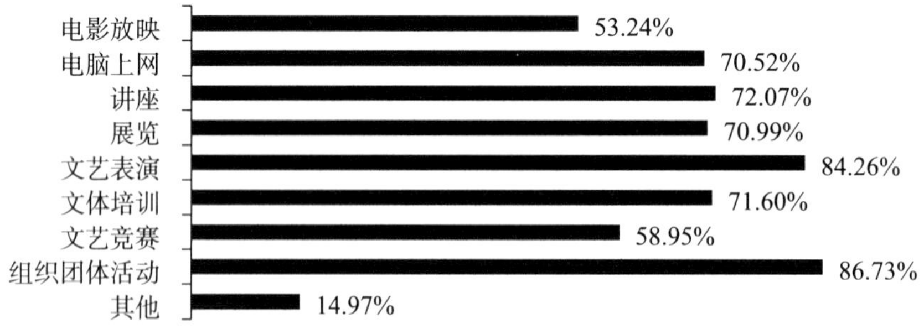

图 6－9　工作人员所在单位提供文化服务情况

2. 所在单位开展各类文化服务的频率

从表6－2中可以看出，有超过一半的工作人员认为本单位每季度或每年会开展1—2次讲座、展览、文艺表演、文体培训、文艺竞赛以及团体活动，认为本单位每周开展1—3次或者未开展文化服务的人数都偏少。而开展频率最高的文化服务，也就是每周开展1—3次的文化服务中，团体活动、文体培训和电影放映的百分比较高，未开展的文化服务中电影放映、文艺竞赛和展览的比例最高。

表6－2　工作人员所在单位开展各类文化服务的频率

	每周1—3次		每月1—3次		每季度1—2次		每年1—2次		未开展	
	频数	百分比	频数	百分比	频数	百分比	频数	百分比	频数	百分比
电影放映	73	11.27%	155	23.92%	138	21.30%	130	20.06%	152	23.46%
讲座	36	5.56%	111	17.13%	233	35.96%	201	31.02%	67	10.34%
展览	48	7.41%	84	12.96%	194	29.94%	236	36.42%	86	13.27%
文艺表演	67	10.34%	136	20.99%	227	35.03%	197	30.40%	21	3.24%
文体培训	96	14.81%	106	16.36%	180	27.78%	199	30.71%	67	10.34%
文艺竞赛	34	5.25%	75	11.57%	160	24.69%	281	43.36%	98	15.12%
团体活动	97	14.97%	105	16.20%	196	30.25%	218	33.64%	32	4.94%

（三）工作人员对民众参与文化活动情况的认知

分析发现，认为民众参与团体活动（如广场舞、灯谜会）和观看文艺表演的工作人员最多；超过一半的工作人员认为其所在单位开展的公共文化服务完全可以满足（6.33%）或可以满足（46.91%）群众的文化生活需求；有1/3左右的被调查工作人员对于民众没有或很少使用文化馆（站、室）的原因都持中立的态度。

1. 对民众参与文化活动的认知

从调查的情况来看，认为民众参加团体活动（如广场舞、灯谜会）和观看文艺表演的被调查者比例较高，都占了约87%，如图6－10所示。其次是参加文体培训（书法、美术、摄影、音乐）、看展览、听讲座、用电脑，分别有79.94%、75.93%、75.15%和70.22%。占比较少的是参加文艺竞赛（63.43%）、看电影（56.02%）和聚会聊天（46.91%）。

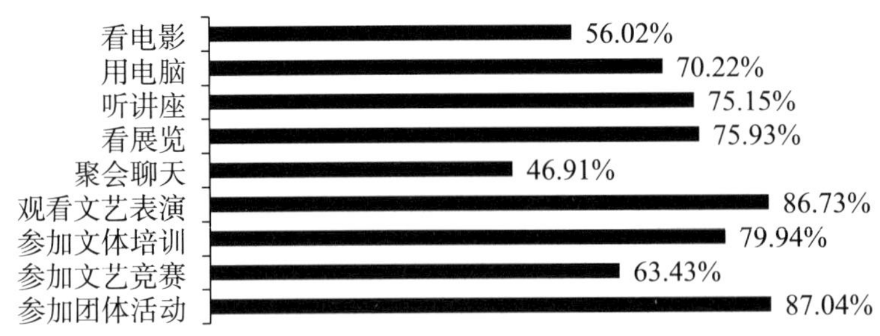

图 6－10　工作人员所知民众参与基层文化馆（站、室）的活动

2. 对文化服务满足群众需求的认知

从图 6－11 的调查结果来看，有 6.33% 的被调查工作人员认为其所在单位开展的公共文化服务完全可以满足群众的文化生活需求，有 46.91% 的人认为可以满足群众的文化生活需求，认为本单位开展的文化服务一般满足的人占了 32.10%，另有 11.88% 的人认为不能满足群众的文化生活需求，还有约 2.78% 的人认为完全不能满足群众的文化生活需求。

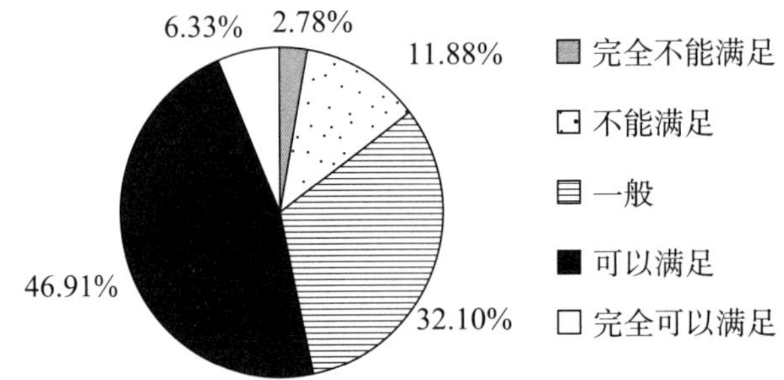

图 6－11　工作人员认为所在单位开展的服务满足群众需求的程度

3. 对民众没有或很少使用基层文化馆（站、室）的原因认知

在民众没有使用或很少使用基层文化馆（站、室）的原因中，约有 1/3 的被调查工作人员都持中立的态度，总体而言，非常不同意和不同意各项原因的人数比例要大于非常同意和同意的人数比例。从平均数来看，相对于其他原因而言，工作人员倾向于认为民众是由于没有时间才没有使用或很少使用基层文化馆（站、室），对于其他原因的认同程度从高到低依次是设施缺乏、资源少或旧、功能太少、没有兴趣、距离太远、交通不便、服务质量不高、开放时间短。从非常同意的原因的比例来看，设施缺乏、资源少或旧、功能太少的比例较高。从非常不同意的原因的比例来看，开放时间短、服务质量不高、交通不便的比例最高。

表 6－3　对民众没有使用或很少使用基层文化馆(站、室)的原因的认同度

	非常不同意(1)		不同意(2)		一般(3)		同意(4)		非常同意(5)		平均数
	频数	百分比	频数	百分比	频数	百分比	频数	百分比	频数	百分比	
没有兴趣	135	20.83%	113	17.44%	254	39.20%	89	13.73%	57	8.80%	2.72
没有时间	79	12.19%	114	17.59%	261	40.28%	119	18.36%	75	11.57%	3.00
交通不便	148	22.84%	147	22.69%	218	33.64%	88	13.58%	47	7.25%	2.60
设施缺乏	122	18.83%	117	18.06%	212	32.72%	106	16.36%	91	14.04%	2.89
距离太远	140	21.60%	147	22.69%	221	34.10%	89	13.73%	51	7.87%	2.64
开放时间短	219	33.80%	140	21.60%	190	29.32%	65	10.03%	34	5.25%	2.31
服务质量不高	188	29.01%	146	22.53%	210	32.41%	63	9.72%	41	6.33%	2.42
资源少或旧	122	18.83%	126	19.44%	213	32.87%	103	15.90%	84	12.96%	2.85
功能太少	132	20.37%	123	18.98%	211	32.56%	98	15.12%	84	12.96%	2.81

(四)文化馆总分馆试点单位工作进展

通过分析试点单位工作人员对于本单位在试点建设过程中遇到的各种问题的严重程度,发现比较突出的是经费缺乏问题,此外试点单位的被调查者中有大约80%的工作人员非常同意(27.90%)或同意(51.81%)在进行了文化馆总分馆建设后,其所在单位更好地满足了当地群众文化需求。

1. 试点单位在试点建设过程中面临的问题

从广东省文化馆总分馆建设的11个试点地区的工作人员的调查平均分来看,经费缺乏问题的严重程度最高,其次是缺乏精品文化品牌、物资难以统筹调用、垂直管理难度较大、文化服务质量不高、民众参与活动积极性不高、各级场馆距离过远、开展活动的安保措施不足、缺乏有效的总分馆考核评估制度,最后是工作人员积极性不高。认为所面临的问题非常严重的百分比中,经费缺乏、缺乏精品文化品牌、垂直管理难度较大的比例较高。认为面临的问题非常不严重的百分比中,工作人员积极性不高、缺乏有效的总分馆考核评估制度、民众参与活动积极性不高的比例最高。

表 6－4　试点单位在试点建设过程中所面临问题的严重程度

	非常不严重		不严重		一般		严重		非常严重		平均数
	频数	百分比	频数	百分比	频数	百分比	频数	百分比	频数	百分比	
经费缺乏	35	12.68%	25	9.06%	68	24.64%	57	20.65%	91	32.97%	3.52
文化服务质量不高	47	17.03%	66	23.91%	87	31.52%	40	14.49%	36	13.04%	2.83
缺乏精品文化品牌	50	18.12%	54	19.57%	85	30.80%	40	14.49%	47	17.03%	2.93

续表

	非常不严重		不严重		一般		严重		非常严重		平均数
	频数	百分比	频数	百分比	频数	百分比	频数	百分比	频数	百分比	
民众参与活动积极性不高	56	20.29%	48	17.39%	95	34.42%	47	17.03%	30	10.87%	2.81
缺乏有效的总分馆考核评估制度	57	20.65%	60	21.74%	86	31.16%	46	16.67%	27	9.78%	2.73
工作人员积极性不高	78	28.26%	62	22.46%	85	30.80%	35	12.68%	16	5.80%	2.45
物资难以统筹调用	52	18.84%	54	19.57%	82	29.71%	52	18.84%	36	13.04%	2.88
各级场馆距离过远	54	19.57%	58	21.01%	81	29.35%	53	19.20%	30	10.87%	2.81
开展活动的安保措施不足	50	18.12%	57	20.65%	103	37.32%	38	13.77%	28	10.14%	2.77
垂直管理难度较大	53	19.20%	50	18.12%	89	32.25%	44	15.94%	40	14.49%	2.88

2. 对本单位在试点建设后满足当地群众文化需求的认知

所调查的广东省文化馆总分馆建设试点单位工作人员中，51.81%的工作人员同意在进行了文化馆总分馆建设后，其所在单位更好地满足了当地群众文化需求，27.90%的人表示非常同意，13.41%的人表示不确定，而有5.07%的人非常不同意，还有1.81%的人不同意此说法。

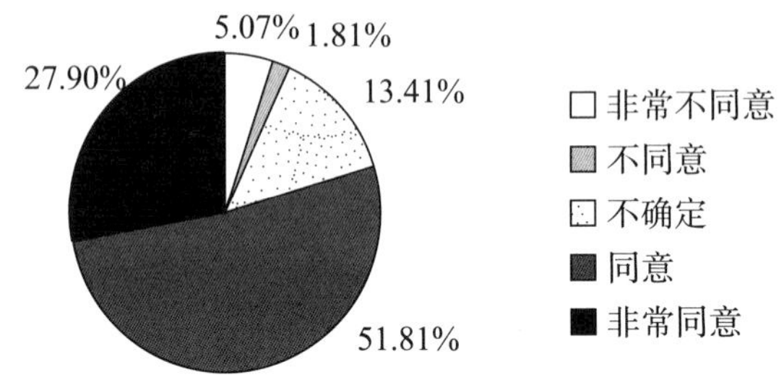

图6－12　对试点建设后更好地满足了当地群众文化需求程度的认知

二、差异分析

差异分析主要是结合样本的分布和特征分析不同工作人员群体对基层文化馆（站、室）建设与服务现状的认知情况之间的差异，主要包括不同文化机构层级、身份、性别、学历、岗位、个人月收入的群体之间对自身工作重要性认可度、对自身工作满意度、对各方面需要改善的程度、对文化服务满足群众需求的认知以及对民众没有或很少使用基层文化馆（站、室）的原因的认知之间的差异。

(一)不同文化机构层级的工作人员之间的差异

工作人员所在机构层级与其对基层文化馆(站、室)建设与服务现状认知之间的方差分析结果显示(见表6-5),不同层级的工作人员在“工作单位所开展的公共文化服务满足群众对文化生活需求的程度”以及没有使用或很少使用基层文化馆(站、室)的原因中的“服务质量不高”2个变量间存在显著差异,p值均小于0.05,不同层级机构的工作人员在其他方面的认知不存在显著差异。

表6-5　文化机构层级方差分析

		平方和	df	平均值平方	F	显著性
工作单位所开展的公共文化服务满足群众对文化生活需求的程度	群组之间	22.803	2	11.402	15.347	0.000
	在群组内	479.183	645	0.743		
	总计	501.986	647			
没有使用或很少使用基层文化馆(站、室)的原因——服务质量不高	群组之间	8.691	2	4.346	3.125	0.045
	在群组内	896.974	645	1.391		
	总计	905.665	647			

选择最小显著差异法LSD继续进行事后比较,结果显示,就“工作单位所开展的公共文化服务满足群众对文化生活需求的程度”变量而言,县(市、区)文化馆工作人员得分平均数显著高于乡镇(街道)文化站和村(社区)综合文化室(中心)工作人员的得分平均数,乡镇(街道)文化站工作人员的得分平均数显著高于村(社区)综合文化室(中心)工作人员的得分平均数,说明工作人员所处文化机构级别越高,其认为本单位开展的公共文化服务满足群众对文化生活的需求的程度越高。就没有使用或很少使用基层文化馆(站、室)的原因中的“服务质量不高”变量而言,村(社区)综合文化室(中心)工作人员的得分平均数显著高于乡镇(街道)文化站工作人员得分平均数,这说明村(社区)综合文化室(中心)工作人员对“服务质量不高”这个原因的认同程度显著高于乡镇(街道)文化站工作人员的认同程度。这种差异表明,相比于县(市、区)文化馆而言,应该重点关注和加强建设乡镇(街道)文化站以及村(社区)综合文化室(中心)的文化服务,并着重提高服务质量,以吸引民众积极参与基层文化馆(站、室)的文化活动,从而更好地满足民众的文化生活需要。

表 6－6　文化机构层级方差分析 LSD 事后比较

因变量	(I)工作单位	(J)工作单位	平均差异(I－J)	标准误	显著性	95%信赖区间	
						下限	上限
工作单位所开展的公共文化服务满足群众对文化生活需求的程度	县(市、区)文化馆	乡镇(街道)文化站	0.275*	0.077	0.000	0.12	0.43
		村(社区)综合文化室(中心)	0.544*	0.100	0.000	0.35	0.74
	乡镇(街道)文化站	县(市、区)文化馆	－0.275*	0.077	0.000	－0.43	－0.12
		村(社区)综合文化室(中心)	0.269*	0.092	0.004	0.09	0.45
	村(社区)综合文化室(中心)	县(市、区)文化馆	－0.544*	0.100	0.000	－0.74	－0.35
		乡镇(街道)文化站	－0.269*	0.092	0.004	－0.45	－0.09
没有使用或很少使用基层文化馆(站、室)的原因——服务质量不高	县(市、区)文化馆	乡镇(街道)文化站	0.063	0.106	0.555	－0.15	0.27
		村(社区)综合文化室(中心)	－0.251	0.137	0.067	－0.52	0.02
	乡镇(街道)文化站	县(市、区)文化馆	－0.063	0.106	0.555	－0.27	0.15
		村(社区)综合文化室(中心)	－0.314*	0.126	0.013	－0.56	－0.07
	村(社区)综合文化室(中心)	县(市、区)文化馆	0.251	0.137	0.067	－0.02	0.52
		乡镇(街道)文化站	0.314*	0.126	0.013	0.07	0.56
* 平均差异在 0.05 层级显著							

(二)不同身份的工作人员之间的差异

工作人员的身份与其对基层文化馆(站、室)建设与服务现状认知之间的方差分析结果显示,不同身份的工作人员在“对自身工作重要性认可度”以及“对目前工作的满意度”2 个变量间存在显著差异,p 值均小于 0.05,不同身份的工作人员在其他方面的认知不存在显著差异。

表 6－7　身份方差分析

		平方和	df	平均值平方	F	显著性
对自身工作重要性认可度	群组之间	9.076	3	3.025	10.159	0.000
	在群组内	191.788	644	0.298		
	总计	200.864	647			
对目前工作的满意度	群组之间	10.493	3	3.498	6.654	0.000
	在群组内	338.519	644	0.526		
	总计	349.012	647			

选择最小显著差异法 LSD 继续进行事后比较，结果显示，就“对自身工作重要性认可度”变量而言，事业编制人员的得分平均数显著高于合同聘用人员和兼职人员的得分平均数，表明事业编制人员认为自身工作对于提高民众文化生活质量的重要程度显著高于合同聘用人员和兼职人员。就“对目前工作的满意度”变量而言，事业编制人员的得分平均数显著高于合同聘用人员的得分平均数，事业编制人员、合同聘用人员和志愿服务人员的得分平均数显著高于兼职人员的得分平均数据，这说明事业编制人员对目前工作的满意度水平显著高于合同聘用人员，同时，事业编制人员、合同聘用人员和志愿服务人员对自身工作的满意度水平也显著高于兼职人员。这种差异表明，事业编制人员对自身工作的重要性认可度和满意度都相对较高，基层文化馆（站、室）应该通过一些激励手段和政策提高合同聘用人员、兼职人员和志愿服务人员对工作的认可度和满意度，进一步调动这三类工作人员的工作积极性，提升工作质量。

表 6－8　身份方差分析 LSD 事后比较

因变量	(I)身份	(J)身份	平均差异(I－J)	标准误	显著性	95%信赖区间	
						下限	上限
对自身工作重要性认可度	事业编制人员	合同聘用	0.214*	0.051	0.000	0.11	0.31
		兼职	0.321*	0.074	0.000	0.18	0.47
		志愿服务	0.113	0.128	0.377	－0.14	0.36
	合同聘用	事业编制人员	－0.214*	0.051	0.000	－0.31	－0.11
		兼职	0.107	0.082	0.189	－0.05	0.27
		志愿服务	－0.101	0.132	0.447	－0.36	0.16
	兼职	事业编制人员	－0.321*	0.074	0.000	－0.47	－0.18
		合同聘用	－0.107	0.082	0.189	－0.27	0.05
		志愿服务	－0.208	0.143	0.147	－0.49	0.07
	志愿服务	事业编制人员	－0.113	0.128	0.377	－0.36	0.14
		合同聘用	0.101	0.132	0.447	－0.16	0.36
		兼职	0.208	0.143	0.147	－0.07	0.49
对目前工作的满意度	事业编制人员	合同聘用	0.142*	0.068	0.036	0.01	0.27
		兼职	0.394*	0.099	0.000	0.20	0.59
		志愿服务	－0.180	0.170	0.290	－0.51	0.15
	合同聘用	事业编制人员	－0.142*	0.068	0.036	－0.27	－0.01
		兼职	0.252*	0.108	0.020	0.04	0.46
		志愿服务	－0.322	0.176	0.068	－0.67	0.02

续表

因变量	(I)身份	(J)身份	平均差异(I-J)	标准误	显著性	95%信赖区间	
						下限	上限
	兼职	事业编制人员	-0.394*	0.099	0.000	-0.59	-0.20
		合同聘用	-0.252*	0.108	0.020	-0.46	-0.04
		志愿服务	-0.574*	0.190	0.003	-0.95	-0.20
	志愿服务	事业编制人员	0.180	0.170	0.290	-0.15	0.51
		合同聘用	0.322	0.176	0.068	-0.02	0.67
		兼职	0.574*	0.190	0.003	0.20	0.95
*平均差异在0.05层级显著							

（三）不同性别的工作人员之间的差异

工作人员的性别与其对基层文化馆（站、室）建设与服务现状认知之间的独立样本t检验结果显示，不同性别的工作人员在需要改善的方面中的"设施数量""活动场所面积""人员素养"和"人员数量"，"工作单位所开展的公共文化服务满足群众对文化生活需求的程度"，以及没有使用或很少使用基层文化馆（站、室）的原因中的"没有兴趣"和"服务质量不高"7个变量间存在显著差异，p值均小于0.05，不同身份的工作人员在其他方面的认知不存在显著差异。

表6-9 性别独立样本t检验

		Levene的变异数相等测试		针对平均值是否相等的t测试						
		F	显著性	T	df	显著性（双尾）	平均差异	标准误差异	95%差异数的信赖区间	
									下限	上限
需要改善的程度——设施数量	采用相等变异数	0.069	0.793	20.287	646	0.023	0.231	0.101	0.033	0.428
	不采用相等变异数			2.287	645.989	0.023	0.231	0.101	0.033	0.428
需要改善的程度——活动场所面积	采用相等变异数	0.147	0.702	2.162	646	0.031	0.225	0.104	0.021	0.429
	不采用相等变异数			2.162	645.222	0.031	0.225	0.104	0.021	0.429

续表

		Levene 的变异数相等测试		针对平均值是否相等的 t 测试						
		F	显著性	T	df	显著性（双尾）	平均差异	标准误差异	95%差异数的信赖区间	
									下限	上限
需要改善的程度——人员素养	采用相等变异数	0.017	0.898	2.118	646	0.035	0.220	0.104	0.016	0.424
	不采用相等变异数			2.118	645.602	0.035	0.220	0.104	0.016	0.424
需要改善的程度——人员数量	采用相等变异数	2.764	0.097	2.189	646	0.029	0.221	0.101	0.023	0.418
	不采用相等变异数			2.188	643.831	0.029	0.221	0.101	0.023	0.419
工作单位所开展的公共文化服务满足群众对文化生活需求的程度	采用相等变异数	1.782	0.182	-2.088	646	0.037	-0.144	0.069	-0.280	-0.009
	不采用相等变异数			-2.088	644.454	0.037	-0.144	0.069	-0.280	-0.009
没有使用或很少使用基层文化馆（站、室）的原因——没有兴趣	采用相等变异数	0.003	0.958	2.351	646	0.019	0.219	0.093	0.036	0.403
	不采用相等变异数			2.352	644.860	0.019	0.219	0.093	0.036	0.403
没有使用或很少使用基层文化馆（站、室）的原因——服务质量不高	采用相等变异数	0.229	0.632	2.849	646	0.005	0.263	0.092	0.082	0.445
	不采用相等变异数			2.849	645.726	0.005	0.263	0.092	0.082	0.445

结合不同性别组别统计量，可以发现男性工作人员在需要改善的方面中的“设施数量”“活动场所面积”“人员素养”和“人员数量”以及没有使用或很少使用基层文化馆（站、室）的原因中的“没有兴趣”和“服务质量不高”6 个变量上的得分平均数都显著高于女性工作人员的得分平均数，而女性工作人员在“工作单位所开展的公共文化服务满足群众对文化生活需求的程度”变量上的得分平均数显著高于男性工作人员的得分平均数。这表明男性工作人员认为在设施数量、活动场所面积、人员素养和人员数量上需要改善的程度显著高于女性工作人员，并且男性工作人员比女性工作人员更认同“没有兴趣”和“服务质量不高”两个原

因是民众没有使用或很少使用文化馆(站、室)的原因,而女性工作人员认为其所在单位开展的公共文化服务满足群众对文化生活需求的程度显著高于男性工作人员。这种差异表明,相对于女性员工而言,基层文化馆(站、室)应该多关注男性员工的意见和想法,与男性员工保持顺畅的沟通和交流,听取他们的意见,以提升本单位的文化服务质量和效果。

表6-10 不同性别组别统计量

	性别	N	平均数	标准差	平均数的标准误
需要改善的程度——设施数量	男	326	3.69	1.288	0.071
	女	322	3.46	1.278	0.071
需要改善的程度——活动场所面积	男	326	3.63	1.310	0.073
	女	322	3.41	1.339	0.075
需要改善的程度——人员素养	男	326	3.54	1.314	0.073
	女	322	3.32	1.330	0.074
需要改善的程度——人员数量	男	326	3.74	1.253	0.069
	女	322	3.52	1.312	0.073
工作单位所开展的公共文化服务满足群众对文化生活需求的程度	男	326	3.35	0.905	0.050
	女	322	3.49	0.851	0.047
没有使用或很少使用文化馆(站、室)的原因——没有兴趣	男	326	2.83	1.220	0.068
	女	322	2.61	1.155	0.064
没有使用或很少使用文化馆(站、室)的原因——服务质量不高	男	326	2.55	1.196	0.066
	女	322	2.29	1.157	0.064

(四)不同学历的工作人员之间的差异

工作人员的学历与其对基层文化馆(站、室)建设与服务现状认知之间的方差分析结果显示,不同学历的工作人员在“对目前工作的满意度”1个变量间存在显著差异,p值小于0.05,不同学历的工作人员在其他方面的认知不存在显著差异。

表6-11 学历方差分析

		平方和	df	平均值平方	F	显著性
对目前工作的满意度	群组之间	6.865	4	1.716	3.226	0.012
	在群组内	342.147	643	0.532		
	总计	349.012	647			

选择最小显著差异法LSD继续进行事后比较,结果显示,就“对目前工作的满意度”变量而言,初中及以下、高中/中专、大专、本科学历的工作人员得分平均数显著高于硕士及以

上学历的工作人员得分平均数,高中/中专学历的工作人员得分平均数显著高于本科学历的工作人员得分平均数,表明初中及以下、高中/中专、大专、本科学历的工作人员对目前工作的满意度显著高于硕士及以上学历的工作人员,并且高中/中专学历的工作人员对目前工作的满意度显著高于本科学历的工作人员。这种差异表明,学历偏高的工作人员对目前工作的满意度相对低于学历偏低的工作人员,基层文化馆(站、室)应该采取措施提高本科、硕士及以上学历的工作人员对工作的满意度水平,防止人才的流失。

表 6-12　学历方差分析 LSD 事后比较

因变量	(I)学历	(J)学历	平均差异(I-J)	标准误	显著性	95%信赖区间	
						下限	上限
对目前工作的满意度	初中及以下	高中/中专	0.014	0.171	0.936	-0.32	0.35
		大专	0.143	0.162	0.377	-0.18	0.46
		本科	0.231	0.162	0.154	-0.09	0.55
		硕士及以上	0.977*	0.397	0.014	0.20	1.76
	高中/中专	初中及以下	-0.014	0.171	0.936	-0.35	0.32
		大专	0.130	0.085	0.130	-0.04	0.30
		本科	0.217*	0.085	0.010	0.05	0.38
		硕士及以上	0.964*	0.372	0.010	0.23	1.69
	大专	初中及以下	-0.143	0.162	0.377	-0.46	0.18
		高中/中专	-0.130	0.085	0.130	-0.30	0.04
		本科	0.088	0.064	0.172	-0.04	0.21
		硕士及以上	0.834*	0.368	0.024	0.11	1.56
	本科	初中及以下	-0.231	0.162	0.154	-0.55	0.09
		高中/中专	-0.217*	0.085	0.010	-0.38	-0.05
		大专	-0.088	0.064	0.172	-0.21	0.04
		硕士及以上	0.746*	0.367	0.043	0.02	1.47
	硕士及以上	初中及以下	-0.977*	0.397	0.014	-1.76	-0.20
		高中/中专	-0.964*	0.372	0.010	-1.69	-0.23
		大专	-0.834*	0.368	0.024	-1.56	-0.11
		本科	-0.746*	0.367	0.043	-1.47	-0.02
*平均差异在0.05层级显著							

(五)不同岗位的工作人员之间的差异

工作人员的岗位与其对基层文化馆(站、室)建设与服务现状认知之间的方差分析结果显示,不同岗位的工作人员在"对自身工作重要性认可度"、需要改善的程度中的"经费投入”“服务质量”“人员素养”和“人员数量”，以及没有使用或很少使用基层文化馆（站、室）的原因中的“没有兴趣”和“没有时间”7个变量间存在显著差异，p值均小于0.05，不同岗位的工作人员在其他方面的认知不存在显著差异。

表6－13　岗位方差分析

		平方和	df	平均值平方	F	显著性
对自身工作重要性认可度	群组之间	2.466	3	0.822	2.669	0.047
	在群组内	198.398	644	0.308		
	总计	200.864	647			
需要改善的程度——经费投入	群组之间	15.873	3	5.291	3.478	0.016
	在群组内	979.627	644	1.521		
	总计	995.500	647			
需要改善的程度——服务质量	群组之间	19.879	3	6.626	3.896	0.009
	在群组内	1095.282	644	1.701		
	总计	1115.160	647			
需要改善的程度——人员素养	群组之间	16.837	3	5.612	3.227	0.022
	在群组内	1120.038	644	1.739		
	总计	1136.875	647			
需要改善的程度——人员数量	群组之间	14.469	3	4.823	2.941	0.033
	在群组内	1056.118	644	1.640		
	总计	1070.586	647			
没有使用或很少使用基层文化馆（站、室）的原因——没有兴趣	群组之间	25.255	3	8.418	6.059	0.000
	在群组内	894.745	644	1.389		
	总计	920.000	647			
没有使用或很少使用基层文化馆（站、室）的原因——没有时间	群组之间	10.221	3	3.407	2.616	0.050
	在群组内	838.765	644	1.302		
	总计	848.986	647			

选择最小显著差异法LSD继续进行事后比较，结果显示，就“对自身工作重要性认可度”变量而言，专业技能岗位的工作人员得分平均数显著高于一线服务岗位工作人员和行政服务岗位工作人员的得分平均数，表明专业技能岗位的工作人员认为自身工作对于提高民众文化生活质量的重要程度显著高于一线服务岗位和行政服务岗位的工作人员。就需要改善的方面中的“经费投入”和“人员数量”变量而言，管理岗位的工作人员得分平均数显著高于一线服务、行政服务、专业技能岗位工作人员的得分平均数，这说明管理岗位的工作人员认为经费投入和人员数量需要改善的程度显著高于一线服务、行政服务、专业技能岗位的工

作人员。就需要改善的方面中的“服务质量”和“人员素养”变量而言,管理岗位的工作人员得分平均数显著高于一线服务和专业技能岗位工作人员的得分平均数,这说明管理岗位的工作人员认为服务质量和人员素养需要改善的程度显著高于一线服务和专业技能岗位的工作人员。就没有使用或很少使用基层文化馆(站、室)的原因中的“没有兴趣”变量而言,行政服务岗位的工作人员得分平均数显著高于一线服务和专业技能岗位的工作人员得分平均数,管理岗位的工作人员得分平均数显著高于专业技能岗位工作人员的得分平均数,这表明行政服务岗位的工作人员比一线服务和专业技能岗位的工作人员更认同“没有兴趣”这个原因,同时管理岗位的工作人员比专业技能岗位的工作人员更认同“没有兴趣”这个原因。就“没有时间”变量而言,行政服务岗位的工作人员得分平均数显著高于一线服务和专业技能岗位的工作人员的得分平均数,这表明行政服务岗位的工作人员比一线服务和专业技能岗位的工作人员更认同“没有时间”这个原因。这种差异表明,一线服务岗位和行政服务岗位的工作人员相对来说对自身工作重要性认可度偏低,有必要采取一定的措施提高这两类工作人员对自身工作重要性的认可度,才能提高他们的工作积极性。而管理岗位的工作人员更加认同需要进一步完善“经费投入”和“人员数量”,且更认同民众由于“没有兴趣”才没有或很少使用基层文化馆(站、室),相比于其他岗位的工作人员,管理岗位的工作人员更有机会参与到基层文化馆(站、室)的战略规划中,他们考虑问题可能更全面,因此应该认真听取他们的意见加大经费投入,增加人员数量,提高文化活动的趣味性。

表 6-14 岗位方差分析 LSD 事后比较

因变量	(I)岗位	(J)岗位	平均差异(I-J)	标准误	显著性	95%信赖区间	
						下限	上限
对自身工作重要性认可度	一线服务	行政服务	0.019	0.065	0.765	-0.11	0.15
		专业技能	-0.141*	0.062	0.024	-0.26	-0.02
		管理	-0.084	0.057	0.144	-0.20	0.03
	行政服务	一线服务	-0.019	0.065	0.765	-0.15	0.11
		专业技能	-0.160*	0.067	0.018	-0.29	-0.03
		管理	-0.103	0.063	0.102	-0.23	0.02
	专业技能	一线服务	0.141*	0.062	0.024	0.02	0.26
		行政服务	0.160*	0.067	0.018	0.03	0.29
		管理	0.057	0.060	0.348	-0.06	0.18
	管理	一线服务	0.084	0.057	0.144	-0.03	0.20
		行政服务	0.103	0.063	0.102	-0.02	0.23
		专业技能	-0.057	0.060	0.348	-0.18	0.06

续表

因变量	(I)岗位	(J)岗位	平均差异(I－J)	标准误	显著性	95%信赖区间	
						下限	上限
需要改善的程度——经费投入	一线服务	行政服务	0.027	0.144	0.851	－0.26	0.31
		专业技能	0.050	0.138	0.720	－0.22	0.32
		管理	－0.313*	0.127	0.014	－0.56	－0.06
	行政服务	一线服务	－0.027	0.144	0.851	－0.31	0.26
		专业技能	0.023	0.150	0.880	－0.27	0.32
		管理	－0.340*	0.140	0.016	－0.62	－0.06
	专业技能	一线服务	－0.050	0.138	0.720	－0.32	0.22
		行政服务	－0.023	0.150	0.880	－0.32	0.27
		管理	－0.363*	0.134	0.007	－0.63	－0.10
	管理	一线服务	0.313*	0.127	0.014	0.06	0.56
		行政服务	0.340*	0.140	0.016	0.06	0.62
		专业技能	0.363*	0.134	0.007	0.10	0.63
需要改善的程度——服务质量	一线服务	行政服务	－0.293	0.152	0.054	－0.59	0.01
		专业技能	－0.109	0.146	0.454	－0.40	0.18
		管理	－0.431*	0.135	0.001	－0.70	－0.17
	行政服务	一线服务	0.293	0.152	0.054	－0.01	0.59
		专业技能	0.184	0.159	0.247	－0.13	0.50
		管理	－0.138	0.148	0.353	－0.43	0.15
	专业技能	一线服务	0.109	0.146	0.454	－0.18	0.40
		行政服务	－0.184	0.159	0.247	－0.50	0.13
		管理	－0.322*	0.142	0.024	－0.60	－0.04
	管理	一线服务	0.431*	0.135	0.001	0.17	0.70
		行政服务	0.138	0.148	0.353	－0.15	0.43
		专业技能	0.322*	0.142	0.024	0.04	0.60
需要改善的程度——人员素养	一线服务	行政服务	－0.218	0.154	0.157	－0.52	0.08
		专业技能	－0.072	0.148	0.626	－0.36	0.22
		管理	－0.395*	0.136	0.004	－0.66	－0.13
	行政服务	一线服务	0.218	0.154	0.157	－0.08	0.52
		专业技能	0.146	0.160	0.362	－0.17	0.46
		管理	－0.177	0.150	0.239	－0.47	0.12

续表

因变量	(I)岗位	(J)岗位	平均差异(I-J)	标准误	显著性	95%信赖区间	
						下限	上限
	专业技能	一线服务	0.072	0.148	0.626	-0.22	0.36
		行政服务	-0.146	0.160	0.362	-0.46	0.17
		管理	-0.323*	0.144	0.025	-0.60	-0.04
	管理	一线服务	0.395*	0.136	0.004	0.13	0.66
		行政服务	0.177	0.150	0.239	-0.12	0.47
		专业技能	0.323*	0.144	0.025	0.04	0.60
需要改善的程度——人员数量	一线服务	行政服务	-0.035	0.149	0.814	-0.33	0.26
		专业技能	0.015	0.143	0.918	-0.27	0.30
		管理	-0.327*	0.132	0.014	-0.59	-0.07
	行政服务	一线服务	0.035	0.149	0.814	-0.26	0.33
		专业技能	0.050	0.156	0.749	-0.26	0.36
		管理	-0.292*	0.146	0.046	-0.58	-0.01
	专业技能	一线服务	-0.015	0.143	0.918	-0.30	0.27
		行政服务	-0.050	0.156	0.749	-0.36	0.26
		管理	-0.341*	0.139	0.015	-0.62	-0.07
	管理	一线服务	0.327*	0.132	0.014	0.07	0.59
		行政服务	0.292*	0.146	0.046	0.01	0.58
		专业技能	0.341*	0.139	0.015	0.07	0.62
没有使用或很少使用文化馆(站、室)的原因——没有兴趣	一线服务	行政服务	-0.350*	0.138	0.011	-0.62	-0.08
		专业技能	0.250	0.132	0.058	-0.01	0.51
		管理	-0.093	0.122	0.445	-0.33	0.15
	行政服务	一线服务	0.350*	0.138	0.011	0.08	0.62
		专业技能	0.600*	0.143	0.000	0.32	0.88
		管理	0.257	0.134	0.056	-0.01	0.52
	专业技能	一线服务	-0.250	0.132	0.058	-0.51	0.01
		行政服务	-0.600*	0.143	0.000	-0.88	-0.32
		管理	-0.343*	0.128	0.008	-0.60	-0.09
	管理	一线服务	0.093	0.122	0.445	-0.15	0.33
		行政服务	-0.257	0.134	0.056	-0.52	0.01
		专业技能	0.343*	0.128	0.008	0.09	0.60

续表

因变量	(I)岗位	(J)岗位	平均差异(I－J)	标准误	显著性	95%信赖区间	
						下限	上限
没有使用或很少使用文化馆(站、室)的原因——没有时间	一线服务	行政服务	－0.270*	0.133	0.043	－0.53	－0.01
		专业技能	0.085	0.128	0.507	－0.17	0.34
		管理	－0.135	0.118	0.254	－0.37	0.10
	行政服务	一线服务	0.270*	0.133	0.043	0.01	0.53
		专业技能	0.355*	0.139	0.011	0.08	0.63
		管理	0.135	0.130	0.297	－0.12	0.39
	专业技能	一线服务	－0.085	0.128	0.507	－0.34	0.17
		行政服务	－0.355*	0.139	0.011	－0.63	－0.08
		管理	－0.219	0.124	0.078	－0.46	0.02
	管理	一线服务	0.135	0.118	0.254	－0.10	0.37
		行政服务	－0.135	0.130	0.297	－0.39	0.12
		专业技能	0.219	0.124	0.078	－0.02	0.46
*平均差异在0.05层级显著							

(六)不同个人月收入的工作人员之间的差异

工作人员的个人月收入与其对基层文化馆(站、室)建设与服务现状认知之间的方差分析结果显示,不同月收入的工作人员在需要改善的方面中的“经费投入”和“配套设施”2个变量间存在显著差异,p值均小于0.05,不同个人月收入的工作人员在其他方面的认知不存在显著差异。

表6－15　个人月收入方差分析

		平方和	df	平均值平方	F	显著性
需要改善的程度——经费投入	群组之间	20.896	4	5.224	3.447	0.008
	在群组内	974.604	643	1.516		
	总计	995.500	647			
需要改善的程度——配套设施	群组之间	21.078	4	5.269	3.616	0.006
	在群组内	936.922	643	1.457		
	总计	958.000	647			

选择最小显著差异法LSD继续进行事后比较,结果显示,就“经费投入”变量而言,个人月收入为2000—5000元、5000—7000元的工作人员得分平均数显著高于月收入为2000元以下的工作人员的得分平均数,说明个人月收入为2000—5000元、5000—7000元的工作人

员认为经费投入需要改善的程度显著高于月收入为2000元以下的工作人员。就“配套设施”变量而言，个人月收入为2000—5000元、5000—7000元、7000—10 000元的工作人员得分平均数显著高于月收入为2000元以下的工作人员得分平均数，这表明个人月收入为2000—5000元、5000—7000元、7000—10 000元的工作人员认为“配套设施”需要改善的程度显著高于月收入为2000元以下的工作人员。这说明个人月收入偏高的工作人员更认为需要改善“经费投入”和“配套设施”。

表6－16　个人月收入方差分析LSD事后比较

因变量	(I)月收入	(J)月收入	平均差异(I－J)	标准误	显著性	95%信赖区间	
						下限	上限
需要改善的程度——经费投入	2000元以下	2000—5000元	－0.483*	0.146	0.001	－0.77	－0.20
		5000—7000元	－0.636*	0.204	0.002	－10.04	－0.24
		7000—10 000元	－0.652	0.336	0.053	－1.31	0.01
		10 000元以上	－0.131	0.520	0.801	－1.15	0.89
	2000—5000元	2000元以下	0.483*	0.146	0.001	0.20	0.77
		5000—7000元	－0.153	0.164	0.351	－0.47	0.17
		7000—10 000元	－0.169	0.313	0.590	－0.78	0.45
		10 000元以上	0.352	0.506	0.486	－0.64	1.35
	5000—7000元	2000元以下	0.636*	0.204	0.002	0.24	1.04
		2000—5000元	0.153	0.164	0.351	－0.17	0.47
		7000—10 000元	－0.016	0.344	0.964	－0.69	0.66
		10 000元以上	0.505	0.526	0.337	－0.53	1.54
	7000—10 000元	2000元以下	0.652	0.336	0.053	－0.01	1.31
		2000—5000元	0.169	0.313	0.590	－0.45	0.78
		5000—7000元	0.016	0.344	0.964	－0.66	0.69
		10 000元以上	0.521	0.589	0.377	－0.64	1.68
	10 000元以上	2000元以下	0.131	0.520	0.801	－0.89	1.15
		2000—5000元	－0.352	0.506	0.486	－1.35	0.64
		5000—7000元	－0.505	0.526	0.337	－1.54	0.53
		7000—10 000元	－0.521	0.589	0.377	－1.68	0.64
需要改善的程度——配套设施	2000元以下	2000—5000元	－0.530*	0.143	0.000	－0.81	－0.25
		5000—7000元	－0.478*	0.200	0.017	－0.87	－0.08
		7000—10 000元	－0.696*	0.329	0.035	－1.34	－0.05
		10 000元以上	－0.571	0.510	0.263	－1.57	0.43

续表

因变量	(I)月收入	(J)月收入	平均差异(I－J)	标准误	显著性	95%信赖区间	
						下限	上限
	2000—5000元	2000元以下	0.530*	0.143	0.000	0.25	0.81
		5000—7000元	0.052	0.161	0.747	－0.26	0.37
		7000—10 000元	－0.167	0.307	0.587	－0.77	0.44
		10 000元以上	－0.042	0.496	0.933	－1.02	0.93
	5000—7000元	2000元以下	0.478*	0.200	0.017	0.08	0.87
		2000—5000元	－0.052	0.161	0.747	－0.37	0.26
		7000—10 000元	－0.219	0.337	0.517	－0.88	0.44
		10 000元以上	－0.094	0.515	0.856	－1.11	0.92
	7000—10 000元	2000元以下	0.696*	0.329	0.035	0.05	1.34
		2000—5000元	0.167	0.307	0.587	－0.44	0.77
		5000—7000元	0.219	0.337	0.517	－0.44	0.88
		10 000元以上	0.125	0.578	0.829	－1.01	1.26
	10 000元以上	2000元以下	0.571	0.510	0.263	－0.43	1.57
		2000—5000元	0.042	0.496	0.933	－0.93	1.02
		5000—7000元	0.094	0.515	0.856	－0.92	1.11
		7000—10 000元	－0.125	0.578	0.829	－1.26	1.01
*平均差异在0.05层级显著							

综合来看，所在文化机构级别偏高、事业编制人员、女性员工、学历偏低、专业技能岗位的工作人员对自身工作的认可度更高，因而基层文化馆（站、室）应该更重视其他工作人员的意见和建议，更关注和加强建设乡镇（街道）文化站以及村（社区）综合文化室（中心）的文化服务，关心合同聘用人员、兼职人员、志愿服务人员、男性员工、高学历人员、一线服务和行政服务岗位人员在工作中遇到的困难和障碍，听取他们的想法和意见，采取相应的激励措施，调动他们的工作积极性，提高服务质量，改善服务效果。

第四节 垂直型和统筹型总分馆模式选择倾向分析

政府文化部门拟推行的文化馆总分馆制，是指以区县文化馆为总馆、街道乡镇文化站为分馆、社区村居综合文化中心（文化室）为服务点的服务体系建设与运行制度，但文化馆总分馆体系采用什么样的模式，需要什么样的配套制度仍需要探索和研究。因此，本节内容主要对以广东省各级文化馆工作人员为研究对象，意在通过深入而细致的分析，为我国文化馆总分馆模式及制度建设和选择提供合理建议。

下面以“文化馆总分馆制度建设调查问卷——面向管理人员”的采集数据为基础，对垂直型文化馆总分馆模式和统筹型文化馆总分馆模式分别进行描述性统计分析和交叉分析，并从经费因素、人员因素、资源因素、监督考评、改善感知、阻碍感知和服务标准共7个方面展开讨论。

一、总体样本的模式选择

回答调查问卷的文化馆（站、室）工作人员共648人，如图6－13所示，有280人认为文化馆总分馆制度建设应采用“垂直型总分馆模式”，占比43.21%；有368人认为应采用“统筹型总分馆模式”，所占比例为56.79%。

图6－13　文化馆总分馆模式选择分布

二、模式选择与样本特征的交叉分析

模式选择是本次问卷的被调查者对文化馆总分馆应采用何种模式而做出的选择，包括垂直型总分馆模式和统筹型总分馆模式。样本特征主要是指被调查者的单位、岗位、身份、年龄、性别、收入等。将模式选择与样本特征进行交叉分析可以更深入地理解模式选择的来源结构。

1. 与单位特征的交叉分析

文化馆总分馆模式选择同单位特征（机构层级）的交叉分析结果（图6－14）显示，县（市、区）文化馆、乡镇（街道）文化馆站和村（社区）综合文化室（中心）的被调查者均偏向于统筹型总分馆模式，但村（社区）综合文化室（中心）的工作人员选择统筹型总分馆模式的意愿更加强烈，所占比例高达72.27%。选择垂直型总分馆模式的工作人员单位分布和占比分别为县（市、区）文化馆48.48%，乡镇（街道）文化站45.62%和村（社区）综合文化室（中心）27.73%。不难发现，垂直型总分馆模式的选择意愿强度随着文化馆（站、室）级别的降低而逐渐降低，统筹型总分馆模式的选择意愿强度随着文化馆（站、室）级别的降低而逐渐升高。

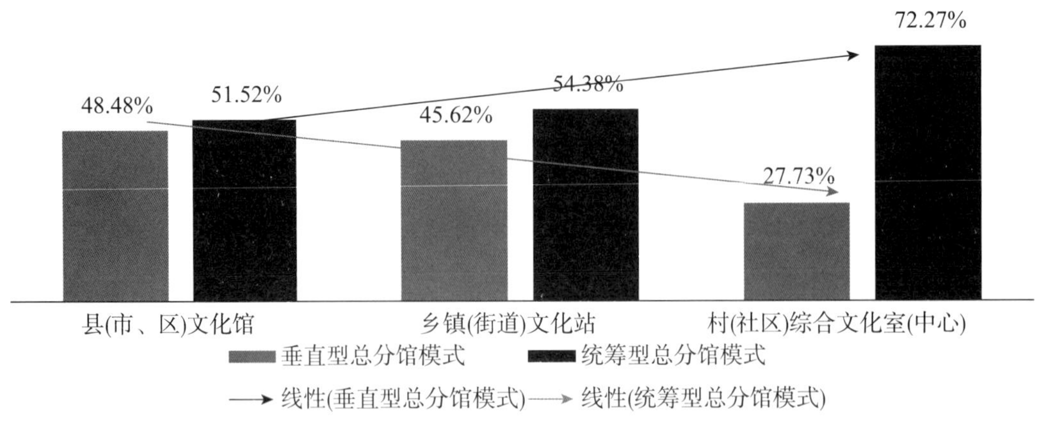

图 6－14　单位特征下总分馆模式选择分布

2. 与岗位特征的交叉分析

调查问卷涉及的岗位包括一线服务岗、行政服务岗、专业技能岗、管理岗位。交叉分析发现，统筹型总分馆模式依然是多数被调查者的首选，在不同岗位下所占比例分别为一线服务岗 62.50%、行政服务岗 57.94%、专业技能岗 59.59%、管理岗位 49.00%。而从垂直型总分馆模式的选择意愿来看，管理岗位所占比例最高为 51.00%，一线服务岗占比最低，仅为 37.50%，行政服务岗和专业技能岗分别为 42.06% 和 40.41%。从图 6－15 可以看出，处于管理岗的工作人员则略倾向于垂直型总分馆模式。值得注意的是，虽然一线服务岗、行政服务岗、专业技能岗的被调查者选择统筹型总分馆模式的比例远高于垂直型总分馆模式，但管理岗位的被调查者则对这两种不同模式的选择差异较小，其中垂直型总分馆模式的占比略高于统筹型总分馆模式，这说明处于管理层的被调查者更愿意由总馆承担分馆和服务点的人、财、物方面的管理工作，而一线服务岗、行政服务岗和专业技能岗的工作人员则期望分馆和服务点的人、财、管理和服务等相对独立于总馆。

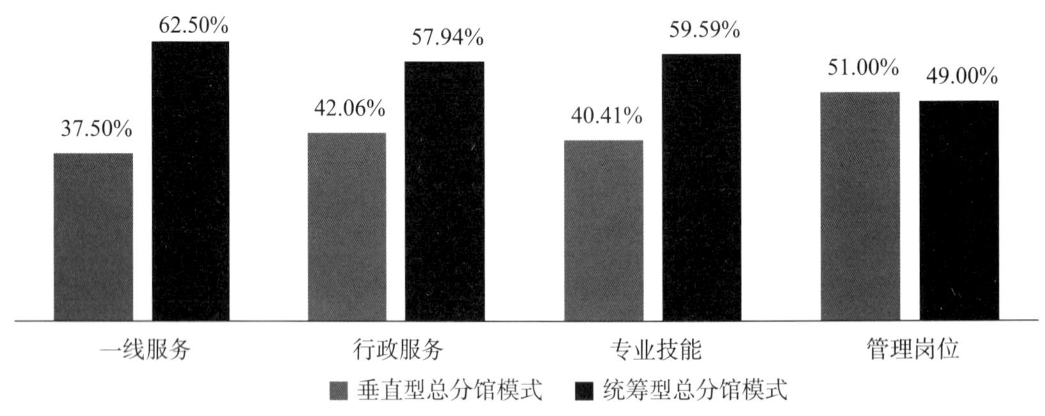

图 6－15　岗位特征下总分馆模式选择分布

3. 与身份特征的交叉分析

文化馆工作人员的身份类型包括事业编制人员、合同聘用人员、兼职人员和志愿服务人员。交叉分析结果（见图 6－16）反映，不管何种身份的被调查者均偏向于选择统筹型总分馆模式，其中事业编制人员和合同聘用人员选择统筹型总分馆模式的比例较高，分别为 55.91% 和 61.49%。从垂直型总分馆模式的选择意愿的占比来看，事业编制人员 44.09% 和合同聘用人员 38.51%，这一比例低于兼职人员 48.39% 和志愿服务人员 52.63%。这显示出，拥有正式身份的被调查者（事业编制人员和合同聘用人员）对于垂直型总分馆模式和统筹型总分馆模式的选择差异较大，而非正式身份的被调查者（兼职人员和志愿服务人员）对这两种模式的选择差异较小。此外，合同聘用的被调查者对两种模式的选择差异最强烈。

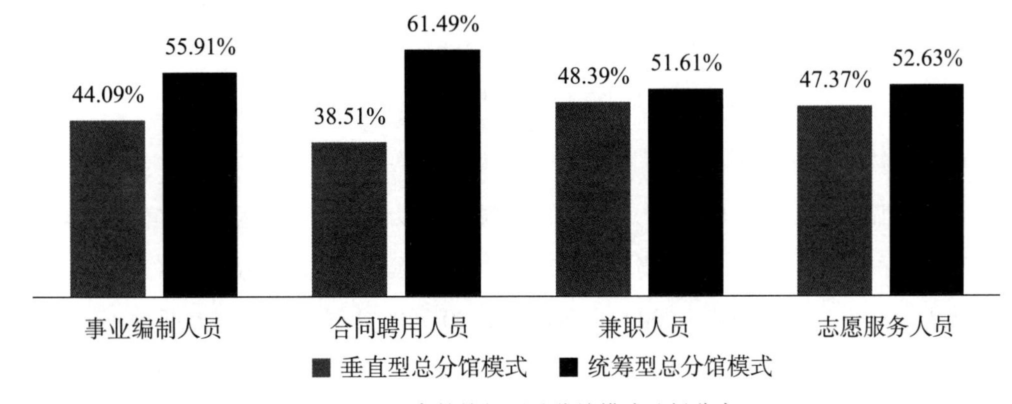

图 6－16　身份特征下总分馆模式选择分布

4. 与年龄特征的交叉分析

图 6－17 显示，被调查者的年龄主要集中于 18—30 岁和 31—45 岁这一区间。在该年龄区间内，分别有 33.42% 和 49.18% 的被调查者偏向于统筹型总分馆模式。在同样年龄区间内，有 31.79% 和 47.86% 的被调查者偏向于垂直型总分馆模式。而在 46—60 岁这一区间内，选择垂直型总分馆模式的被调查者比例略高于高于选择统筹型总分馆模式的工作人员，占比分别为 19.64% 和 16.58%。

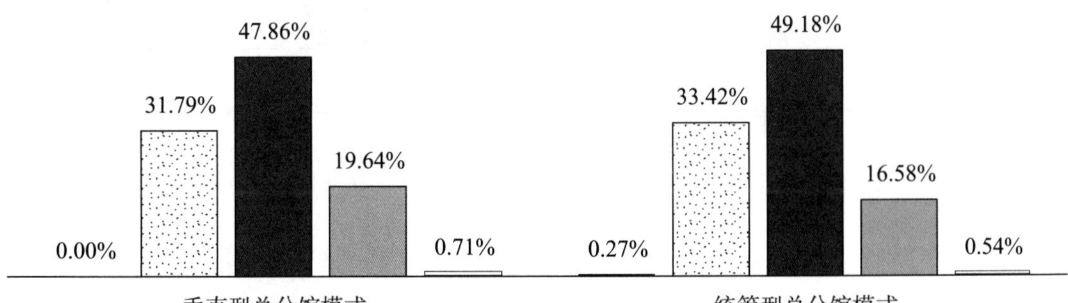

图 6－17　年龄特征下总分馆模式选择分布

5. 与性别特征的交叉分析

从性别来看,被调查者中有男性 362 人,女性 322 人,被调查者性别分布较为均衡。总分馆模式选择与性别交叉分析(见图 6-18)发现,女性被调查者比男性被调查者更偏向于选择统筹型总分馆模式。

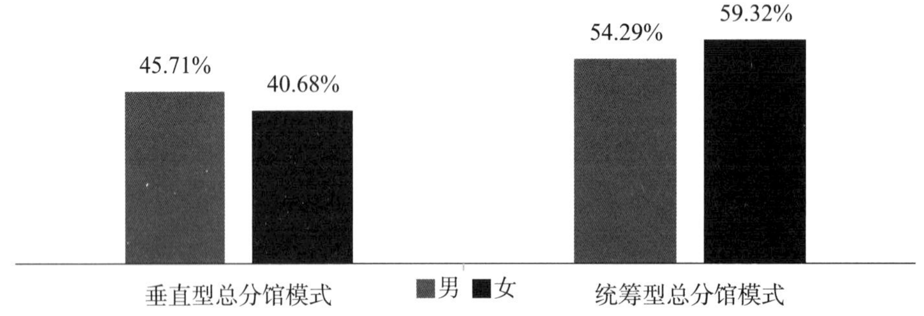

图 6-18　性别特征与总分馆模式选择交叉分析

6. 与收入特征的交叉分析

图 6-19 显示,收入在 10 000 元以下的被调查者多偏向于统筹型总分馆模式,收入在 10 000 元以上的被调查者中,比例高达 66.67% 的人选择了垂直型总分馆模式。数据反映出收入区间为 2000 元以下、2000—5000 元、5000—7000 元的被调查者之间对两种不同总分馆模式的选择差异较小。而 7000—10 000 元和 10 000 元以上的被调查者则对总分馆模式选择表现出强烈的差异性。这说明不同类型的总分馆模式对收入 7000 元以上的被调查者产生了较大影响。

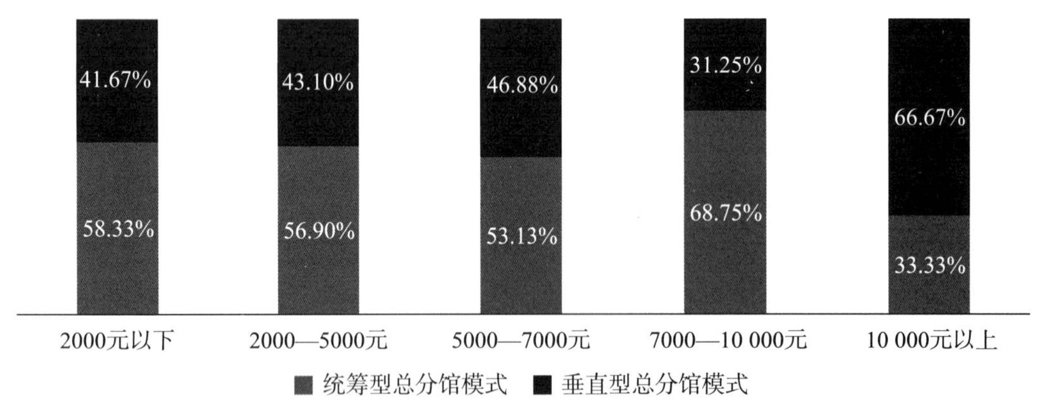

图 6-19　收入特征下总分馆模式选择分布

上述模式选择与样本特征的交叉分析发现,单位特征下,村(社区)综合文化室(中心)对统筹型总分馆模式的选择意愿最高,且该模式的选择意愿强度随着文化馆(站、室)级别的降低而逐渐升高。岗位特征下,管理岗位的选择差异较小且该岗位对垂直型总分馆模式的选择比例略高于统筹型总分馆模式。身份特征下，事业编制人员和合同聘用人员对总分馆模式的选择存在较大差异，而兼职人员和志愿服务人员则差异不明显。年龄特征下，18—30岁和31—45岁的被调查者选择垂直型总分馆模式和统筹型总分馆模式的占比接近，46—60岁的被调查者则更偏向于垂直型总分馆模式。性别特征下，对垂直型总分馆模式的选择男性比例高于女性，对统筹型总分馆模式的选择女性比例则高于男性。收入特征下，7000—10 000元和10 000以上的被调查者对模式选择存在显著相反的差异。这表明基层文化馆（站、室）的工作人员对文化馆总分馆模式的选择存在较大的均衡性和一定的差异性，其中的原因有待细究。

第七章　垂直型总分馆模式的构成要素分析

通过调查问卷,本研究针对认为文化馆总分馆制应该选择垂直型总分馆模式的工作人员,收集了他们对与该模式相配套的经费、人员、设施、监督考评、服务目录与服务标准因素的制度性安排及可能效果和阻碍的看法。本章以此为基础对垂直型总分馆模式的构成要素进行描述性统计分析和交叉分析,以期有所发现,为文化馆总分馆的制度建设提供参考。

第一节　经费因素分析

一、描述性统计分析

对于经费来源,调查结果见图7-1,选择垂直型模式的较多工作人员认为垂直型模式的文化馆总馆、分馆和服务点的经费主要应来自于县(区)政府和上级政府下拨,所占比例为48.93%。认为应来自县(区)政府、上级政府、乡镇/街道、村/社区的比例最低,仅为14.29%。此外,认为经费应来自于县(区)政府、上级政府和乡镇/街道及县(区)政府的差异不大,占比分别为18.21%和18.57%。通过上述统计数据不难发现,县(区)政府和上级政府下拨应是垂直型总分馆模式下文化馆总馆、分馆和服务点的主要经费来源。

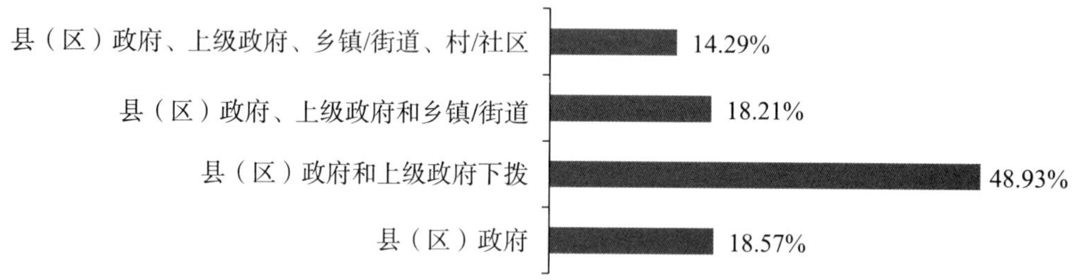

图7-1　垂直型总分馆模式的经费来源

当问及垂直型总分馆模式下,分馆的经费使用应采用何种方式时,如图7-2所示,较多被调查者认为所有经费由总馆统一管理使用,但分馆需要做年度预算申报和专项经费申请,这一比例为48.57%。另外选择总馆管理使用县(区)政府和上级政府下拨的经费,乡镇(街道)补充经费给对应的分馆使用与所有经费由总馆统一管理使用的被调查者占比差距不大,分别为26.07%和25.36%。

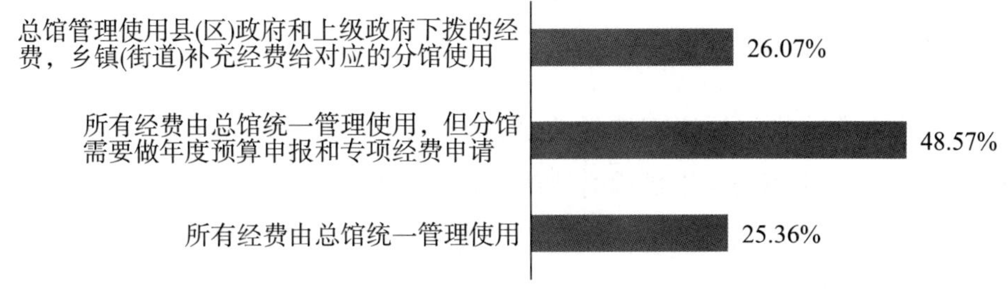

图 7－2　垂直型总分馆模式中分馆经费使用方式

在被问及垂直型总分馆模式下，服务点经费的使用应采用何种方式时，33.21%的被调查者认为所有经费由总馆统一管理使用，但服务点需要做年度预算申报和专项经费申请。另外三种服务点经费使用方式所占比例相差不大（见图 7－3）。

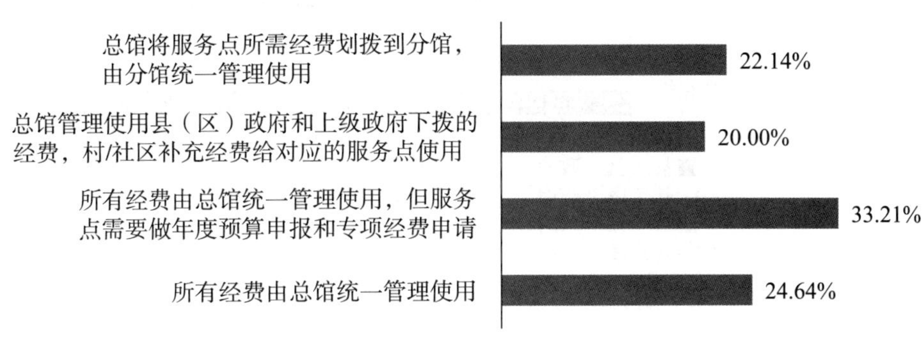

图 7－3　垂直型总分馆模式中服务点经费使用方式

如图 7－4 所示，在垂直型总分馆模式下，被调查者认为社会赞助经费（物资）应采取赞助所得交由总馆管理，但上交经费（物资）的分馆、服务点有优先使用权，所占比例为 38.93%。还有 37.86%的被调查者认为应该采用各级赞助经费（物资）归总馆、分馆、服务点管理的方式，认为所有社会赞助经费（物资）交由总馆管理的较少，仅占 23.21%。上述分析可以看出，在垂直型总分馆模式下，被调查者不希望总馆获得社会赞助经费（物资）的全部管理权，他们更加期望社会赞助所得的经费（物资）由各级馆、站、点自行管理或在拥有优先使用权的前提下由总馆管理。

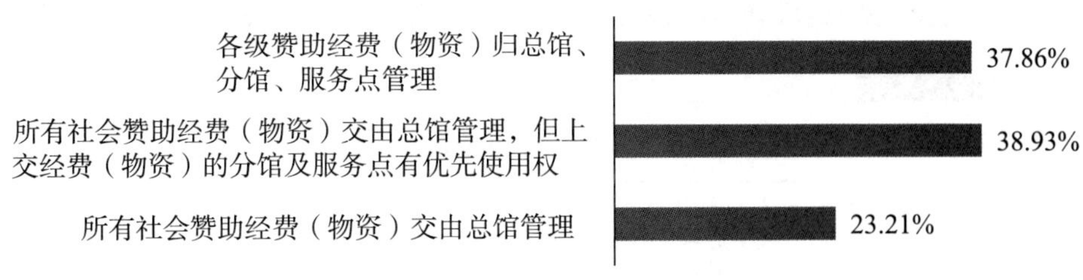

图 7－4　垂直型总分馆模式中社会赞助经费（物资）管理方式

二、交叉分析

(1)对被调查者的机构层级与选择的总馆、分馆、服务点经费来源进行交叉分析(见图7-5)发现,来自三个不同层级机构的被调查者都普遍认为经费来源方式应当由县(区)政府和上级政府下拨,被调查者所在的机构层级越高,越多比例的工作人员同意该观点。此外,层级越低的单位越希望能够接收到多方来源的经费拨款。

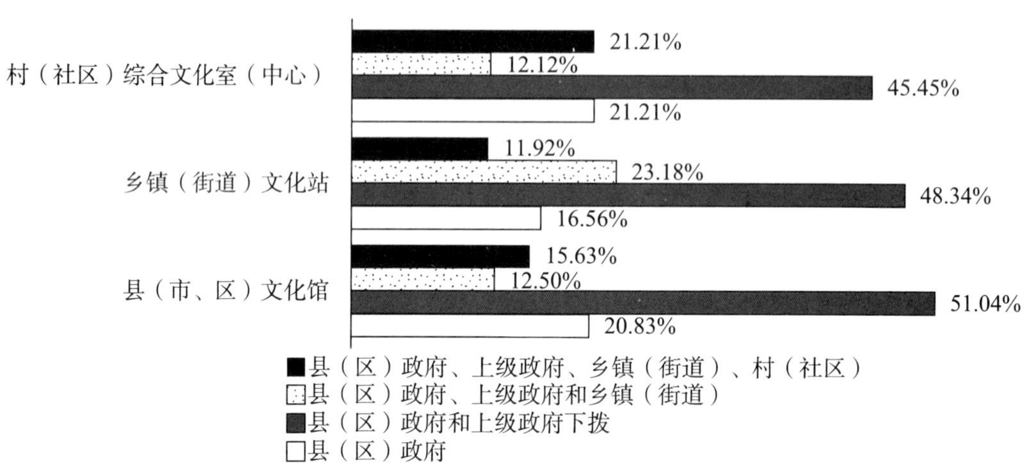

图7-5 机构层级与总馆、分馆、服务点经费来源交叉分析

从图7-6可以看出,一线服务岗、行政服务岗、专业技能岗、管理岗的多数被调查者均认为应由县(区)政府和上级政府下拨经费,其中行政服务岗和专业技能岗认同该做法的人员占比最高。值得注意的是,一线服务岗有相当比例的被调查者认为应该只由县(区)政府提供经费。

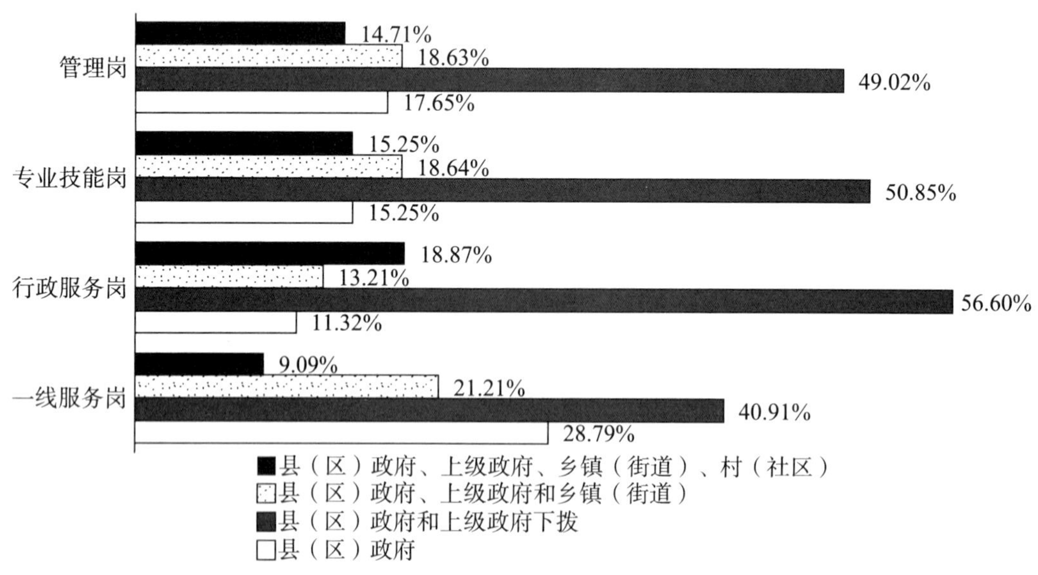

图7-6 岗位类型与总馆、分馆、服务点经费来源交叉分析

(2)从分馆的经费使用方式上来看,不同层级机构和岗位的被调查者中多数认为在垂直型总分馆模式下,分馆的经费使用应由总馆统一管理使用,但分馆需要做年度预算申报和专项经费申请。

从图7－7可以看出,超过一半的县(市、区)文化馆的被调查者认为所有分馆经费应由总馆统一管理使用,分馆需做年度预算申报和专项经费申请。超过四成的乡镇(街道)文化站的被调查者认为经费应由总馆统一管理。村(社区)综合文化室(中心)的被调查者对此意见分歧较大,支持三种经费管理方式的人数相当。

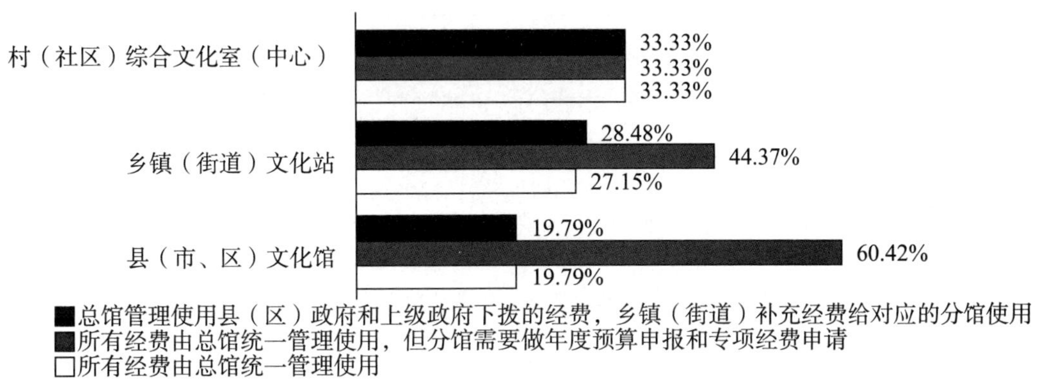

图7－7　机构层级与分馆经费使用方式交叉分析

由图7－8可知,大多数专业技能岗、行政管理岗和一线服务岗的工作人员认为分馆所有经费应由总馆统一管理使用,但分馆需要做年度预算申报和专项经费申请。管理岗的被调查者相较其他三类岗位的被调查者态度不是很鲜明,因为管理岗位的工作职责与经费管理使用方式比较密切,不同的管理方式会给管理岗位带来不同的挑战和机遇,因此可能不同层级的管理岗人员会做出不同选择。

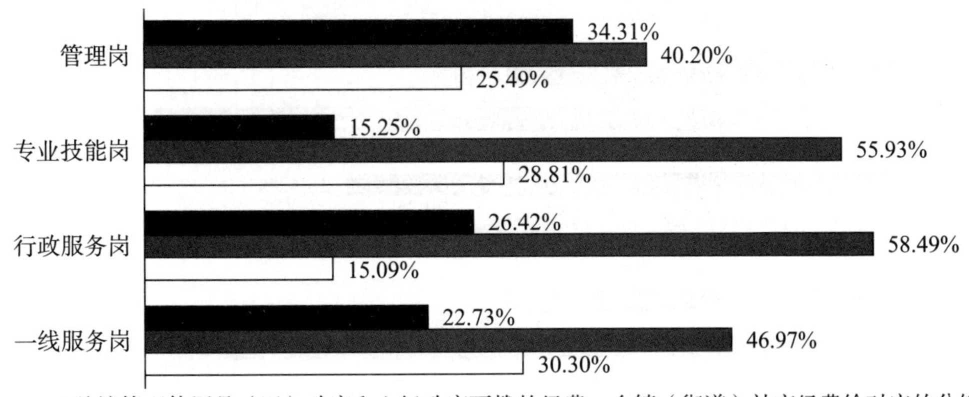

图7－8　岗位类型与分馆经费使用方式交叉分析

(3)从服务点的经费使用方式交叉分析来看(见图7-9),县(市、区)文化馆近一半的被调查者认为服务点的所有经费应由总馆统一管理和使用,但服务点需做年度预算申报和专项经费申请。村(社区)综合文化室(中心)对服务点经费的各种管理使用方法没有显著的倾向性。

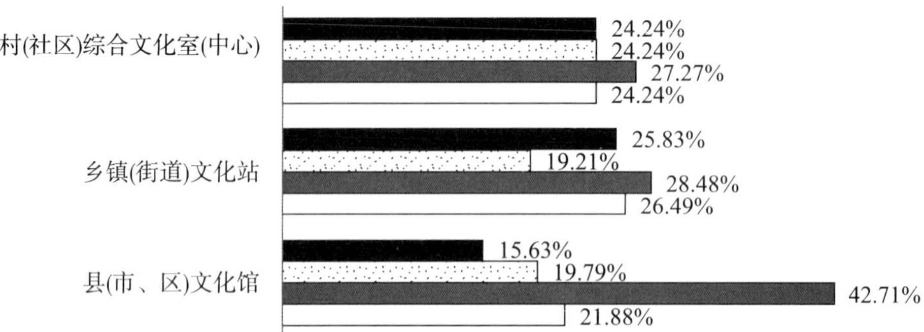

图7-9　机构层级与服务点经费使用方式交叉分析

如图7-10所示,四种不同岗位被调查者认为"所有经费由总馆统一管理使用,但分馆需要做年度预算申报和专项经费申请"可以作为主要的服务点经费使用方式的比例最高。专业技能岗和行政服务岗同意该做法的人远超同意其他做法的人,但管理岗中也有相当部分被调查者认为总馆可以将经费划拨到分馆,由分馆统一管理使用。此外,有近三成的一线服务人员认为经费可以由总馆管理使用。管理岗和一线服务岗的不同工作性质和职责范围导致他们在对服务点经费管理方式的选择上有所不同。

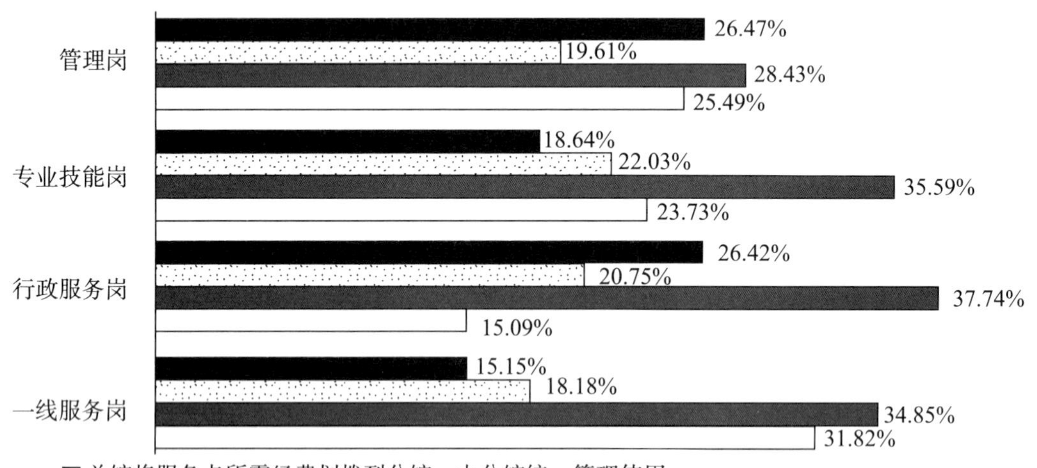

图7-10　岗位类型与服务点经费使用方式交叉分析

(4)从社会赞助经费(物资)应采取的管理方式来看,不同层级机构和岗位的工作人员存在明显差异。如图7－11所示,从单位角度分析,县(市、区)文化馆的多数被调查者在垂直型总分馆模式下,更倾向于将所得社会赞助经费(物资)交由总馆管理,但上交经费(物资)的站、点有优先使用权。村(社区)综合文化室(中心)和乡镇(街道)文化站的多数被调查者认为各级赞助经费(物资)应归各级馆、站、点管理。就社会赞助经费的管理方式的选择而言,可以比较明显地看出,各个层级的单位可能希望所在层级机构能够保留社会赞助经费的管理权。

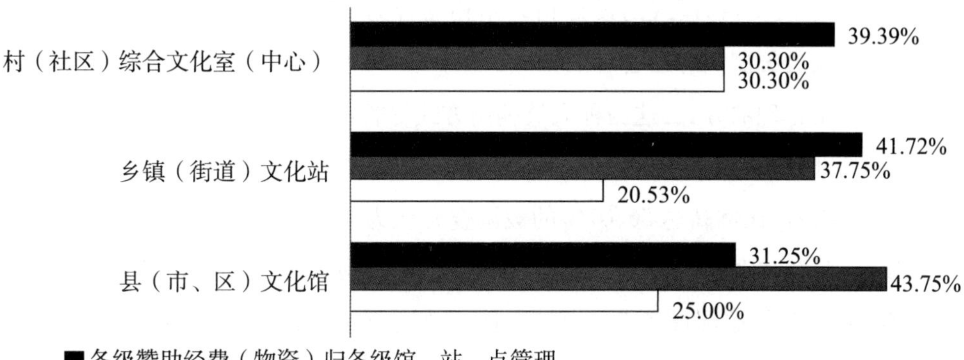

图7－11　机构层级与社会赞助经费管理费方式交叉分析

从岗位角度分析,一线服务岗的被调查者对所得社会赞助经费(物资)的管理方式有较大分歧,三种选择的人数几乎各占三分之一(见图7－12)。行政服务岗和专业技能岗近一半的被调查者则认为所有社会赞助经费(物资)交由总馆管理,但上交经费(物资)的站、点有优先使用权。约四成的管理岗被调查者则认为应该归各级馆、站、点管理。

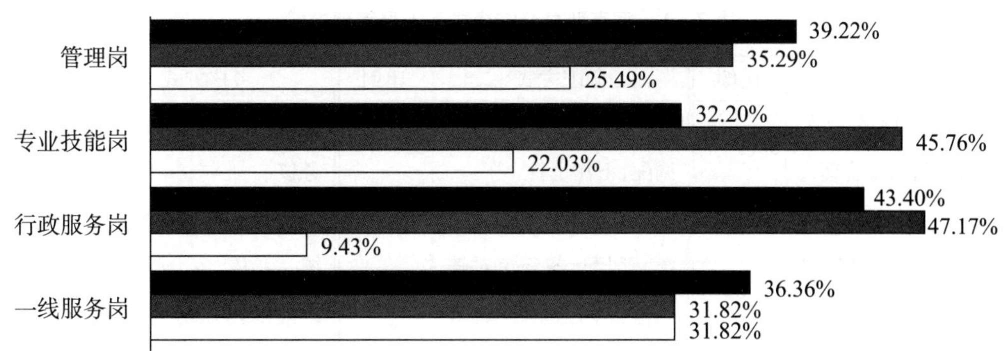

图7－12　岗位类型与社会赞助经费管理方式的交叉分析

第二节　人员因素分析

一、描述性统计分析

从人员编制方式来看，如表7－1所示，大多数被调查者认为在垂直型总分馆模式下，文化馆总分馆体系应采用总馆、分馆、服务点人员编制都归总馆管理的方式，所占比例为58.57%，这同垂直型总分馆模式的设计初衷是相吻合的。18.57%的被调查者认为应采用总馆及总馆下派人员编制归总馆管理的方式，还有22.86%的被调查者认为应采用总馆、分馆人员编制归总馆管理的方式，这两种人员编制方式尽管占比不高，但其本质同垂直型总分馆模式是相同的，即分馆和服务点的人、财、物等统一归总馆垂直管理。

从调配方式来看，比例高达56.07%的被调查者认为应由总馆统一调配，各分馆对辖区范围内服务点人员统一调配。还有32.14%的被调查者表示所有人员应由总馆统一调配，下派上挂，另有11.79%的被调查者表示总馆仅调配总馆及其下派人员，这两种人员调配方式占比差异较大，反映出在垂直型总分馆模式下，被调查者并不希望总馆拥有全部的人员调配权，同时总馆也不应只调配总馆及其下派人员。

从考核方式来看，比例高达61.07%的被调查者认为在垂直型总分馆模式下，应采用总馆、分馆人员由总馆统一考核，各分馆对辖区范围内服务点人员统一考核的方式进行，这说明被调查者不仅希望控制总馆的人员考核范围，同时也希望分馆也具有一定的人员考核权。另外两种考核方式，所有人员由总馆统一考核占比31.07%和总馆仅考核总馆及其下派人员占比7.86%也说明了同样的现象。

表7－1　垂直型总分馆模式下人员管理方式

编制方式	比例	调配方式	比例	考核方式	比例
总馆、分馆、服务点人员编制都归总馆管理	58.57%	所有人员由总馆统一调配，下派上挂	32.14%	所有人员由总馆统一考核	31.07%
总馆、分馆人员编制归总馆管理	22.86%	总馆、分馆人员由总馆统一调配，各分馆对辖区范围内服务点人员统一调配	56.07%	总馆、分馆人员由总馆统一考核，各分馆对辖区范围内服务点人员统一考核	61.07%
总馆及总馆下派人员编制归总馆管理	18.57%	总馆仅调配总馆及其下派人员	11.79%	总馆仅考核总馆及其下派人员	7.86%

关于分馆馆长任命方式的调查结果，如图 7 - 13 所示，有 41.07% 的被调查者认为分馆馆长应由总馆主管政府部门及分馆所属地政府部门共同协商任命，还有 33.93% 的被调查者认为应由总馆任命。这两种分馆馆长任命方式占比较大，说明被调查者普遍认为拥有一定行政权力的总馆和分馆主管政府部门协商任命和总馆任命是分馆馆长的主要任命方式。

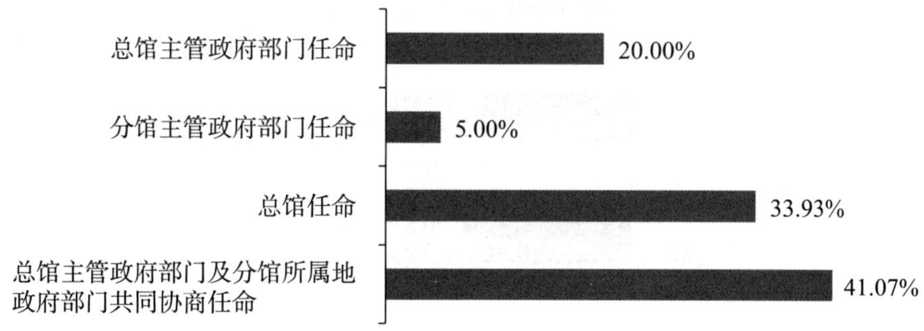

图 7 - 13　垂直型总分馆模式下分馆馆长任命方式

从表 7 - 2 可看出，对于人员激励方式，工作人员普遍认为学习机会（如个人职业技能培训、外出调研学习）对加快培养文化馆总分馆专业技术和管理人才的重要程度最高。升职空间、物质激励、精神激励同样具有较高的重要程度，均值分别为 4.25、4.09、4.00。可以看出，垂直型总分馆模式下四种加快培养文化馆总分馆专业技术和管理人才的方式的重要程度平均分均在 4 分以上，说明这四种激励方式重要程度较高，其中学习机会和升职空间均分较高，反映出被调查者对通过学习提高自身业务能力和拥有良好的职业发展前景表现出更高的关注度。

表 7 - 2　垂直型总分馆模式人员激励方式的重要程度

题目\选项	非常不重要		不重要		一般		重要		非常重要		平均分
	频数	百分比	频数	百分比	频数	百分比	频数	百分比	频数	百分比	
物质激励（如奖金、奖品）	14	5.00%	13	4.64%	51	18.21%	57	20.36%	145	51.79%	4.09
精神激励（如大会表彰）	17	6.07%	11	3.93%	64	22.86%	51	18.21%	137	48.93%	4.00
升职空间	13	4.64%	7	2.50%	47	16.79%	43	15.36%	170	60.71%	4.25
学习机会	12	4.29%	10	3.57%	34	12.14%	48	17.14%	176	62.86%	4.31

二、交叉分析

（1）从文化馆总分馆体系的人员编制方式来看（见图 7 - 14），选择垂直型总分馆模式的不同层级机构和岗位的工作人员大多数认为文化馆总分馆体系的人员编制应采用总馆、分馆、服务点人员编制都归总馆管理这一模式，但不同层级的单位认同该做法的比例有显著差异。超七成的村（社区）综合文化室（中心）被调查者、超六成的县（市、区）文化馆被调查者和超五成的乡镇（街道）文化站被调查者认同该做法。

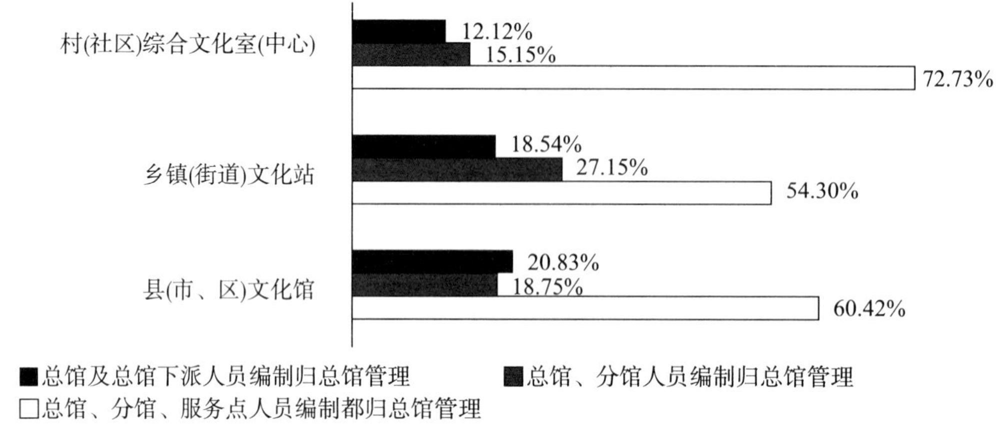

图 7－14　机构层级与人员编制方式交叉分析

如图 7－15 所示，虽然岗位不同，但是每个岗位的大多数人还是希望他们的编制能够收归总馆，其中一线服务人员尤其希望如此。

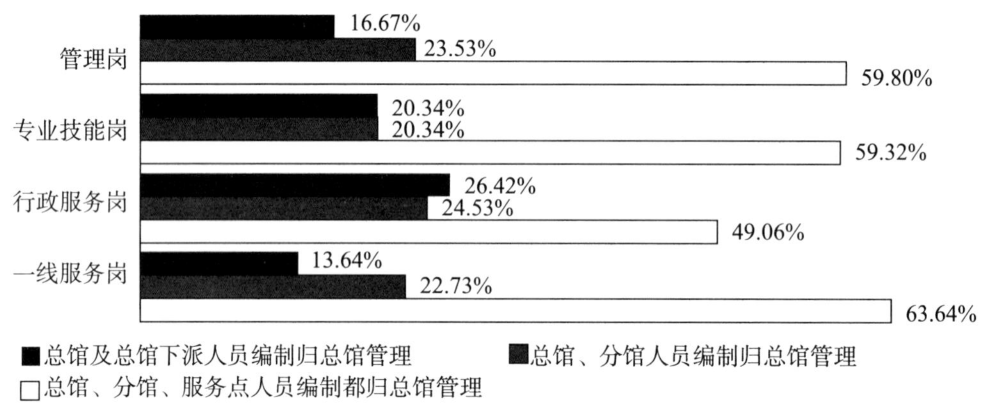

图 7－15　岗位类型与人员编制方式交叉分析

交叉分析发现，在垂直型总分馆模式中文化馆总分馆体系的人员编制应采取何种方式这一问题上，尽管不同层级机构和岗位的工作人员表现出了高度的一致性，但工作在基层［一线服务、村（社区）综合文化室（中心）］的被调查者对总馆、分馆、服务点人员编制都归总馆管理这一方式的倾向性更为强烈，占比分别为一线服务 63.64%、村（社区）综合文化室（中心）72.73%。

（2）从文化馆总分馆体系的人员调配方式来看，不同层级机构和岗位的工作人员表现出明显的一致性，多数工作人员认为垂直型总分馆模式下文化馆总分馆体系的人员调配应采取总馆、分馆人员由总馆统一调配，各分馆对辖区范围内服务点人员统一调配的方式。

从机构层级分析（见图7－16），县（市、区）文化馆、乡镇（街道）文化站和村（社区）综合文化室（中心）的多数被调查者认为应采取总馆、分馆人员由总馆统一调配，各分馆对辖区范围内服务点人员统一调配这一方式，机构层级越高，支持“所有人员由总馆统一调配，上派下挂”的人就越多。

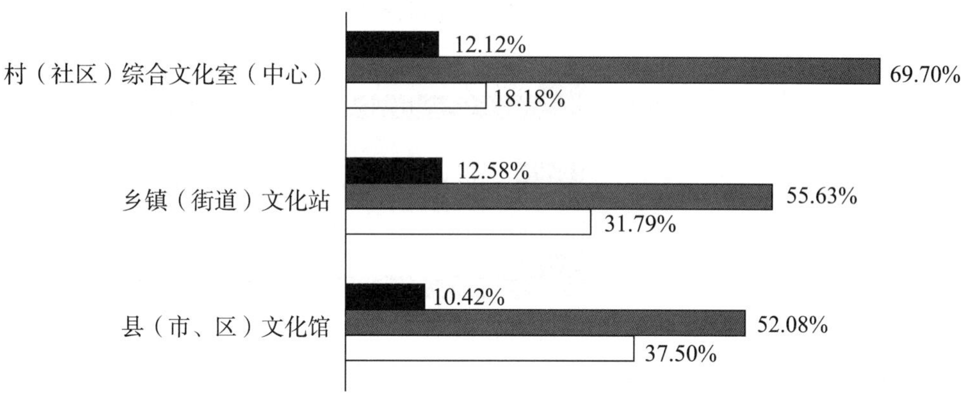

图7－16　机构层级与人员调配方式交叉分析

从岗位类型分析（见图7－17），有高达67.92%的行政服务岗的被调查者对采用总馆、分馆人员由总馆统一调配，各分馆对辖区范围内服务点人员统一调配这一方式有强烈的偏向性，其余岗位所占比例分别为一线服务岗43.94%、专业技能岗57.63%、管理岗56.86%。

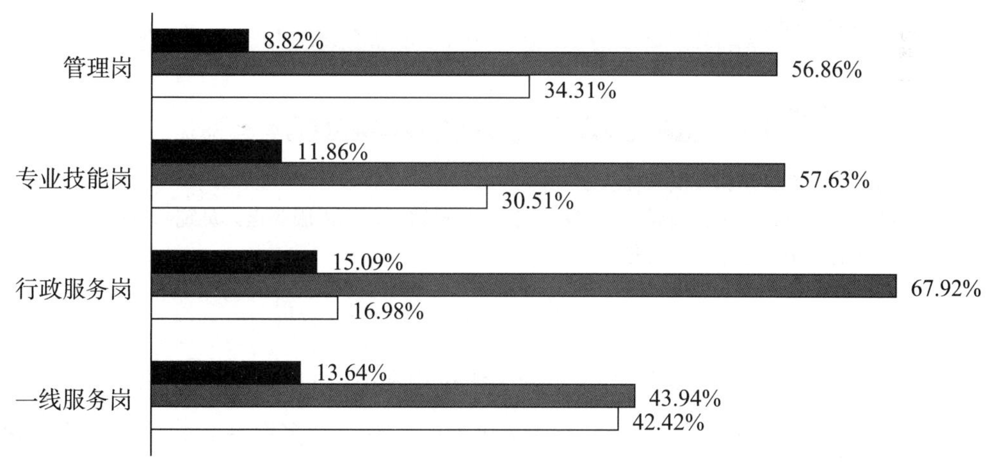

图7－17　岗位类型与人员调配方式交叉分析

（3）从文化馆总分馆体系的人员考核方式来看，不同层级机构和岗位的工作人员存在一致性，多数文化馆工作人员认为在垂直型总分馆模式下文化馆总分馆体系的人员考核应采取总馆、分馆人员由总馆统一考核，各分馆对辖区范围内服务点人员统一考核的方式。

如图7－18所示，县（市、区）文化馆、乡镇（街道）文化站、村（社区）综合文化室（中心）的大多数被调查者均认为总馆、分馆人员应由总馆统一考核，各分馆对辖区范围内服务点人员统一考核。如图7－19所示，处于不同岗位的被调查者大多数也赞同以上做法。

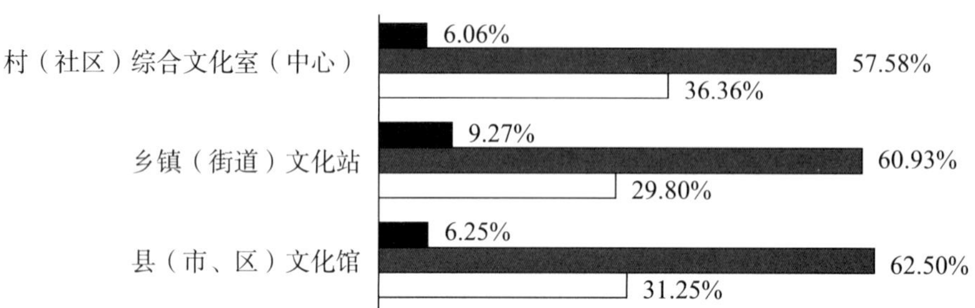

图7－18　机构层级与人员考核方式交叉分析

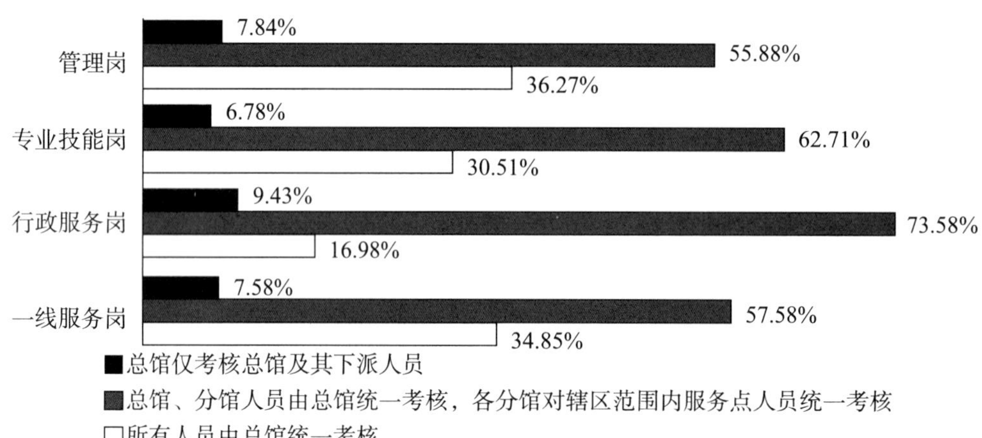

图7－19　岗位类型与人员考核方式交叉分析

（4）在文化馆分馆馆长任命方式上，不同层级机构和岗位的工作人员看法存在差异。如图7－20所示，从机构层级来看，县（市、区）文化馆的被调查者多数认为分馆馆长应由总馆任命。乡镇（街道）文化站和村（社区）综合文化室（中心）的多数被调查者也认为应由总馆主管政府部门及分馆所属地政府部门共同协商任命。

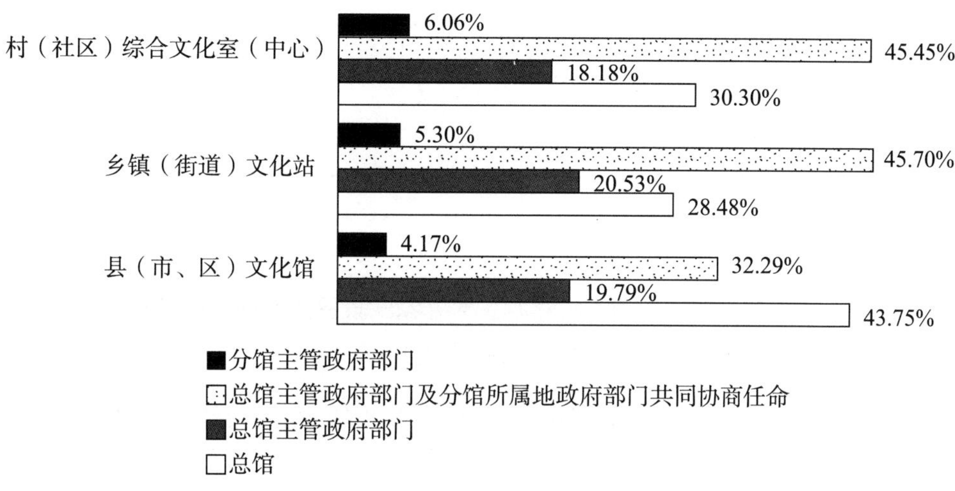

图 7－20　机构层级与馆长任命方式交叉分析

从岗位类型来看,39.39% 的一线服务岗被调查者认为应由总馆任命。高达 58.49% 的行政服务岗被调查者认为分馆馆长应由总馆主管政府部门及分馆所属地政府部门共同协商任命。专业技能岗的被调查者则更偏向于总馆任命,所占比例为 35.59%。管理岗的被调查者同行政服务岗相同,认为应由总馆主管政府部门及分馆所属地政府部门共同协商任命,占比 38.24%(见图 7－21)。

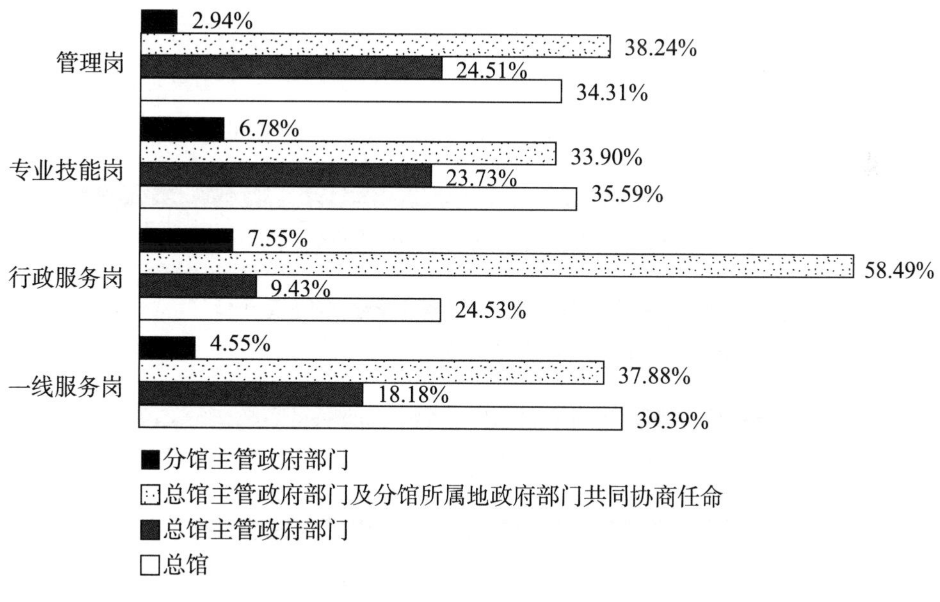

图 7－21 岗位类型与馆长任命方式交叉分析

(5)从不同层级机构和岗位的被调查者对加快培养文化馆总分馆专业技术和管理人才激励方式的感知程度来看,绝大多数被调查者认为学习机会、升职空间和物质激励是比较重要的激励方式。

如图 7－22 所示，村（社区）综合文化室（中心）的工作人员对学习机会、升职空间、精神激励和物质激励这四种激励方式都比较看重，其中尤其看重学习机会。乡镇（街道）文化站和县（市、区）文化馆都认为精神激励不太重要，同时，他们认可学习机会的重要性。总体而言，乡镇（街道）文化站和村（社区）综合文化室（中心）的被调查者相较于县（市、区）文化馆的被调查者更看重这些激励方式。

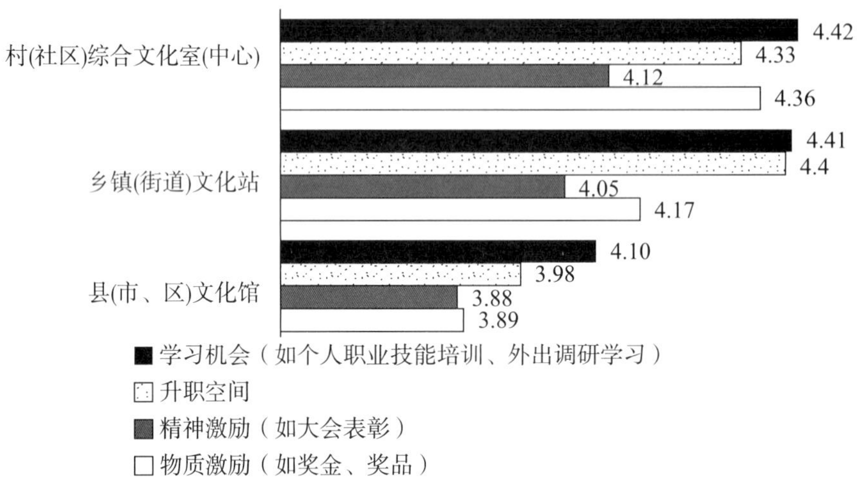

图 7－22　机构层级与人才激励方式交叉分析

如图 7－23 所示，不同岗位类型的被调查者存在差异。一线服务岗的被调查者认为升职空间是最重要的激励方式。行政服务岗的被调查者则认为学习机会是最重要的激励方式。专业技能岗和管理岗的被调查者同样认为学习机会是最重要的激励方式。

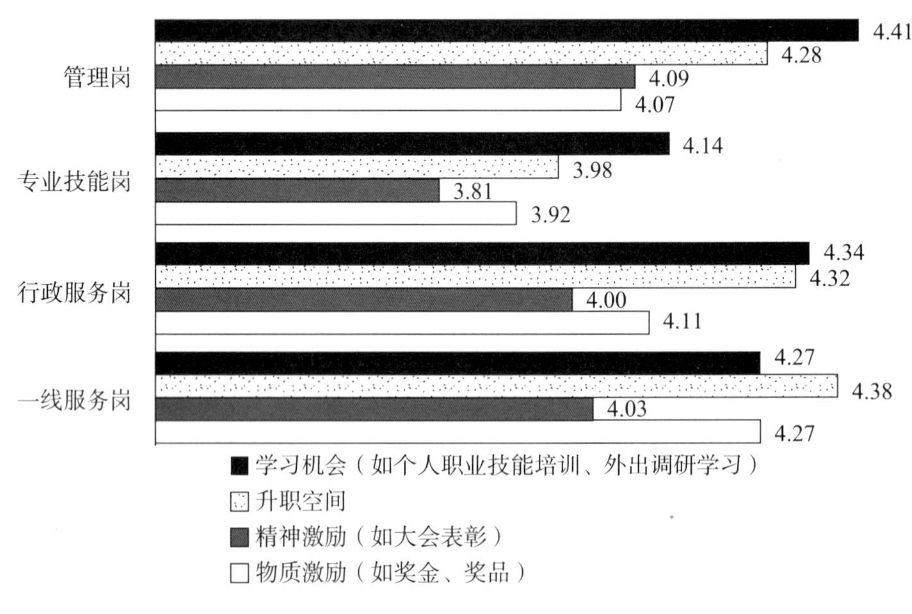

图 7－23　岗位类型与人才激励方式交叉分析

第三节　设施设备因素分析

一、描述性统计分析

设备因素的调查结果,见表7－3。从分馆原有设备的调配方式来看,多数被调查者认为应采取总馆对分馆原有设备登记造册,总馆与分馆协商调配的方式,所占比例为56.07%。还有41.43%的被调查者认为应由总馆对分馆原有设备登记造册,由总馆统一调配使用。这说明被调查者在这一问题上,多数认为总馆对分馆原有设备登记造册后,应双方协商调配,而不希望分馆失去对原有设备的支配权。

在新购设备管理方式上,三种管理方式占比差异不明显,但总馆编制总分馆采购规范,总馆统一采购后再向分馆、服务点调配占比36.07%,略高于总馆编制总分馆采购规范,分馆、服务点向总馆申报采购清单后总馆采购(32.14%)和以上两种方式相结合的方式(31.79%)的比例。这说明被调查者们虽然均认同由总馆编制总分馆采购规范,但具体采购和调配方式存在分歧。

在设备申请调用方式上,比例高达81.43%的被调查者认为所有设备应由总馆调配,分馆、服务点可根据需要向总馆申请调配。自行向同级或上级馆要求调配的占17.14%,其他申请调用方式仅占1.43%。这说明总馆调配所有设备,分馆、服务点按需申请调配是认可度最高的分馆、服务点设备申请调配方式。

表7－3　垂直型总分馆模式下分馆、服务点的设备管理方式

总馆对分馆原有设备的调配方式	比例	总馆对分馆、服务点新购设备的管理方式	比例	分馆、服务点进行设备申请调用时的方式	比例
由总馆对分馆原有设备登记造册,由总馆统一调配使用	41.43%	由总馆编制总分馆采购规范,由总馆统一采购后再向分馆、服务点调配	36.07%	所有设备由总馆调配,分馆、服务点可根据需要向总馆申请调配	81.43%
由总馆对分馆的原有设备登记造册,由总馆与分馆协商调配	56.07%	由总馆编制总分馆采购规范,分馆、服务点向总馆申报采购清单后总馆采购	32.14%	自行向同级或上级馆要求调配	17.14%
其他	2.50%	以上两种方式相结合	31.79%	其他	1.43%

在场馆建设主体方面(见图7－24),32.86%的被调查者认为总馆所属地政府部门是分馆新建场馆的主要建设主体,30.36%认为总馆是分馆新建场馆的主要建设主体,上述两个建设主体的被调查者占比区别不大。还有26.07%的被调查者认为应由分馆所属地政府承担建设主体,仅10.36%认为应由分馆承担建设主体。这反映出总馆、总馆所属地政府部门和分馆所属地政府应承担不同程度的分馆新建场馆建设主体责任,而分馆本身不应承担过多的主体建设责任。

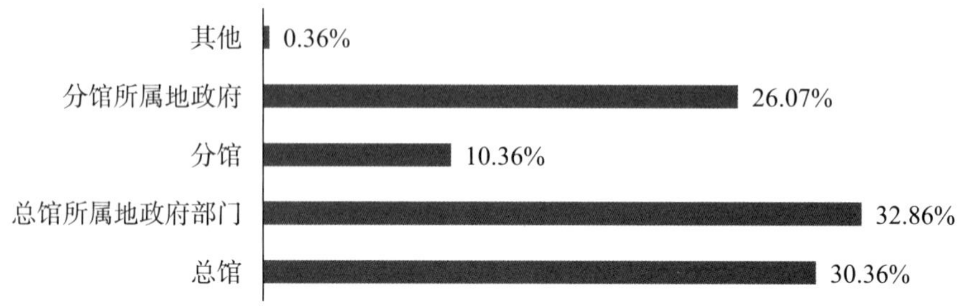

图7－24　垂直型总分馆模式下分馆新建场馆建设主体

在涉及分馆、服务点原有场馆产权是否转移问题上(见图7－25),产权不转移是绝大多数被调查者期望的,所占比例为54.64%。认为可无偿转移至总馆或总馆所属地政府的占比为28.57%,认为可有偿转移至总馆或总馆所属地政府的占16.79%。数据说明,分馆、服务点原有场馆产权不转移是绝大多数被调查者所期望的产权处理方式,这也反映出尽管垂直型总分馆模式下,分馆和服务点是总馆的组成或派出机构,但分馆、服务点依然期望获取一定的自主权。

图7－25　垂直型总分馆模式下分馆、服务点产权感知

二、交叉分析

(1)在垂直型总分馆模式下,不同层级机构和岗位的工作人员认为总馆对分馆原有设备调配的方式趋于一致,均为由总馆对分馆的原有设备登记造册,由总馆与分馆协商调配。

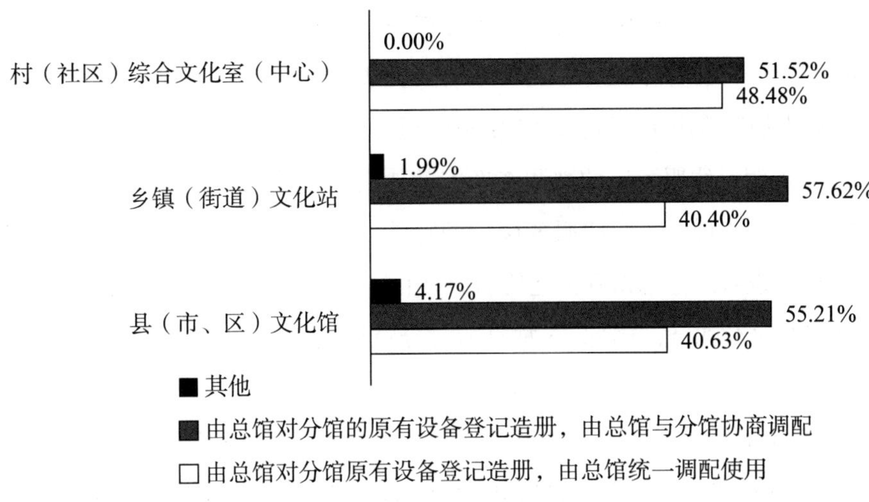

图 7－26　机构层级与分馆原有设备调配方式交叉分析

在岗位类型下（见图 7－27），“由总馆对分馆的原有设备登记造册，由总馆与分馆协商调配”这一调配方式在管理岗占 61.76%，专业技能岗占 59.23%，行政服务岗占 64.15%，而在一线服务岗仅占 37.88%，存在明显的差异性。而“由总馆对分馆原有设备登记造册，由总馆统一调配使用”同样存在明显的差异性，管理岗占 37.25%，专业技能岗占 37.29%，行政服务岗占 33.96%，而在一线服务岗占高达 57.58%。值得注意的是，岗位类型下的一线服务岗，被调查者多数偏向于总馆对分馆原有设备登记造册，由总馆同意调配使用这一方式，同其他被调查者存在较大差异。

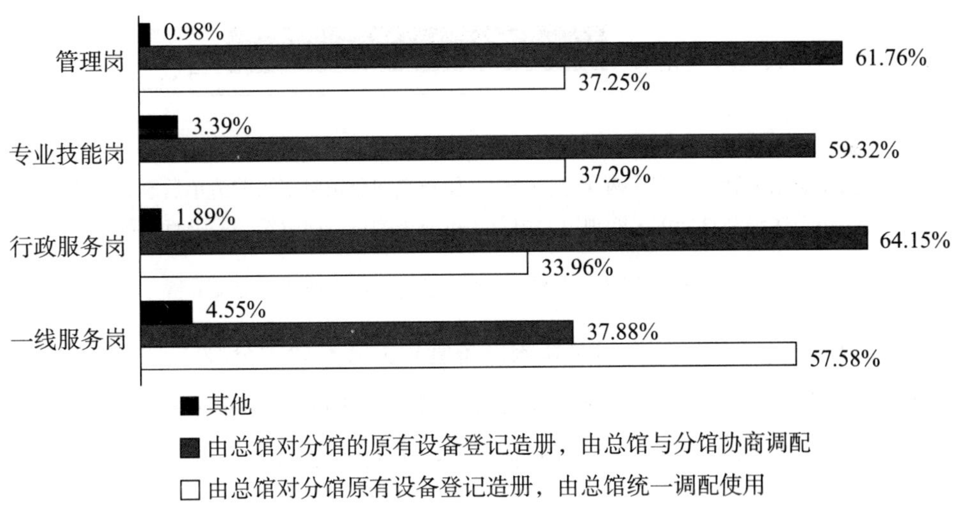

图 7－27　岗位类型与分馆原有设备调配方式交叉分析

不同机构层级和岗位类型交叉分析可以发现，“由总馆对分馆的原有设备登记造册，由总馆与分馆协商调配”占比最高，是绝大多数被调查者所期望的原有设备调配方式，而“由总馆对分馆原有设备登记造册,由总馆统一调配使用”也有较高的占比。需要指出的是,在岗位类型下的原有设备调配方式上,一线服务岗人员选择“由总馆对分馆原有设备登记造册,由总馆统一调配使用”的占比远远高于“由总馆对分馆的原有设备登记造册,由总馆与分馆协商调配”。这说明一线服务岗的被调查者同其他岗位的被调查者在原有设备调配方式上存在较大差异,进一步说明了一线服务岗位的特殊性。由于一线服务岗处于文化服务活动的前沿阵地,原有设备经过总馆登记造册后,再由总馆与分馆协商调配这无形中增加了调配成本,不利于开展文化服务。因此,在垂直型总分馆模式下,一线服务岗的被调查者更偏向于原有设备登记造册后,由总馆统一调配使用。

(2)在总馆对分馆、服务点新购设备的管理方式方面,从机构层级来看(见图7-28),不同层级机构的被调查者差异性较小,均偏向于采取由总馆编制总分馆采购规范,由总馆统一采购后再向分馆、服务点调配。值得注意的是县(市、区)文化馆中,认为采用两种方式结合和由总馆编制总分馆采购规范,分馆、服务点向总馆申报采购清单后总馆采购所占比例相同,均为32.29%。乡镇(街道)文化站与县(市、区)文化馆的被调查者存在明显差异,而村(社区)综合文化室(中心)的被调查者则对三种管理方式有较为统一的意向。

图7-28　机构层级与分馆、服务点新购设备管理方式交叉分析

如图7-29所示,不同岗位之间对新购设备管理方式有较大分歧。近一半的行政服务岗人员认为应由总馆编制总分馆采购规范,分馆和服务点向总馆申报采购清单后总馆采购;专业技能岗和一线服务岗认为应由总馆编制总分馆采购规范,由总馆统一调配;管理岗位则认为可以由这两种方式相结合进行管理。

如图7-30所示,三种不同层级的单位的大多数被调查者均希望所有设备由总馆调配,分馆和服务点根据需要向总馆申请。

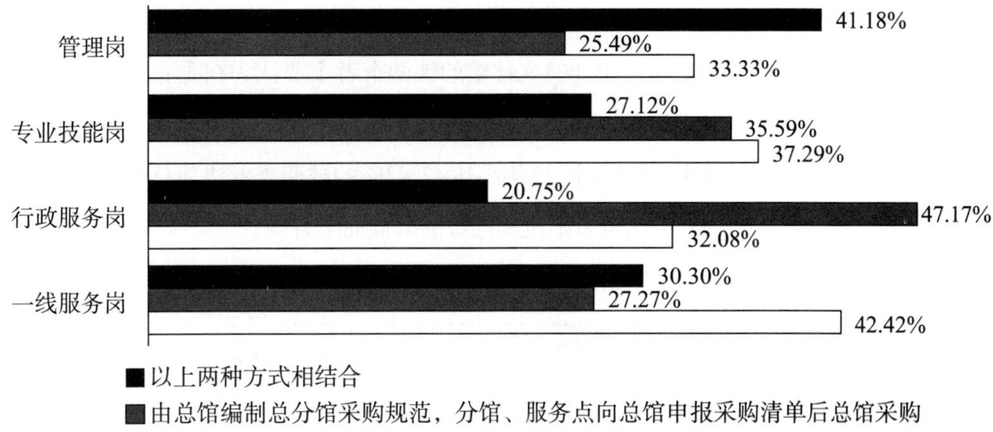

图7－29　岗位类型与分馆、服务点新购设备管理方式交叉分析

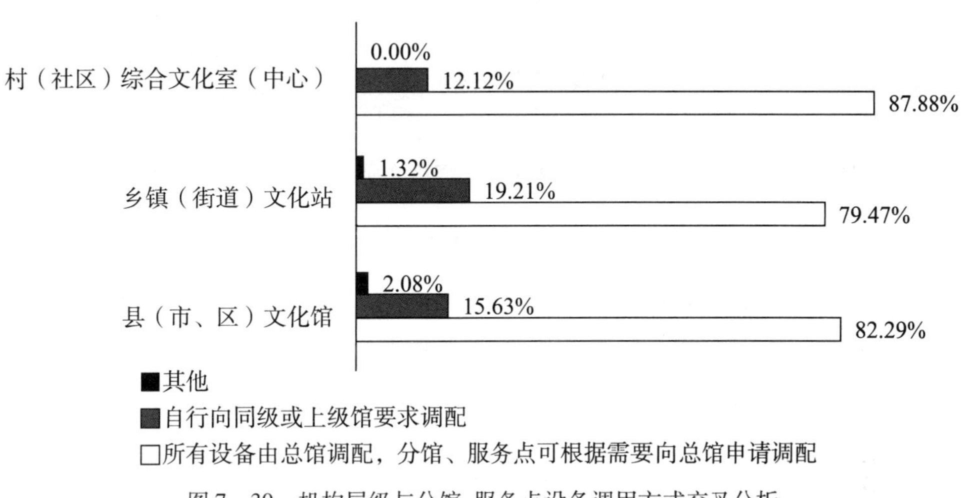

图7－30　机构层级与分馆、服务点设备调用方式交叉分析

如图7－31所示，不同岗位类型的被调查者对设备调用方式的选择趋于一致，即都以“所有设备由总馆调配，分馆、服务点可根据需要向总馆申请调配”为主。

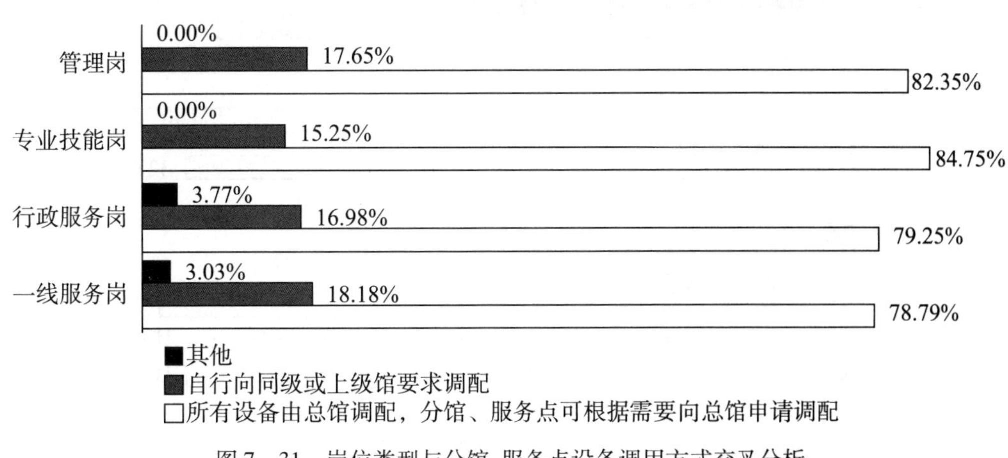

图7－31　岗位类型与分馆、服务点设备调用方式交叉分析

(3)在分馆新建场馆主体方面,不同机构层级和岗位的被调查者的选择存在明显差异。如图7－32所示,从机构层级分析来看,县(市、区)文化馆的被调查者主要认为在垂直型文化馆总分馆模式下,分馆建设的主体应是总馆所属地政府部门,乡镇(街道)文化站的被调查者多数也有同样观点。而在村(社区)综合文化室(中心)中,比例高达42.42%的被调查者认为总馆应是分馆新建场馆的建设主体。支持该做法的被调查者随机构层级的降低而上升。

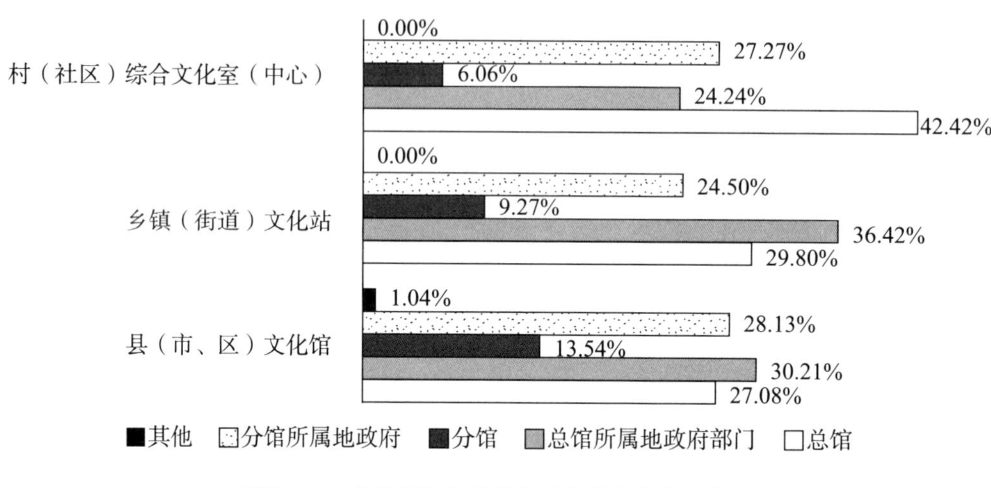

图7－32　机构层级与分馆新建场馆主体交叉分析

如图7－33所示,不同岗位类型的被调查者在垂直型文化馆模式下分馆新建场馆的建设主体上存在差异,看法各异。管理岗认为应该收归总馆,其他岗位看法各不相同,其中,希望能够收归总馆所属政府部门的人占大多数。

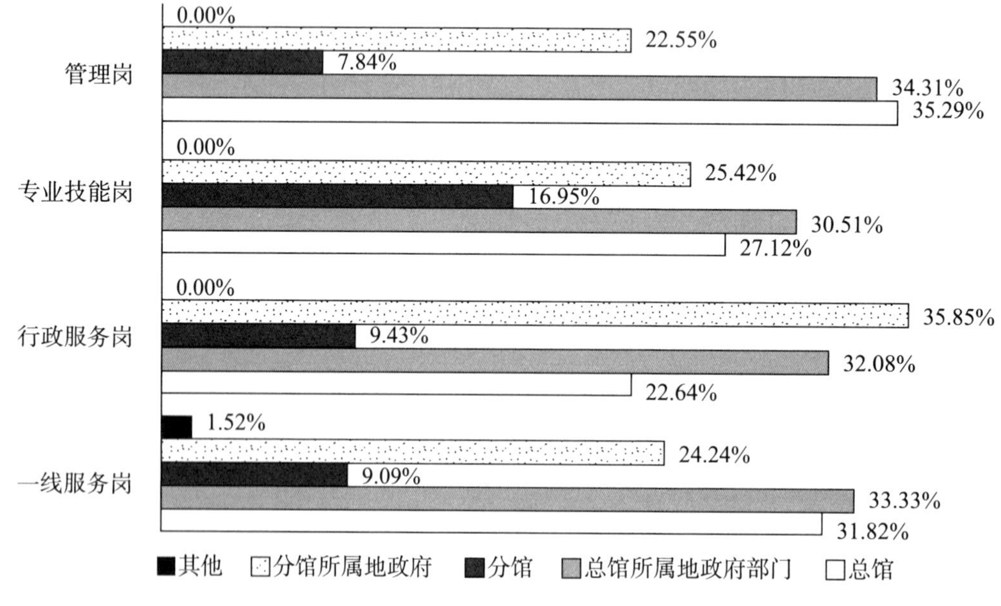

图7－33　岗位类型下分馆新建场馆主体

（4）从分馆、服务点原有场馆产权是否应转移方面，不同层级机构和岗位的被调查者表现出了高度的一致性，绝大多数被调查者均认为在垂直型文化馆总分馆模式下，分馆、服务点原有场馆产权不转移。值得注意的是，处于文化馆基层的单位和岗位对分馆、服务点原有场馆产权不转移的意愿尤为强烈，分别为村（社区）综合文化室（中心）占72.73%和一线服务岗占69.70%。

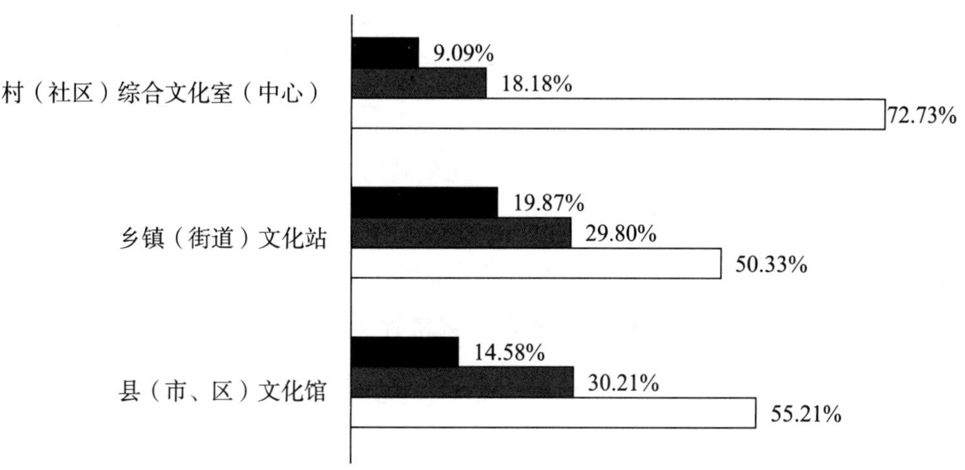

图7－34　机构层级与分馆、服务点原有场馆产权感知交叉分析

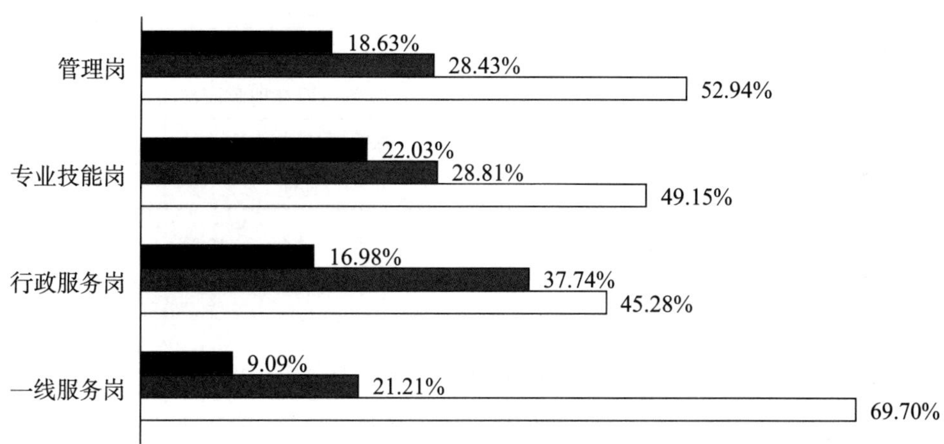

图7－35　岗位类型与分馆、服务点原有场馆产权感知交叉分析

不同层级机构和岗位对分馆、服务点原有场馆产权交叉分析可以发现，机构层级和岗位类型下的被调查者均不希望分馆、服务点原有场馆产权转移。其中，一线服务工作人员和村（社区）综合文化室（中心）的工作人员均希望不转移原有场馆，越是在一线为大众提供公共文化服务越是深刻了解场馆的重要性。

第四节　监督考评分析

一、描述性统计分析

从总馆的监督考评主体来看，占比较高的是总馆和总馆所属政府部门，分别为37.14%和28.21%。认为总分馆理事会和省文化馆承担监督考评主体的分别占16.79%和16.07%。

从各分馆、服务点的监督考评主体来看，占比最高的是总馆，所占比例为50%。认为分馆、服务点所在地政府部门是监督考评主体的占比略低，为23.21%。认为总分馆理事会是主体的占17.14%。还有7.86%的被调查者认为总馆所属政府部门是监督考评主体。

将总馆监督考评主体和各分馆、服务点监督考评主体统计数据对比分析后发现（见表7-4），总馆是占比最高的项，不难看出被调查者认为总馆是总馆和各分馆、服务点的监督考评主体。

表7-4　垂直型总分馆模式下监督考评主体

总馆的监督考评主体	比例	各分馆、服务点的监督考评主体	比例
总馆	37.14%	总馆	50.00%
总分馆理事会	16.79%	总分馆理事会	17.14%
省文化馆	16.07%	分馆、服务点所在地政府部门	23.21%
总馆所属政府部门	28.21%	总馆所属政府部门	7.86%
其他	1.79%	其他	1.79%

二、交叉分析

（1）在垂直型文化馆总分馆模式下总馆监督考评主体方面，尽管不同机构层级（见图7-36）和岗位类型（见图3-37）的被调查者总体选择趋于一致，均认为应由总馆作为垂直型总分馆模式下总馆监督考评的主体，但其内部仍然存在一定差异。

从图7-37来看，认同总馆作为总馆考评监督主体的被调查者占大多数，各个岗位之间略有分歧，如行政服务岗人员认为应该由总馆所属政府部门进行监督考评。除一线服务岗之外的其他岗位工作人员的意见较为分散。

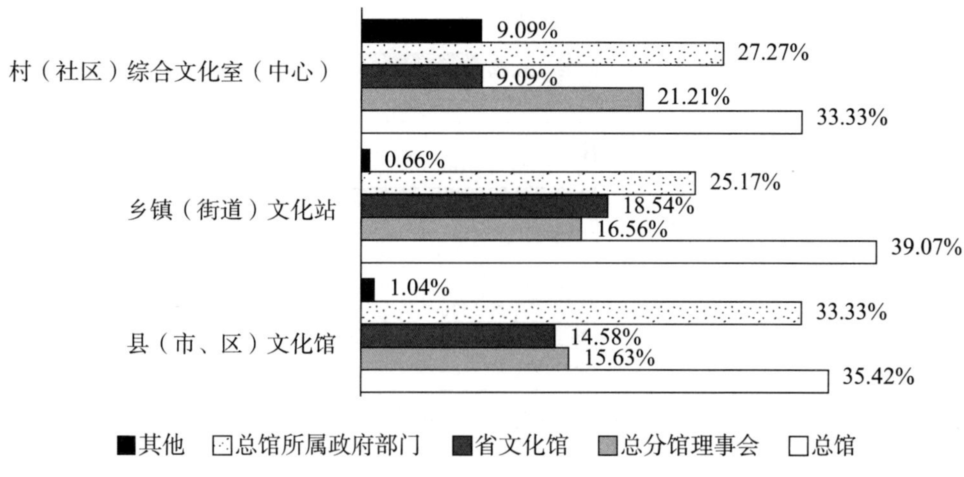

图 7－36　机构层级与总馆监督考评主体交叉分析

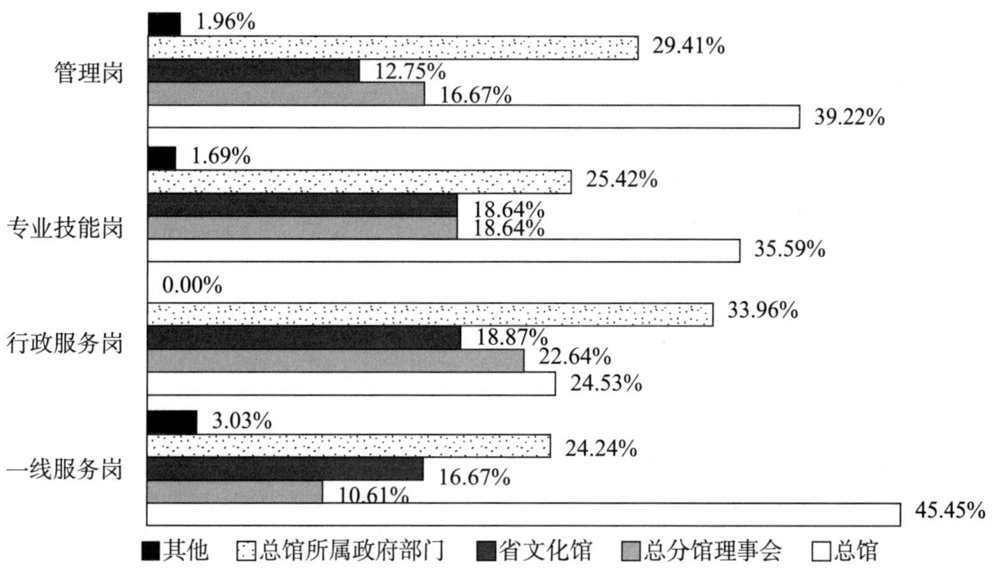

图 7－37　岗位类型与总馆监督考评主体交叉分析

（2）在各分馆、服务点的监督考评主体方面，不同层级机构和岗位的被调查者选择趋于一致，如图 7－38 所示，大多数被调查者认为垂直型总分馆模式下总馆应为各分馆、服务点的监督考评主体。从机构层级来看，不管被调查者来自哪个层级的单位，他们都希望总馆能够对分馆和服务点进行监督考评。

如图 7－39 所示，处于不同岗位的工作人员均有五成左右认为总馆应该对分馆和服务点进行监督考评，也有相当比例的被调查者认为对分馆和服务点的监督考评应该交给其所在地政府部门。

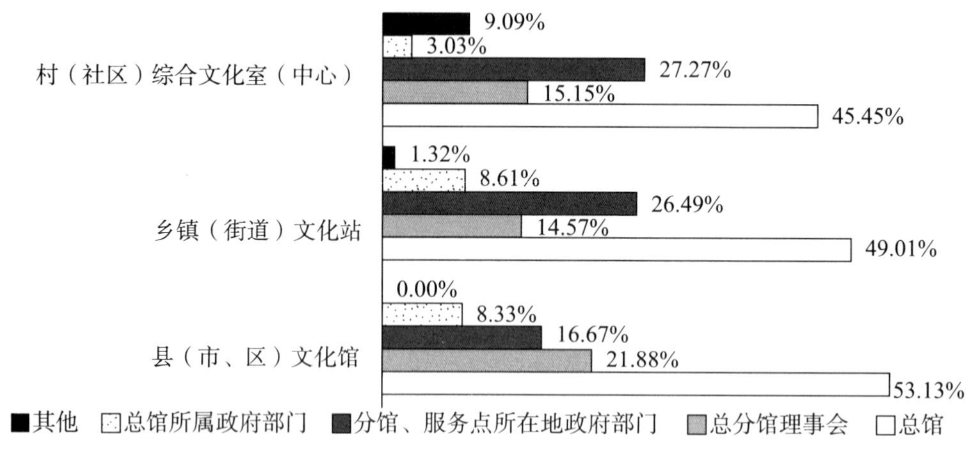

图 7－38　机构层级和分馆、服务点监督考评主体交叉分析

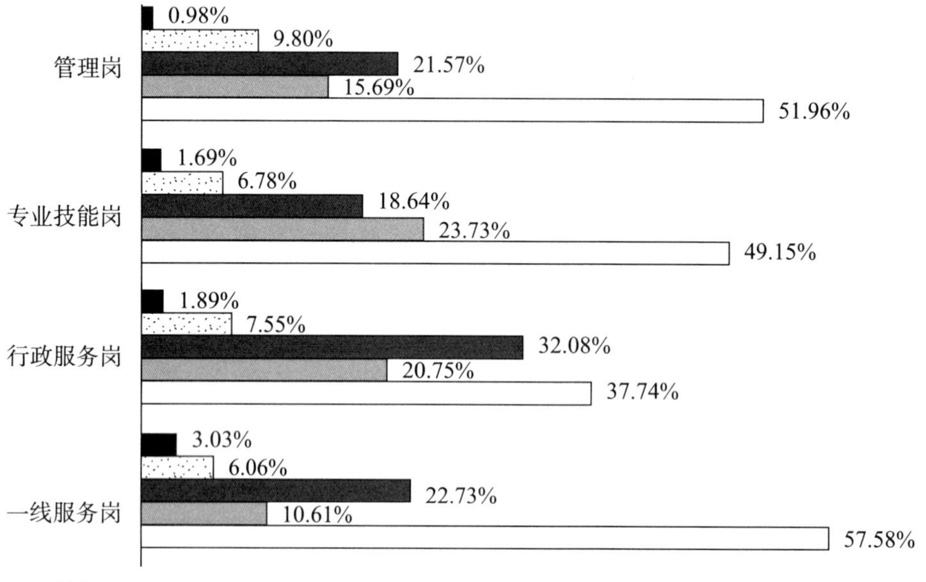

图 7－39　岗位类型与分馆、服务点监督考评主体交叉分析

第五节　服务目录与服务标准因素分析

一、描述性统计分析

（一）文艺演出活动

关于文艺演出，主要调研的是工作人员对于各种方式开展文艺活动的理想场次情况，即每年总馆独立开展、分馆独立开展、总馆联合分馆、总馆联合社区（村）服务点、分馆联合社区（村）服务点开展文艺演出的合适数量。

在对每年总馆独立开展文艺演出活动的理想场次调查中，被调查者选择最多的选项是“20—50 次”，比例为 52.14%；每年分馆独立开展文艺演出活动的理想场次调查中，被调查者选择最多的选项是“6—12 次”，比例为 47.14%；每年总馆联合分馆开展文艺演出活动的理想场次调查中，被调查者选择最多的选项是“各街镇 1—2 场（共 10—20 场左右）”，比例为 63.93%；每年总馆联合社区（村）服务点开展文艺演出活动的理想场次调查中，被调查者选择最多的选项是“5—10 次”，比例为 49.64%；每年分馆联合社区（村）服务点开展文艺演出活动的理想场次调查中，被调查者选择最多的选项是“5—10 次”，比例为 51.43%，如表 7－5 所示。

表 7－5　不同方式开展文艺演出活动的理想场次

总馆独立	小于 20 次	20—50 次	51—81 次	81 次以上	
选择人数及比例	104（37.14%）	146（52.14%）	24（8.57%）	6（2.14%）	
分馆独立	小于 6 次	6—12 次	13—19 次	20—26 次	26 次以上
选择人数及比例	78（27.86%）	132（47.14%）	35（12.50%）	22（7.86%）	13（4.64%）
总馆联合分馆	各街镇 1—2 场（共 10—20 场左右）	各街镇 3—4 场（共 30—40 场左右）	各街镇大于 5 场（大于 50 场）		
选择人数及比例	179（63.93%）	89（31.79%）	12（4.29%）		
总馆联合社区（村）服务点	5 次以下	5—10 次	11—15 次	15 次以上	
选择人数及比例	98（35.00%）	139（49.64%）	26（9.29%）	17（6.07%）	
分馆联合社区（村）服务点	5 次以下	5—10 次	11—15 次	15 次以上	
选择人数及比例	96（34.29%）	144（51.43%）	27（9.64%）	13（4.64%）	

（二）公益性文体培训

公益性文体培训的调研是了解工作人员对各种方式开展公益性文体培训的理想场次的看法。如表 7－6 所示，在对每年总馆独立开展公益性文体培训的理想场次调查中，被调查者选择最多的选项是“小于 20 期”，比例为 46.43%；每年分馆独立开展公益性文体培训的理想场次调查中，被调查者选择最多的选项是“5—10 期”，比例为 58.57%；每年总馆联合分馆开展公益性文体培训的理想场次调查中，被调查者选择最多的选项是“各街镇 1—2 期（共 10—20 期左右）”，比例为 63.21%；每年总馆联合社区（村）服务点开展公益性文体培训的理想场次调查中,被调查者选择最多的选项是"5—10 期",比例为 47.50%;每年分馆联合社区(村)服务点开展公益性文体培训的理想场次调查中,被调查者选择最多的选项是"5—10 期",比例为 49.64%。

表 7-6 不同方式开展公益性文体培训的理想场次

<table>
<tr><td>总馆独立</td><td>小于 20 期</td><td>20—50 期</td><td>51—81 期</td><td>81 期以上</td></tr>
<tr><td>选择人数及比例</td><td>130
(46.43%)</td><td>129
(46.07%)</td><td>16
(5.71%)</td><td>5
(1.79%)</td></tr>
<tr><td>分馆独立</td><td>5 期以下</td><td>5—10 期</td><td>11—15 期</td><td>15 期以上</td></tr>
<tr><td>选择人数及比例</td><td>81
(28.93%)</td><td>164
(58.57%)</td><td>22
(7.86%)</td><td>13
(4.64%)</td></tr>
<tr><td>总馆联合分馆</td><td colspan="2">各街镇 1—2 期
(共 10—20 期左右)</td><td>各街镇 3 期
(共 30 期左右)</td><td>各街镇大于 4 期
(大于 40 期)</td></tr>
<tr><td>选择人数及比例</td><td colspan="2">177
(63.21%)</td><td>86
(30.71%)</td><td>17
(6.07%)</td></tr>
<tr><td>总馆联合社区(村)服务点</td><td>5 期以下</td><td>5—10 期</td><td>11—15 期</td><td>15 期以上</td></tr>
<tr><td>选择人数及比例</td><td>106
(37.86%)</td><td>133
(47.50%)</td><td>27
(9.64%)</td><td>14
(5.00%)</td></tr>
<tr><td>分馆联合社区(村)服务点</td><td>5 期以下</td><td>5—10 期</td><td>11—15 期</td><td>15 期以上</td></tr>
<tr><td>选择人数及比例</td><td>105
(37.50%)</td><td>139
(49.64%)</td><td>21
(7.50%)</td><td>15
(5.36%)</td></tr>
</table>

(三)讲座、展览

这里调研的是工作人员对于各种方式开展讲座、展览的理想场次的看法(见表 7-7)。每年总馆独立开展讲座、展览的理想场次调查中,被调查者选择最多的选项是"11—20 次",比例为 46.07%;每年分馆独立开展讲座、展览的理想场次调查中,被调查者选择最多的选项是"5—10 次",比例为 48.57%;每年总馆联合分馆开展讲座、展览的理想场次调查中,被调查者选择最多的选项是"5—10 次",比例为 46.43%;每年总馆联合社区(村)服务点开展讲座、展览的理想场次调查中,被调查者选择最多的选项是"5—10 次",比例为 43.93%;每年分馆联合社区(村)服务点开展讲座、展览的理想场次调查中,被调查者选择最多的选项是"5—10 次",比例为 42.86%。

表 7－7　不同方式开展讲座、展览的理想场次

总馆独立	10 次以下	11—20 次	21—30 次	30 次以上
选择人数及比例	110 (39.29%)	129 (46.07%)	29 (10.36%)	12 (4.29%)
分馆独立	5 次以下	5—10 次	11—15 次	15 次以上
选择人数及比例	101 (36.07%)	136 (48.57%)	32 (11.43%)	11 (3.93%)
总馆联合分馆	5 次以下	5—10 次	11—15 次	15 次以上
选择人数及比例	98 (35.00%)	130 (46.43%)	39 (13.93%)	13 (4.64%)
总馆联合社区(村)服务点	5 次以下	5—10 次	11—15 次	15 次以上
选择人数及比例	117 (41.79%)	123 (43.93%)	28 (10.00%)	12 (4.29%)
分馆联合社区(村)服务点	5 次以下	5—10 次	11—15 次	15 次以上
选择人数及比例	115 (41.07%)	120 (42.86%)	35 (12.50%)	10 (3.57%)

（四）培训、辅导

这项调研的是工作人员对于总馆或者分馆专业干部下基层培训的人均时数的选择。如表 7－8 所示，在总馆专业干部下基层进行培训的人均时数方面，被调查者选择最多的选项是“20—30 天”，比例为 43.93%；分馆干部下基层进行培训的人均时数方面，被调查者选择最多的选项是“20—30 天”，比例为 45.71%。

表 7－8　总馆或者分馆专业干部下基层培训的人均时数

总馆干部下基层培训时间	小于 20 天	20—30 天	31—48 天	48—60 天	大于 60 天
选择人数及比例	81 (28.93%)	123 (43.93%)	46 (16.43%)	17 (1.79%)	17 (6.07%)
分馆干部下基层培训时间	小于 20 天	20—30 天	31—48 天	48—60 天	大于 60 天
选择人数及比例	93 (33.21%)	128 (45.71%)	33 (11.79%)	10 (3.57%)	16 (5.71%)

（五）合编创节目、打造品牌

这是要调研工作人员对于总馆、分馆与社区（村）服务点每年联合编创节目或打造品牌的理想数量选择。如表 7 -9 所示,在联合编创节目的理想数量方面,被调查者选择最多的选项是“2—3 个”,比例为 58.93%;在联合打造品牌的理想数量方面,被调查者选择最多的选项是“2—3 个”,比例为 61.07%。

表 7 -9　总馆、分馆与社区(村)服务点每年联合编创节目或打造品牌的理想数量

联合编创节目数量	1 个	2—3 个	3—4 个	大于 4 个
选择人数及比例	50 (17.86%)	165 (58.93%)	37 (13.21%)	28 (10.00%)
联合打造品牌数量	1 个	2—3 个	3—4 个	大于 4 个
选择人数及比例	58 (20.71%)	171 (61.07%)	35 (12.50%)	16 (5.71%)

(六)服务标准认同度

这是调研工作人员对于将文艺演出、文体培训、讲座、展览的“年服务人次/年服务人口”作为文化馆总馆、分馆服务标准的考量指标的认同度。在对服务标准的认同度方面,被调查者选择最多的选项是“同意”,比例为 55.00%(见表 7 -10)。

表 7 -10　服务标准的认同度

服务标准的认同度	非常不同意	不同意	不确定	同意	非常同意
选择人数及比例	6 (2.14%)	29 (10.36%)	65 (23.21%)	154 (55.00%)	26 (9.29%)

二、交叉分析

(一)文艺演出活动

(1)将各开展方式与被调查者的机构层级进行交叉分析,本研究发现来自县(市、区)文化馆、乡镇(街道)文化站、村(社区)综合文化室(中心)的大多数被调查者均在开展文艺演出活动的理想场次中选择了较低的场次数。

如图 7 -40 所示,在总馆独立开展文艺演出的理想场次与机构层级的交叉分析中,来自县(市、区)文化馆、乡镇(街道)文化站、村(社区)综合文化室(中心)的多数被调查者选择了“20—50 次”及“20 次以下”。

如图 7 -41 所示,在分馆独立开展文艺演出的理想场次与机构层级的交叉分析中,来自县(市、区)文化馆、乡镇(街道)文化站、村(社区)综合文化室(中心)的被调查者选择“6—12 次”和“6 次以下”的人数占总人数的一半以上,村(社区)综合文化室(中心)无人选择“26 次以上”。

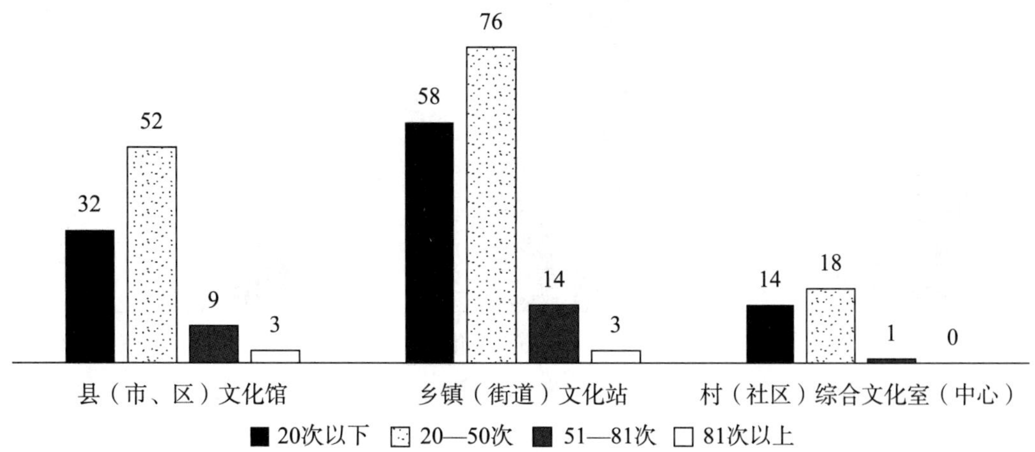

图 7－40　总馆独立开展文艺演出活动的理想场次与机构层级的交叉分析

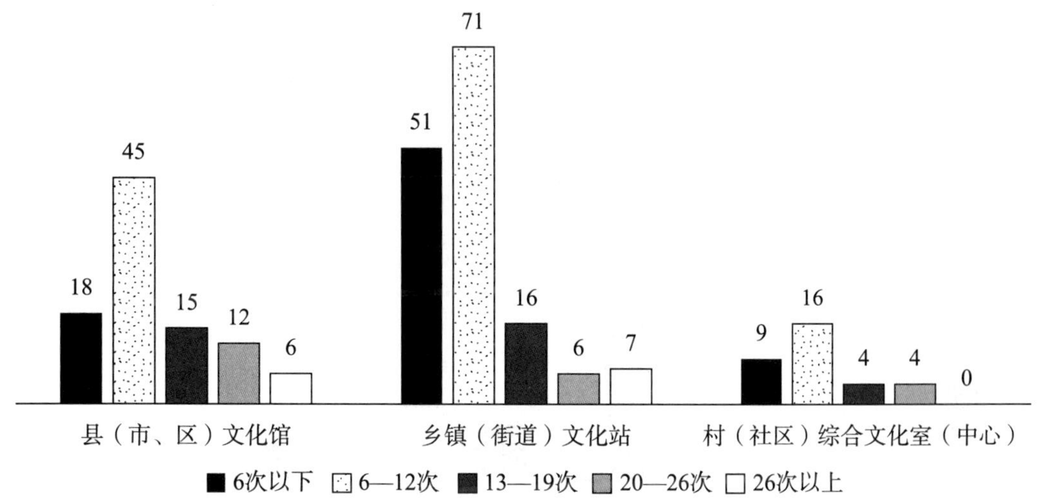

图 7－41　分馆独立开展文艺演出活动的理想场次与机构层级的交叉分析

如图 7－42 所示，在总馆联合分馆开展文艺演出的理想场次与机构层级的交叉分析中，来自县（市、区）文化馆、乡镇（街道）文化站、村（社区）综合文化室（中心）的多数被调查者选择了“各镇街 1—2 场”，并且乡镇（街道）文化站选择 1—2 场的占比达到了 50%。

综合以上三次交叉分析可知，对于以上三种开展文艺活动的方式的理想场次，县（市、区）文化馆、乡镇（街道）文化站、村（社区）综合文化室（中心）的工作人员意见基本一致，并且都选择了各个选项中较低的场次。

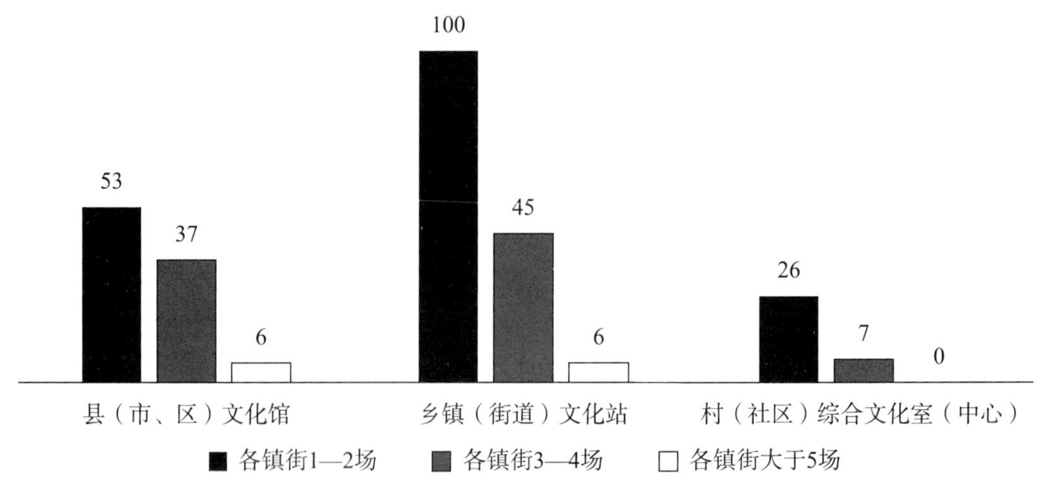

图 7－42　总馆联合分馆开展文艺演出活动的理想场次与机构层级的交叉分析

（2）如图 7－43 所示，在总馆联合服务点开展文艺演出的理想场次与机构层级的交叉分析中，来自县（市、区）文化馆、乡镇（街道）文化站、村（社区）综合文化室（中心）的被调查者较多地选择了“5—10 次”及“5 次以下”，并且选择这两项的总人数远超选择其他项的总人数。

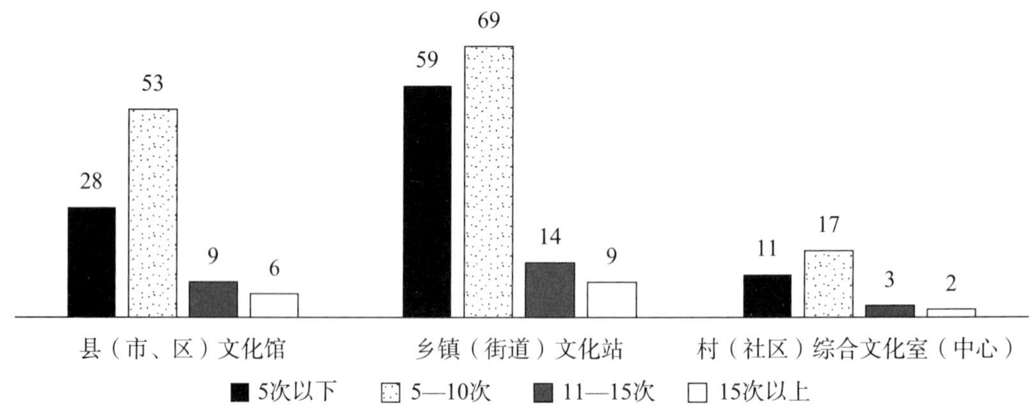

图 7－43　总馆联合服务点开展文艺演出活动的理想场次与机构层级的交叉分析

如图 7－44 所示，在分馆联合服务点开展文艺演出的理想场次与机构层级的交叉分析中，来自县（市、区）文化馆、乡镇（街道）文化站、村（社区）综合文化室（中心）的被调查者较多地选择了“5—10 次”及“5 次以下”。

由以上两次交叉分析可知，关于总馆联合服务点、分馆联合服务点开展文艺活动的演出次数，县（市、区）文化馆、县镇（街道）文化站、村（社区）综合文化室（中心）依旧呈现一致的态度，希望演出次数维持在较低频次上。

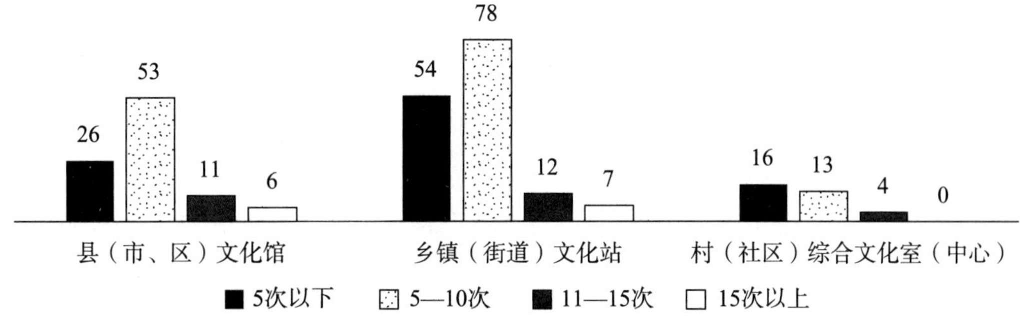

图 7－44　分馆联合服务点开展文艺演出活动的理想场次与机构层级的交叉分析

（3）为了进一步分析各开展方式与被调查者之间的关联性，将各开展方式与被调查者的岗位进行交叉分析，本研究发现来自一线服务、行政服务、专业技能、管理岗位的多数被调查者均在开展文艺演出活动的理想场次中选择了较低的场次数。

如图 7－45 所示，在总馆独立开展文艺演出的理想场次与岗位的交叉分析中，来自一线服务、行政服务、专业技能、管理岗位的多数被调查者选择了“20—50 次”及“20 次以下”。其中，管理岗大部分被调查者选择了“20—50 次”，表明管理岗对总馆独立开展演出场次有较高追求。

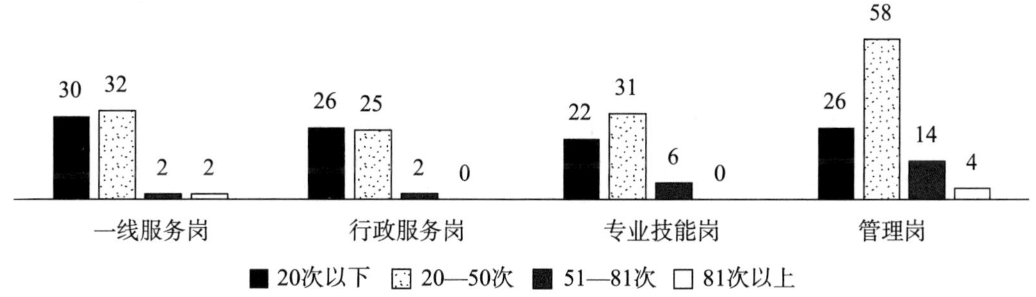

图 7－45　总馆独立开展文艺演出活动的理想场次与被调查者岗位的交叉分析

如图 7－46 所示，在分馆独立开展文艺演出的理想场次与岗位的交叉分析中，来自一线服务、行政服务、专业技能、管理岗位的多数被调查者选择了“6—12 次”及“6 次以下”。

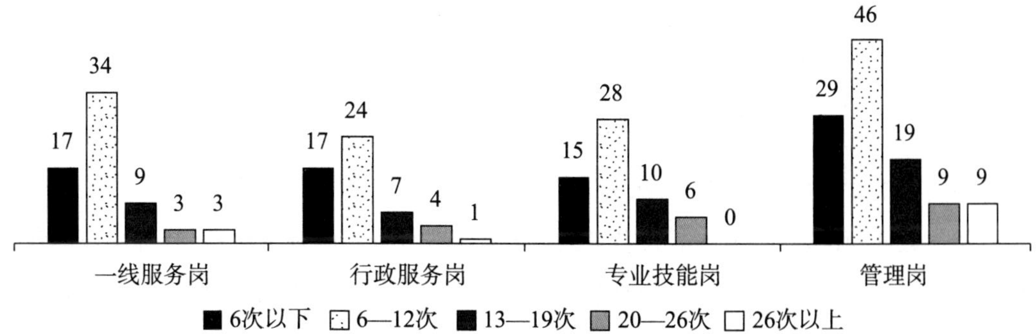

图 7－46　分馆独立开展文艺演出活动的理想场次与被调查者岗位的交叉分析

由交叉分析可知，关于总馆、分馆各自独立开展活动的频率，被调查者也持有相似态度，希望开展频率不要太高。一线服务、行政服务和专业技能岗位的工作人员认为总馆独立开展文艺演出的理想场次在“20 次以下”和“20—50 次”的占比几乎一致,但大多数管理岗位的工作人员选择了“20—50 次”,意味着管理人员希望总馆联合服务点的演出场次能够在合理范围内尽可能维持较高频次。

(4)在总馆联合分馆开展文艺演出的理想场次与岗位的交叉分析中,来自一线服务、行政服务、专业技能、管理岗位的多数被调查者选择了“各镇街 1—2 次”(见图 7 - 47)。

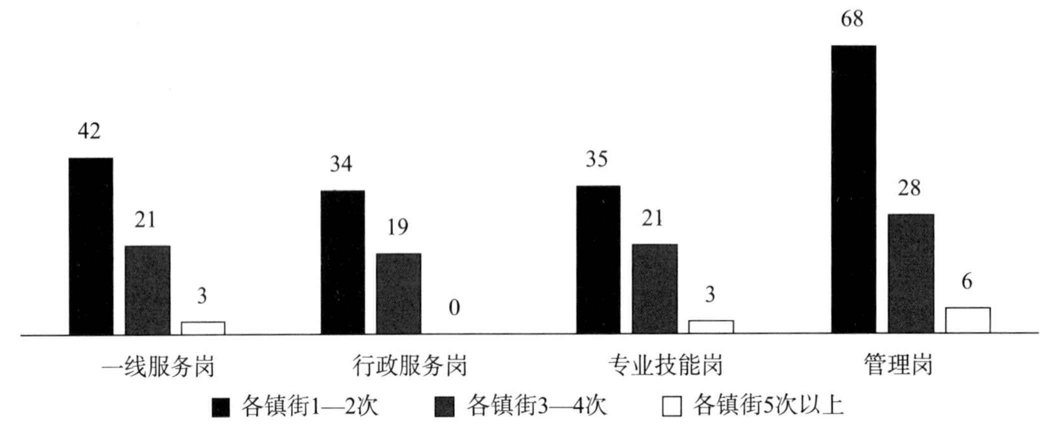

图 7 - 47　总馆联合分馆开展文艺演出活动的理想场次与被调查者岗位的交叉分析

在总馆联合服务点开展文艺演出的理想场次与岗位的交叉分析中,来自一线服务、行政服务、专业技能、管理岗位的多数被调查者选择了“5—10 次”及“5 次以下”(见图 7 - 48)。

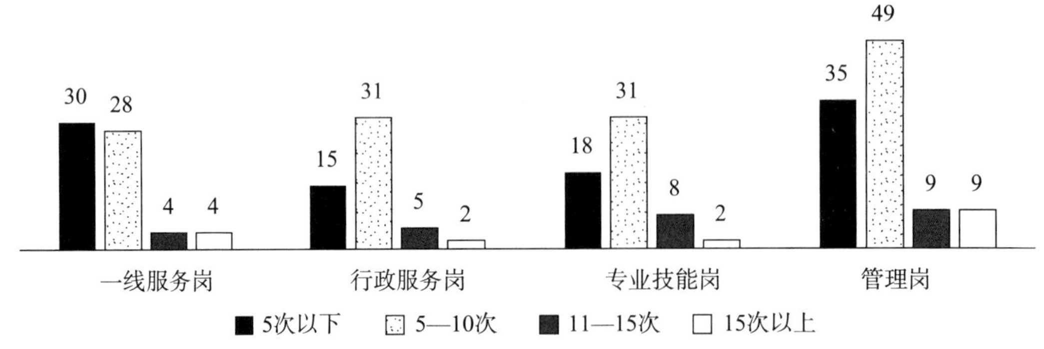

图 7 - 48　总馆联合服务点开展文艺演出活动的理想场次与被调查者岗位的交叉分析

管理岗位工作人员对总馆联合服务点、分馆联合服务点的理想场次持一致意见,大多数人希望超过最低频次,同时也不能太多。但对于总馆联合分馆的理想次数,管理岗位的认为维持在最低频次即可。可能因为管理岗位工作人员认为开展活动带动服务点是非常重要的。

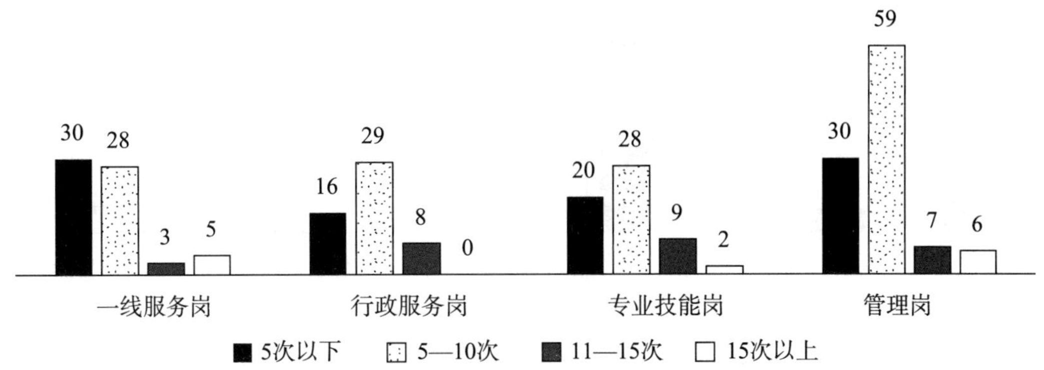

图 7-49 分馆联合服务点开展文艺演出活动的理想场次与被调查者岗位的交叉分析

（二）公益性文体培训

（1）将各开展方式与被调查者的机构层级进行交叉分析，本研究发现来自县（市、区）文化馆、乡镇（街道）文化站、村（社区）综合文化室（中心）的被调查者均在开展公益性文体培训的理想场次中选择了较低的场次数。

如图 7-50 所示，在总馆独立开展公益性文体培训的理想场次与机构层级的交叉分析中，来自县（市、区）文化馆、乡镇（街道）文化站、村（社区）综合文化室（中心）的多数被调查者选择了“20—50 次”及“20 次以下”。

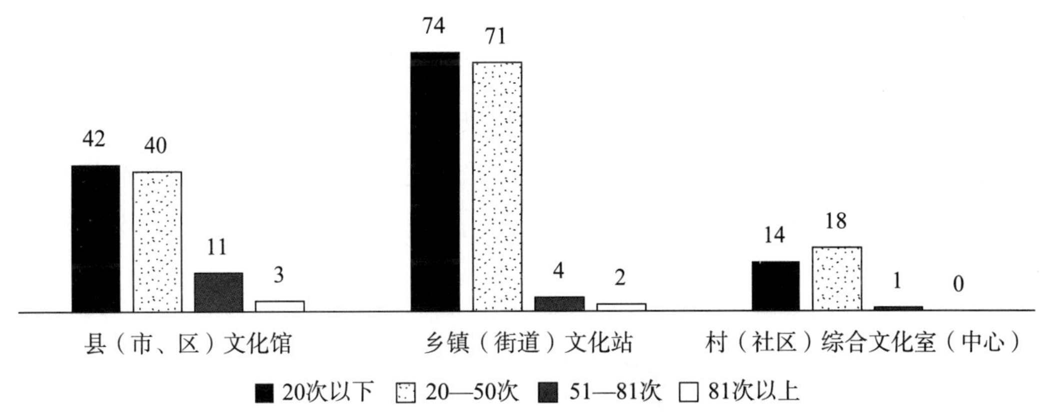

图 7-50 总馆独立开展公益性文体培训的理想场次与机构层级的交叉分析

如图 7-51 所示，在分馆独立开展公益性文体培训的理想场次与机构层级的交叉分析中，来自县（市、区）文化馆、乡镇（街道）文化站、村（社区）综合文化室（中心）的被调查者较多地选择了“5—10 次”及“5 次以下”。

交叉分析发现，总馆独立开展文体培训，县（市、区）文化馆和乡镇（街道）文化站希望维持最低频次即可；对于分馆独立开展文体培训的理想次数，县（市、区）文化馆、乡镇（街道）文化站、村（社区）综合文化室（中心）的工作人员希望比最低频次要高一些。

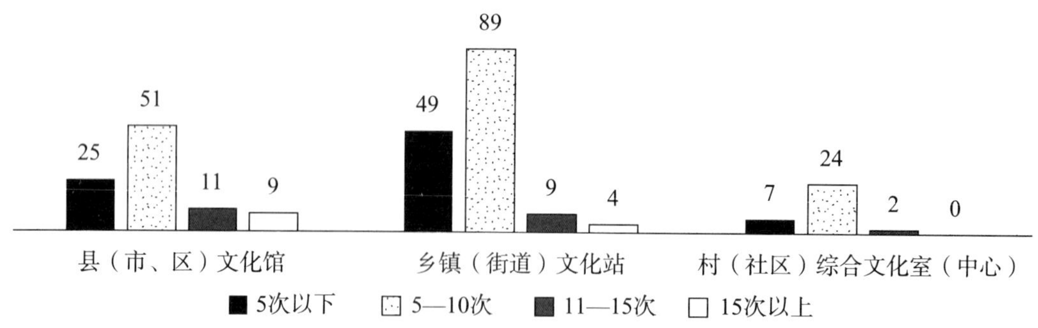

图 7-51　分馆独立开展公益性文体培训的理想场次与机构层级的交叉分析

（2）在总馆联合分馆开展公益性文体培训的理想场次与机构层级的交叉分析中，来自县（市、区）文化馆、乡镇（街道）文化站、村（社区）综合文化室（中心）的多数被调查者选择了"各镇街 1—2 次"（见图 7-52）。

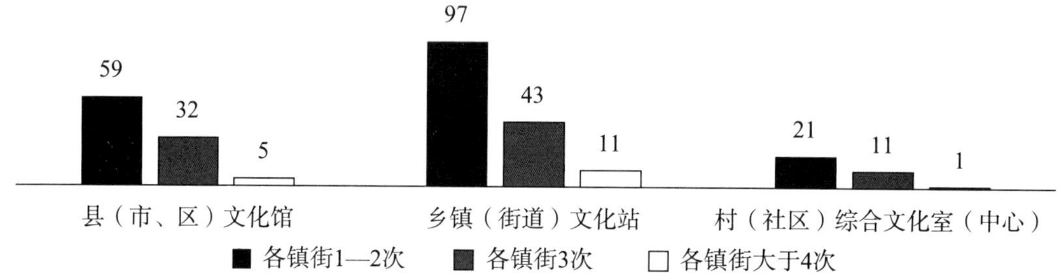

图 7-52　总馆联合分馆开展公益性文体培训的理想场次与机构层级的交叉分析

在总馆联合服务点开展公益性文体培训的理想场次与机构层级的交叉分析中，来自县（市、区）文化馆、乡镇（街道）文化站、村（社区）综合文化室（中心）的多数被调查者选择了"5—10 次"及"5 次以下"（见图 7-53）。

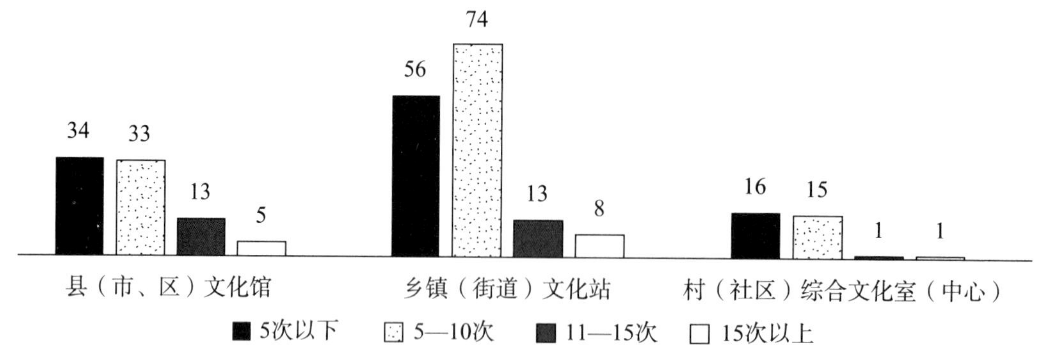

图 7-53　总馆联合服务点开展公益性文体培训的理想场次与机构层级的交叉分析

在分馆联合服务点开展公益性文体培训的理想场次与机构层级的交叉分析中，来自县（市、区）文化馆、乡镇（街道）文化站、村（社区）综合文化室（中心）的多数被调查者选择了

"5—10 次"及"5 次以下"（见图 7－54）。

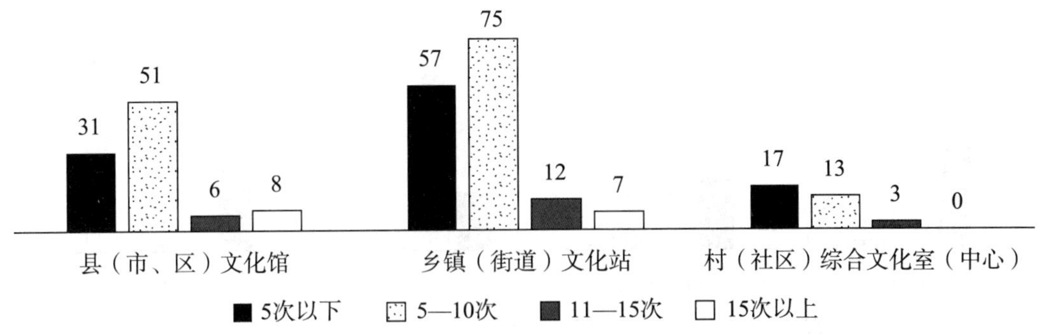

图 7－54　分馆联合服务点开展公益性文体培训的理想场次与机构层级的交叉分析

交叉分析发现，县（市、区）文化馆、乡镇（街道）文化站、村（社区）综合文化室（中心）工作人员对总馆联合服务点和分馆联合服务点开展文体培训的理想频次持相似态度。

（3）为了进一步分析各开展方式与被调查者之间的关联性，将各开展方式与被调查者的岗位进行交叉分析，本研究发现来自一线服务、行政服务、专业技能、管理岗位的大多数被调查者均在开展公益性文体培训的理想场次中选择了较低的场次数。

在总馆独立开展公益性文体培训的理想场次与岗位的交叉分析中，来自一线服务、行政服务、专业技能、管理岗位的多数被调查者选择了"20—50 次"及"20 次以下"。其中，管理岗位超过一半的被调查者希望频次能够比最低频次要高（见图 7－55）。

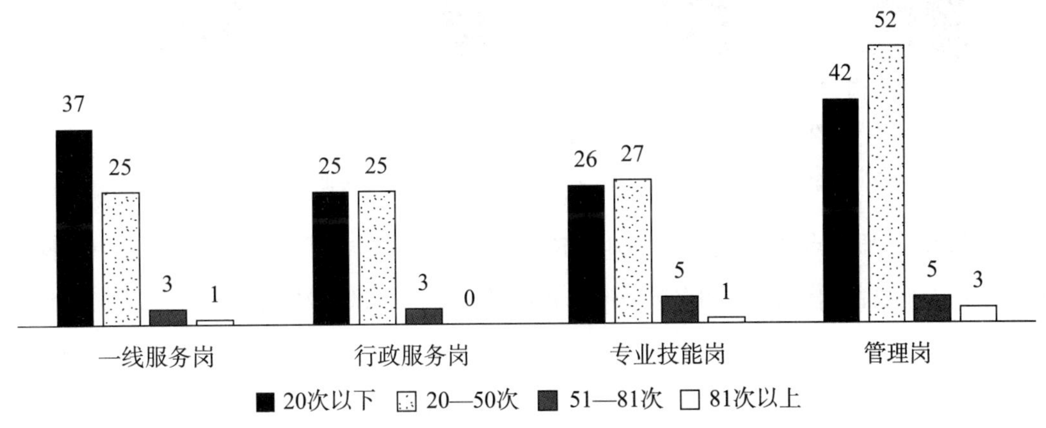

图 7－55　总馆独立开展公益性文体培训的理想场次与被调查者岗位的交叉分析

在分馆独立开展公益性文体培训的理想场次与岗位的交叉分析中，来自一线服务、行政服务、专业技能、管理岗位的多数被调查者选择了"5—10 次"及"5 次以下"（见图 7－56）。

交叉分析发现，管理岗位工作人员相比其他岗位工作人员对于两种独立开展文体培训理想场次有更高追求。在两种独立开展方式中，更多人希望分馆独立开展文体培训相比总馆独立开展的场次要高。

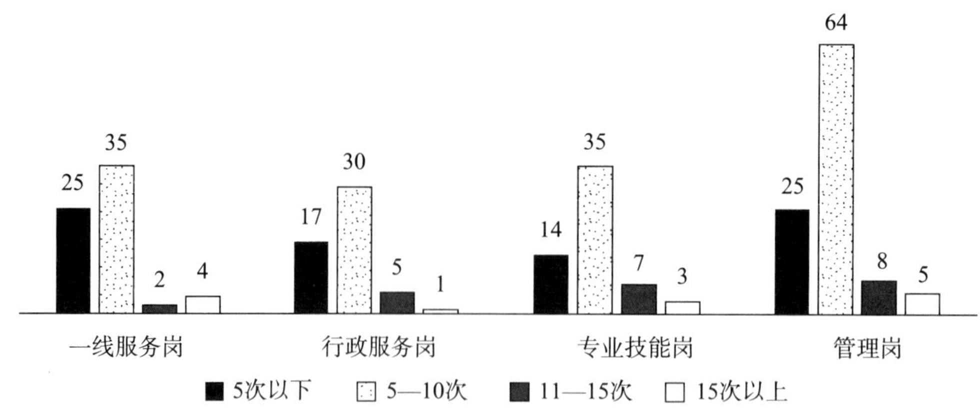

图 7－56　分馆独立开展公益性文体培训的理想场次与被调查者岗位的交叉分析

（4）在总馆联合分馆开展公益性文体培训的理想场次与岗位的交叉分析中，来自一线服务、行政服务、专业技能、管理岗位的多数被调查者选择了"各镇街 1—2 场"，超过 60% 的专业技能岗和管理岗工作人员都认为理想场次应该为各街镇 1—2 场（见图 7－57）。

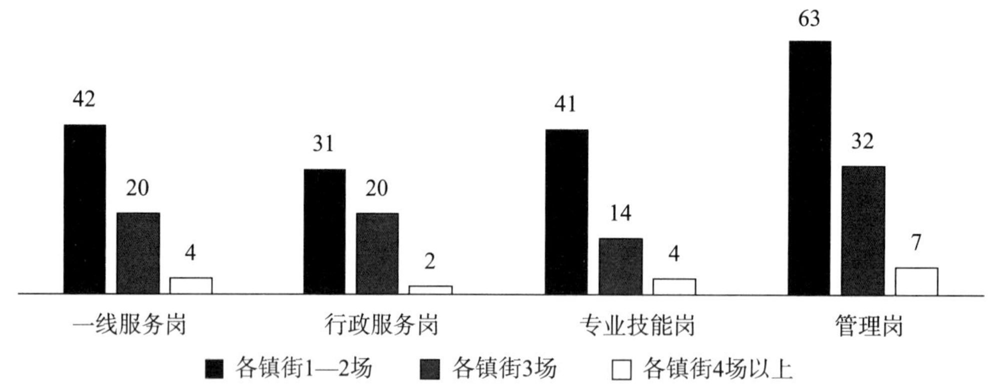

图 7－57　总馆联合分馆开展公益性文体培训的理想场次与被调查者岗位的交叉分析

在总馆联合服务点开展公益性文体培训的理想场次与岗位的交叉分析中，来自一线服务、行政服务、专业技能、管理岗位的多数被调查者选择了"5—10 次"及"5 次以下"（见图 7－58）。

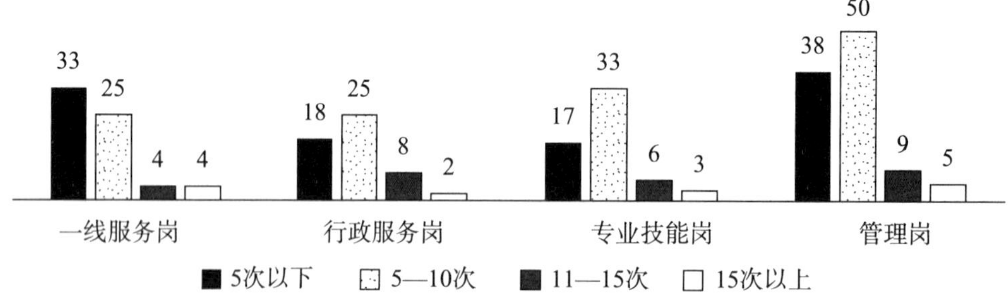

图 7－58　总馆联合服务点开展公益性文体培训的理想场次与被调查者岗位的交叉分析

在分馆联合服务点开展公益性文体培训的理想场次与岗位的交叉分析中，来自一线服务、行政服务、专业技能、管理岗位的多数被调查者选择了“5—10 次”及“5 次以下”（见图 7－59）。

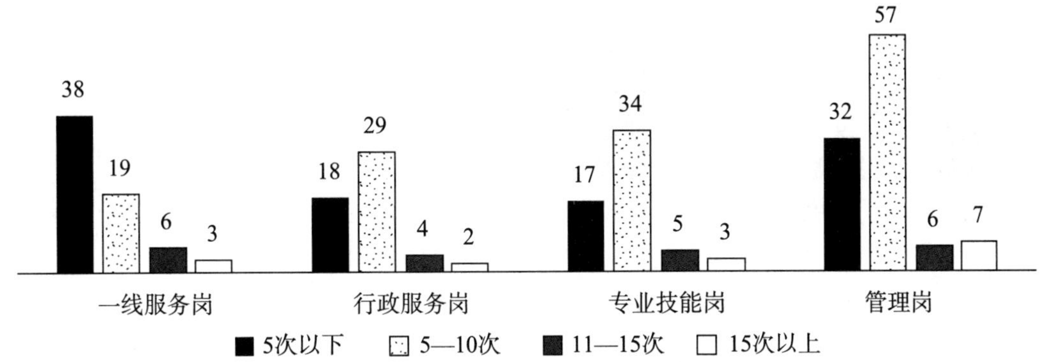

图 7－59 分馆联合服务点开展公益性文体培训的理想场次与被调查者岗位的交叉分析

交叉分析发现，在三种联合开展文体培训的方式中，一线服务岗位工作人员认为每一种方式的场次越少越好；管理岗位工作人员认为总馆联合服务点、分馆联合服务点开展培训的频次需要维持在比最低频次更高一级的频次上，认为总馆联合分馆的场次维持最低频次即可。

（三）讲座、展览

（1）将各开展方式与被调查者的机构层级进行交叉分析，本研究发现来自县（市、区）文化馆、乡镇（街道）文化站、村（社区）综合文化室（中心）的大多数被调查者在开展讲座、展览的理想场次中选择了较低的场次数。

在总馆独立开展讲座、展览的理想场次与机构层级的交叉分析中，来自县（市、区）文化馆、乡镇（街道）文化站、村（社区）综合文化室（中心）的多数被调查者选择了“11—20 次”及“10 次以下”（见图 7－60）。

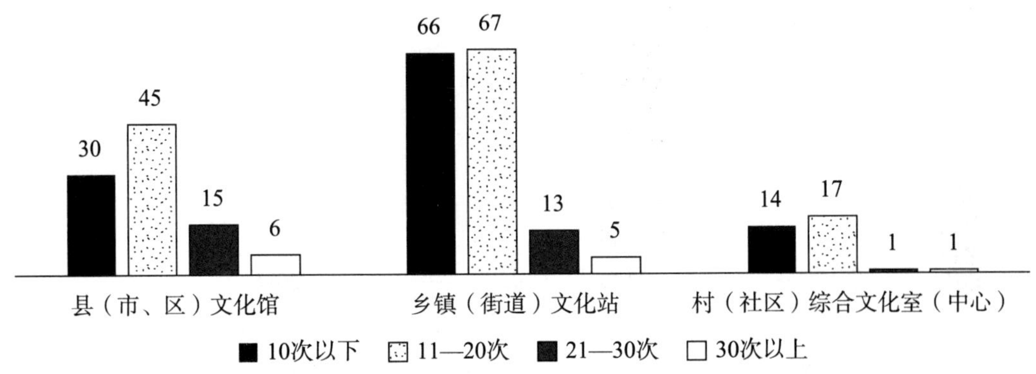

图 7－60 总馆独立开展讲座、展览的理想场次与机构层级的交叉分析

在分馆独立开展讲座、展览的理想场次与机构层级的交叉分析中，来自县（市、区）文化馆、乡镇（街道）文化站、村（社区）综合文化室（中心）的多数被调查者选择了“5—10 次”及“5 次以下”（见图 7－61）。

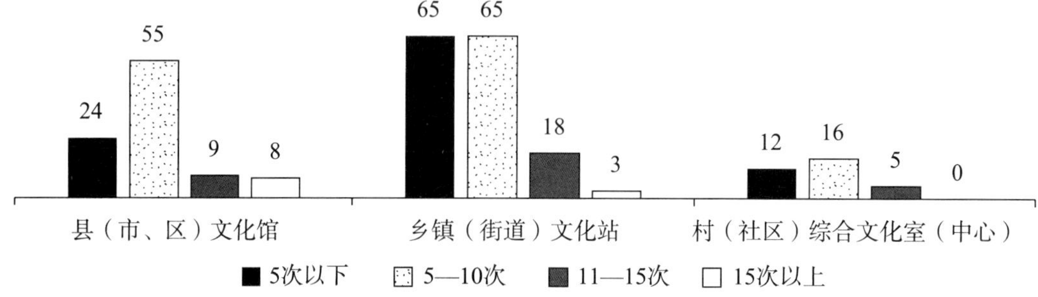

图 7－61　分馆独立开展讲座、展览的理想场次与机构层级的交叉分析

在总馆联合分馆开展讲座、展览的理想场次与机构层级的交叉分析中，来自县（市、区）文化馆、乡镇（街道）文化站、村（社区）综合文化室（中心）的多数被调查者选择了“5—10 次”及“5 次以下”（见图 7－62）。

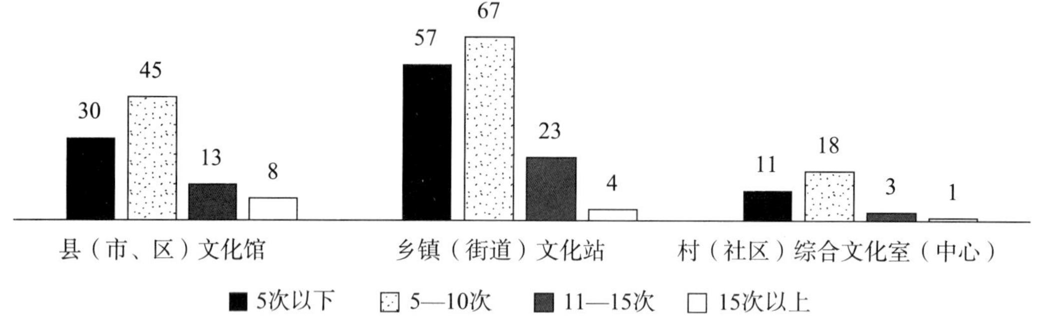

图 7－62　总馆联合分馆开展讲座、展览的理想场次与机构层级的交叉分析

（2）在总馆联合服务点开展讲座、展览的理想场次与机构层级的交叉分析中，来自县（市、区）文化馆、乡镇（街道）文化站、村（社区）综合文化室（中心）的多数被调查者选择了“5—10 次”及“5 次以下”（见图 7－63）。

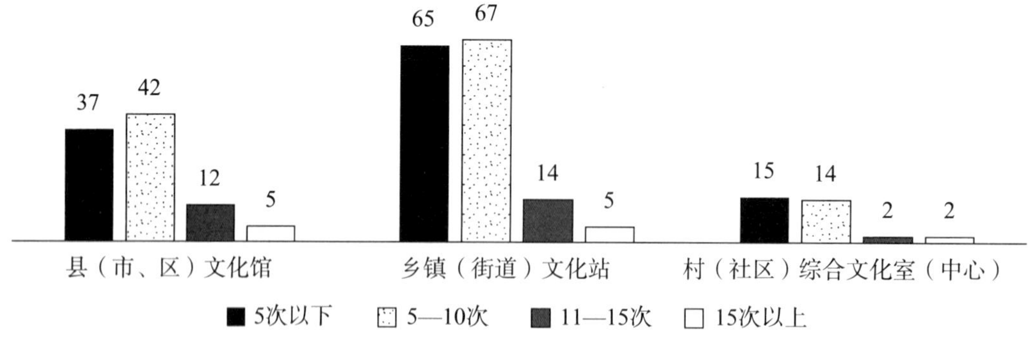

图 7－63　总馆联合服务点开展讲座、展览的理想场次与机构层级的交叉分析

在分馆联合服务点开展讲座、展览的理想场次与机构层级的交叉分析中，来自县(市、区)文化馆、乡镇(街道)文化站、村(社区)综合文化室(中心)的被调查者较多地选择了“5—10次”及“5次以下”(见图7-64)。

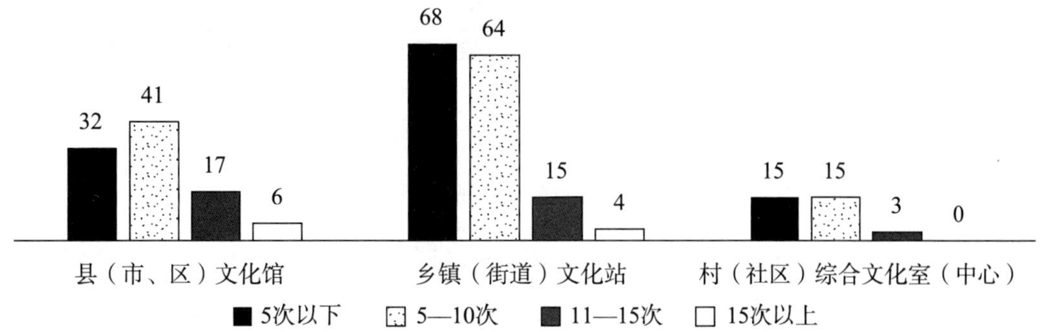

图7-64　分馆联合服务点开展讲座、展览的理想场次与机构层级的交叉分析

交叉分析发现，来自不同层级机构的被调查者对总馆联合服务点、分馆联合服务点开展讲座和展览的理想频次观点趋势较为一致，大多数人希望能够在10次以下。

(3)为了进一步分析各开展方式与被调查者之间的关联性，将各开展方式与被调查者的岗位进行交叉分析，本研究发现来自一线服务、行政服务、专业技能、管理岗位的多数被调查者均在开展讲座、展览的理想场次中选择了较低的场次数。

在总馆独立开展讲座、展览的理想场次与岗位的交叉分析中，来自一线服务、行政服务、专业技能、管理岗位的被调查者较多地选择了“11—20次”及“10次以下”(见图7-65)。

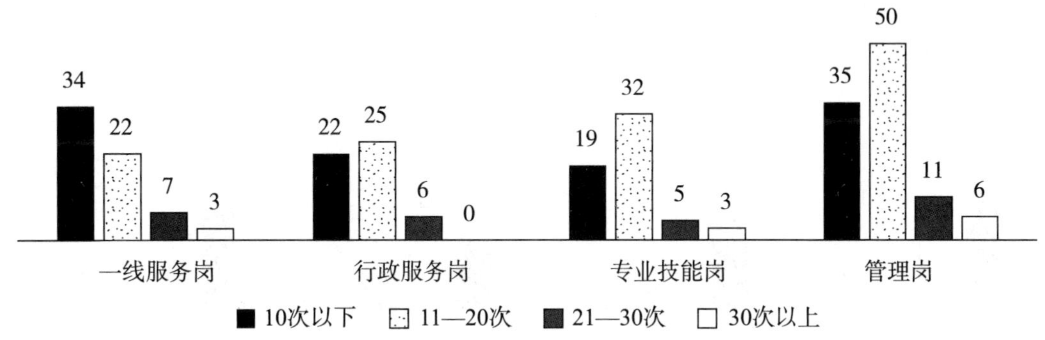

图7-65　总馆独立开展讲座、展览的理想场次与被调查者岗位的交叉分析

在分馆独立开展讲座、展览的理想场次与岗位的交叉分析中，来自一线服务、行政服务、专业技能、管理岗位的被调查者较多地选择了“5—10次”及“5次以下”(见图7-66)。

交叉分析发现，不同岗位类型的被调查者对于两种独立开展方式的理想频次态度有明显区别。一线服务岗位人员希望两种方式下均能保持最低开展频次，除此之外的其他岗位人员希望能高于最低频次。

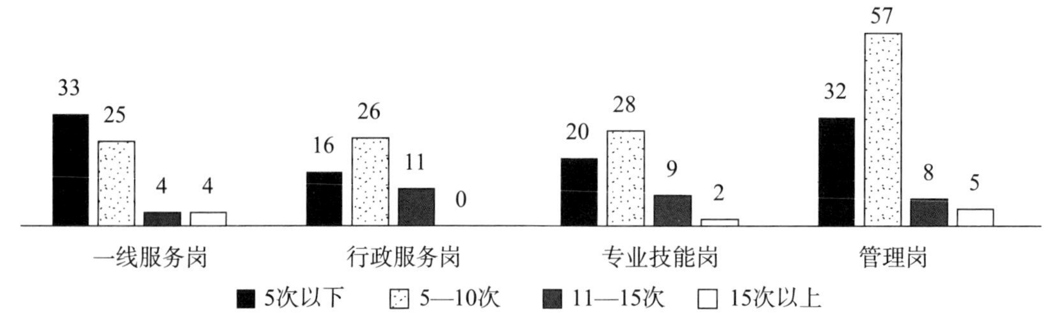

图 7－66　分馆独立开展讲座、展览的理想场次与被调查者岗位的交叉分析

（4）在总馆联合分馆开展讲座、展览的理想场次与岗位的交叉分析中，来自一线服务、行政服务、专业技能、管理岗位的多数被调查者选择了“5—10 次”及“5 次以下”（见图 7－67）。

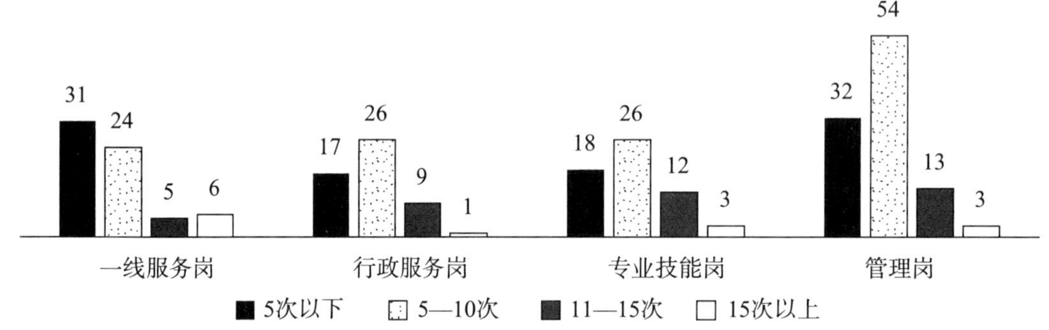

图 7－67　总馆联合分馆开展讲座、展览的理想场次与被调查者岗位的交叉分析

在总馆联合服务点开展讲座、展览的理想场次与岗位的交叉分析中，来自一线服务、行政服务、专业技能、管理岗位的多数被调查者选择了“5—10 次”及“5 次以下”（见图 7－68）。

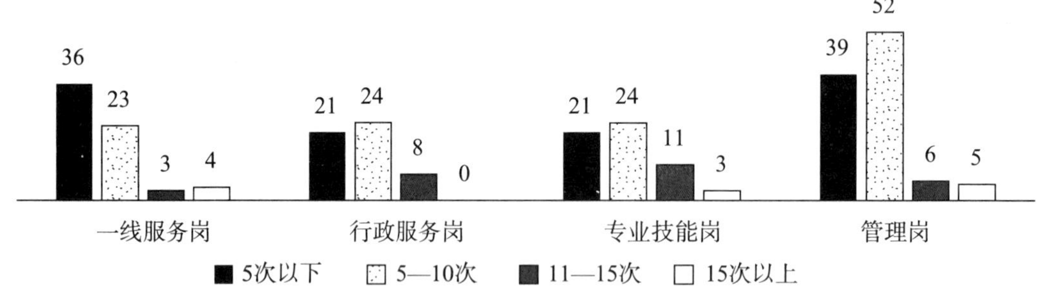

图 7－68　总馆联合服务点开展讲座、展览的理想场次与被调查者岗位的交叉分析

在分馆联合服务点开展讲座、展览的理想场次与岗位的交叉分析中，来自一线服务、行政服务、专业技能、管理岗位的多数被调查者选择了“5—10 次”及“5 次以下”（见图 7－69）。

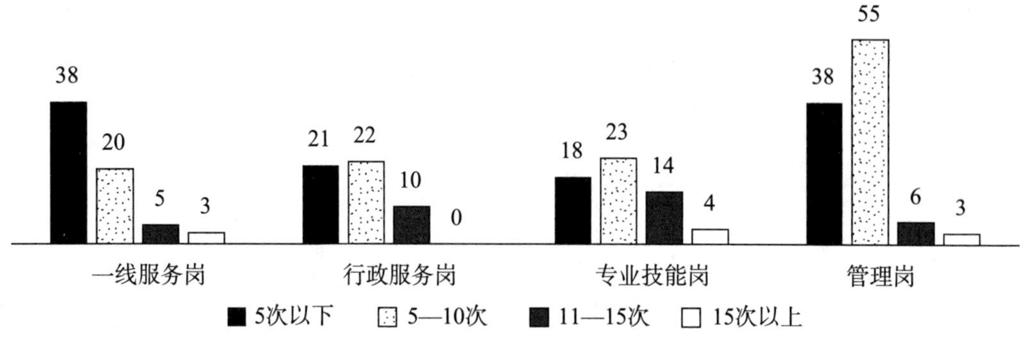

图 7-69　分馆联合服务点开展讲座、展览的理想场次与被调查者岗位的交叉分析

来自不同岗位的被调查者分别对三种联合开展讲座和展览的方式的选择表明，相同岗位的被调查者对于不同联合方式的理想频次基本持相同的观点。行政服务岗和专业技能岗的选择较为均衡，但一线服务岗希望是最低频次，管理岗对场次有更高要求。

（四）培训、辅导

（1）将培训、辅导人均时间与被调查者的机构层级进行交叉分析，本研究发现来自县（市、区）文化馆、乡镇（街道）文化站、村（社区）综合文化室（中心）的多数被调查者均在开培训、辅导天数中选择了较低的天数。

如图 7-70 所示，在总馆专业干部下基层培训的人均时间与机构层级的交叉分析中，来自县（市、区）文化馆、乡镇（街道）文化站、村（社区）综合文化室（中心）的多数被调查者选择了“20—30 天”及“少于 20 天”。

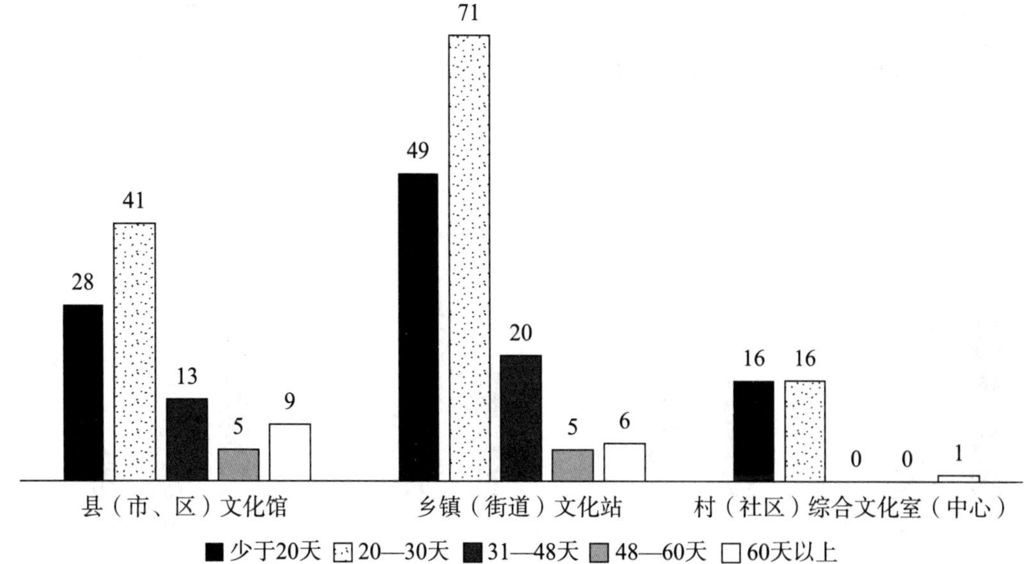

图 7-70　总馆专业干部下基层培训人均时间与被调查者机构层级的交叉分析

如图 7－71 所示，在分馆专业干部下基层培训的人均时间与机构层级的交叉分析中，来自县（市、区）文化馆、乡镇（街道）文化站、村（社区）综合文化室（中心）的多数被调查者选择了“20—30 天”及“少于 20 天”。

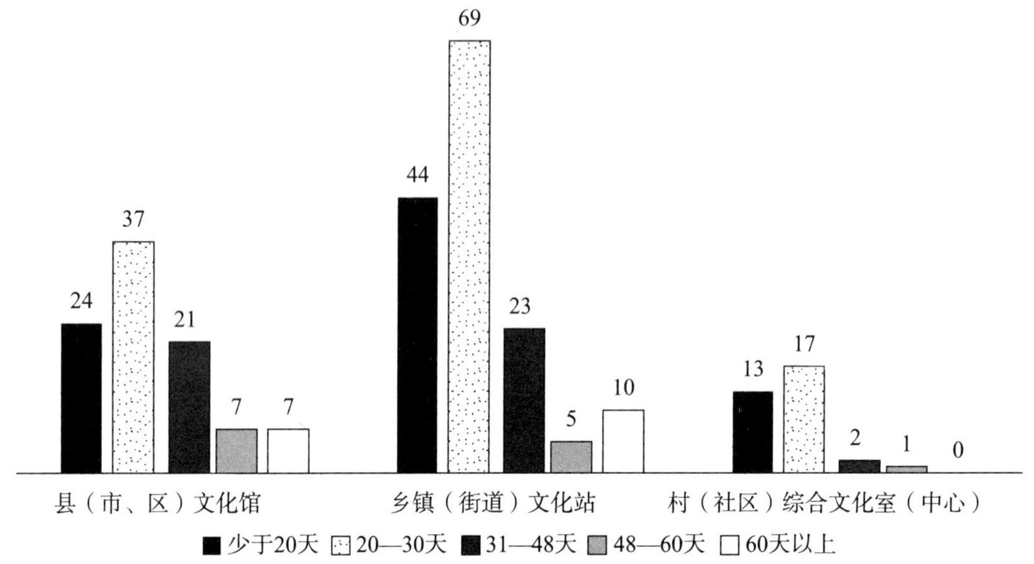

图 7－71　分馆专业干部下基层培训人均时间与被调查者机构层级的交叉分析

（2）为了进一步分析培训辅导人均时间与被调查者之间的关联性，本研究将培训、辅导人均时间与被调查者的岗位类型进行交叉分析，本研究发现来自一线服务、行政服务、专业技能、管理岗位的被调查者均培训、辅导的人均时间中选择了较低的天数。

如图 7－72 所示，在总馆专业干部下基层培训的人均时间与岗位类型的交叉分析中，来自一线服务、行政服务、专业技能、管理岗位的多数被调查者选择了“20—30 天”及“少于 20 天”。

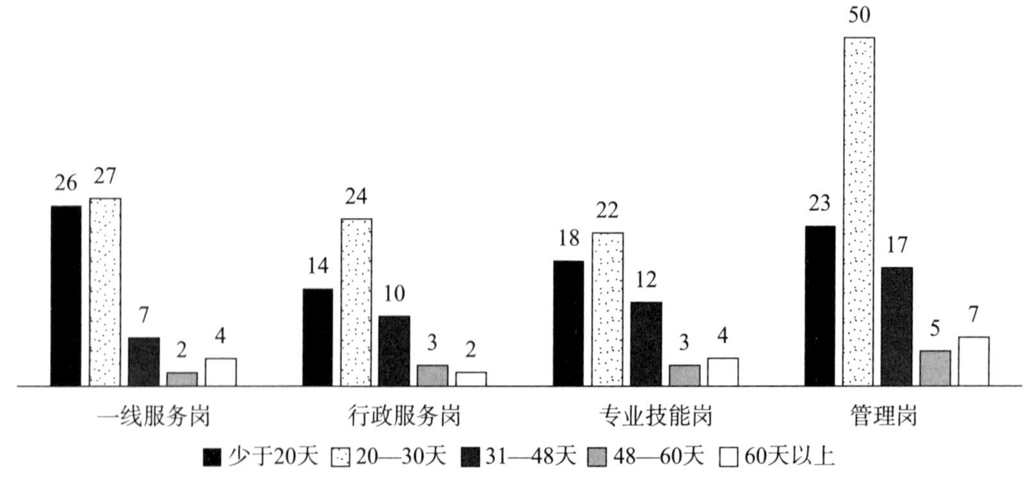

图 7－72　总馆专业干部下基层培训人均时间与被调查者岗位类型的交叉分析

如图7－73所示，在分馆专业干部下基层培训的人均时间与岗位类型的交叉分析中，来自一线服务、行政服务、专业技能、管理岗位的被调查者较多地选择了“20—30天”及“少于20天”。

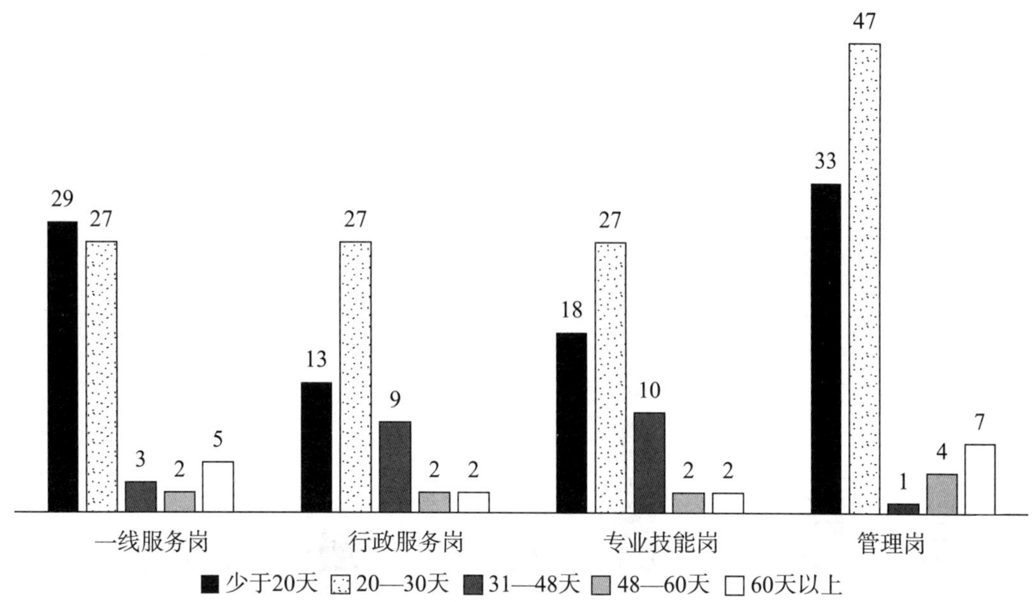

图7－73　分馆专业干部下基层培训人均时间与被调查者岗位类型的交叉分析

（五）联合编创节目、打造品牌

将联合编创节目、打造品牌的个数与被调查者的机构层级进行交叉分析，本研究发现来自县（市、区）文化馆、乡镇（街道）文化站、村（社区）综合文化室（中心）的多数被调查者均在联合编创节目、打造品牌的个数中选择了较低的个数。

如图7－74所示，在总馆、分馆与服务点联合编创节目与机构层级的交叉分析中，来自

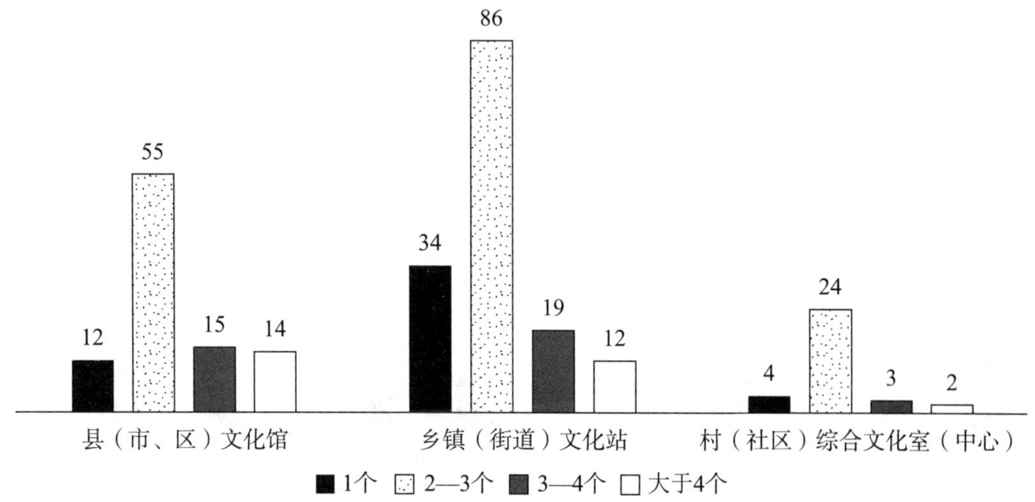

图7－74　总馆、分馆与服务点联合编创节目与被调查者机构层级的交叉分析

县(市、区)文化馆、乡镇(街道)文化站、村(社区)综合文化室(中心)的多数被调查者选择了"2—3 个"及"1 个"。

如图 7－75 所示,在总馆、分馆与服务点联合打造品牌与机构层级的交叉分析中,来自县(市、区)文化馆、乡镇(街道)文化站、村(社区)综合文化室(中心)的多数被调查者选择了"2—3 个"及"1 个",其中大部分乡镇文化站被调查者希望有"2—3"个。

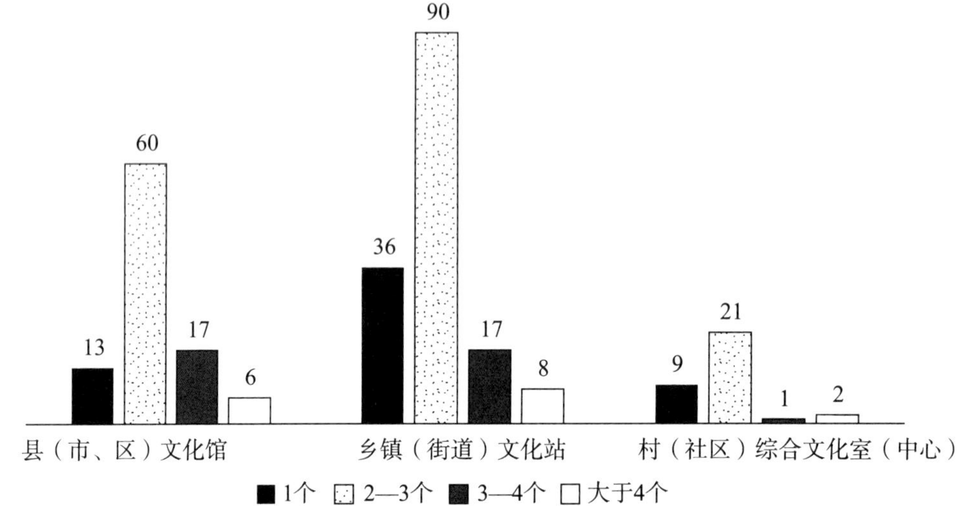

图 7－75　总馆、分馆与服务点联合打造品牌与被调查者机构层级的交叉分析

为了进一步分析联合编创节目、打造品牌与被调查者之间的关联性,将联合编创节目、打造品牌的个数与被调查者的岗位类型进行交叉分析,本研究发现来自一线服务、行政服务、专业技能、管理岗位的被调查者均在联合编创节目、打造品牌的个数中选择了较低的个数。

如图 7－76 所示,在总馆、分馆与服务点联合编创节目与岗位类型的交叉分析中,来自一线服务、行政服务、专业技能、管理岗位的多数被调查者选择了"2—3 个"。

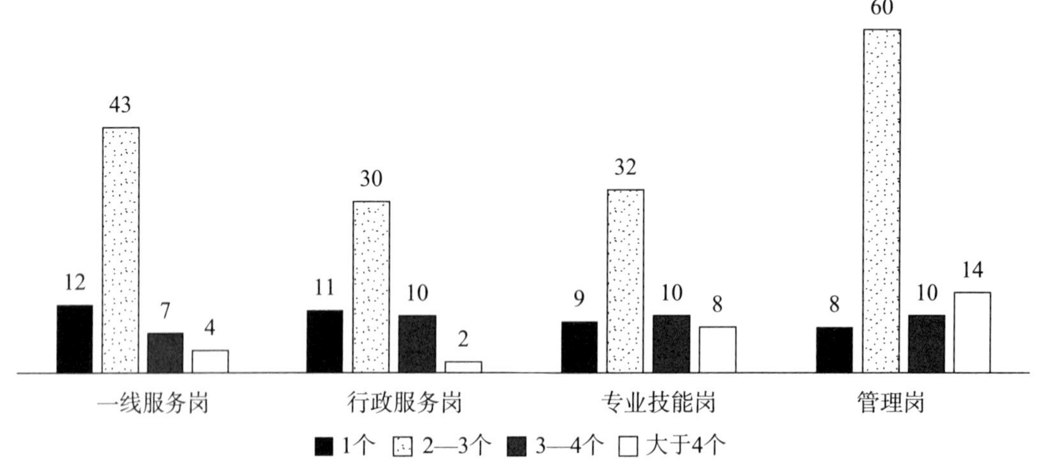

图 7－76　总馆、分馆与服务点联合编创节目与被调查者岗位类型的交叉分析

如图 7－77 所示，在总馆、分馆与服务点联合打造品牌与岗位类型的交叉分析中，来自一线服务、行政服务、专业技能、管理岗位的多数被调查者选择了“2—3 个”。

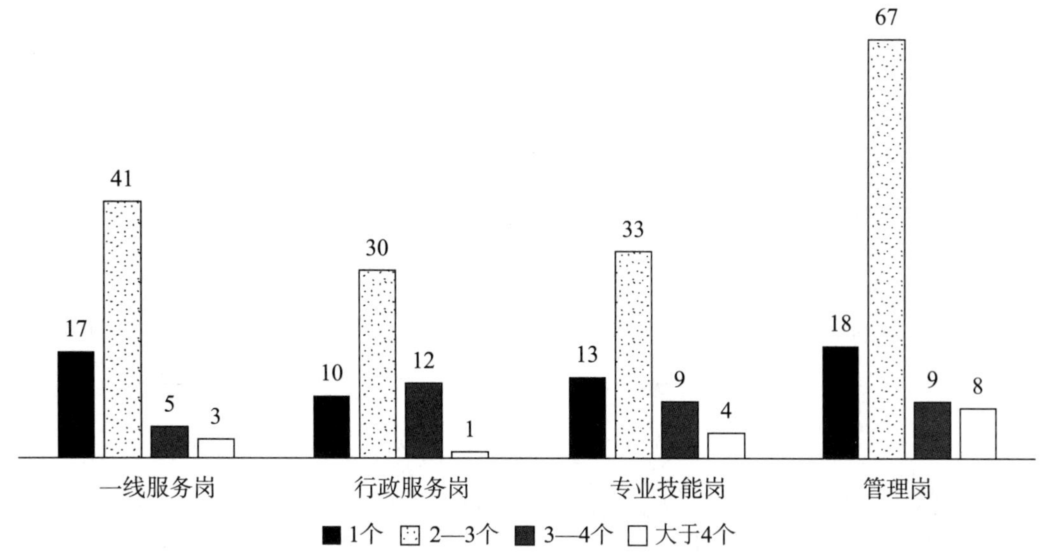

图 7－77　总馆、分馆与服务点联合打造品牌与被调查者岗位类型的交叉分析

（六）服务标准认同度

将服务标准认同度与被调查者的机构层级进行交叉分析（见图 7－78），本研究发现来自县（市、区）文化馆、乡镇（街道）文化站、村（社区）综合文化室（中心）的多数被调查者选择了“同意”。

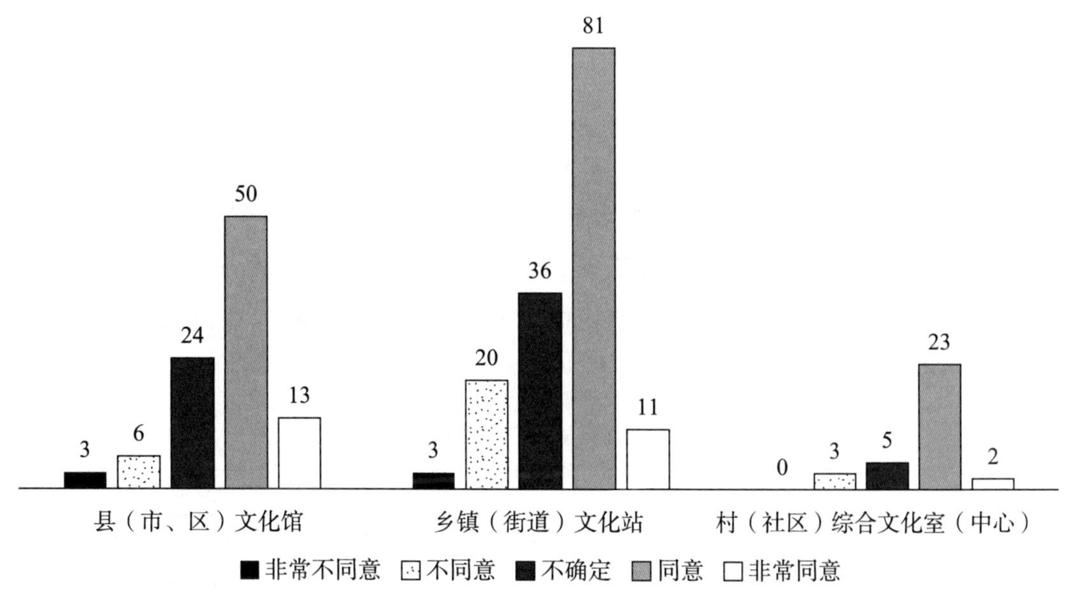

图 7－78　服务标准认同度与被调查者机构层级的交叉分析

为了进一步分析对服务标准认同度与被调查者之间的关联性，将对服务标准认同度与被调查者的岗位类型进行交叉分析，可以发现来自一线服务、行政服务、专业技能、管理岗位的被调查者较多地选择了“同意”（见图7－79）。

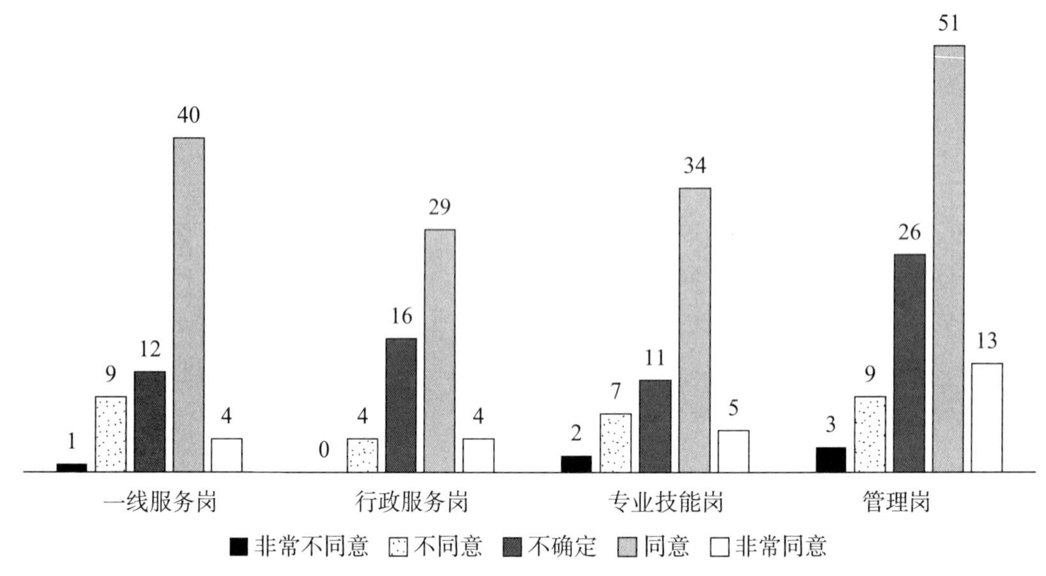

图7－79　服务标准认同度与被调查者岗位类型的交叉

第六节　改善感知和阻碍感知分析

一、描述性统计分析

（一）改善感知

从总分馆制的可能效果来看（见表7－11、表7－12），选择垂直型总分馆模式的被调查者认为两种不同的总分馆模式对信息流通效率的改善程度会最大，均值分别为3.93和3.64。对活动宣传效率也会有较大改善，均值分别为3.91和3.60。此外，在文化活动标准化、文化活动均等化、品牌文化活动服务效能、常规性活动服务效能、考核评估规范化、人员资源流通效率等方面均有不同程度的改善。

表7－11　垂直型总分馆模式改善程度感知

题目\选项	改善很小		改善小		一般		改善大		改善很大		平均分
	频数	百分比	频数	百分比	频数	百分比	频数	百分比	频数	百分比	
文化活动标准化	16	5.71%	16	5.71%	67	23.93%	79	28.21%	102	36.43%	3.84

续表

题目\选项	改善很小		改善小		一般		改善大		改善很大		平均分
	频数	百分比	频数	百分比	频数	百分比	频数	百分比	频数	百分比	
文化活动均等化	14	5.00%	17	6.07%	76	27.14%	77	27.5%	96	34.29%	3.80
品牌文化活动服务效能	15	5.36%	15	5.36%	67	23.93%	84	30.00%	99	35.36%	3.85
常规性活动服务效能	16	5.71%	14	5.00%	72	25.71%	76	27.14%	102	36.43%	3.84
活动宣传效率	12	4.29%	15	5.36%	66	23.57%	81	28.93%	106	37.86%	3.91
考核评估规范化	14	5.00%	14	5.00%	76	27.14%	83	29.64%	93	33.21%	3.81
人员资源的流通效率	13	4.64%	13	4.64%	77	27.5%	69	24.64%	108	38.57%	3.88
信息流通效率	11	3.93%	17	6.07%	67	23.93%	71	25.36%	114	40.71%	3.93

表 7-12 统筹型总分馆模式改善程度感知

题目\选项	改善很小		改善小		一般		改善大		改善很大		平均分
	频数	百分比	频数	百分比	频数	百分比	频数	百分比	频数	百分比	
文化活动标准化	18	6.43%	29	10.36%	90	32.14%	73	26.07%	70	25.00%	3.53
文化活动均等化	21	7.50%	27	9.64%	91	32.5%	75	26.79%	66	23.57%	3.49
品牌文化活动服务效能	17	6.07%	26	9.29%	84	30.00%	78	27.86%	75	26.79%	3.60
常规性活动服务效能	20	7.14%	25	8.93%	86	30.71%	75	26.79%	74	26.43%	3.56
活动宣传效率	18	6.43%	28	10.00%	81	28.93%	74	26.43%	79	28.21%	3.6
考核评估规范化	20	7.14%	29	10.36%	88	31.43%	71	25.36%	72	25.71%	3.52
人员资源的流通效率	22	7.86%	30	10.71%	79	28.21%	75	26.79%	74	26.43%	3.53
信息流通效率	21	7.50%	22	7.86%	80	28.57%	72	25.71%	85	30.36%	3.64

将垂直型总分馆模式和统筹型总分馆模式的改善程度感知平均分对比后发现，垂直型总分馆模式的 8 个感知项目的平均分均略高于统筹型总分馆模式。这说明选择垂直型总分馆模式的被调查者对垂直型总分馆的优势更加认可。

（二）阻碍感知

选择垂直型总分馆模式的被调查者对两种总分馆模式实施可能遇到的阻碍因素的感知结果见表 7-13 和表 7-14。被调查者认为垂直型总分馆模式面临的最大阻碍是县（区）政府资金支持力度不够,均值3.66分。总馆现有人员较少,难以管理全部的分馆和服务点是另一个阻碍较大的因素,均值3.51分。

表7-13　垂直型总分馆模式阻碍因素感知

题目\选项	非常不严重		不严重		一般		严重		非常严重		平均分
	频数	百分比	频数	百分比	频数	百分比	频数	百分比	频数	百分比	
县(区)政府资金支持力度不够	23	8.21%	21	7.5%	83	29.64%	54	19.29%	99	35.36%	3.66
街镇政府不愿放弃管理权	42	15.00%	33	11.79%	96	34.29%	50	17.86%	59	21.07%	3.18
分馆和服务点工作人员对隶属于县区文化馆态度消极	63	22.50%	43	15.36%	93	33.21%	42	15.00%	39	13.93%	2.83
在一定程度上失去街镇政府、村委会(居委会)的支持	42	15.00%	31	11.07%	96	34.29%	56	20.00%	55	19.64%	3.18
总馆现有人员较少,难以管理全部的分馆和服务点	32	11.43%	20	7.14%	86	30.71%	57	20.36%	85	30.36%	3.51
总和/平均	202	14.43%	148	10.57%	454	32.43%	259	18.50%	337	24.07%	3.27

被调查者认为统筹型总分馆模式所面临的最大阻碍因素是资源共享及流通困难,均值为3.34分。各级馆和服务点的凝聚力不足是面临的另一个阻碍因素,均值3.31分。

表7-14　统筹型总分馆模式阻碍因素感知

题目\选项	非常不严重		不严重		一般		严重		非常严重		平均分
	频数	百分比	频数	百分比	频数	百分比	频数	百分比	频数	百分比	
资源共享及流通困难	30	10.71%	28	10.00%	102	36.43%	58	20.71%	62	22.14%	3.34

续表

题目\选项	非常不严重		不严重		一般		严重		非常严重		平均分
	频数	百分比	频数	百分比	频数	百分比	频数	百分比	频数	百分比	
总馆和街镇政府之间容易产生管理纠纷	36	12.86%	33	11.79%	102	36.43%	54	19.29%	55	19.64%	3.21
旨在促进人才发展的人才“上挂下派”工作或被形式化	32	11.43%	31	11.07%	101	36.07%	52	18.57%	64	22.86%	3.30
各级馆和服务点的凝聚力不足	28	10.00%	33	11.79%	99	35.36%	63	22.50%	57	20.36%	3.31
总馆号召力和影响力不足	31	11.07%	33	11.79%	96	34.29%	60	21.43%	60	21.43%	3.30
总和/平均	157	11.21%	158	11.29%	500	35.71%	287	20.50%	298	21.29%	3.29

二、交叉分析

（一）改善感知

（1）从不同层级机构和岗位的被调查者对垂直型文化馆总分馆模式对文化馆工作及效果改善的感知程度来看，文化馆工作人员对垂直型总分馆模式的改善程度存在不同的认知。从机构层级来看，县（市、区）文化馆和乡镇（街道）文化站的被调查者认为在信息流通率上会有较大程度的改善。村（社区）综合文化室（中心）的被调查者则认为垂直型总分馆模式对文化活动均等化有较大程度的改善。村（社区）综合文化室（中心）被调查者各项改善感知整体高于县（市、区）文化馆和乡镇（街道）文化站，信息交流效率提高是不同层级机构的被调查者普遍认同的改善程度较大的一项，其他项目也有不同程度的改善（见图 7－80）。

从岗位类型来看，管理岗位和专业技能岗的被调查者认为垂直型文化馆总分馆模式对信息流通率会有较大程度的改善。行政服务岗和一线服务岗的被调查者则认为垂直型文化馆总分馆模式对文化活动均等化会有较大程度的改善。分析发现，管理岗位的被调查者普遍认为垂直型总分馆模式对相关方面会有较大程度的改善，而行政服务岗的被调查则认为垂直型总分馆模式对有关方面的改善并不大。此外，信息流通效率提高、活动宣传效率提高是各岗位类型的被调查者普遍认同的两项。

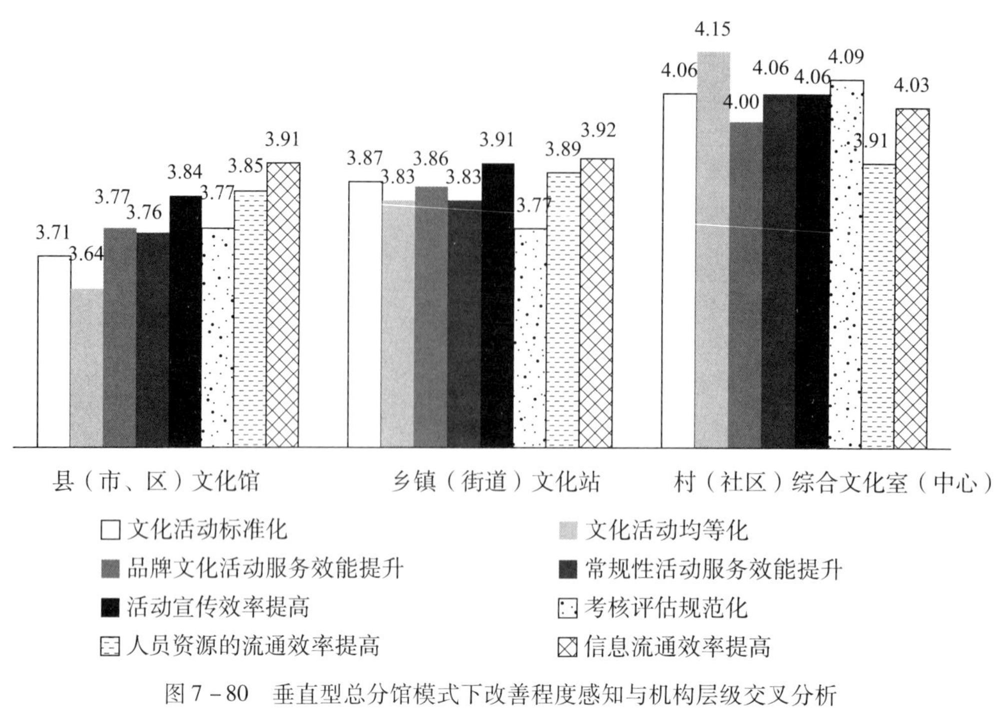

图 7－80　垂直型总分馆模式下改善程度感知与机构层级交叉分析

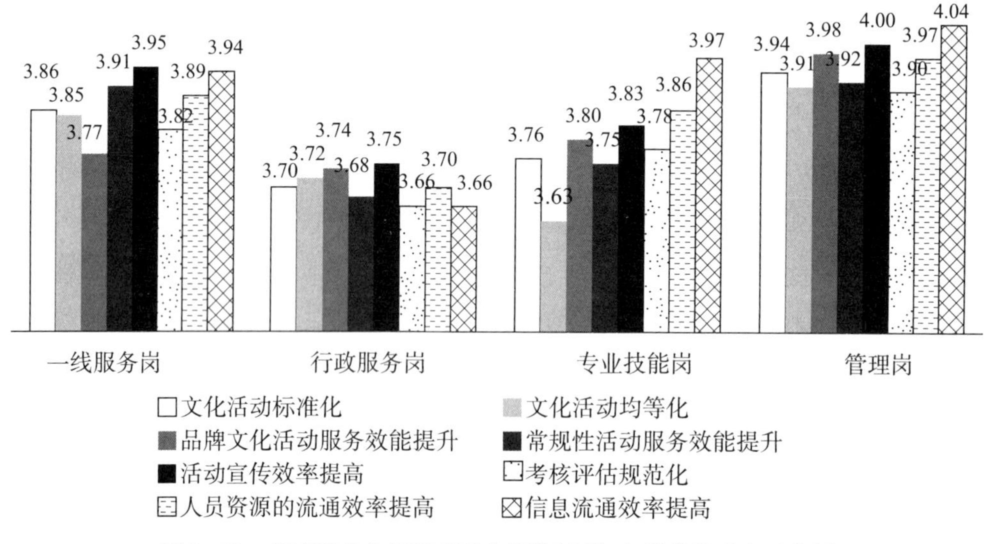

图 7－81　垂直型总分馆模式下改善程度感知与岗位类型交叉分析

（2）从不同层级机构和岗位的被调查者对统筹型总分馆模式的改善程度的感知来看，被调查者的认知存在较大差异。从机构层级来看，村（社区）综合文化室（中心）的被调查者普遍认为统筹型文化馆总分馆模式对各个感知项的改善程度都比较大，但感受到的改善程度没有垂直型总分馆模式下的改善程度高。县（市、区）文化馆和乡镇（街道）文化站的被调查者认为统筹型总分馆模式对各项因素的改善程度都比较低。村（社区）综合文化室（中心）的被调查者认为对文化活动标准化有很大的改善（见图 7－82）。

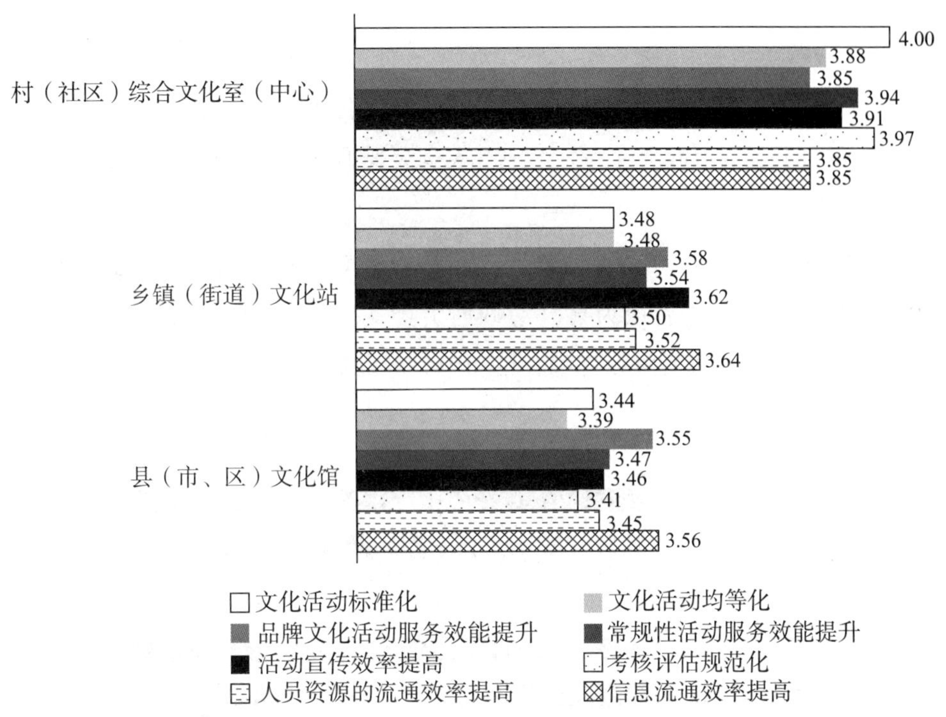

图 7－82　统筹型总分馆模式下改善程度感知与机构层级交叉分析

由图 7－83 可知，一线服务岗位和专业技能岗的被调查者认为统筹型文化馆总分馆模式对各项的改善都比较大。但行政服务岗和管理岗则普遍认为各项改善不是很大。不同岗位的工作人员感知到有较大改变的项目有所不同，但与垂直型总分馆模式下相同的是，四种岗位的工作人员均认为统筹型总分馆模式也对信息流提效率的提高有所改善。

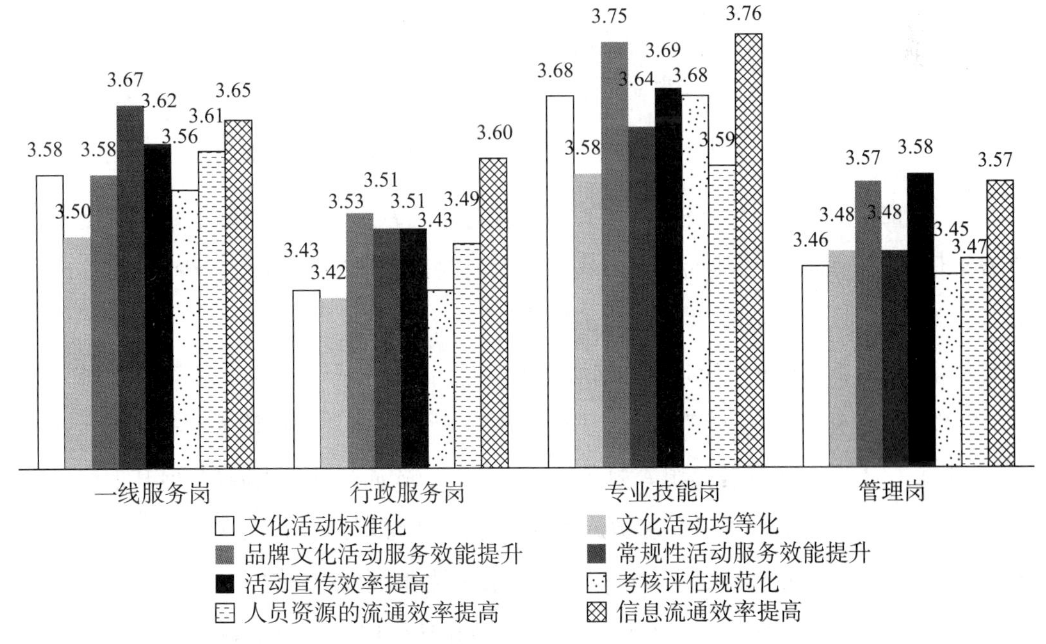

图 7－83　统筹型总分馆模式下改善程度感知与岗位类型交叉分析

（二）阻碍感知

（1）从不同层级机构和岗位的被调查者对垂直型文化馆总分馆模式的阻碍因素感知来看，县（区）政府资金支持力度不够和总馆现有人员太少难以管理全部分馆、服务点是阻碍最大的两个因素。

如图7－84所示，从机构层级来看，县（市、区）文化馆、乡镇（街道）文化站和村（社区）综合文化室（中心）的被调查者认为县（区）政府资金支持力度不够是最大的阻碍因素。此外，总馆现有人员较少，难以管理全部的分馆和服务点也是垂直型文化馆总分馆模式的主要阻碍因素之一。

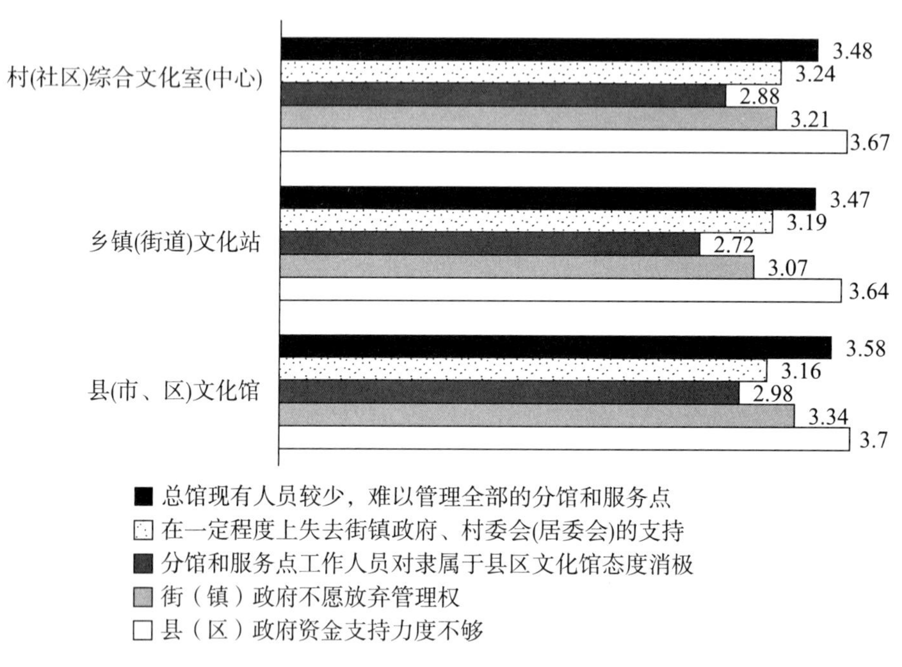

图7－84　垂直型总分馆模式下阻碍因素感知与机构层级交叉分析

如图7－85所示，从岗位类型来看，被调查者普遍认为县（区）政府资金支持力度不够是垂直型文化馆总分馆模式可能面临阻碍程度较大的因素，总馆现有人员较少，难以管理全部的分馆和服务点则是另一阻碍程度较大的因素。

（2）从选择垂直型总分馆模式的不同层级机构和岗位的被调查者对统筹型文化馆总分馆模式的阻碍因素感知来看（见图7－86），县（市、区）文化馆的被调查者认为旨在促进人才发展的“上挂下派”工作或被形式化是统筹型文化馆总分馆模式面临的最大阻碍，但其他层级机构并未持此看法。乡镇（街道）文化站的被调查者认为各级馆和服务点的凝聚力不足和资源共享及流通困难是阻碍程度较大的因素。村（社区）综合文化室（中心）的被调查者认为资源共享及流通困难是阻碍程度较大的因素。不同层级的单位对阻碍因素的感知有较大不同。

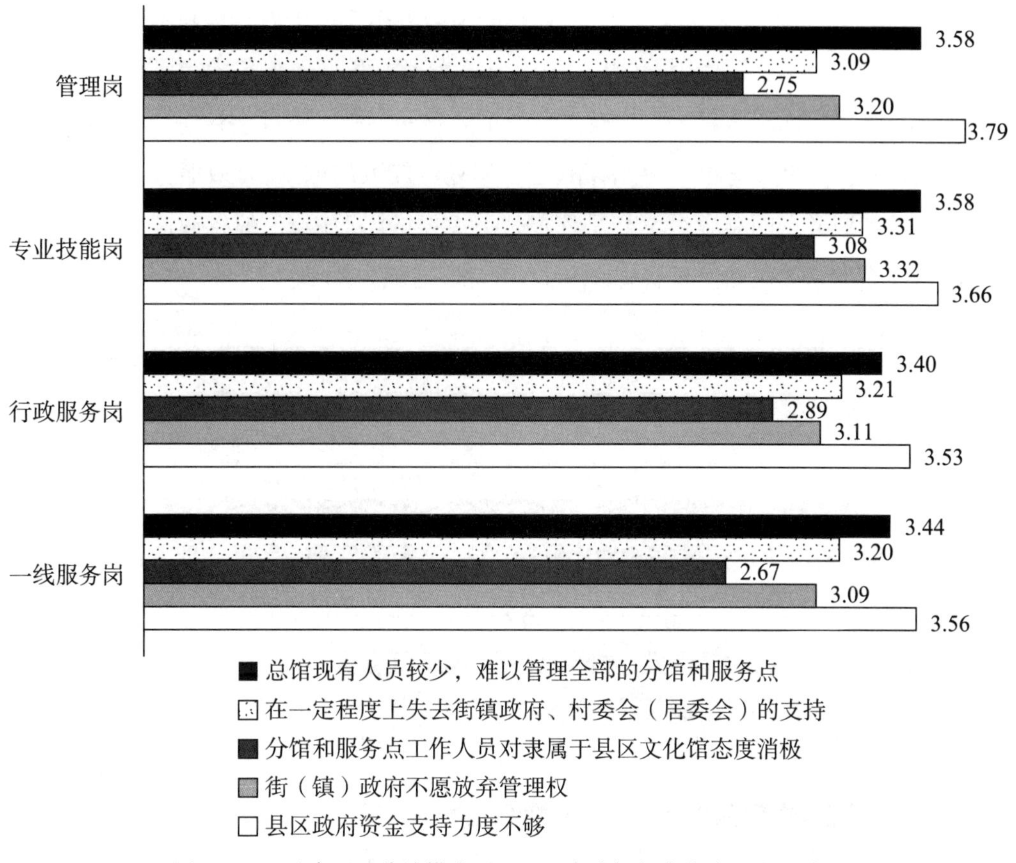

图 7－85　垂直型总分馆模式下阻碍因素感知与岗位类型交叉分析

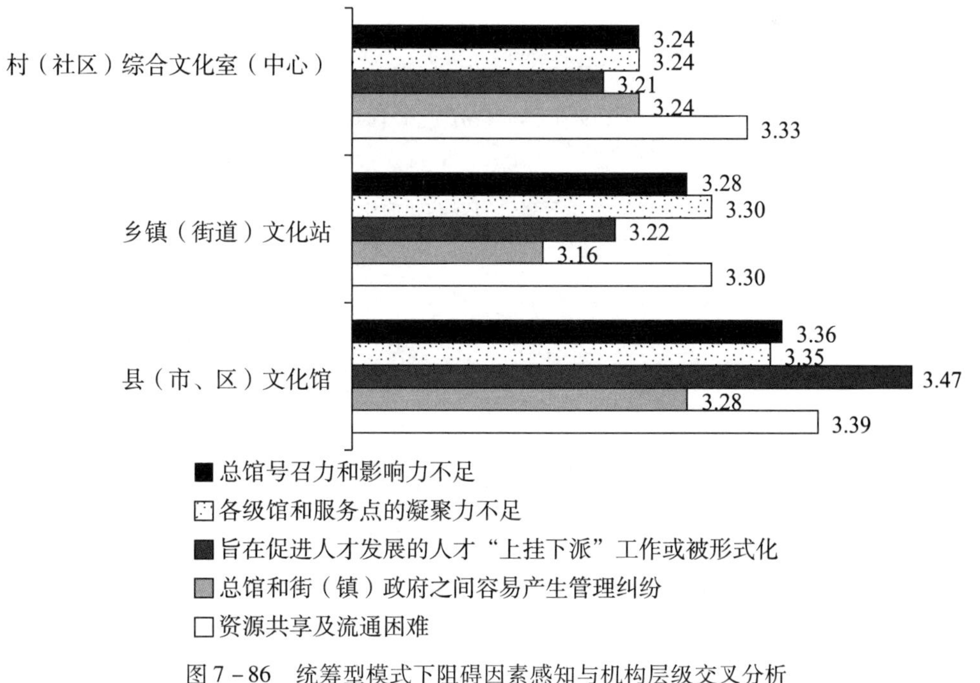

图 7－86　统筹型模式下阻碍因素感知与机构层级交叉分析

如图 7－87 所示,不同岗位类型中,专业技能岗的工作人员认为总馆和街(镇)政府之间容易产生管理纠纷是主要阻碍因素,并且该岗位工作人员和管理岗位人员都认为这五个要素都较为严重且平均地阻碍着统筹型模式总分馆的发展。一线服务岗被调查者认为资源共享及流通困难是统筹型文化馆总分馆模式下阻碍程度较大的因素,行政服务岗的被调查者则认为各级馆和服务点的凝聚力不足是该模式下主要的阻碍因素,但行政服务岗和一线服务岗对阻碍因素的总体认知没有管理岗和专业技能岗强烈。

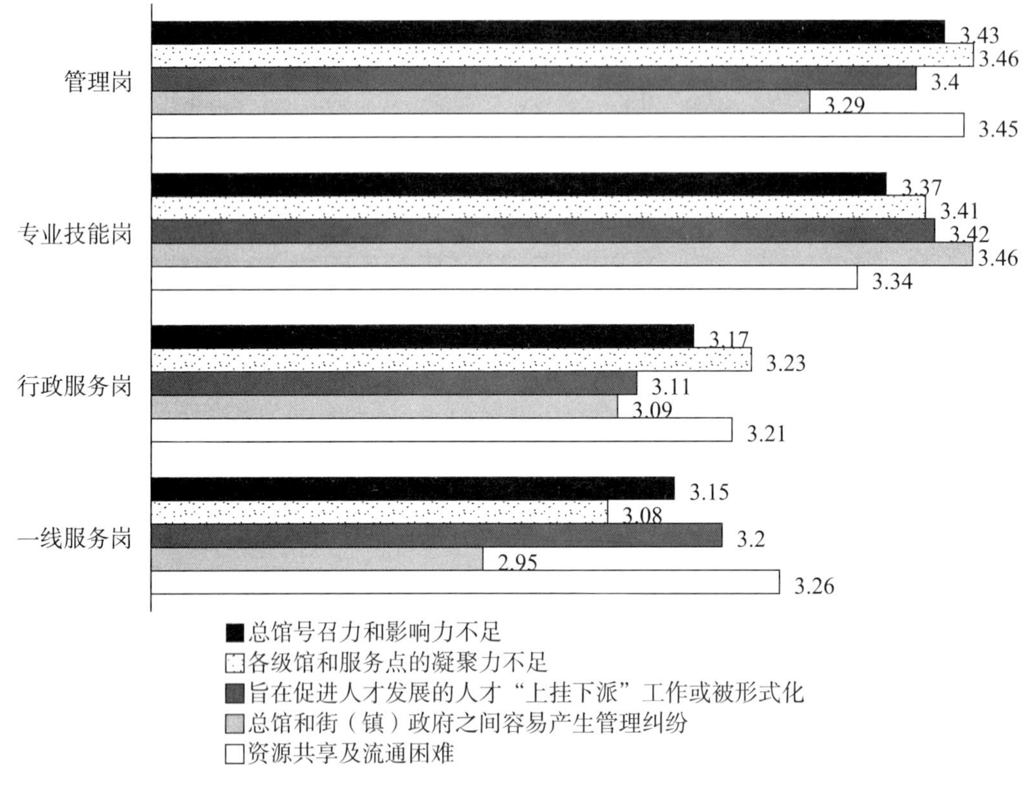

图 7－87　统筹型模式下阻碍因素感知与岗位类型交叉分析

第七节　小结

前文分别从经费因素、人员因素、设施因素、监督考评、服务目录与服务标准、改善效果和阻碍因素等方面,对选择垂直型总分馆模式的被调查者的认知进行了描述性统计分析和交叉分析,下面予以讨论和概括。

经费因素方面,较多的被调查者认为,垂直型总分馆模式的经费应由县、区政府和上级政府下拨,分馆和服务点经费由总馆统一管理使用。被调查者所在的机构层级越高,越多比例的工作人员同意该观点。对分馆和服务点的经费使用方式,最基层的村(社区)综合文化室(中心)人员的意见分歧最大。社会赞助经费(物资)的管理方式方面,不同层级机构的工作人员意见有所不同,但都希望所在单位能够有社会赞助经费的管理权。因此,县、区政府和上级政府加大经费投入,给予基层单位一定的经费管理权是相当必要的安排。

人员因素方面,来自不同层级机构和岗位的多数被调查者认为垂直型总分馆体系的人员编制应归总馆管理,人员调配应采取由总馆统一调配、各分馆对辖区范围内服务点人员统一调配的方式,人员考核应由总馆对总馆和分馆人员统一考核、各分馆对服务点人员进行考核。机构层级越低越希望编制能够收归总馆管理,这对实施垂直型总分馆模式是有利因素。对分馆馆长任命方式方面,“总馆”和“总馆主管政府部门及分馆所属地政府部门共同协商任命”是绝大多数被调查者的选择。对于人员激励方式,不同层级机构和岗位的被调查者都希望能够获得学习机会、升职空间和物质激励,越是基层单位的人越重视学习机会。

设施设备因素方面,三个不同层级的单位持相同看法,希望分馆原有设备由总馆登记造册,总馆与分馆协商调配。但一线服务岗的人则希望“由总馆对分馆原有设备登记造册,由总馆统一调配使用”是主要的调配方式。这说明一线服务岗具有特殊性,在制定设备调用制度时应考虑一线服务岗人员的需要和认知。对新购设备管理方式,乡镇(街道)文化站和县(市、区)文化馆对分馆及服务点新购设备管理方式分歧很大,各有三成左右的工作人员支持三种做法,其原因需要进一步分析。对分馆新建场馆主体,机构层级越低的人越希望新建场馆主体为总馆。所有层级的单位都希望原有场馆产权能够不转移,其中,村(社区)综合文化室尤其希望能够不转移。由此可以看出,基层工作人员存在一些矛盾心态。

监督考评方面,对于总馆监督考评主体,总馆及总馆所属政府部门是被调查者较为认可的总馆监督考评主体,同时也有相当比例的工作人员认为总分馆理事会应当成为总馆监督考评的主体。对于分馆、服务点的监督考评主体,被调查者的意见较为一致,认为总馆及总分馆理事会应是各分馆、服务点的监督考评主体。因此,非单一主题的联合考评应是合适的安排。

服务目录与服务标准方面,三种不同层级的单位人员均希望总馆联合分馆开展各项服务的次数定在较低频次,总馆和分馆独立开展服务的场次能够比最低频次高。值得注意的是,管理岗位的工作人员希望总馆联合服务点、分馆联合服务点开展服务的场次能够高一些,但一线服务岗位的工作人员普遍希望保持最低频次即可。因此,服务目录和服务标准的制定和实施,需要设法进一步调动工作人员的积极性,需要更多的引导和响应民众的需求。

改善感知方面,选择垂直型总分馆模式的被调查者认为垂直型模式比统筹型模式对各方面的改善会更显著,垂直型模式对村(社区)综合文化室(中心)的各项改善均高于县(市、区)文化馆和乡镇(街道)文化站,信息交流效率提高是不同层级机构的被调查者普遍认同的改善程度较大的一项。专业技能岗位和村（社区）综合文化室（中心）人员的各项改善感知明显高于其他单位和岗位类型的人员。管理岗位的被调查者普遍认为垂直型总分馆模式对相关感知因素有较大程度的改善，而行政服务岗的被调查者则认为垂直型总分馆模式改善不大。

阻碍感知方面，各个层级机构人员对垂直型总分馆模式五个阻碍因素均有类似的感知，感知最为突出的是县（区）政府资金支持力度不够和总馆人员短缺难以管理全部分馆和服务点，并且处于不同岗位的工作人员均能够较为强烈地感受到以上两种阻碍。只是对“分馆和服务点工作人员对隶属于县（区）文化馆态度消极”这个因素不太认可。对统筹型总分馆模式的五个阻碍因素，感知最大的是资源共享及流通困难，但不同层级机构和不同岗位的人的感知有一定的差异，需要对此进行更深入的研究。

第八章　统筹型总分馆模式的构成要素分析

本章将认为文化馆总分馆制应该选择统筹型总分馆模式的工作人员，对与该模式相配套的经费、人员、设施设备、监督考评、服务目录与服务标准因素的制度性规定及可能的效果改善和阻碍发表的看法，进行描述性统计分析和交叉分析，以期有所发现，为全国文化馆总分馆的建设提供参考。

第一节　经费因素分析

一、描述性统计分析

对于经费来源，如表 8 - 1 所示，选择统筹型总分馆模式的被调查者对分馆、服务点的经费来源的看法占比上表现出了高度的一致性，其中“维持日常工作、管理所需的相关费用均由总馆支持，各乡镇（街道）、村（社区）财政仅按所需进行补充”占比差异不大，分别为 54.08% 和 51.63%。认为“维持日常工作、管理所需的相关费用由各乡镇（街道）、村（社区）财政支持，总馆仅按项目补充”的被调查者分别为 36.96% 和 35.33%。此外，对分馆经费来源，还有 8.97% 的被调查者认为分馆经费应“完全来自于各乡镇（街道）、村（社区）”，对服务点经费来源，认为应“完全来自于村（社区）”的为 5.98%，认为应“完全来自于分馆”的为 7.07%，上述这三种经费来源方式占比较小，且差异不大。

通过数据分析不难发现，“维持日常工作、管理所需的相关费用均由总馆支持，各乡镇（街道）、村（社区）财政仅按所需进行补充”是统筹型总分馆模式下文化馆分馆和服务点的主要经费来源，“维持日常工作、管理所需的相关费用由各乡镇（街道）、村（社区）财政支持，总馆仅按项目补充”则是经费的另一重要来源。其余三种经费来源方式占比均不足 10%，说明其缺乏足够的群众基础和合理性。

表 8 - 1　统筹型总分馆模式分馆、服务点的经费来源

分馆经费来源	比例	服务点经费来源	比例
完全来自于各乡镇（街道）、村（社区）	8.97%	完全来自于村（社区）	5.98%
—	—	完全来自于分馆	7.07%

续表

分馆经费来源	比例	服务点经费来源	比例
维持日常工作、管理所需的相关费用由各乡镇（街道）、村（社区）财政支持，总馆仅按项目补充	36.96%	维持日常工作、管理所需的相关费用由各乡镇（街道）、村（社区）财政支持，总馆仅按项目补充	35.33%
维持日常工作、管理所需的相关费用均由总馆支持，各乡镇（街道）、村（社区）财政仅按所需进行补充	54.08%	维持日常工作、管理所需的相关费用均由总馆支持，各乡镇（街道）、村（社区）财政仅按所需进行补充	51.63%

在被问及被调查者所在单位开展工作时是否存在经费不足现象时，多数均表示经费存在非常紧缺和不足的现象，这一比例分别为35.87%和31.79%；7.88%的被调查者认为经费恰好够用；表示经费非常充足的仅占1.63%；22.83%的被调查者并不确定经费是否存在不足。数据分析发现，表示经费不足和非常紧缺的被调查者占比总和高达67.66%，而表示非常充足和恰好够用的占比则均不足10%，这说明在统筹型总分馆模式下经费短缺是现实存在的棘手问题（见图8-1）。

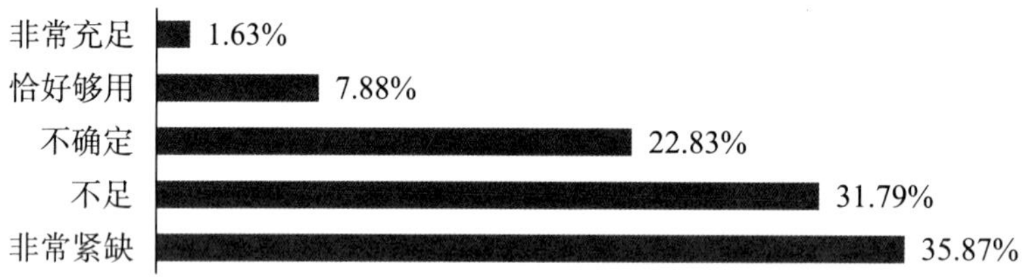

图8-1 统筹型总分馆模式经费不足感知

二、交叉分析

（1）如图8-2显示，机构层级越低，工作人员认为统筹型总分馆模式下的分馆经费应完全来自于各乡镇（街道）、村（社区）的比例越高。所在机构层级越高，工作人员认为在统筹型总分馆模式下，维持分馆日常工作、管理所需的相关费用由各乡镇（街道）、村（社区）财政支持，总馆仅按项目补充的比例越高。来自县（市、区）文化馆的工作人员普遍认为维持分馆日常工作、管理所需的相关费用均由总馆支持，各乡镇（街道）、村（社区）财政仅按所需进行补充的工作人员占比低于乡镇（街道）文化站和村（社区）综合文化室（中心）。

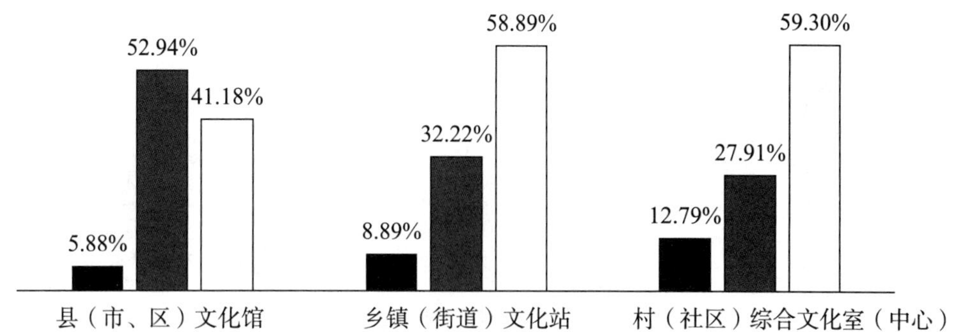

图 8－2　机构层级与分馆经费来源交叉分析

从图 8－3 来看，不同岗位类型的绝大多数被调查者认同维持分馆日常工作、管理所需的相关费用均由总馆支持，各乡镇（街道）、村（社区）财政仅按所需进行补充。也有相当比例的被调查者认为维持分馆日常工作、管理所需的相关费用由各乡镇街道、村社区财政支持，总馆仅按项目补充。

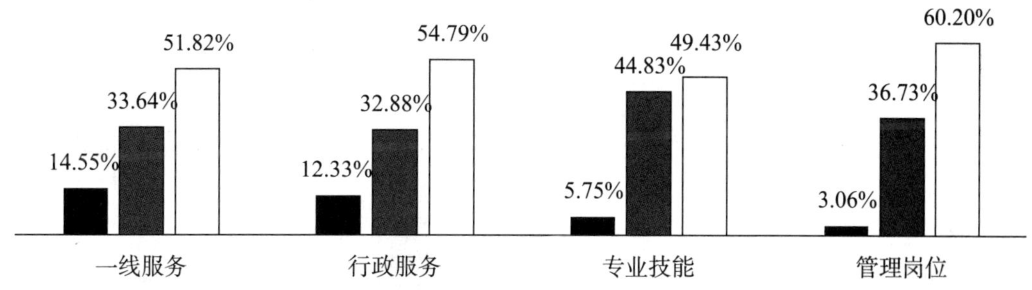

图 8－3　岗位类型与分馆经费来源交叉分析

（2）如图 8－4 所示，统筹型文化馆总分馆模式下，乡镇（街道）文化站和村（社区）综合文化室（中心）认为维持服务点日常工作、管理所需的相关费用均由总馆支持，各乡镇（街道）、村（社区）财政仅按所需进行补充的工作人员占比高于县（市、区）文化馆。县（市、区）文化馆认为维持服务点日常工作、管理所需的相关费用由各乡镇（街道）、村（社区）财政支持，总馆仅按项目补充的工作人员占比高于乡镇（街道）文化站和村（社区）综合文化室（中心）。

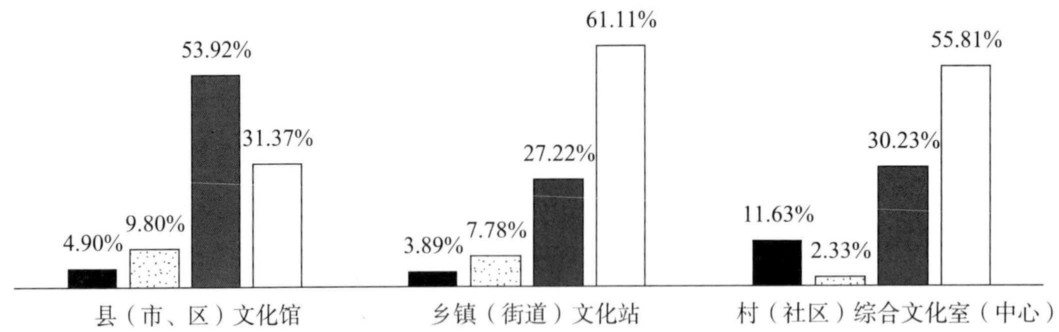

■ 完全来自于村（社区）
⬚ 完全来自于分馆
■ 维持日常工作、管理所需的相关费用由各乡镇（街道）、村（社区）财政支持，总馆仅按项目补充
□ 维持日常工作、管理所需的相关费用均由总馆支持，各乡镇（街道）、村（社区）财政仅按所需进行补充

图 8－4　机构层级与服务点经费来源交叉分析

从图 8－5 中可看出，一线服务、行政服务和管理岗位的被调查者认为维持服务点日常工作、管理所需的相关费用均由总馆支持，各乡镇（街道）、村（社区）财政仅按所需进行补充的比例最高。而专业技能岗位的被调查者认为维持服务点日常工作、管理所需的相关费用由各乡镇（街道）、村（社区）财政支持，总馆仅按项目补充的比例最高。

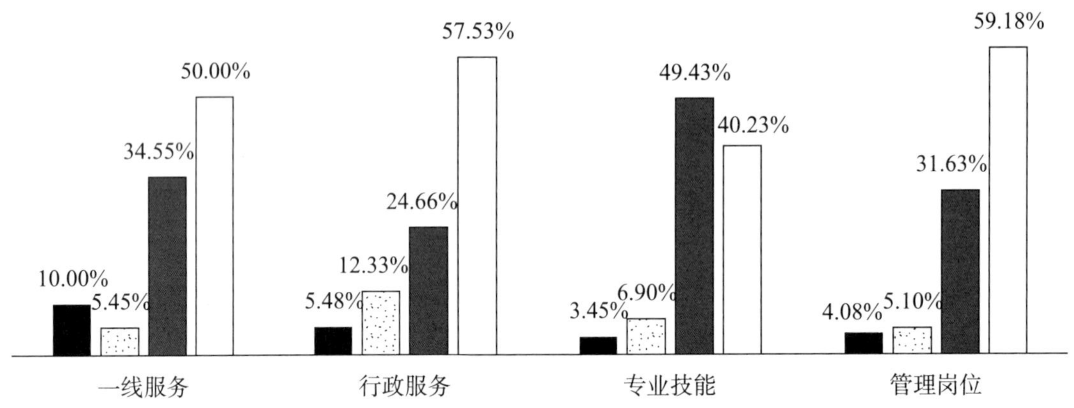

■ 完全来自于村（社区）
⬚ 完全来自于分馆
■ 维持日常工作、管理所需的相关费用由各乡镇（街道）、村（社区）财政支持，总馆仅按项目补充
□ 维持日常工作、管理所需的相关费用均由总馆支持，各乡镇（街道）、村（社区）财政仅按所需进行补充

图 8－5　岗位类型与服务点经费来源交叉分析

（3）由图 8－6 可知，多数不同层级机构和岗位的被调查者普遍认为所在单位开展工作时，存在经费不足或非常紧缺的现象。机构层级越低，认为经费非常紧缺的工作人员比例越

高。各层级机构中认为经费恰好够用或非常充足的人员比例都偏低。

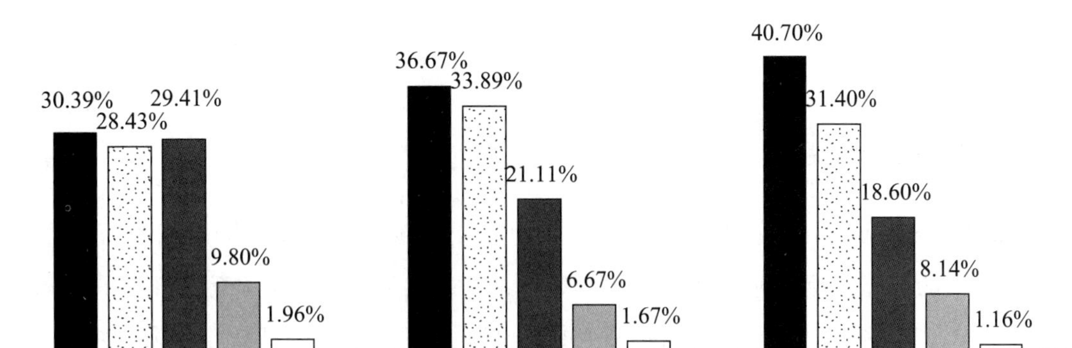

图 8－6　机构层级与经费不足感知交叉分析

从岗位类型来看，如图 8－7 所示，一线服务、行政服务和管理岗位的工作人员中认为经费非常紧缺的比例最高，其次就是认为经费不足的人员比例较高，其中行政服务岗位的工作人员在四种岗位类型中认为经费非常紧缺的人员比例最高。专业技能岗位中认为经费不足的人员比例最高。不同类型的工作人员认为经费恰好够用或非常充足的人员比例都偏低。

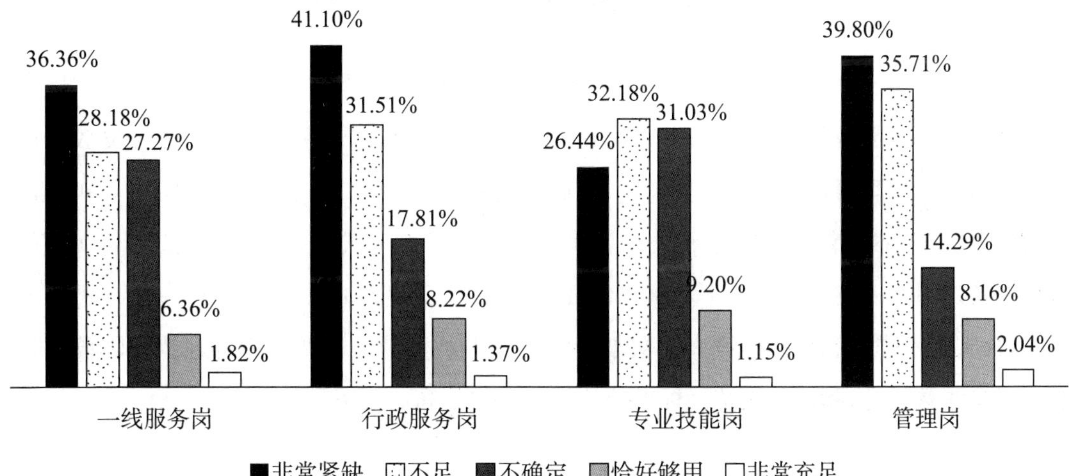

图 8－7　岗位类型与经费不足感知交叉分析

第二节 人员因素分析

一、描述性统计分析

如图 8-8 所示,从人员因素来看,选择统筹型总分馆模式的被调查者中,认为人力不足和非常紧缺的被调查者比例分别高达 40.76% 和 33.70%;认为人力非常充足和恰好的被调查者占比 1.63% 和 11.96%;还有同样占比 11.96% 的被调查者表示不确定人力是否不足。本研究通过数据分析发现,绝大多数被调查者均表示存在人力不足和非常紧缺的问题,这一比例总和高达 74.46%。而认为人力非常充足和人力恰好的比例总和仅为 13.59%。由此可知,统筹型总分馆模式下,存在十分明显的人力匮乏问题。

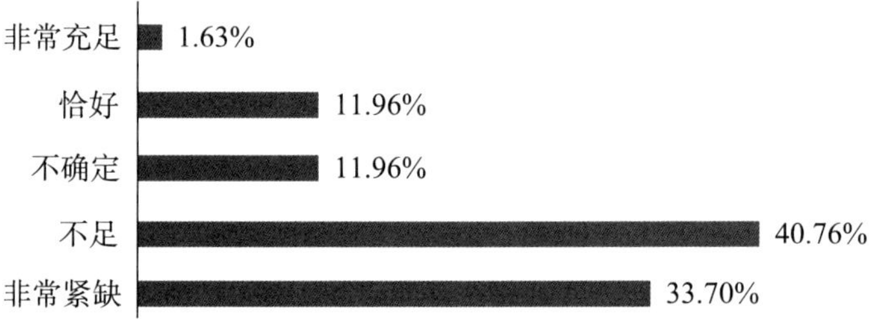

图 8-8 统筹型总分馆模式人力不足感知

在工作人员数量设定标准方面,多数被调查者认为各级馆和服务点的工作人员数量应结合实际工作量和所在区域人口数量设定,这一比例为 53.53%;认为应结合实际工作量设定的为 20.65%;还有 13.32% 的被调查者表示应依据所在区域人口数量设定;仅 10.6% 的被调查者认为在人员数量设定上需制定各级统一标准;其他为 1.90%(见图 8-9)。不难发现,结合实际工作量和所在区域人口数来确定工作人员数量是被调查者普遍认同的设定标准。值得注意的是,制定各级统一标准的认可比例并不高。

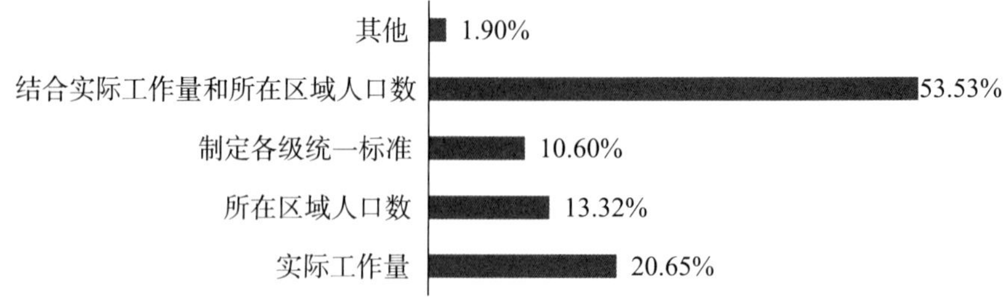

图 8-9 统筹型总分馆模式工作人员数量设定标准

如图 8－10 所示，在人员调配上，52.45%的被调查者表示需要总馆下派专员协助工作，表示非常需要总馆下派专员协助工作的占 31.79%，表示不需要和可有可无的仅占 3.53%和 11.68%，仅有 0.54%的被调查者表示非常不需要。经过数据分析，本研究发现认为需要和非常需要的被调查者占比总和为 84.24%，这说明统筹型总分馆模式非常需要总馆下派专员协助工作。

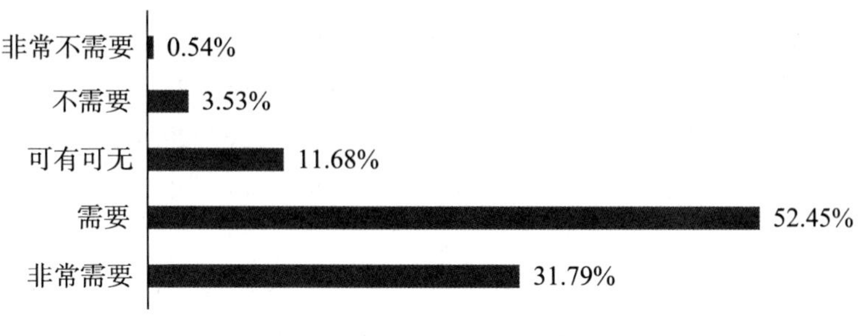

图 8－10　统筹型总分馆模式人员调配需求

当问及总馆下派的专员应以什么身份开展工作时，业务顾问是被调查者的主要选择，所占比例为 45.61%。不难看出，下派专员以业务顾问的方式开展工作是被调查者选择最多的，而认为下派的专员应以馆长或副馆长身份开展工作占比为 24.65%（见图 8－11）。

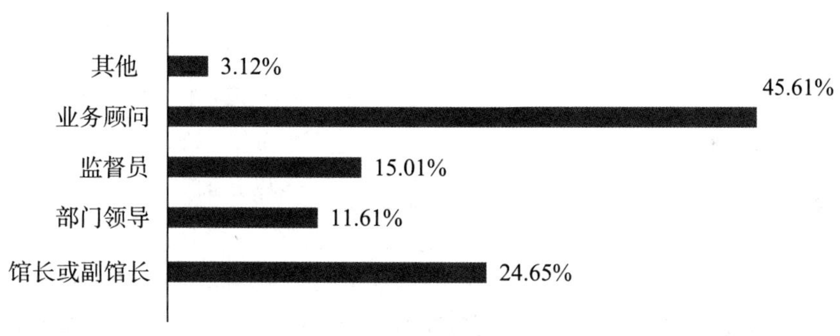

图 8－11　统筹型总分馆模式下派专员身份

在人员培训方面，如表 8－2 所示，被调查者认为开展基础工作技能培训是对分馆和服务点工作人员进行培训的主要方式，均值为 4.14 分。以组织专题讲座和外出考察学习进行培训同样也是被认可的培训方式，均值分别为 3.86 和 3.84。认为开展馆际借调工作、网络大学堂进行培训的均值稍低，分别为 3.51 和 3.45。本研究通过数据分析发现，开展基础工作技能培训、组织专题讲座、外出考察学习是平均分较高的人员培训方式，这几种人员培训方式的本质都是学习，这同垂直型总分馆模式中人员激励方式的重要程度的分析结论相同，即学习机会是被调查者认为最为重要的激励方式。

表 8 – 2　统筹型总分馆模式下分馆和服务点工作人员培训方式

题目/选项	最无效		无效		一般		有效		最有效		平均分
	频数	百分比	频数	百分比	频数	百分比	频数	百分比	频数	百分比	
外出考察学习	23	6.25%	23	6.25%	98	26.63%	69	8.75%	155	42.12%	3.84
开展基础工作技能培训	11	2.99%	14	3.80%	69	18.75%	91	24.73%	183	49.73%	4.14
馆际借调工作	35	9.51%	31	8.42%	124	33.70%	68	18.48%	110	29.89%	3.51
组织专题讲座	19	5.16%	20	5.43%	92	25.00%	101	27.45%	136	36.96%	3.86
网络大学堂	31	8.42%	46	12.50%	116	31.52%	76	20.65%	99	26.90%	3.45
总和	119	6.47%	134	7.28%	499	7.12%	405	22.01%	683	37.12%	3.76

在分馆馆长和服务点负责人考核责任主体方面，多数被调查者认为应采用“以上全部”考核方式，占比分别为 39.40% 和 35.60%。具体来看分馆馆长考核和服务点负责人考核的具体方式占比并没有太大的区别（见表 8 – 3），这说明在分馆馆长和服务点负责人考核责任方面，二者并无明显差异。

表 8 – 3　统筹型总分馆模式分馆馆长、服务点负责人考核责任方

分馆馆长考核	比例	服务点负责人考核	比例
馆内考核	11.41%	服务点内部考核	12.50%
各乡镇（街道）、村（社区）	26.63%	各乡镇（街道）、村（社区）	29.35%
总馆考核	22.55%	分馆考核	22.55%
以上全部	39.40%	以上全部	35.60%

在激励方式方面，如表 8 – 4 所示，学习机会（如个人职业技能培训、外出调研学习）是被调查者认为加快培养文化馆总分馆专业技术和管理人才最重要的激励方式，均值为 4.17 分。此外，升职空间、物质激励同样具有较高的重要程度，均值分别为 4.13、4.02，而精神激励重要程度最低，仅为 3.91 分。这说明，被调查者们十分重视提升自己的综合业务能力，并看重升职空间和物质方面的激励，而对于精神方面的激励则关注程度不高。学习机会和升职空间重要程度较高，这一结论同上文的“垂直型总分馆模式中人员激励方式的重要程度”结论相同。

表 8 – 4　人员激励方式重要程度感知

题目/选项	最不重要		不重要		一般		重要		非常重要		平均分
	频数	百分比	频数	百分比	频数	百分比	频数	百分比	频数	百分比	
物质激励	26	7.07%	18	4.89%	67	18.21%	69	18.75%	188	51.09%	4.02
精神激励	23	6.25%	22	5.98%	88	23.91%	68	18.48%	167	45.38%	3.91

续表

题目/选项	最不重要		不重要		一般		重要		非常重要		平均分
	频数	百分比	频数	百分比	频数	百分比	频数	百分比	频数	百分比	
升职空间	17	4.62%	17	4.62%	62	16.85%	78	21.20%	194	52.72%	4.13
学习机会	1	4.62%	11	2.99%	69	18.75%	66	17.93%	205	55.71%	4.17

二、交叉分析

(1)不同层级机构和岗位的多数被调查者认为在开展工作时存在人力不足或人力非常紧缺的问题。机构层级越高,认为人力不足的工作人员比例越高。村(社区)综合文化室(中心)认为人力恰好的工作人员比例远高于乡镇(街道)文化站和县(市、区)文化馆(见图8－12)。

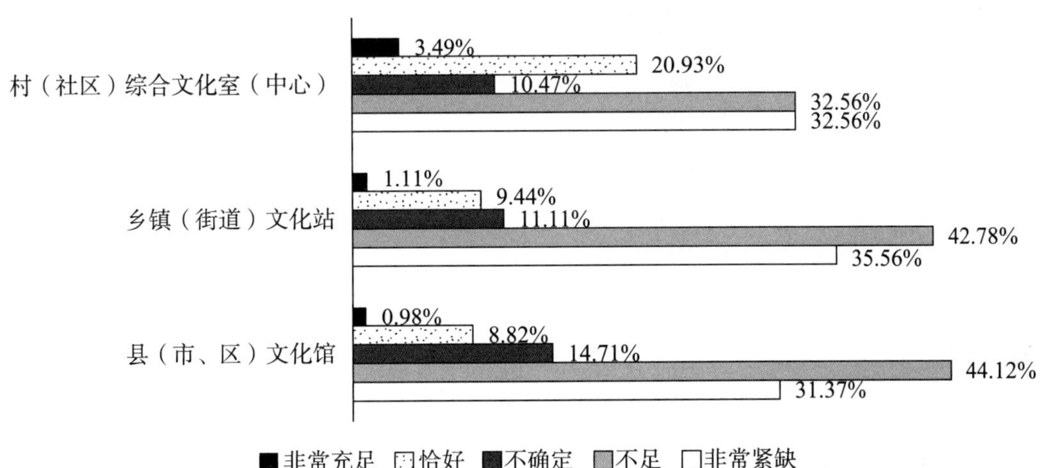

图8－12　机构层级与人力不足感知交叉分析

图8－13显示,四种岗位类型中认为人力不足的被调查者比例都是最高的,其次是认为人力非常紧缺的比例偏高。管理岗位的工作人员认为人力非常紧缺的比例高于其他三种类型的工作人员,但管理岗位的工作人员认为人力非常充足的比例也高于其他类型的工作人员。

(2)不同层级机构和岗位的被调查者普遍认为各级馆和服务点的工作人员数量应结合实际工作量和所在区域人口数来设定,其次是参照实际工作量来设定,如图8－14和图8－15所示。

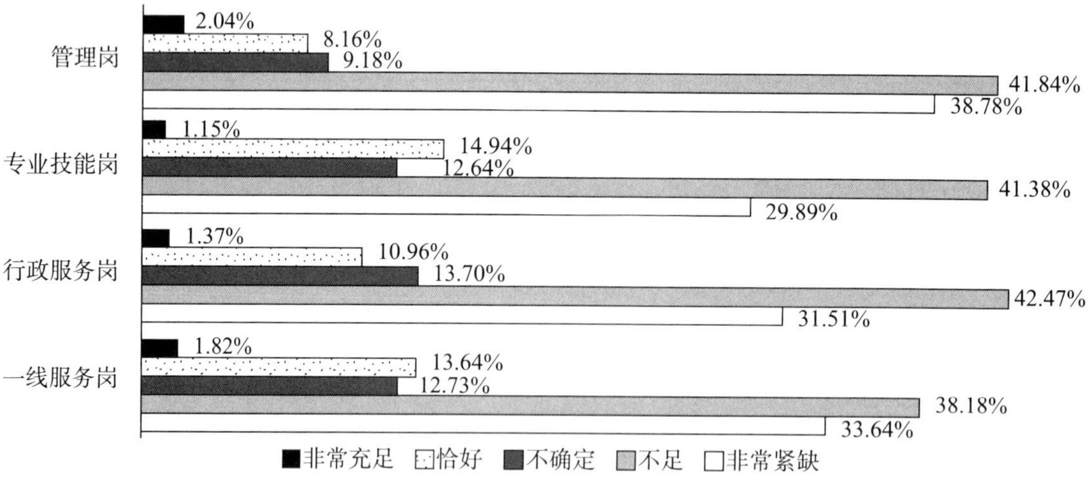

2.04%
8.16%
管理岗
9.18%
41.84%
38.78%
1.15%
14.94%
专业技能岗
12.64%
41.38%
29.89%
1.37%
10.96%
行政服务岗
13.70%
42.47%
31.51%
1.82%
13.64%
一线服务岗
12.73%
38.18%
33.64%
非常充足 恰好 不确定 不足 非常紧缺

图 8－13　岗位类型与人力不足感知交叉分析

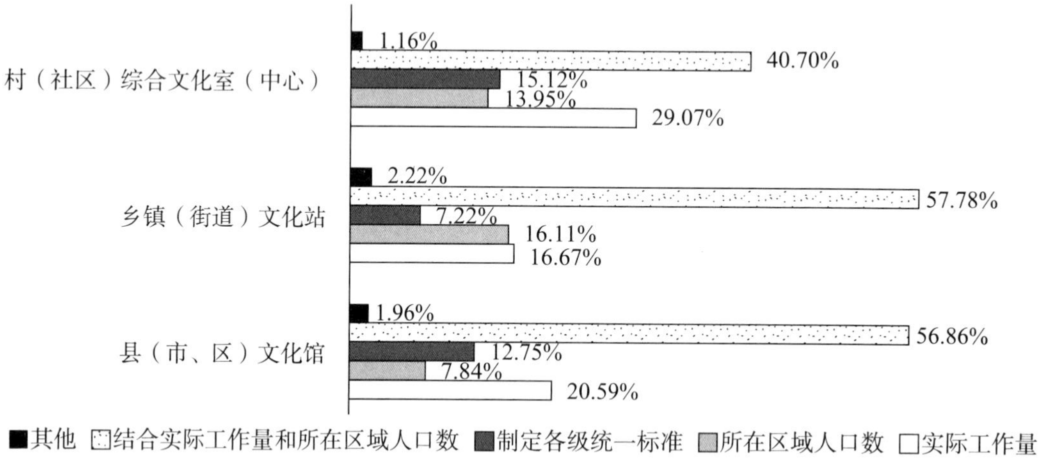

1.16%
40.70%
村（社区）综合文化室（中心）
15.12%
13.95%
29.07%
2.22%
57.78%
乡镇（街道）文化站
7.22%
16.11%
16.67%
1.96%
56.86%
县（市、区）文化馆
12.75%
7.84%
20.59%
其他 结合实际工作量和所在区域人口数 制定各级统一标准 所在区域人口数 实际工作量

图 8－14　机构层级与工作人员数量设定标准交叉分析

1.02%
59.18%
管理岗
9.18%
12.24%
18.37%
1.15%
58.62%
专业技能岗
10.34%
14.94%
14.94%
4.11%
45.21%
行政服务岗
13.70%
13.70%
23.29%
1.82%
50.00%
一线服务岗
10.00%
12.73%
25.45%
其他 结合实际工作量和所在区域人口数 制定各级统一标准 所在区域人口数 实际工作量

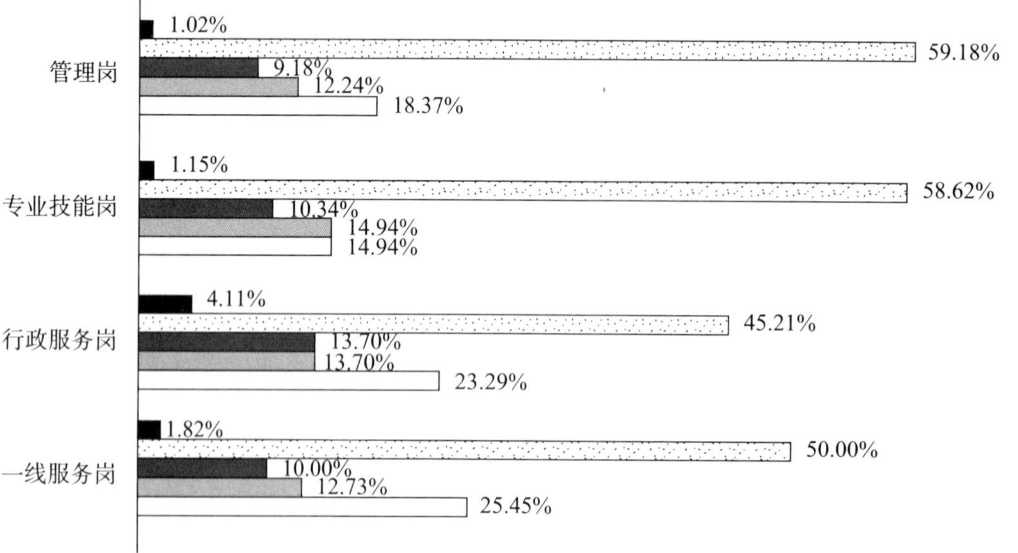

图 8－15　岗位类型与工作人员数量设定标准交叉分析

（3）由图 8－16 和图 8－17 可知，不同层级机构和岗位的被调查者认为在统筹型总分馆模式下总馆需要下派专员协助工作的工作人员比例最高，其次认为总馆非常需要下派专员协助工作的工作人员比例也较高。其中乡镇（街道）文化站认为总馆非常需要下派专员协助工作的工作人员比例高于村（社区）综合文化室（中心）和县（市、区）文化馆。管理岗位和一线服务岗位认为总馆非常需要下派专员协助工作的工作人员比例略高于专业技能和行政服务岗位。

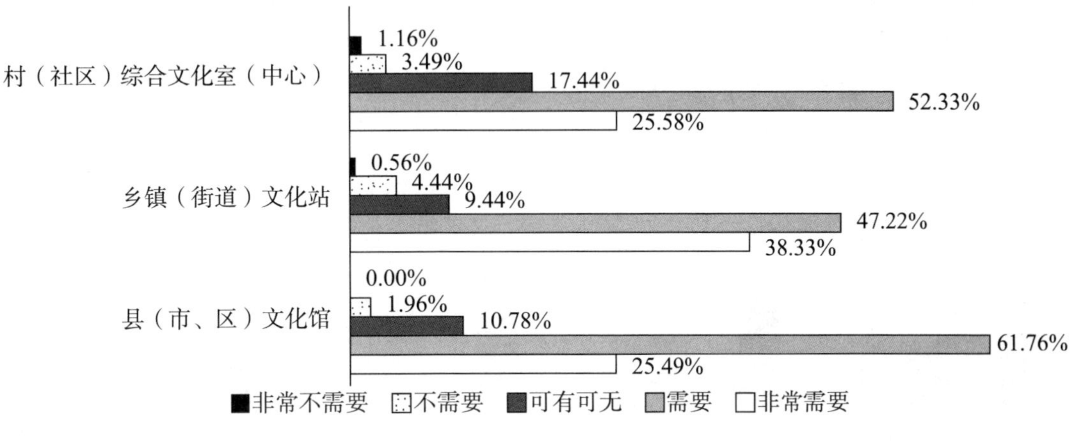

图 8－16　机构层级与专员下派需求感知交叉分析

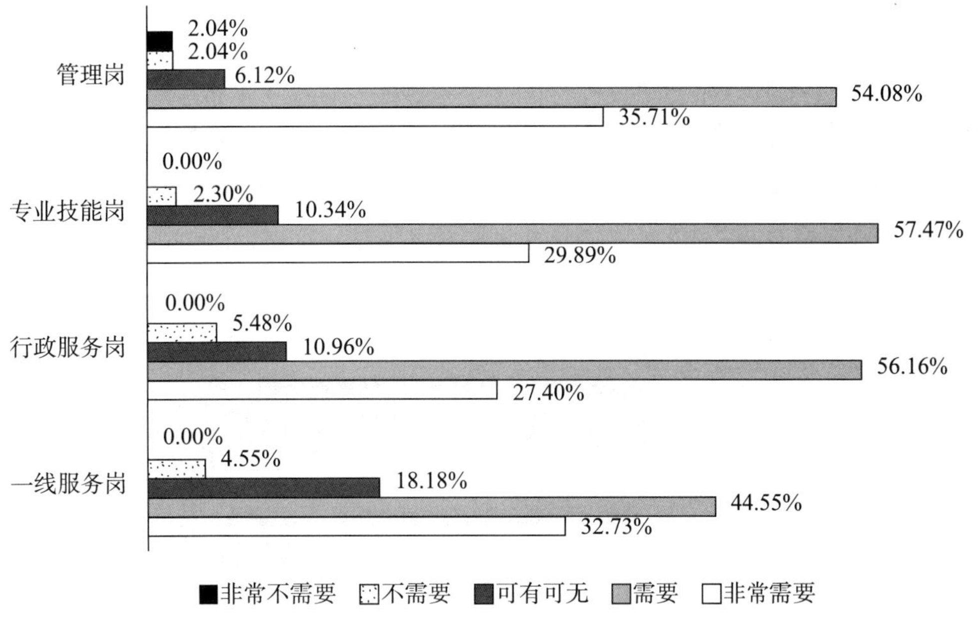

图 8－17　岗位类型与专员下派需求感知交叉分析

（4）图 8－18 和图 8－19 显示，不同层级机构和岗位的绝大多数被调查者认为在统筹型总分馆模式下总馆下派的专员应以业务顾问的身份开展工作，其次是馆长或副馆长。单位级别越高，认为专员应以馆长或副馆长的身份开展工作的被调查者比例越高。

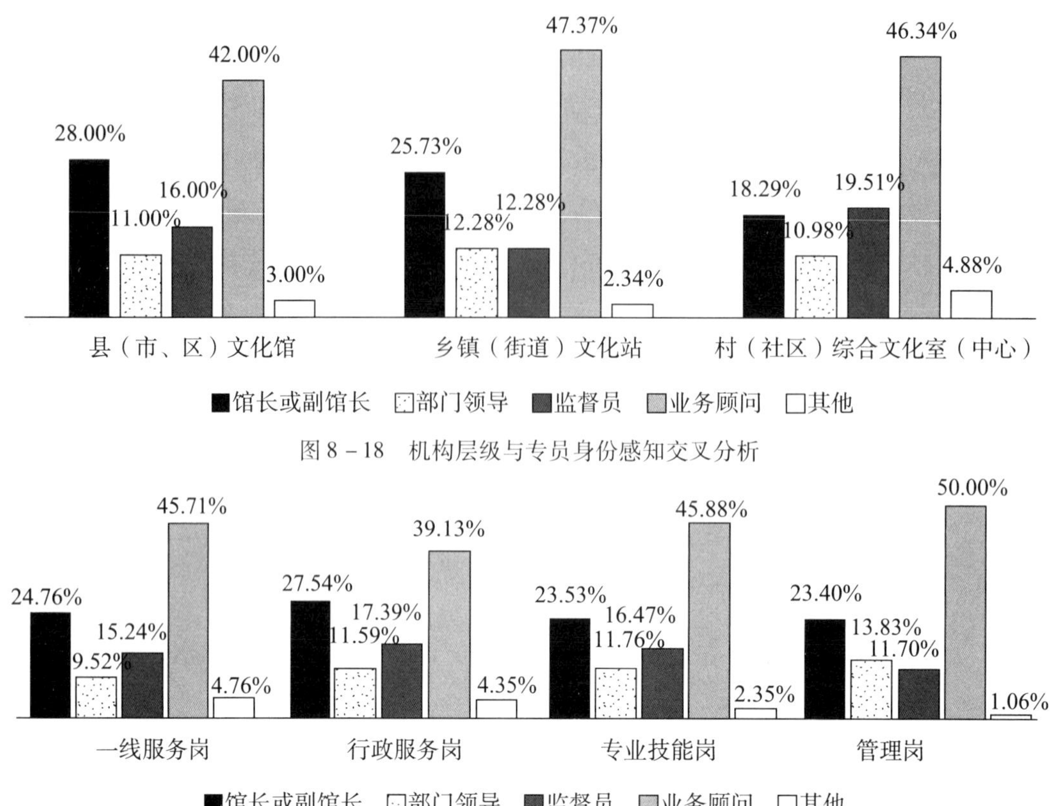

图 8－18　机构层级与专员身份感知交叉分析

图 8－19　岗位类型与专员身份感知交叉分析

（5）不同层级机构和岗位的被调查者对分馆和服务点工作人员培训方式的有效性感知趋于一致，被调查者们普遍认为开展基础工作技能培训是总馆对分馆和服务点工作人员培训最为有效的方式，其次是组织专题讲座和外出考察学习（见图 8－20 和图 8－21）。机构层级越高，工作人员对开展基础工作技能培训的有效性感知越高。管理岗位的工作人员对开展基础工作技能培训的有效性感知高于其他三类人员。

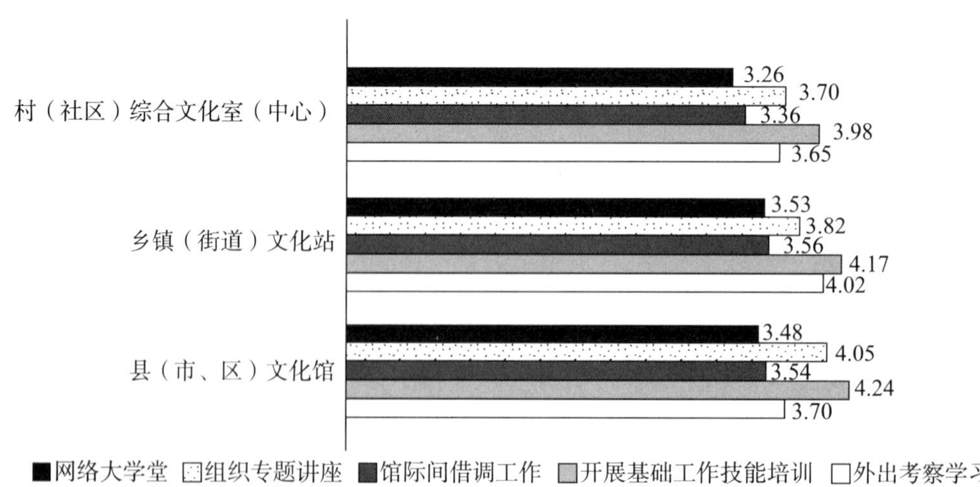

图 8－20　机构层级与分馆和服务点工作人员培训方式有效性感知交叉分析

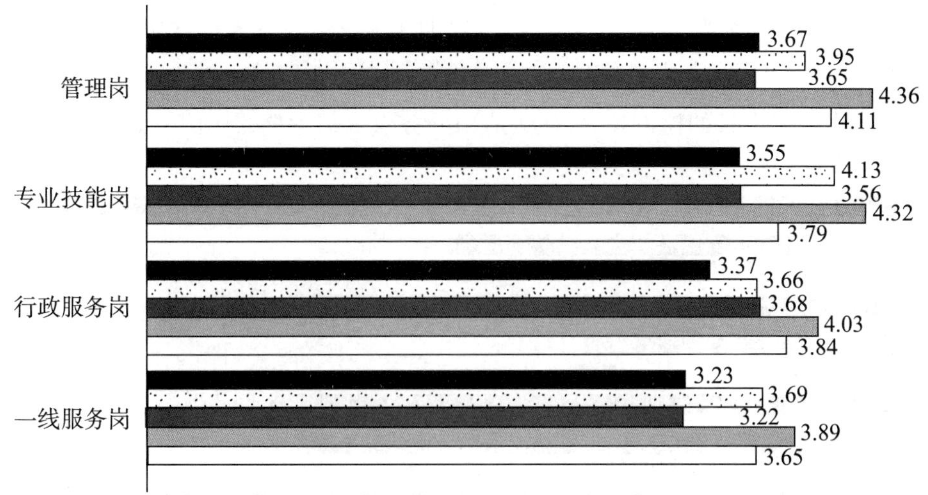

图 8－21　岗位类型与分馆和服务点工作人员培训方式有效性感知交叉分析

(6)如图 8－22 所示,较多被调查者认为对分馆馆长的考核应由馆内考核、各乡镇(街道)、村(社区)和总馆考核相结合。机构层级越高,认为应由总馆考核或馆内考核的被调查者比例越高。县(市、区)文化馆的被调查者认为应由各乡镇(街道)、村(社区)考核的比例远低于村(社区)综合文化室(中心)和乡镇(街道)文化站。

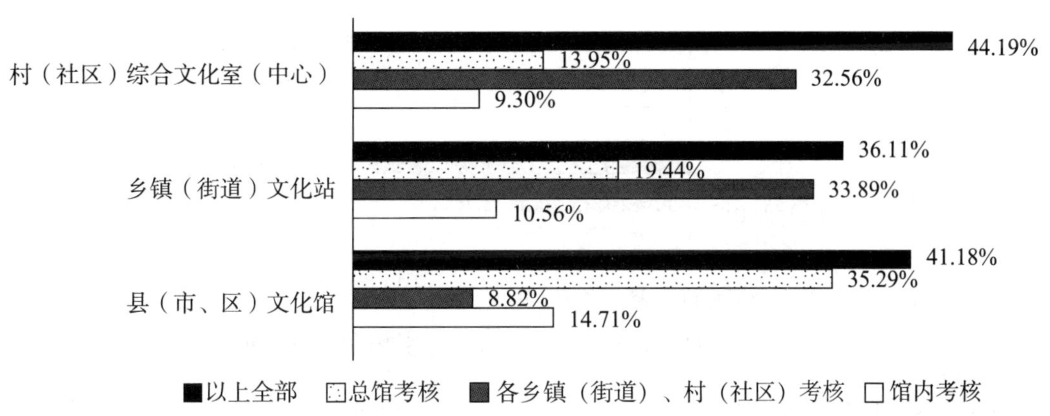

图 8－22　机构层级与分馆馆长考核责任方交叉分析

从岗位类型来看,如图 8－23 所示,一线服务岗、行政服务岗和管理岗位的被调查者认为应由馆内考核、各乡镇(街道)、村(社区)和总馆考核相结合的比例最高,而专业技能岗的被调查者则认为应由总馆负责考核的比例最高,且这一比例高于其他三类人员。而专业技能岗位的被调查者认为应由各乡镇(街道)、村(社区)考核的比例选低于其他三类人员。

(7)从图 8－24 来看,县(市、区)文化馆和村(社区)综合文化室(中心)中的被调查者认为应由服务点内部考核,各乡镇(街道)、村(社区)和分馆考核相结合的比例最高。乡镇(街道）文化站中被调查者认为应由各乡镇（街道）、村（社区）的比例最高，县（市、区）文化馆的这一比例远低于乡镇（街道）文化站和村（社区）综合文化室（中心）。此外，机构层级越高，被调查者认为应由分馆考核的比例越高，认为应由服务点内部考核的比例越低。

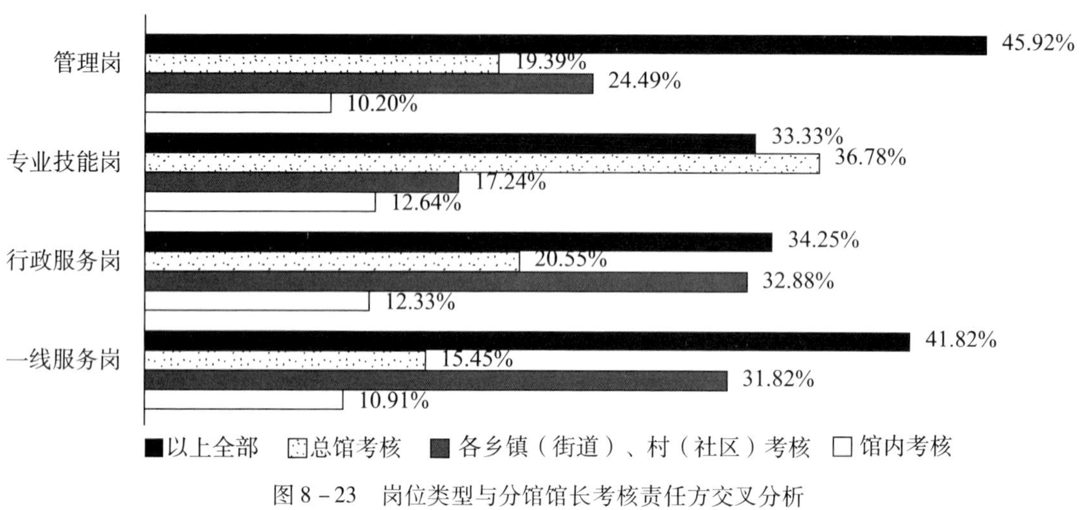

图 8－23　岗位类型与分馆馆长考核责任方交叉分析

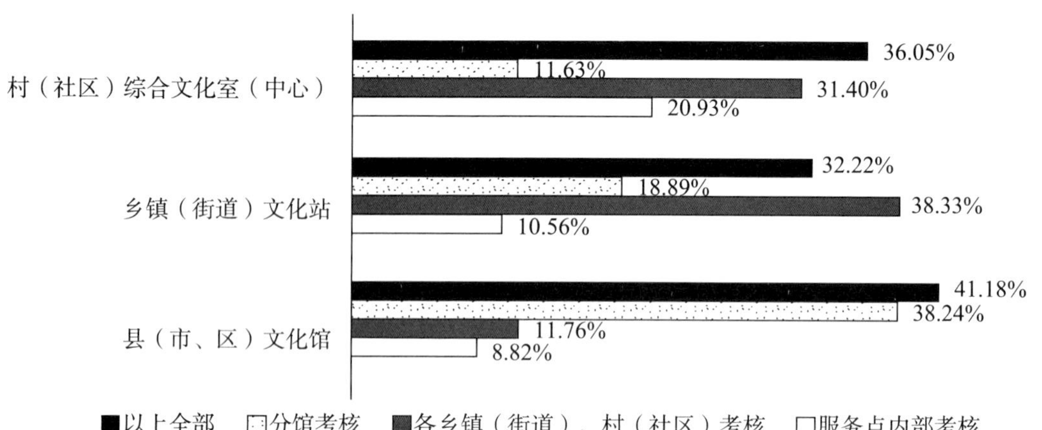

图 8－24　机构层级与服务点负责人考核责任方交叉分析

从岗位类型来看，如图 8－25 所示，一线服务岗和管理岗位的被调查者认为应由服务点内部考核、分馆考核和各乡镇（街道）、村（社区）考核相结合的方式比例最高。行政服务岗被调查者认为应由各乡镇（街道）、村（社区）负责考核的比例最高。专业技能岗的被调查者认为应由分馆进行考核的比例远高于其他三类被调查者。

（8）图 8－26 显示，县（市、区）文化馆和村（社区）综合文化室（中心）被调查者认为学习机会对加快培养文化馆总分馆专业技术和管理人才更重要，乡镇（街道）文化站被调查者认为升职空间更重要。此外，机构层级越高，对学习机会和精神激励可以加快培养文化馆总分馆专业技术和管理人才的重要程度感知越高。

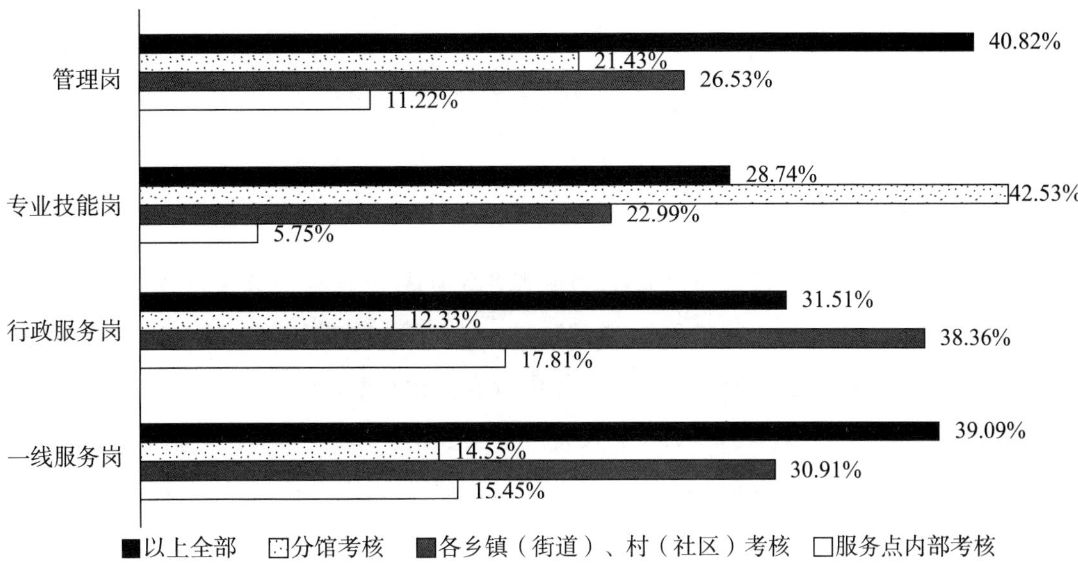

图 8－25　岗位类型与服务点负责人考核责任方交叉分析

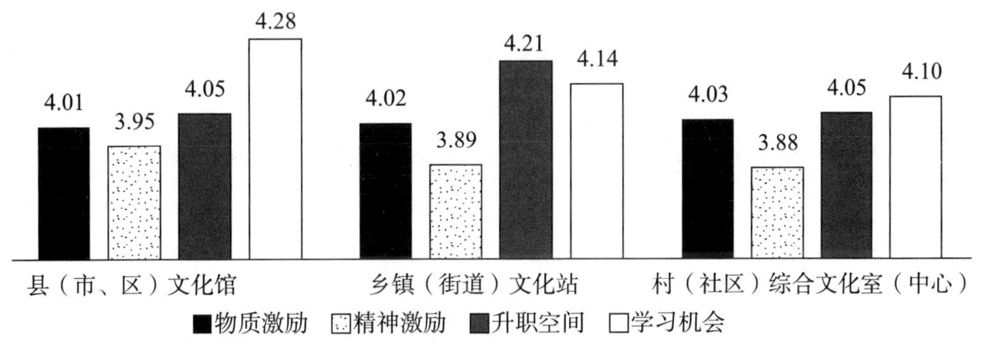

图 8－26　机构层级与人才激励方式重要程度感知的交叉分析

从岗位类型来看，如图 8－27 所示，管理岗位、专业技能岗和一线服务岗的被调查者认为学习机会是最为重要的激励方式。而行政服务岗的被调查者则认为升职空间的重要程度最高。此外四种岗位的被调查者对物质激励的重要程度感知都高于精神激励。

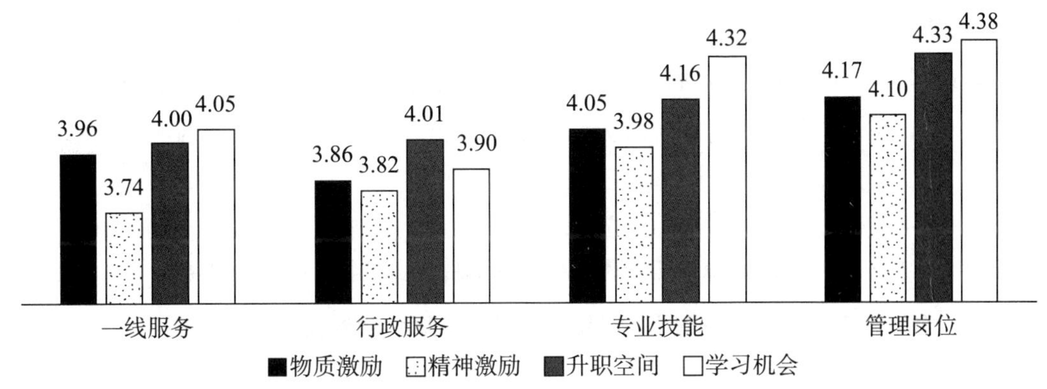

图 8－27　岗位类型与人才激励方式重要程度感知交叉分析

第三节　设施设备因素分析

一、描述性统计分析

图 8 - 28 显示,从设施设备因素来看,被调查者普遍认为应采取总馆统一采购、统筹分配基础设施设备,其他所需由所属乡镇(街道)、村(社区)、社会组织(如乡镇企业)补充的方式来采购设备,比例高达 76.09%,认为全部由所属乡镇(街道)、村(社区)采购的占比 15.76%。仅 4.62% 的被调查者认为设施设备应全部由社会组织(如乡镇企业)提供。"总馆统一采购、统筹分配基础设施设备,其他所需由所属乡镇(街道)、村(社区)、社会组织(如乡镇企业补充)"这一设施设备采购方式的占比同其他三种方式形成了巨大的差异,这说明被调查者普遍认同该种采购方式,该种方式应成为设施设备采购时的首选方式。

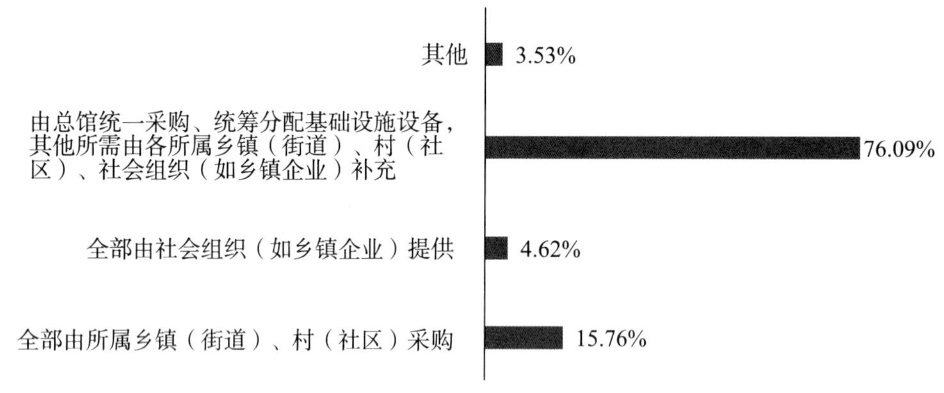

图 8 - 28　统筹型总分馆模式设施设备的采购方式

在设施设备管理方式上,52.99% 的被调查者认为应由分馆管理本馆和辖区服务点的设施设备,从图 8 - 29 可以看出,这是大多数被调查者认同的管理方式,占比最高。但还有 43.75% 的被调查者认为设施设备应由分馆和服务点自行管理,占比同前一种管理方式差异不大。这说明虽然多数被调查者们认为分馆管理本馆和辖区服务点的是首选的设施设备管理方式,但也有相当一部分被调查者认为可以采用分馆和服务点自行管理的方式。不管采

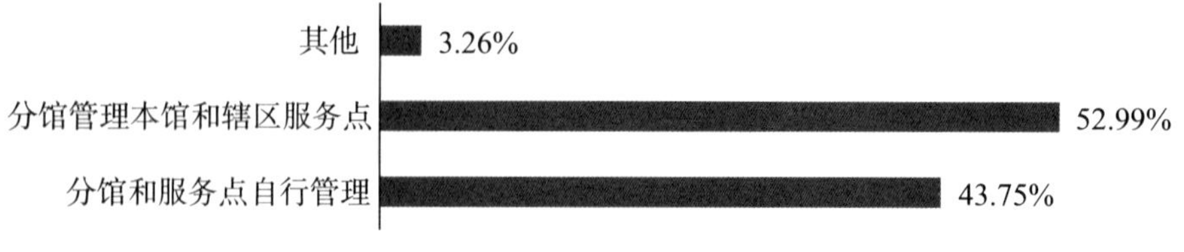

图 8 - 29　统筹型总分馆模式设施设备的管理方式

用何种设施设备管理方式,这两种管理方式的本质同统筹型总分馆模式是相呼应的,即分馆和服务点的人、财、物、管理和服务相对独立于总馆。

二、交叉分析

(1)图8－30和图8－31显示,不同层级机构和岗位的被调查者普遍认为在统筹型文化馆总分馆模式下由总馆统一采购、统筹分配基础设施设备,其他所需由所属乡镇(街道)、村(社区)、社会组织(如乡镇企业)补充的比例最高,远高于选择其他方式,其次是全部由所属乡镇(街道)、村(社区)采购。

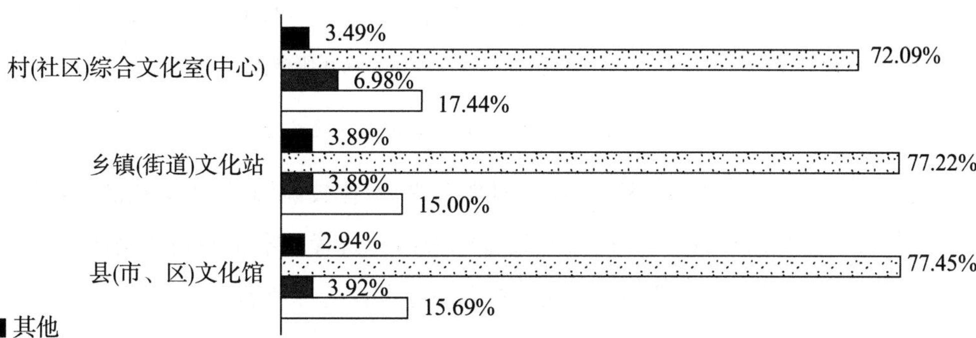

图8－30　机构层级与设施设备采购方式交叉分析

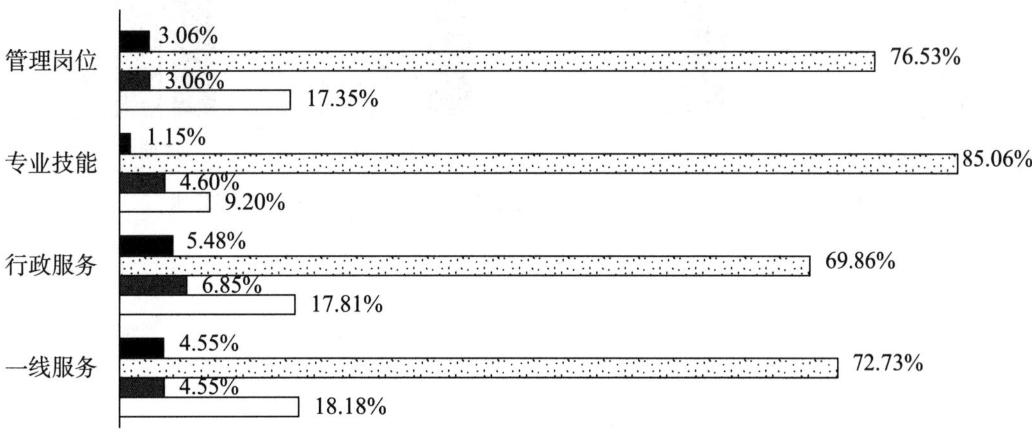

图8－31　岗位类型与设施设备采购交叉分析

（2）图 8－32 显示，在设施设备的管理上，层级越高的单位，被调查者更倾向于由分馆管理本馆和辖区服务点。层级越低的单位，被调查者更倾向于选择由分馆和服务点自行管理的方式。

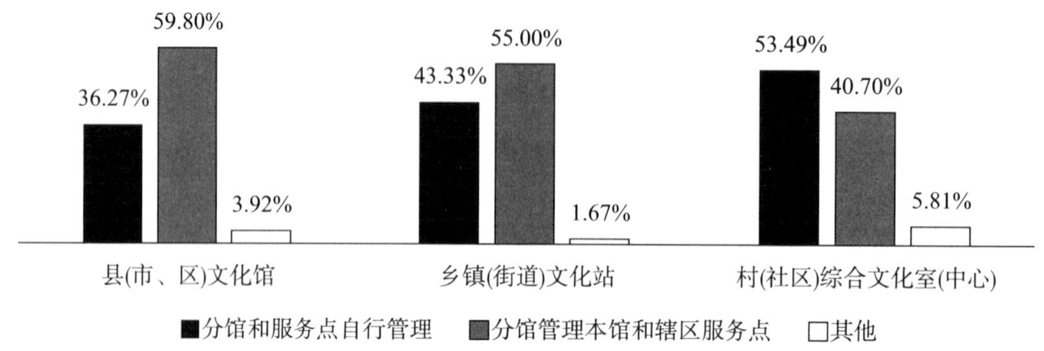

图 8－32　机构层级与设施设备管理方式交叉分析

从岗位类型上来看，如图 8－33 所示，行政服务岗、专业技能岗、管理岗位的多数被调查者认为统筹型文化馆总分馆模式下的设施设备应采用分馆管理本馆和辖区服务点的方式。而一线服务岗的多数被调查者认为应采用分馆和服务点自行管理的方式。

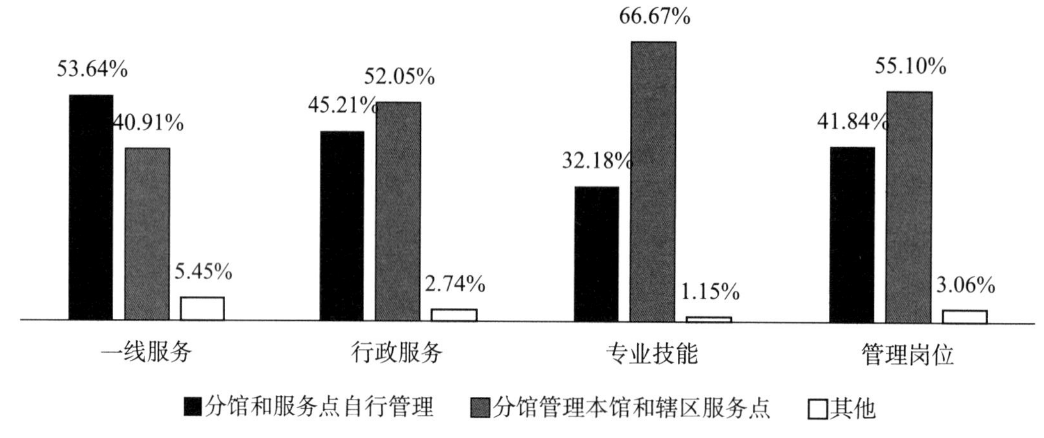

图 8－33　岗位类型与设施设备管理方式交叉分析

第四节　监督考评分析

一、描述性统计分析

对监督考评，如图 8－34 所示，被调查者认为在统筹型总分馆模式下对总馆的监督考评主体应是总馆所属政府部门，占比 34.78%。认为应由总馆承担监督考评主体的占比略低于总馆所属政府部门，占比为33.97%，还有15.22%和13.32%的被调查者分别表示监督考评主体应是省文化馆、总分馆理事会。经过数据分析，本研究可以发现，总馆所属政府部门和总馆占比差异较小，省文化馆和总分馆理事会占比差异较小且占比不高，这说明在统筹型总分馆模式下，总馆及其所属政府部门是被调查者认可度较高的监督考评主体。这一结果同前文的“垂直型总分馆模式监督考评主体”结果相同。

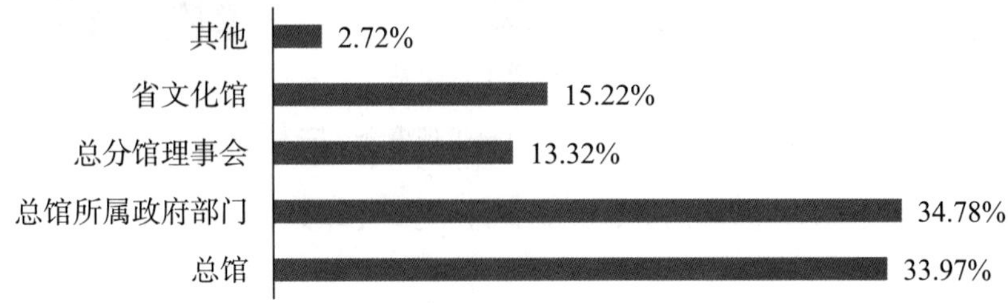

图8-34　统筹型总分馆模式下总馆监督考评主体

在该模式下，认为分馆和服务点的监督考评主体应为总馆的占比最高，为41.58%，其次为分馆、服务点所属政府主管部门，占比25.54%，各下级分馆、服务点自行考评也占有相当比例，为19.84%。而认为总分馆理事会的仅有11.14%，占比最低（见图8-35）。这说明多数被调查者认为总馆应承担起分馆、服务点的监督考评主体责任，而分馆、服务点所属政府主管部门和各下级分馆、服务点也需在不同程度上承担监督考评工作。

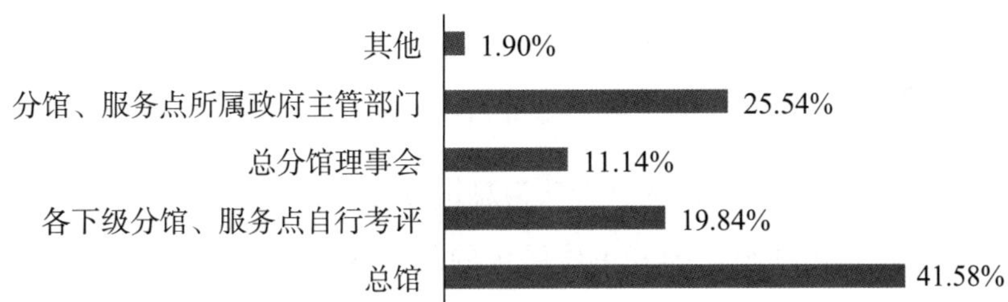

图8-35　统筹型总分馆模式下各分馆、服务点监督考评主体

二、交叉分析

（1）从图8-36来看，不同类型的被调查者认为统筹型文化馆总分馆模式下总馆的监督考评主体主要有总馆和总馆所属政府部门。村（社区）综合文化室（中心）认为应由总馆进行监督考评的比例低于县（市、区）文化馆和乡镇（街道）文化站，但村（社区）综合文化室（中心）认为应由总馆所属政府部门进行监督考评的人员比例高于县（市、区）文化馆和乡镇（街道）文化站。

从岗位类型上看，如图8-37所示，四种岗位的多数被调查者认为统筹型文化馆总分馆模式下监督考评主体应是总馆或总馆所属政府部门。

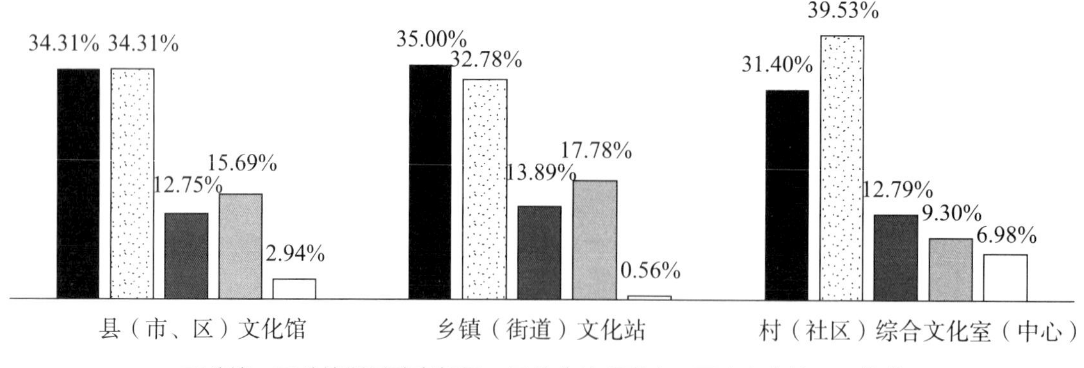

图 8－36 机构层级与总馆监督考评主体交叉分析

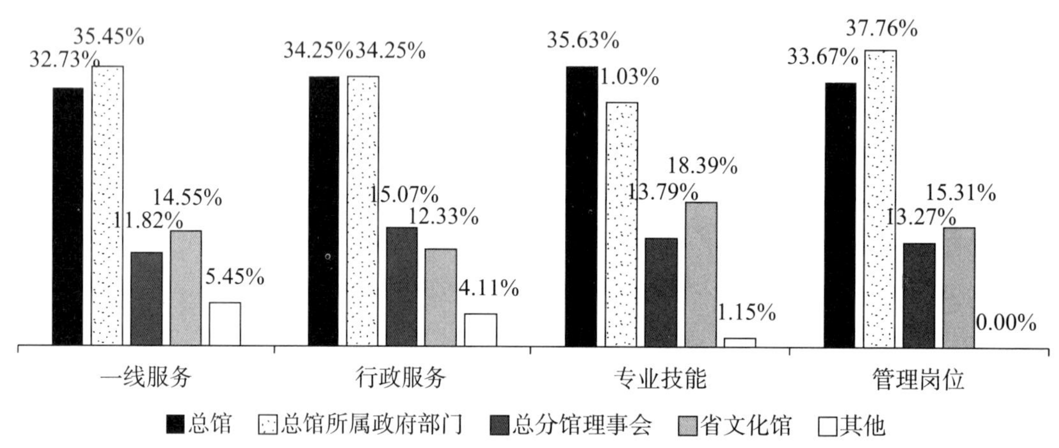

图 8－37 岗位类型与总馆监督考评主体交叉分析

（2）如图 8－38 所示，较多的被调查者认为总馆应是各分馆、服务点的监督考评主体，且机构层级越高，这种倾向越明显。随着单位层级的降低，被调查者认为应该由分馆、服务点所属政府主管部门进行监督考评的比例越高。

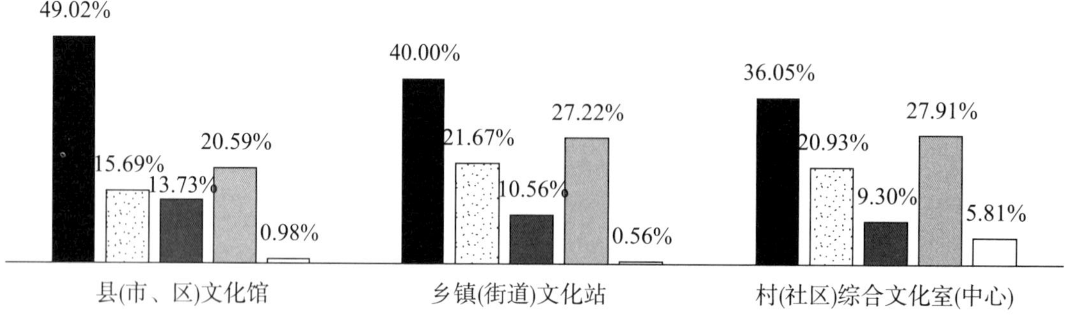

图 8－38 机构层级与分馆、服务点监督考评主体交叉分析

从岗位类型分析，不同岗位类型的多数被调查者均认为总馆是统筹型文化馆总分馆模式下各分馆、服务点的监督考评主体，其中行政服务岗的被调查者占比最高（见图8－39）。

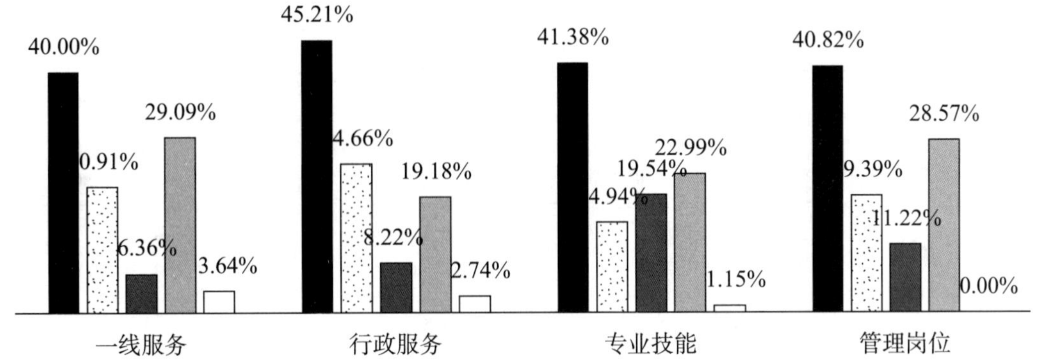

图8－39　岗位类型与分馆、服务点监督考评主体交叉分析

第五节　服务目录与服务标准因素分析

一、描述性统计分析

（一）文艺演出活动

关于文艺演出，本研究主要调研工作人员对于各种方式开展文艺演出活动的理想场次情况，分别是总馆独立开展、分馆独立开展、总馆联合分馆、总馆联合社区（村）服务点、分馆联合社区（村）服务点开展的数量。

从表8－5可以看出，每年总馆独立开展文艺演出活动的理想场次调查中，被调查者选择最多的选项是“20—50次”，比例为46.2%；每年分馆独立开展文艺演出活动的理想场次选择的调查中，多数被调查者选择的是“6—12次”，比例为49.73%；每年总馆联合分馆开展文艺演出活动的理想场次调查中，多数被调查者选择的是“各街镇1—2场（共10—20场）”，比例为66.58%；每年总馆联合社区（村）服务点开展文艺演出活动的理想场次调查中，多数被调查者选择的是“5—10次”，比例为45.38%；每年分馆联合社区（村）服务点开展文艺演出活动的理想场次调查中，多数被调查者选择的是“5—10次”，比例为43.75%。

表 8－5　不同方式开展文艺演出活动的理想场次

总馆独立	小于 20 次	20—50 次	51—81 次	81 次以上	
选择人数及比例	161（43.75%）	170（46.20%）	19（5.16%）	18（4.89%）	
分馆独立	小于 6 次	6—12 次	13—19 次	20—26 次	26 次以上
选择人数及比例	106（28.80%）	183（49.73%）	40（10.87%）	25（6.79%）	14（3.80%）
总馆联合分馆	各街镇 1—2 场（共 10—20 场）	各街镇 3—4 场（共 30—40 场）	各街镇大于 5 场（大于 50 场）		
选择人数及比例	245（66.58%）	106（28.80%）	17（4.62%）		
总馆联合社区（村）服务点	5 次以下	5—10 次	11—15 次	15 次以上	
选择人数及比例	144（39.13%）	167（45.38%）	38（10.33%）	19（5.16%）	
分馆联合社区（村）服务点	5 次以下	5—10 次	11—15 次	15 次以上	
选择人数及比例	152（41.30%）	161（43.75%）	39（10.60%）	16（4.35%）	

（二）公益性文体培训

关于公益性文体培训，本研究调研的是工作人员对于各种方式开展公益性文体培训的理想场次数量的看法。如表 8－6 所示，对每年总馆独立开展公益性文体培训的理想场次，多数被调查者选择的是“小于 20 期”，比例为 50.27%；对每年分馆独立开展公益性文体培训的理想场次，多数被调查者选择的是“5—10 期”，比例为 47.28%；对每年总馆联合分馆开展公益性文体培训的理想场次，多数被调查者选择的是“各街镇 1—2 期（共 10—20 期）”，比例为 64.95%；对每年总馆联合社区（村）服务点开展公益性文体培训的理想场次，多数被调查者选择的是“5—10 期”，比例为 47.01%；对每年分馆联合社区（村）服务点开展公益性文体培训的理想场次，多数被调查者选择的是“5—10 期”，比例为 44.29%。

表 8－6　不同方式开展公益性文体培训的理想场次

总馆独立	小于 20 期	20—50 期	51—81 期	81 期以上
选择人数及比例	185 (50.27%)	149 (40.49%)	21 (5.71%)	13 (3.53%)
分馆独立	5 期以下	5—10 期	11—15 期	15 期以上
选择人数及比例	133 (36.14%)	174 (47.28%)	40 (10.87%)	25 (6.79%)
总馆联合分馆	各街镇 1—2 期 (共 10—20 期)	各街镇 3 期 (共 30 期)	各街镇大于 4 期 (大于 40 期)	
选择人数及比例	239 (64.95%)	110 (29.89%)	19 (5.16%)	
总馆联合社区(村)服务点	5 期以下	5—10 期	11—15 期	15 期以上
选择人数及比例	142 (38.59%)	173 (47.01%)	35 (9.51%)	18 (4.89%)
分馆联合社区(村)服务点	5 期以下	5—10 期	11—15 期	15 期以上
选择人数及比例	152 (41.30%)	163 (44.29%)	40 (10.87%)	13 (3.53%)

（三）讲座、展览

关于讲座、展览，本研究调研的是工作人员对于各种方式开展讲座、展览的理想场次的看法。表 8－7 显示，在每年总馆独立开展讲座、展览的理想场次上，多数被调查者选择的是“10 次以下”，比例为 43.48%；在每年分馆独立开展讲座、展览的理想场次上，多数被调查者选择的是“5—10 次”，比例为 48.10%；在每年总馆联合分馆开展讲座、展览的理想场次上，多数被调查者选择的是“5 次以下”，比例为 66.58%；在每年总馆联合社区（村）服务点开展讲座、展览的理想场次上，多数被调查者选择的是“5 次以下”，比例为 42.66%；在每年分馆联合社区（村）服务点开展讲座、展览的理想场次上，多数被调查者选择的是“5 次以下”，比例为 43.48%。

表 8－7　不同方式开展讲座、展览的理想场次

总馆独立	10 次以下	11—20 次	21—30 次	30 次以上
选择人数及比例	160 (43.48%)	158 (42.93%)	30 (8.15%)	20 (5.43%)

续表

分馆独立	5次以下	5—10次	11—15次	15次以上
选择人数及比例	137 (37.23%)	177 (48.10%)	37 (10.05%)	17 (4.62%)
总馆联合分馆	5次以下	5—10次	11—15次	15次以上
选择人数及比例	245 (66.58%)	106 (28.80%)	47 (12.77%)	16 (4.35%)
总馆联合社区(村)服务点	5次以下	5—10次	11—15次	15次以上
选择人数及比例	157 (42.66%)	152 (41.30%)	41 (11.14%)	18 (4.89%)
分馆联合社区(村)服务点	5次以下	5—10次	11—15次	15次以上
选择人数及比例	160 (43.48%)	152 (41.30%)	40 (10.87%)	16 (4.35%)

（四）培训、辅导

关于培训、辅导、本研究调研的是工作人员对于总馆或者分馆专业干部下基层培训的人均时数的选择。如表8－8所示，在总馆专业干部下基层进行培训的人均时数方面，多数被调查者选择的是“20—30天”，比例为42.93%；分馆干部下基层进行培训的人均时数方面，多数被调查者选择的是“小于20天”，比例为39.95%。

表8－8 总馆或者分馆专业干部下基层培训的人均时数

总馆干部下基层培训时间	小于20天	20—30天	31—48天	48—60天	大于60天
选择人数及比例	125 (33.97%)	158 (42.93%)	41 (11.14%)	18 (4.89%)	26 (7.07%)
分馆干部下基层培训时间	小于20天	20—30天	31—48天	48—60天	大于60天
选择人数及比例	147 (39.95%)	146 (39.67%)	34 (9.24%)	21 (5.71%)	20 (5.43%)

（五）联合编创节目、打造品牌

关于联合编创节目、打造品牌，本研究调研的是工作人员对于总馆与分馆和社区(村)服务点联合编创节目或打造服务品牌的理想数量的选择。如表8－9所示，在总馆与分馆和社区/村服务点联合编创节目的理想数量方面，多数被调查者选择的是“2—3 个”，比例为59.78%；总馆与分馆和社区（村）服务点联合打造品牌理想数量方面，多数被调查者选择的是“2—3 个”，比例为 49.73%。

表 8－9　总馆与分馆和社区（村）服务点联合编创节目或打造服务品牌的理想数量

联合编创节目的数量	1 个	2—3 个	3—4 个	大于 4 个
选择人数及比例	87 (23.64%)	220 (59.78%)	32 (8.70%)	29 (7.88%)
联合打造品牌数量	1 个	2—3 个	3—4 个	大于 4 个
选择人数及比例	117 (31.79%)	183 (49.73%)	42 (11.41%)	26 (7.07%)

（六）服务标准认同度

关于将文艺演出、文体培训、讲座、展览的“年服务人次/年服务人口”作为文化馆总馆、分馆服务标准的考量指标，本研究调研了工作人员的认同度，多数被调查者选择的是“同意”，比例为 53.53%（见表 8－10）。

表 8－10　服务标准的认同度

服务标准认同度	非常不同意	不同意	不确定	同意	非常同意
选择人数及比例	23 (6.25%)	33 (8.97%)	75 (20.38%)	197 (53.53%)	40 (10.87%)

二、交叉分析

（一）文艺演出活动

（1）将各开展方式与被调查者的机构层级进行交叉分析，本研究发现来自县（市、区）文化馆、乡镇（街道）文化站、村（社区）综合文化室（中心）的大多数被调查者在开展文艺演出的理想场次中均选择了较低的场次数。

将总馆独立开展文艺演出的理想场次与机构层级进行交叉分析，如图 8－40 所示，来自县（市、区）文化馆、乡镇（街道）文化站、村（社区）综合文化室（中心）的多数被调查者选择了“20—50 次”及“20 次以下”。而且，机构层级越高，被调查者选择“51—81 次”的人数越多。

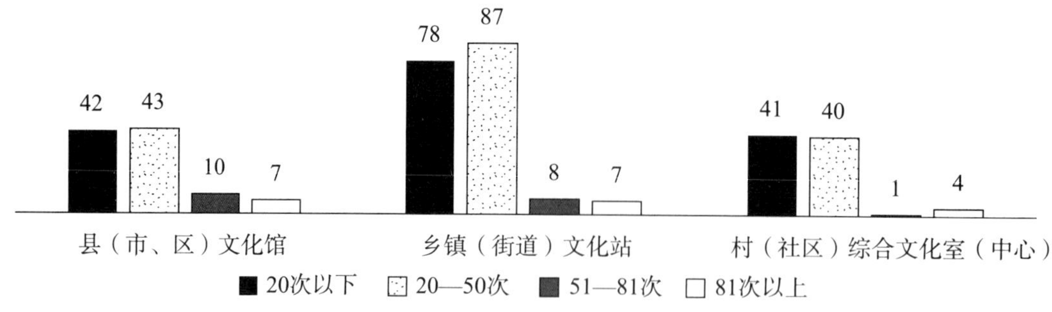

图 8-40　总馆独立开展文艺演出的理想场次与机构层级的交叉分析

在分馆独立开展文艺演出的理想场次与机构层级的交叉分析中，如图 8-41 所示，来自县（市、区）文化馆、乡镇（街道）文化站、村（社区）综合文化室（中心）的多数被调查者选择了“6—12 次”及“6 次以下”。此外，机构层级越高，选择“20—26 次”的被调查者越多。

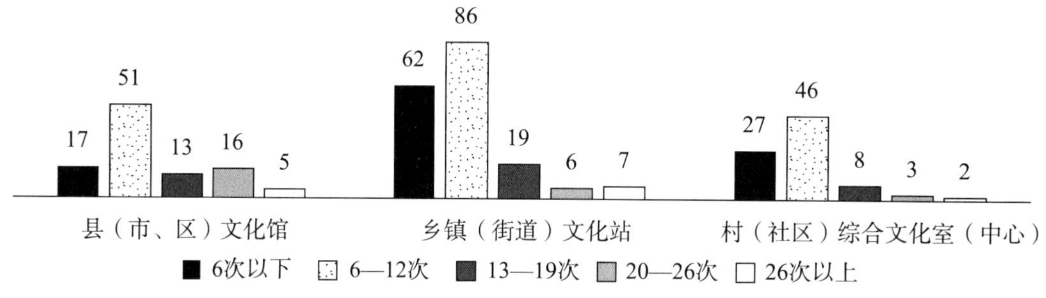

图 8-41　分馆独立开展文艺演出的理想场次与机构层级的交叉分析

本研究通过交叉分析发现，不同层级机构的被调查者在总馆独立开展和分馆独立开展文艺演出的理想场次方面表现出了一致性，即他们都不愿开展过多场次的文艺演出。

（2）在总馆联合分馆开展文艺演出的理想场次与机构层级的交叉分析中，来自县（市、区）文化馆、乡镇（街道）文化站、村（社区）综合文化室（中心）的多数被调查者选择了“各镇街 1—2 次”。此外，机构层级越高，选择“各镇街 5 次以上”的被调查者越多（见图 8-42）。

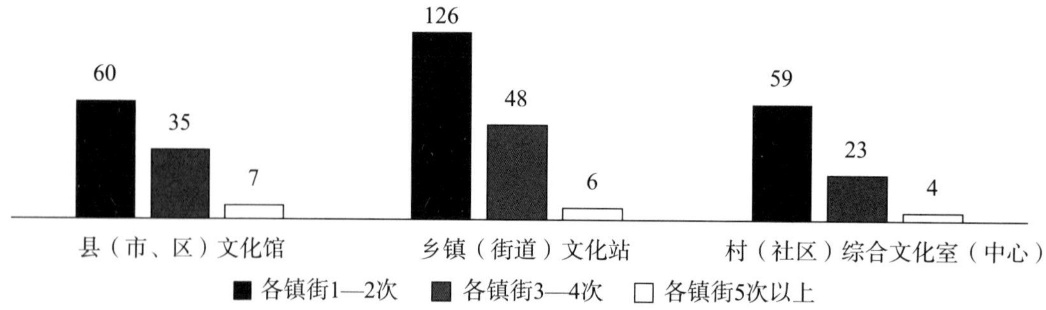

图 8-42　总馆联合分馆开展文艺演出的理想场次与机构层级的交叉分析

在总馆联合服务点开展文艺演出的理想场次与机构层级的交叉分析中，来自县（市、区）

文化馆、乡镇(街道)文化站、村(社区)综合文化室(中心)的多数被调查者选择了“5—10次”及“5次以下”(见图8-43)。

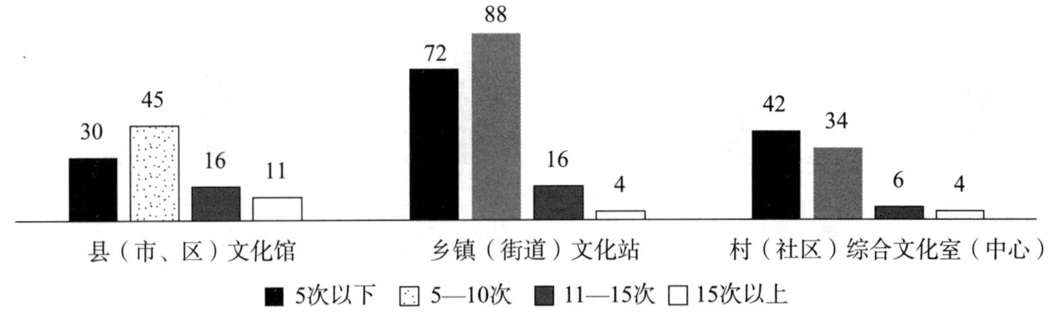

图8-43 总馆联合服务点开展文艺演出的理想场次与机构层级的交叉分析

在分馆联合服务点开展文艺演出的理想场次与机构层级的交叉分析中,来自县(市、区)文化馆、乡镇(街道)文化站、村(社区)综合文化室(中心)的多数被调查者选择了“5—10次”及“5次以下”(见图8-44)。

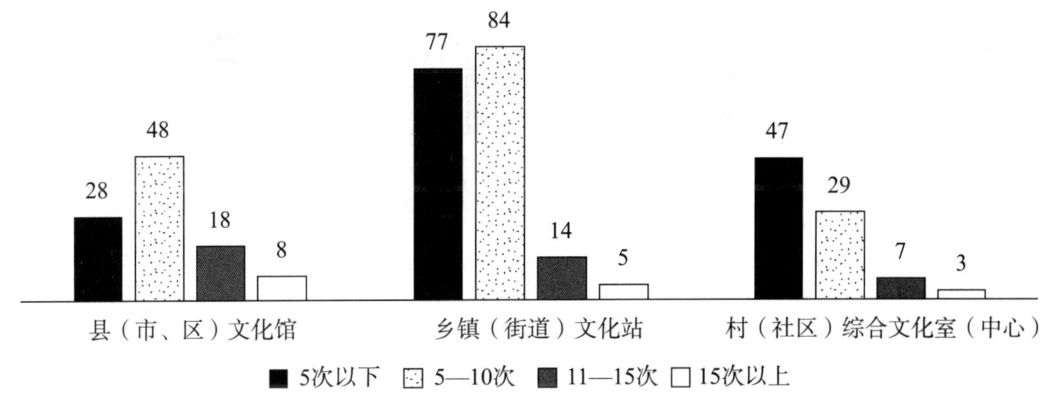

图8-44 分馆联合服务点开展文艺演出的理想场次与机构层级的交叉分析

本研究通过交叉分析发现,不同层级机构的被调查者认为,在总馆联合分馆开展文艺演出的理想场次上,“各街镇1—2次”是最为理想的选择。而总馆联合服务点和分馆联合服务点开展文艺演出的理想场次占比基本一致,均为“5—10次”和“5次以下”,认为应在“11—15次”和“15次以上”的占比极低。不难发现,不同层级机构的被调查者对于开展文艺演出活动的态度较为消极。

(3)将各开展方式与被调查者的岗位进行交叉分析,本研究发现来自一线服务、行政服务、专业技能、管理岗位的多数被调查者均在开展文艺演出的理想场次中选择了较低的场次数。

在总馆独立开展文艺演出的理想场次与岗位的交叉分析中,来自一线服务、行政服务、专业技能、管理岗位的多数被调查者选择了“20—50 次”及“20 次以下”(见图 8 -45)。

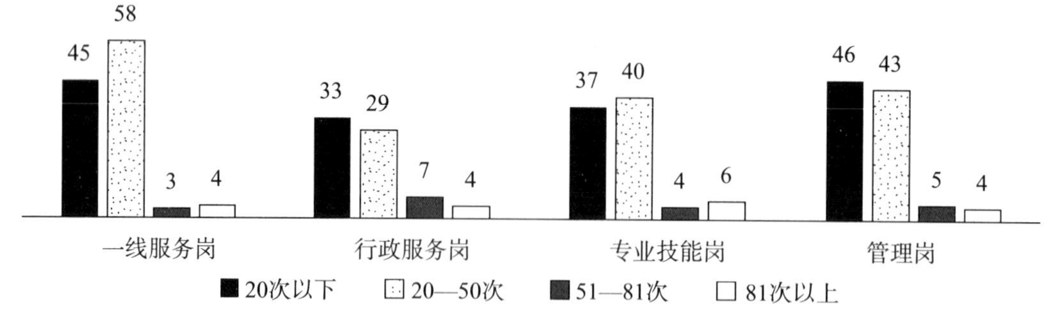

图 8 -45　总馆独立开展文艺演出的理想场次与被调查者岗位的交叉分析

在分馆独立开展文艺演出的理想场次与岗位的交叉分析中,来自一线服务、行政服务、专业技能、管理岗位的多数被调查者选择了“6—12 次”及“6 次以下”(见图 8 -46)。

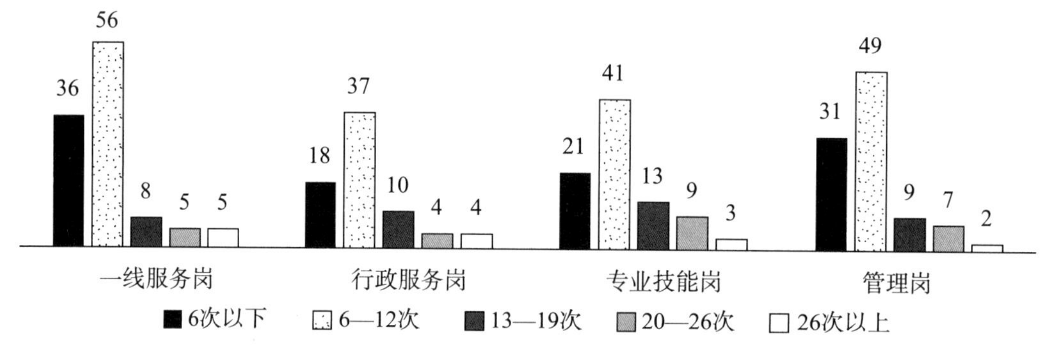

图 8 -46　分馆独立开展文艺演出的理想场次与被调查者岗位的交叉分析

总馆独立开展文艺演出的理想场次与分馆独立开展文艺演出的理想场次交叉分析后发现,被调查者在文艺演出的理想开展次数上表现一致,其中总馆独立开展文艺演出的理想场次集中于“20 次以下”和“20—50 次”,而分馆独立开展文艺演出的理想场次则集中于“6—12 次”和“6 次以下”。

(4)图 8 -47 显示,在总馆联合分馆开展文艺演出的理想场次与岗位的交叉分析中,来自一线服务、行政服务、专业技能、管理岗位的多数被调查者选择了“各镇街 1—2 场”,其次是“各镇街 3—4 场”。

由图 8 -48 可知,在总馆联合服务点开展文艺演出的理想场次与岗位的交叉分析中,来自一线服务、行政服务、专业技能、管理岗位的多数被调查者选择了“5 次以下”及“5—10 次”。

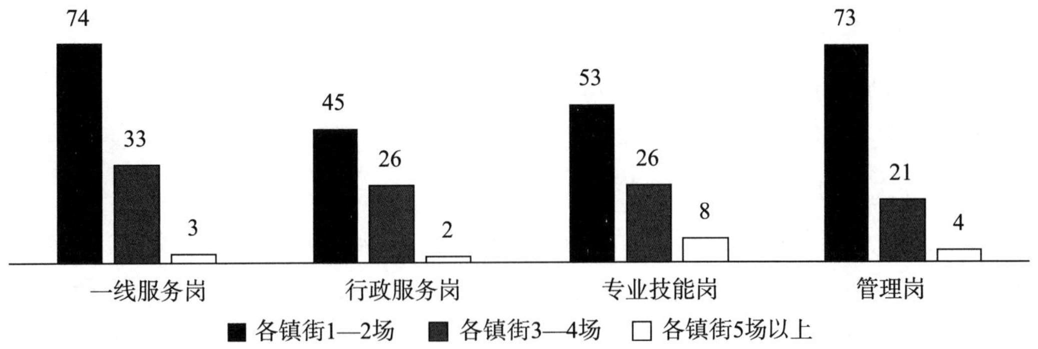

图 8 - 47　总馆联合分馆开展文艺演出的理想场次与被调查者岗位的交叉分析

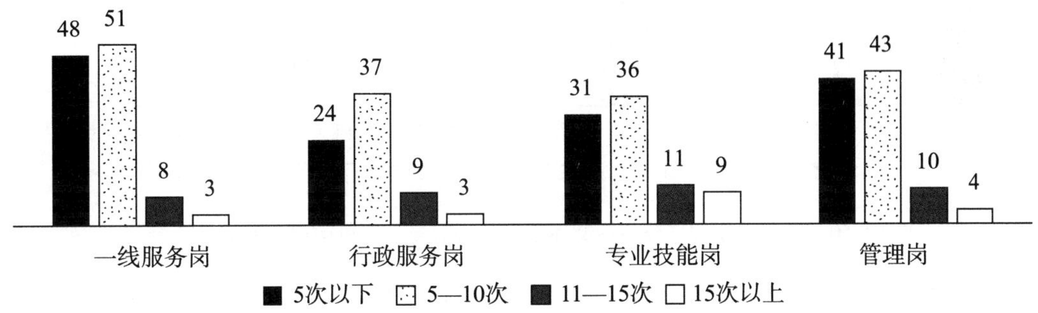

图 8 - 48　总馆联合服务点开展文艺演出的理想场次与被调查者岗位的交叉分析

如图 8 - 49 所示,在分馆联合服务点开展文艺演出的理想场次与岗位的交叉分析中,来自一线服务、行政服务、专业技能、管理岗位的多数被调查者选择了“5 次以下”及“5—10 次”。其中一线服务岗的被调查者选择“5 次以下”的人数最多,其他三类被调查者选择“5—10 次”的人数最多。

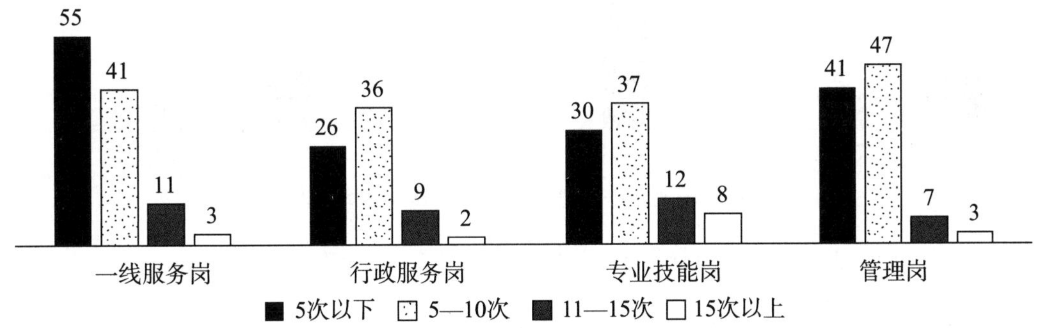

图 8 - 49　分馆联合服务点开展文艺演出的理想场次与被调查者岗位的交叉分析

本研究通过交叉分析发现,不同岗位的被调查者认为总馆联合分馆开展文艺演出的理想场次是“各镇街 1—2 场”。而在总馆联合服务点和分馆联合服务点开展文艺演出的理想场次分布上趋于一致,集中于“5 次以下”和“5—10 次”。

（二）公益性文体活动

（1）将各开展方式与被调查者的机构层级进行交叉分析，本研究发现来自县（市、区）文化馆、乡镇（街道）文化站、村（社区）综合文化室（中心）的多数被调查者在开展公益性文体培训的理想场次中均选择了较低的场次数。

在总馆独立开展公益性文体培训的理想场次与机构层级的交叉分析中，来自县（市、区）文化馆、乡镇（街道）文化站、村（社区）综合文化室（中心）的多数被调查者选择了“20 次以下”及“20—50 次”（见图 8－50）。

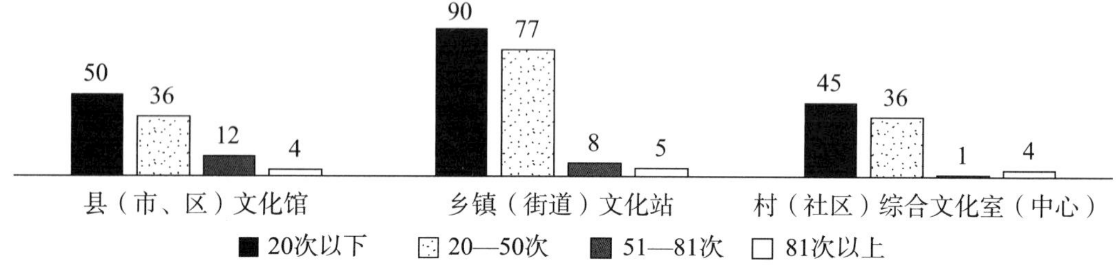

图 8－50　总馆独立开展公益性文体培训的理想场次与机构层级的交叉分析

在分馆独立开展公益性文体培训的理想场次与机构层级的交叉分析中，来自县（市、区）文化馆、乡镇（街道）文化站、村（社区）综合文化室（中心）的多数被调查者选择了“5—10 次”及“5 次以下”。与县（市、区）文化馆、村（社区）综合文化室（中心）相比，乡镇（街道）文化站的被调查者选择“5—10 次”及“5 次以下”比例远高于选择“11—15 次”和“15 次以上”的比例（见图 8－51）。

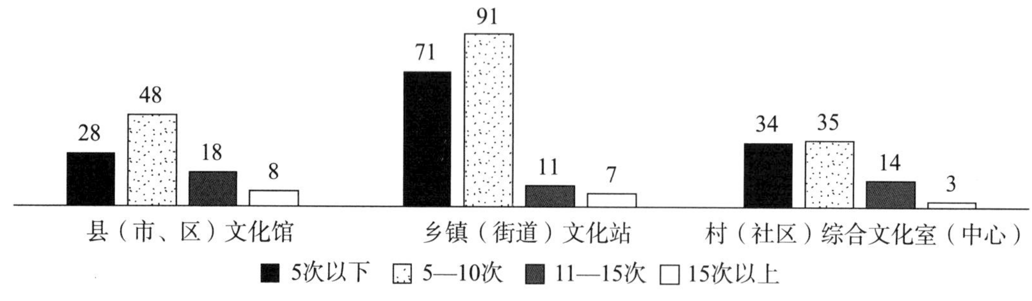

图 8－51　分馆独立开展公益性文体培训的理想场次与机构层级的交叉分析

本研究通过交叉分析发现，在总馆独立开展和分馆独立开展公益性文体培训的理想场次中，乡镇（街道）文化站在上述两种开展方式中，认为“5—10 次”和“5 次以下”的人数占比最大。

（2）由图 8－52 可知，在总馆联合分馆开展公益性文体培训的理想场次与机构层级的交叉分析中，来自县（市、区）文化馆、乡镇（街道）文化站、村（社区）综合文化室（中心）的多数被调查者选择了“各镇街 1—2 场”。

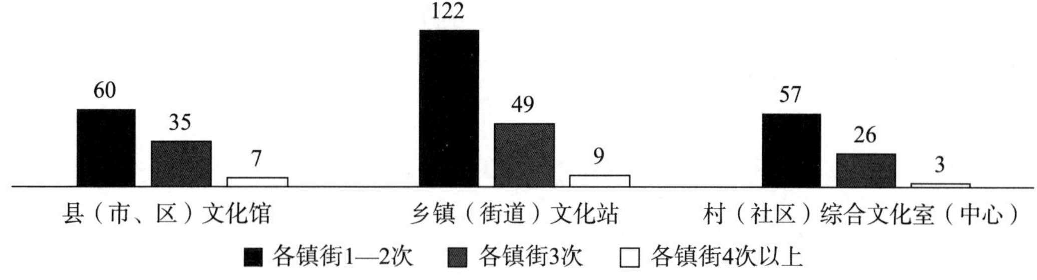

图 8－52　总馆联合分馆开展公益性文体培训的理想场次与机构层级的交叉分析

如图 8－53 所示，在总馆联合服务点开展公益性文体培训的理想场次与机构层级的交叉分析中，来自县（市、区）文化馆、乡镇（街道）文化站、村（社区）综合文化室（中心）的多数被调查者选择了“5—10 次”及“5 次以下”。

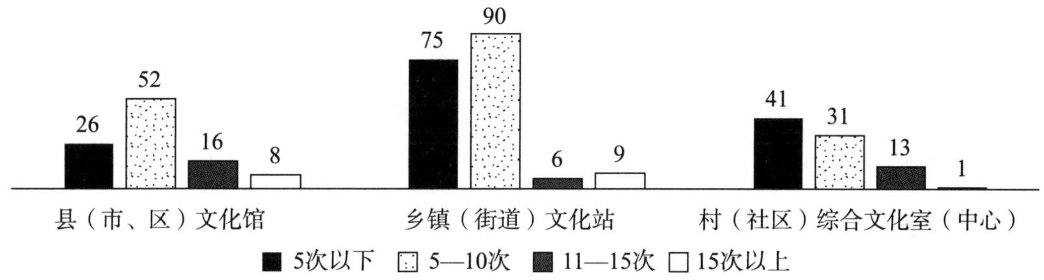

图 8－53　总馆联合服务点开展公益性文体培训的理想场次与机构层级的交叉分析

由图 8－54 可知，在分馆联合服务点开展公益性文体培训的理想场次与机构层级的交叉分析中，来自县（市、区）文化馆、乡镇（街道）文化站、村（社区）综合文化室（中心）的多数被调查者选择了“5—10 次”及“5 次以下”。

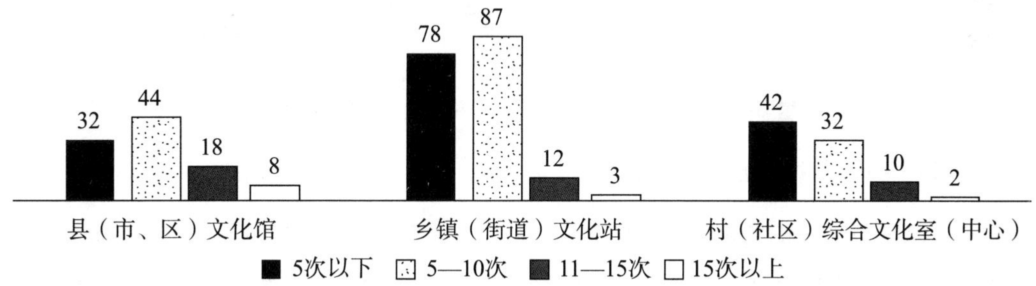

图 8－54　分馆联合服务点开展公益性文体培训的理想场次与机构层级的交叉分析

本研究通过交叉分析发现，在总馆联合分馆开展公益性文体培训的理想场次中，不同层级机构的被调查者认为“各街镇 1—2 次”是理想的公益性文体培训次数。而在总馆联合服务点和分馆联合服务点开展公益性文体培训的理想场次上，总馆联合服务点和分馆联合服务点占比基本相同，多数被调查者认为“5—10 次”和“5 次以下”是理想的。

(3)将各开展方式与被调查者的岗位进行交叉分析,本研究发现来自一线服务、行政服务、专业技能、管理岗位的大多数被调查者在开展公益性文体培训的理想场次中均选择了较低的场次数。

在总馆独立开展公益性文体培训的理想场次与岗位的交叉分析中,来自一线服务、行政服务、专业技能、管理岗位的多数被调查者选择了“20—50 次”及“20 次以下”(见图 8 - 55)。

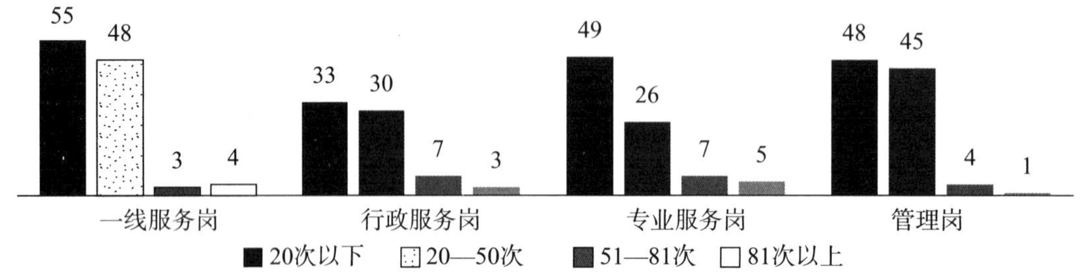

图 8 - 55　总馆独立开展公益性文体培训的理想场次与被调查者岗位的交叉分析

在分馆独立开展公益性文体培训的理想场次与岗位的交叉分析中,来自一线服务、行政服务、专业技能、管理岗位的多数被调查者选择了“5—10 次”及“5 次以下”(见图 8 - 56)。

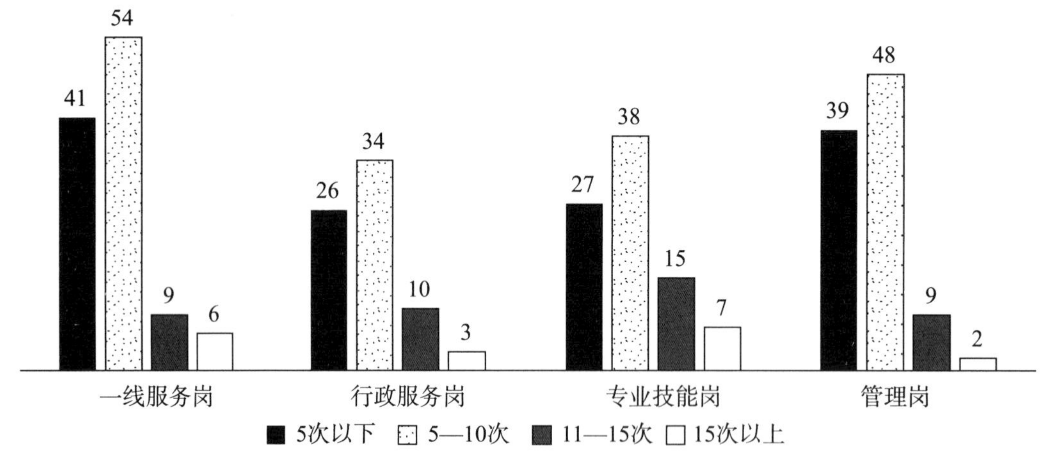

图 8 - 56　分馆独立开展公益性文体培训的理想场次与被调查者岗位的交叉分析

本研究通过交叉分析发现,若总馆独立开展,20 次以下是大多数被调查所期望的理想场次,“20—50 次”占比略低,但也占据了相当数量。若分馆独立开展,“5—10 次”是被调查者理想中的开展次数,“5 次以下”也占据了相当一部分比例。不难发现,不管是以总馆独立开展还是分馆独立开展,被调查者对开展公益性文体培训的兴趣并不高。

(4)从图 8 - 57 来看,在总馆联合分馆开展公益性文体培训的理想场次与岗位的交叉分析中,来自一线服务、行政服务、专业技能、管理岗位的多数被调查者选择了“各镇街 1—2 次”。

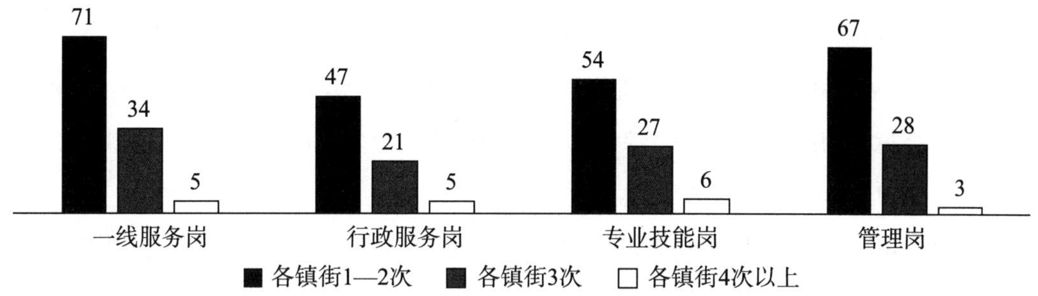

图 8－57　总馆联合分馆开展公益性文体培训的理想场次与被调查者岗位的交叉分析

从图 8－58 来看，在总馆联合服务点开展公益性文体培训的理想场次与岗位的交叉分析中，来自一线服务、行政服务、专业技能、管理岗位的多数被调查者选择了“5—10 次”及“5 次以下”。

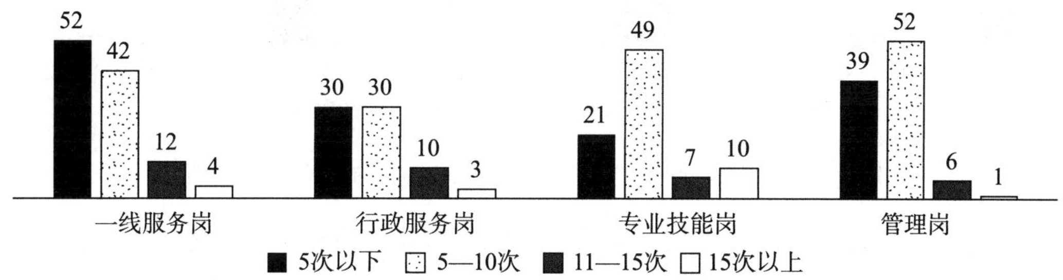

图 8－58　总馆联合服务点开展公益性文体培训的理想场次与被调查者岗位的交叉分析

从图 8－59 来看，在分馆联合服务点开展公益性文体培训的理想场次与岗位的交叉分析中，来自一线服务、行政服务、专业技能、管理岗位的多数被调查者选择了“5—10 次”及“5 次以下”。

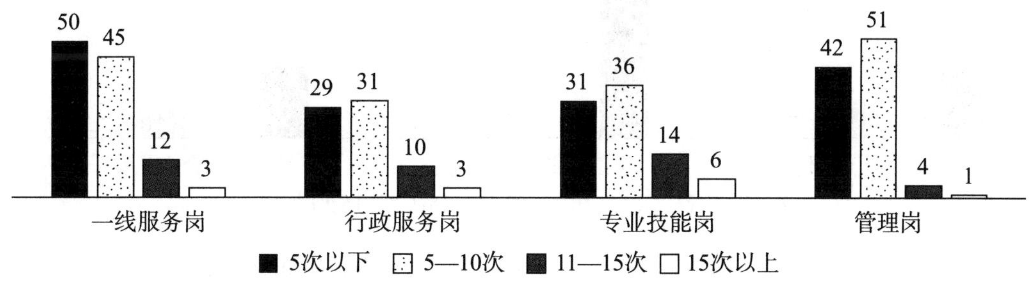

图 8－59　分馆联合服务点开展公益性文体培训的理想场次与被调查者岗位的交叉分析

交叉分析结果显示，在总馆联合分馆开展公益性文体培训的理想场中不同岗位类型的被调查者普遍认为“各乡镇 1—2 次”即为理想中的公益性文体培训活动场次。在总馆联合服务点和分馆联合服务点开展公益性文体培训的理想场次方面，不同岗位类型的被调查者普遍认为“5—10 次”和“5 次以下”是较为理想的活动次数。

（三）讲座、展览

（1）将各开展方式与被调查者的机构层级进行交叉分析，本研究发现来自县（市、区）文化馆、乡镇（街道）文化站、村（社区）综合文化室（中心）的大多数被调查者在开展讲座、展览的理想场次中均选择了较低的场次数。

图 8－60 显示，在总馆独立开展讲座、展览的理想场次与机构层级的交叉分析中，来自县（市、区）文化馆、乡镇（街道）文化站、村（社区）综合文化室（中心）的多数被调查者选择了"11—20 次"及"10 次以下"。

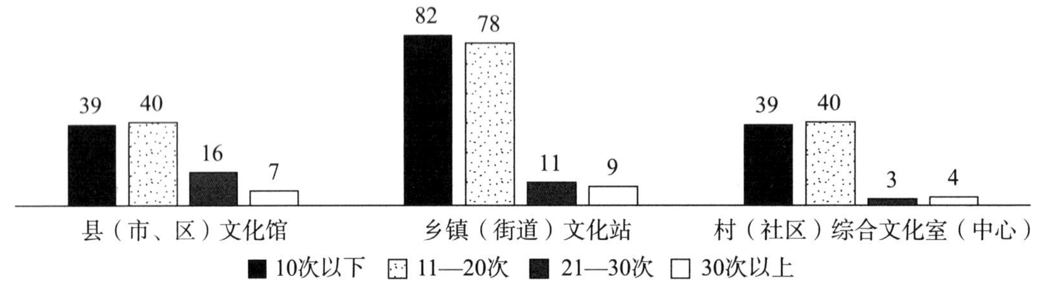

图 8－60　总馆独立开展讲座、展览的理想场次与机构层级的交叉分析

图 8－61 显示，在分馆独立开展讲座、展览的理想场次与机构层级的交叉分析中，来自县（市、区）文化馆、乡镇（街道）文化站、村（社区）综合文化室（中心）的多数被调查者选择了"5—10 次"及"5 次以下"。

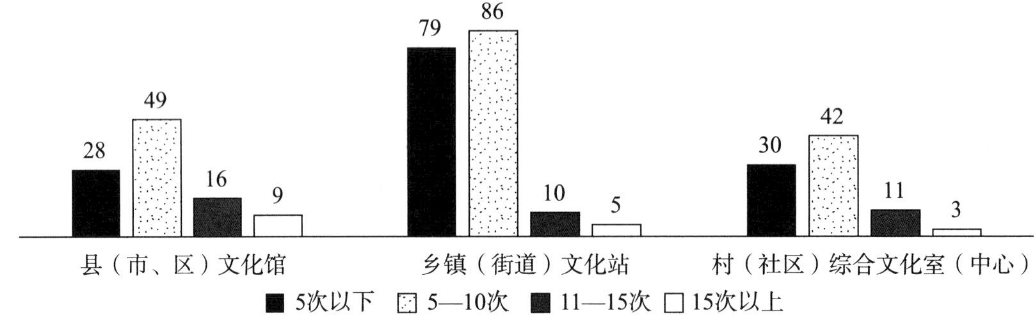

图 8－61　分馆独立开展讲座、展览的理想场次与机构层级的交叉分析

本研究通过交叉分析发现，总馆独立开展讲座、展览的理想场次和分馆独立开展讲座、展览的理想场次呈现出较为一致的趋势，均为"5—10 次"和"5 次以下"是理想场次。具体来看，乡镇（街道）文化站的占比在总馆独立开展讲座、展览的理想场次中，远高于其他类型的机构层级。而在总馆独立开展和分馆独立开展讲座、展览的理想场次中，县（市、区）文化馆的占比同村（社区）综合文化室（中心）基本持平。

（2）在总馆联合分馆开展讲座、展览的理想场次与机构层级的交叉分析中，来自县（市、区)文化馆、乡镇(街道)文化站、村(社区)综合文化室(中心)的多数被调查者选择了"5—10次"及"5 次以下"(见图 8 - 62)。

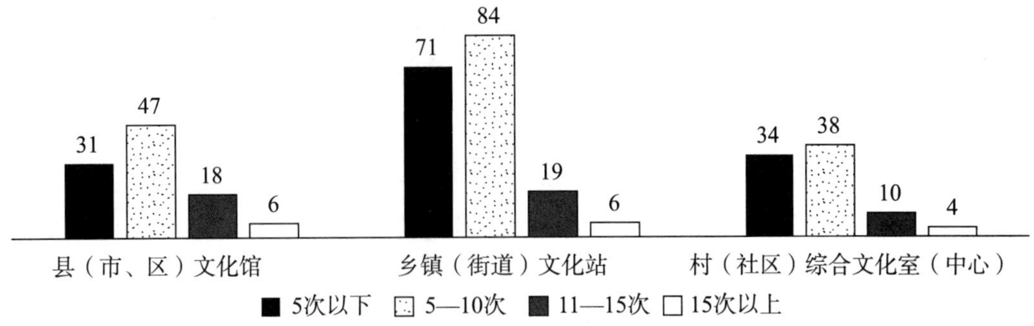

图 8 - 62　总馆联合分馆开展讲座、展览的理想场次与机构层级的交叉分析

在总馆联合服务点开展讲座、展览的理想场次与机构层级的交叉分析中,来自县(市、区)文化馆、乡镇(街道)文化站、村(社区)综合文化室(中心)的多数被调查者选择了"5—10次"及"5 次以下"(见图 8 - 63)。

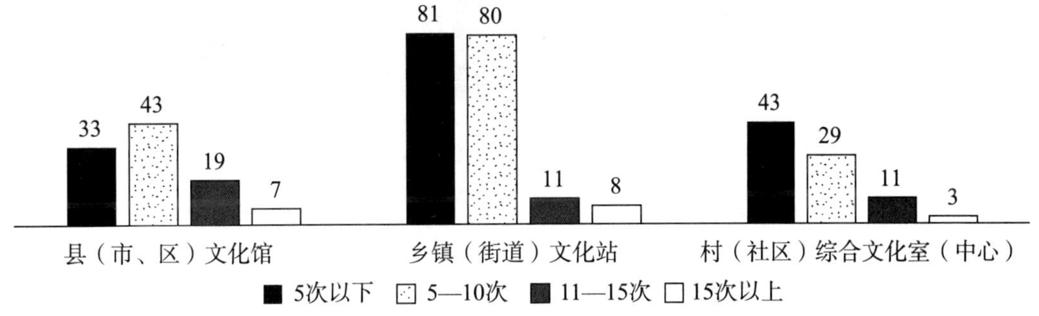

图 8 - 63　总馆联合服务点开展讲座、展览的理想场次与机构层级的交叉分析

在分馆联合服务点开展讲座、展览的理想场次与机构层级的交叉分析中,来自县(市、区)文化馆、乡镇(街道)文化站、村(社区)综合文化室(中心)的多数被调查者选择了"5—10次"及"5 次以下"(见图 8 - 64)。

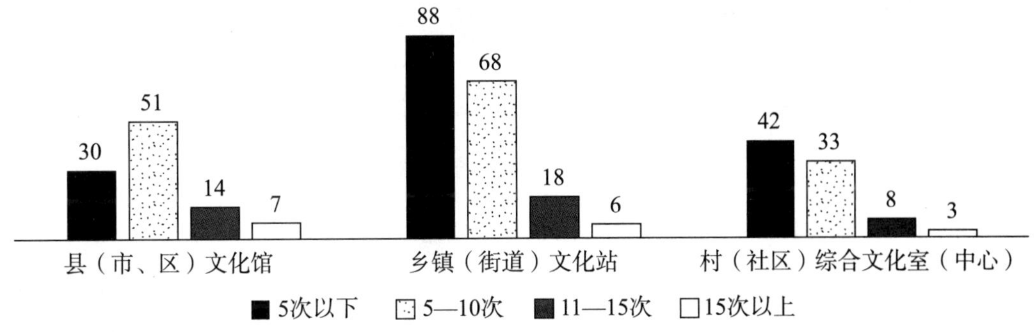

图 8 - 64　分馆联合服务点开展讲座、展览的理想场次与机构层级的交叉分析

交叉分析显示,总馆联合分馆开展、总馆联合服务点开展、分馆联合服务点开展讲座、展览的理想场次存在高度的一致性。不同层级机构的被调查者均认为在上述三种开展模式中,“5—10 次”和“5 次以下”是较为理想的讲座、展览开展次数。而“11—15 次”和“15 次以上”的占比较低。这说明,不同层级机构的被调查者并不愿举办过多的讲座、展览等公共文化服务。

(3)将各开展方式与被调查者的岗位进行交叉分析,本研究发现来自一线服务、行政服务、专业技能、管理岗位的多数被调查者在开展讲座、展览的理想场次中均选择了较低的场次数。

在总馆独立开展讲座、展览的理想场次与岗位的交叉分析中,如图 8－65 所示,来自一线服务、行政服务、专业技能、管理岗位的多数被调查者选择了“11—20 次”及“10 次以下”。

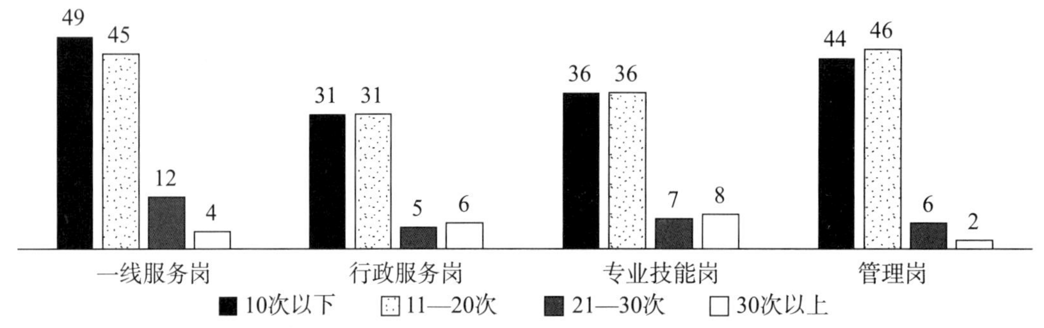

图 8－65　总馆独立开展讲座、展览的理想场次与被调查者岗位的交叉分析

在分馆独立开展讲座、展览的理想场次与岗位的交叉分析中,如图 8－66 所示,来自一线服务、行政服务、专业技能、管理岗位的多数被调查者选择了“5—10 次”及“5 次以下”。

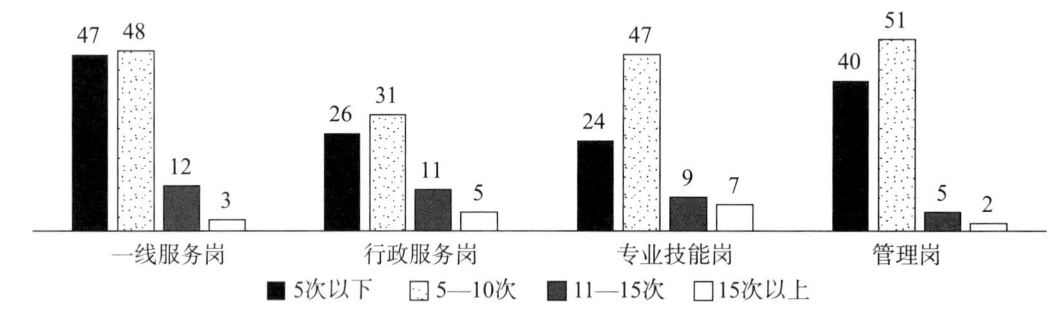

图 8－66　分馆独立开展讲座、展览的理想场次与被调查者岗位的交叉分析

交叉分析显示,总馆独立开展和分馆独立开展讲座、展览的理想场次存在一致性,其中总馆独立开展讲座、展览的理想场次为“11—20 次”和“10 次以下”,而分馆独立开展讲座、展览的理想场次为“5—10 次”和“5 次以下”,两种模式下,被调查者均选择了数量较低的次数。此外,“11—15 次”和“15 次以上”占比极低。

(4)在总馆联合分馆开展讲座、展览的理想场次与岗位的交叉分析中,来自一线服务、行政服务、专业技能、管理岗位的多数被调查者选择了“5—10 次”及“5 次以下”(见图 8 - 67)。

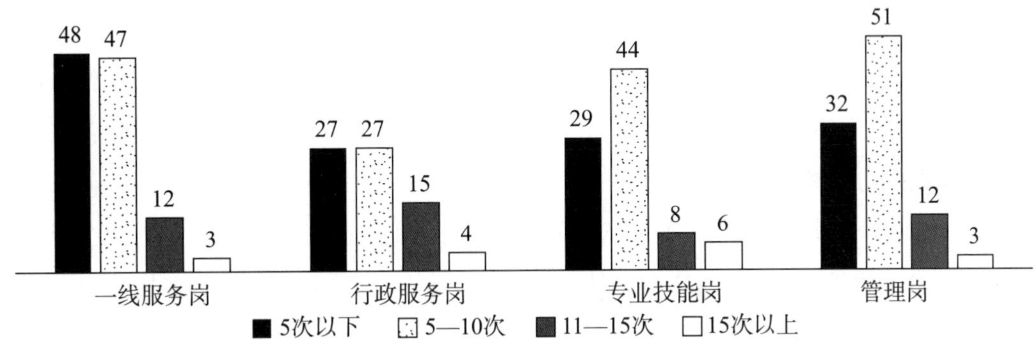

图 8 - 67　总馆联合分馆开展讲座、展览的理想场次与被调查者岗位的交叉分析

在总馆联合服务点开展讲座、展览的理想场次与岗位的交叉分析中,来自一线服务、行政服务、专业技能、管理岗位的多数被调查者选择了“5—10 次”及“5 次以下”(见图 8 - 68)。

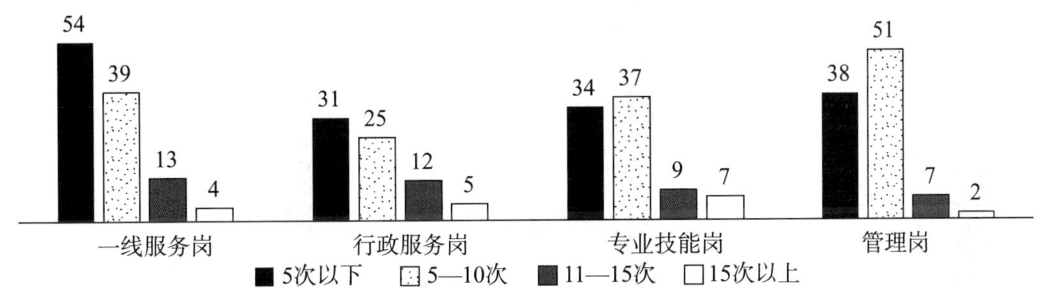

图 8 - 68　总馆联合服务点开展讲座、展览的理想场次与被调查者岗位的交叉分析

在分馆联合服务点开展讲座、展览的理想场次与岗位的交叉分析中,来自一线服务、行政服务、专业技能、管理岗位的多数被调查者选择了“5—10 次”及“5 次以下”(见图 8 - 69)。

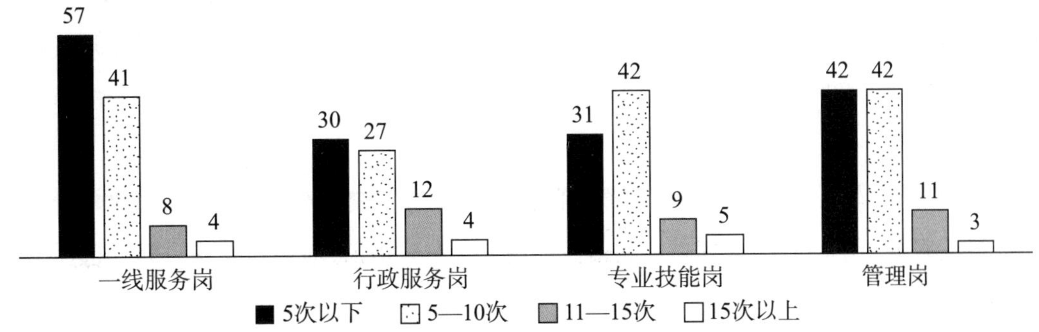

图 8 - 69　分馆联合服务点开展讲座、展览的理想场次与被调查者岗位的交叉分析

交叉分析显示,不同类型岗位的被调查者在总馆联合分馆开展、总馆联合服务点开展、馆联合服务点开展讲座、展览的理想场次上呈现出一致性,其理想场次均为“5 次以下”和

“5—10 次”。其他选项如“11—15 次”“15 次以上”占比极低。不难发现，上述三种开展方式尽管存在不同，但被调查者们均选择了开展次数较少的选项。

（四）培训、辅导

（1）将培训、辅导人均时间与被调查者的机构层级进行交叉分析，本研究发现来自县（市、区）文化馆、乡镇（街道）文化站、村（社区）综合文化室（中心）的多数被调查者在开培训、辅导天数中均选择了较低的天数。

在总馆专业干部下基层培训的人均时间与机构层级的交叉分析中，如图 8－70 所示，来自县（市、区）文化馆、乡镇（街道）文化站、村（社区）综合文化室（中心）的多数被调查者选择了“20—30 天”及“少于 20 天”。

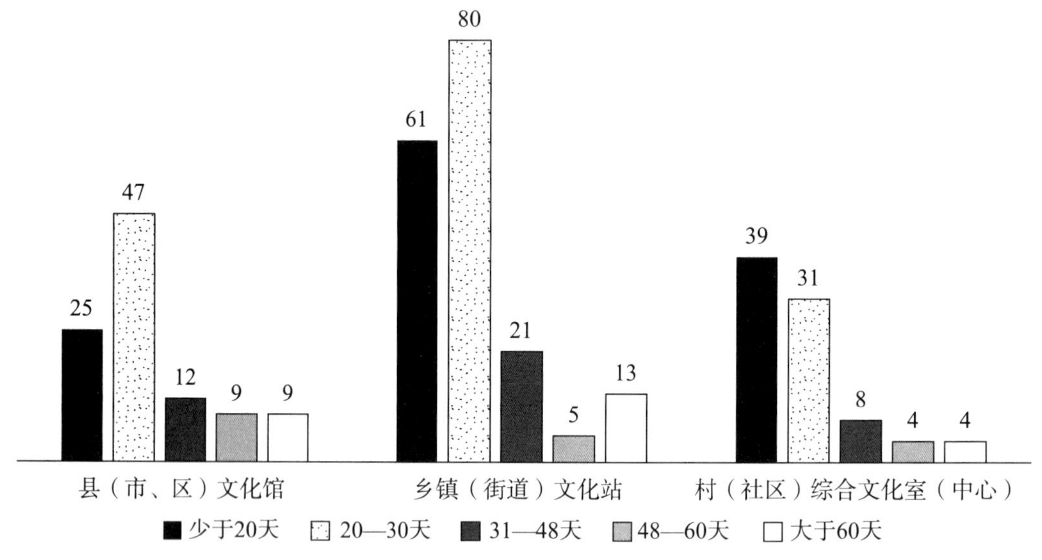

图 8－70　总馆专业干部下基层培训人均时间与被调查者机构层级的交叉分析

在分馆专业干部下基层培训的人均时间与机构层级的交叉分析中，如图 8－71 所示，来自县（市、区）文化馆、乡镇（街道）文化站、村（社区）综合文化室（中心）的多数被调查者选择了“20—30 天”及“少于 20 天”。其中村（社区）综合文化室（中心）的大部分人选择的是“少于 20 天”。

（2）将培训、辅导人均时间与被调查者的岗位类型进行交叉分析，本研究发现来自一线服务、行政服务、专业技能、管理岗位的多数被调查者在开培训、辅导的人均时间中选择了较低的天数。

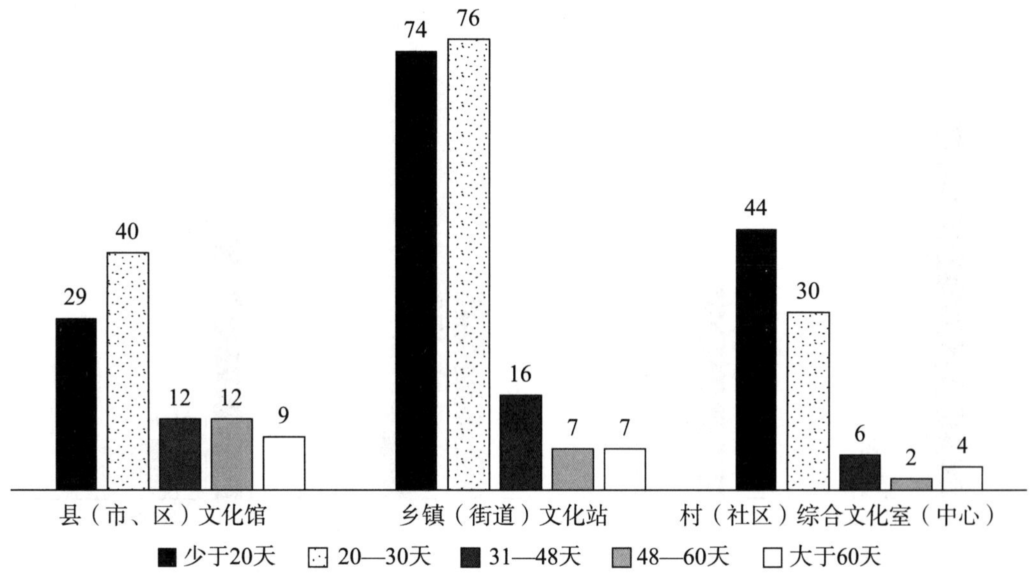

图 8-71 分馆专业干部下基层培训人均时间与被调查者机构层级的交叉分析

图 8-72 显示,在总馆专业干部下基层培训的人均时间与岗位类型的交叉分析中,来自一线服务、行政服务、专业技能、管理岗位的多数被调查者选择了“20—30 天”及“少于 20 天”。其中除了一线服务岗位的被调查者选择“少于 20 天”的人数最多之外,其他三类工作人员选择“20—30 天”的人数最多。

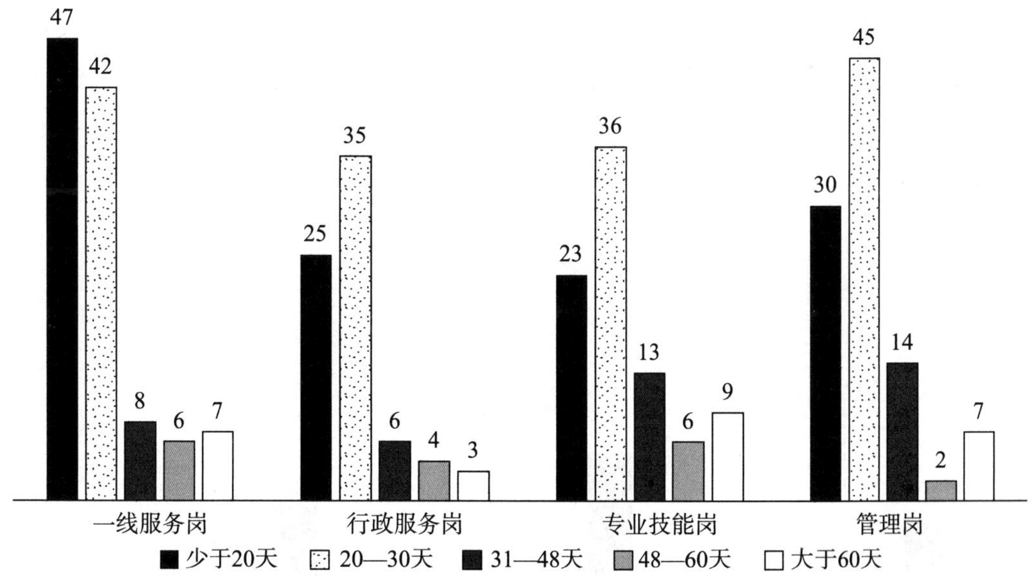

图 8-72 总馆专业干部下基层培训人均时间与被调查者岗位类型的交叉分析

图 8-73 显示,在分馆专业干部下基层培训的人均时间与岗位类型的交叉分析中,来自一线服务、行政服务、专业技能、管理岗位的多数被调查者选择了“20—30 天”及“少于 20

天”。其中,一线服务岗位的被调查者选择“少于 20 天”的人数最多。

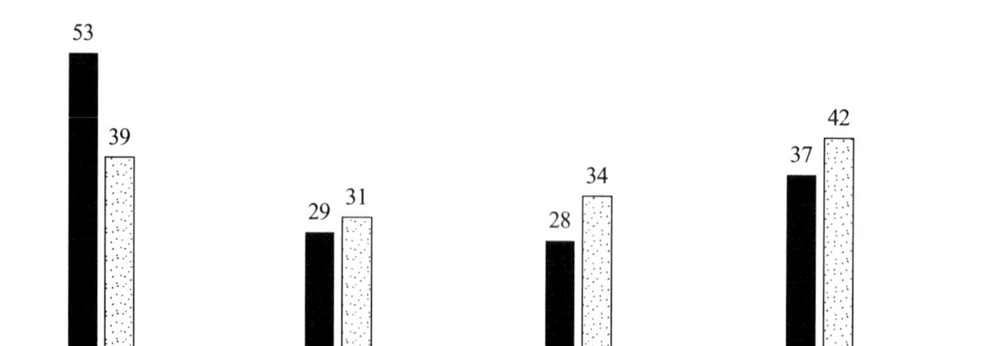

图 8-73　分馆专业干部下基层培训人均时间与被调查者岗位类型的交叉分析

（五）联合编创节目、打造品牌

(1)将联合编创节目、打造品牌的个数与被调查者的机构层级进行交叉分析,可以发现来自县(市、区)文化馆、乡镇(街道)文化站、村(社区)综合文化室(中心)的多数被调查者在联合编创节目、打造品牌的个数中均选择了较低的个数。

在总馆、分馆与服务点联合编创节目与机构层级的交叉分析中,来自县(市、区)文化馆、乡镇(街道)文化站、村(社区)综合文化室(中心)的多数被调查者选择了“2—3 个”及“1 个”,其中乡镇(街道)文化站选择“2—3 个”的人数最多。机构层级越高,选择“大于 4 个”的人数也越多(见图 8-74)。

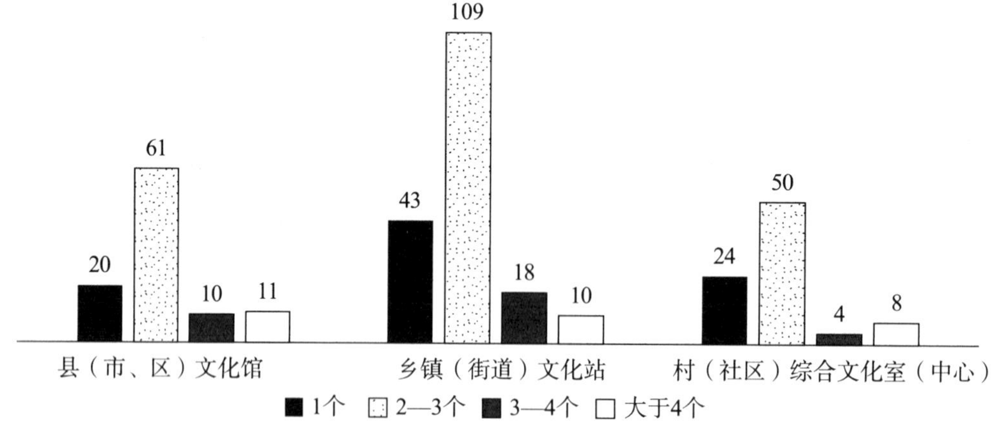

图 8-74　总馆、分馆与服务点联合编创节目与被调查者机构层级的交叉分析

在总馆、分馆与服务点联合编创节目与机构层级的交叉分析中，来自县（市、区）文化馆、乡镇（街道）文化站、村（社区）综合文化室（中心）的多数被调查者选择了“2—3 个”及“1 个”。其中乡镇（街道）文化站的被调查者选择“2—3 个”的人数远高于选择“1 个”的人数（见图 8－75）。

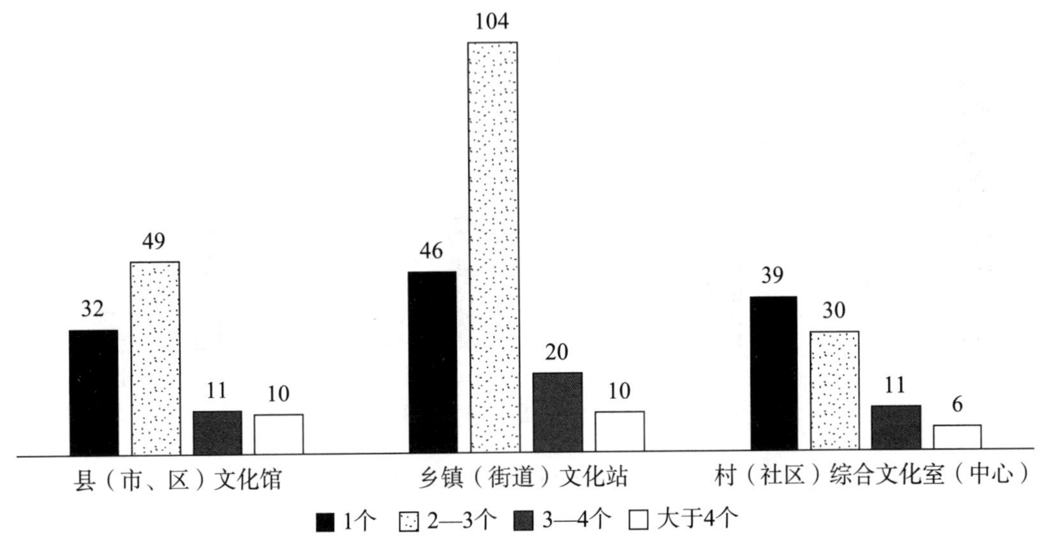

图 8－75　总馆、分馆与服务点联合打造品牌与被调查者机构层级的交叉分析

（2）将联合编创节目、打造品牌的个数与被调查者的岗位类型进行交叉分析，可以发现来自一线服务、行政服务、专业技能、管理岗位的多数被调查者在联合编创节目、打造品牌的个数中均选择了较低的个数。

从图 8－76 来看，在总馆、分馆与服务点联合编创节目与岗位类型的交叉分析中，来自一线服务、行政服务、专业技能、管理岗位的多数被调查者选择了“2—3 个”及“1 个”。

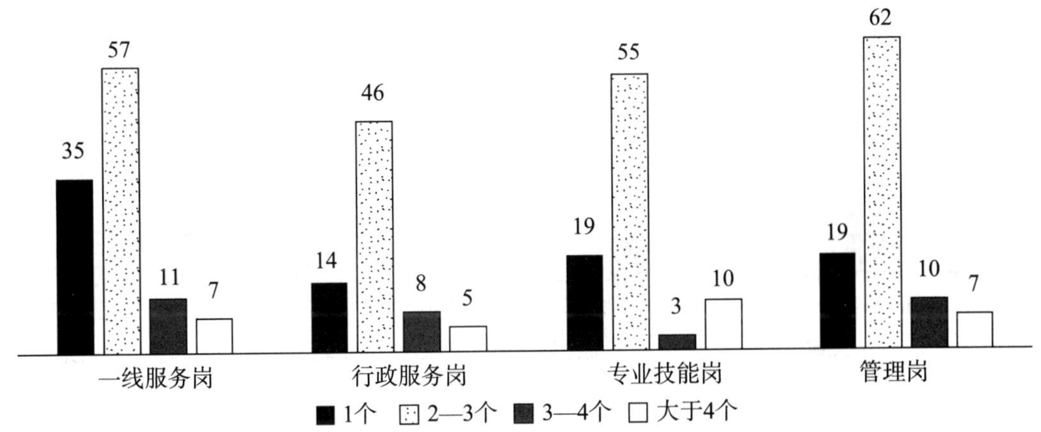

图 8－76　总馆、分馆与服务点联合编创节目与被调查者岗位类型的交叉分析

从图 8 －77 来看，在总馆、分馆专业干部和服务点联合打造品牌与岗位类型的交叉分析中，来自一线服务、行政服务、专业技能、管理岗位的多数被调查者选择了“2—3 个”及“1 个”。行政服务、专业技能、管理岗位的被调查者选择“2—3 个”的人数明显高于选择“1 个”的人数。

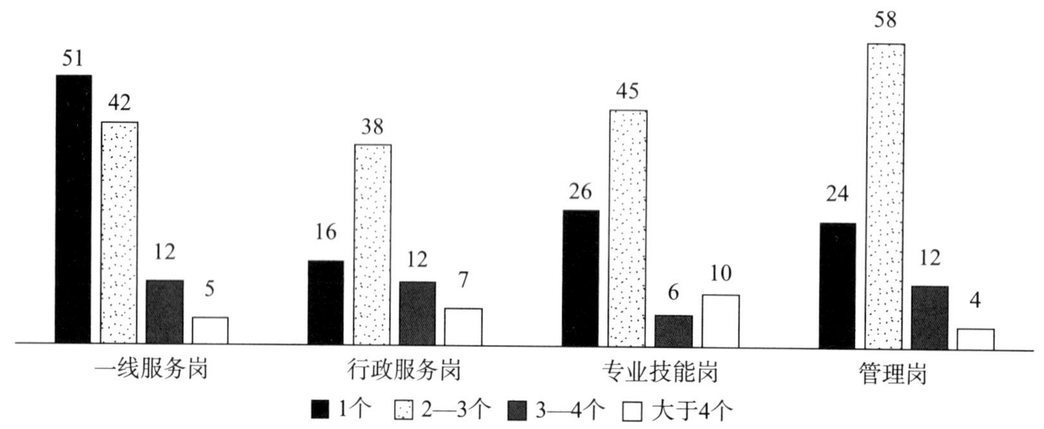

图 8 －77　总馆、分馆与服务点联合打造品牌与被调查者岗位类型的交叉分析

（六）服务标准认同度

（1）对服务标准认同度与被调查者的机构层级进行交叉分析，本研究发现来自县（市、区）文化馆、乡镇（街道）文化站、村（社区）综合文化室（中心）的多数被调查者选择了“同意”（见图 8 －78）。

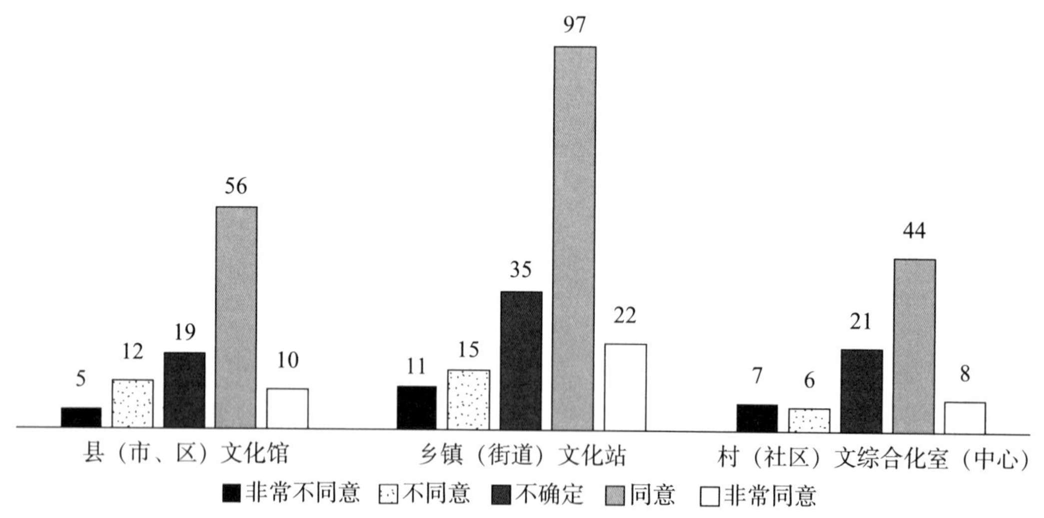

图 8 －78　服务标准认同度与被调查者机构层级的交叉分析

(2)对服务标准认同度与被调查者的岗位类型进行交叉分析，本研究发现来自一线服务、行政服务、专业技能、管理岗位的多数被调查者选择了“同意”(见图 8－79)。

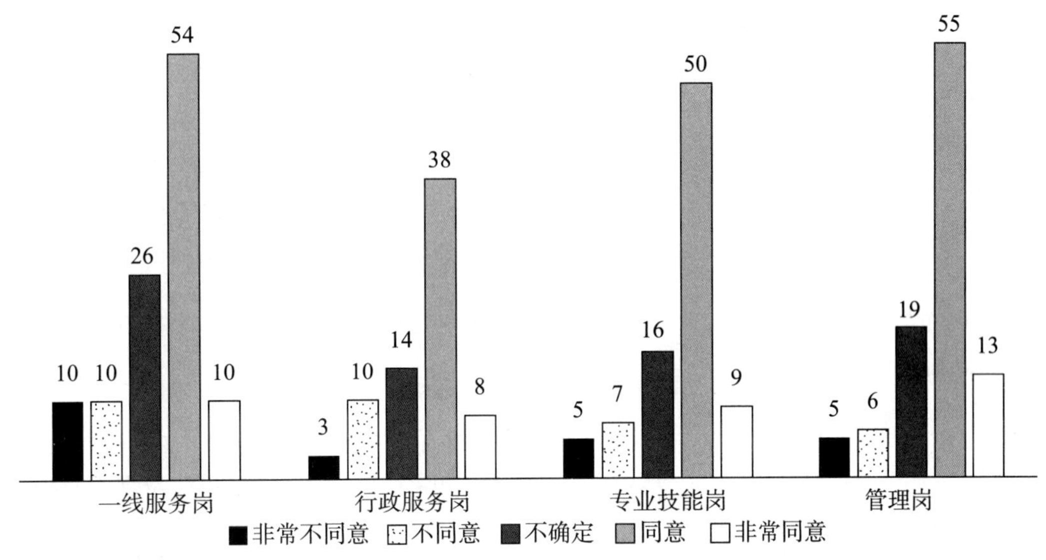

图 8－79　服务标准认同度与被调查者岗位类型的交叉分析

第六节　改善感知和阻碍感知分析

一、描述性统计分析

(一)改善感知

从改善感知来看，选择统筹型总分馆模式的被调查者，认为垂直型总分馆模式对信息流通效率提高是改善程度最大的方面，均值为 3.61 分。在考核评估规范化、活动宣传效率上同样具有较大程度的改善，均值为 3.60 分和 3.58 分，此外常规性活动服务效率和人员资源的流通效率方面也会有一定程度的改善，均值均为 3.57 分。另外几项改善程度平均分分别为品牌文化活动服务效能提升 3.56 分，文化活动标准化 3.54 分，文化活动均等化 3.52 分(见表 8－11)。

表 8－11　垂直型总分馆模式下改善程度感知

题目/选项	改善很小		改善小		一般		改善大		改善很大		平均分
	频数	百分比	频数	百分比	频数	百分比	频数	百分比	频数	百分比	
文化活动标准化	2	6.52%	28	7.61%	133	36.14%	90	24.46%	93	25.27%	3.54
文化活动均等化	23	6.25%	28	7.61%	136	36.96%	96	26.09%	85	23.1%	3.52

续表

题目/选项	改善很小		改善小		一般		改善大		改善很大		平均分
	频数	百分比	频数	百分比	频数	百分比	频数	百分比	频数	百分比	
品牌文化活动服务效能提升	2	5.43%	27	7.34%	141	38.32%	87	23.64%	93	25.27%	3.56
常规性活动服务效能提升	20	5.43%	27	7.34%	136	36.96%	92	25.00%	93	25.27%	3.57
活动宣传效率提高	21	5.71%	23	6.25%	13	37.23%	94	25.54%	93	25.27%	3.58
考核评估规范化	19	5.16%	24	6.52%	136	36.96%	9	26.36%	92	25.00%	3.60
人员资源的流通效率提高	21	5.71%	26	7.07%	135	36.68%	95	25.82%	91	24.73%	3.57
信息流通效率提高	23	6.25%	2	5.71%	136	36.96%	85	23.10%	103	27.99%	3.61
总和	171	5.81%	204	6.93%	1090	37.02%	736	25.00%	743	25.24%	3.57

选择统筹型总分馆模式的被调查者，认为统筹型总分馆模式对品牌文化活动服务效能的改善程度最大，均值为3.76分；信息流通效率同样有较大程度的改善，均值为3.75分。在常规性活动服务效能、活动宣传效率和人员资源的流通效率上也有不同程度的改善，均值分别为3.74、3.74、3.71。而文化活动标准化、文化活动均等化和考核评估规范化方面的改善程度均分则低于3.7分，分别为3.69分、3.69分和3.68分，如表8-12所示。

表8-12 统筹型总分馆模式下改善程度感知

题目/选项	改善很小		改善小		一般		改善大		改善很大		平均分
	频数	百分比	频数	百分比	频数	百分比	频数	百分比	频数	百分比	
文化活动标准化	20	5.43%	24	6.52%	109	29.62%	111	30.16%	104	28.26%	3.69
文化活动均等化	15	4.08%	24	6.52%	122	33.15%	105	28.53%	102	27.72%	3.69
品牌文化活动服务效能提升	16	4.35%	22	5.98%	107	29.08%	112	30.43%	111	30.16%	3.76
常规性活动服务效能提升	14	3.80%	21	5.71%	120	32.61%	106	28.80%	107	29.08%	3.74
活动宣传效率提高	15	4.08%	21	5.71%	116	31.52%	107	29.08%	109	29.62%	3.74
考核评估规范化	16	4.35%	21	5.71%	122	33.15%	113	30.71%	96	26.09%	3.68

续表

题目/选项	改善很小		改善小		一般		改善大		改善很大		平均分
	频数	百分比	频数	百分比	频数	百分比	频数	百分比	频数	百分比	
人员资源的流通效率提高	15	4.08%	20	5.43%	126	34.24%	102	27.72%	105	28.53%	3.71
信息流通效率提高	17	4.62%	18	4.89%	118	32.07%	103	27.99%	112	30.43%	3.75
总和	128	4.35%	171	5.81%	940	31.93%	859	29.18%	846	28.74%	3.72

将垂直型总分馆模式改善程度感知同统筹型总分馆模式改善程度感知对比后发现，统筹型总分馆模式对每一项的改善程度均高于垂直型，从改善程度感知的总体平均分上来看，统筹型总体均分为3.72分，高于垂直型3.57分。这说明选择统筹型模式的被调查者认为统筹型总分馆模式相比垂直型总分馆模式能够为文化馆各个方面带来更大程度的改善。

将统筹型总分馆模式的改善程度感知结果，与前文的垂直型总分馆模式改善程度感知结果相比较，发现二者各偏一方，选择统筹型总分馆模式的被调查者认为统筹型更加优秀，而选择垂直型总分馆模式的被调查者则认为垂直型改善程度更高。

(二)阻碍感知

表8-13显示，选择统筹型总分馆模式的被调查者认为，县区政府资金支持力度不够将是垂直型总分馆模式的最大阻碍因素分析，均分为3.40分。另外，总馆现有人员较少，难以管理全部的分馆和服务点(3.36分)，在一定程度上失去街镇政府、村委会(居委会)的支持(3.15分)，均高于3分，同样也是阻碍程度较大的因素。其余两项阻碍因素均为小于3分，分别为街镇政府不愿放弃管理权(2.99分)和分馆、服务点工作人员对隶属于县区文化馆态度消极(2.93分)。

表8-13　垂直型总分馆模式下阻碍因素感知

题目/选项	非常不严重		不严重		一般		严重		非常严重		平均分
	频数	百分比	频数	百分比	频数	百分比	频数	百分比	频数	百分比	
县区政府资金支持力度不够	41	11.14%	35	9.51%	118	32.07%	84	22.83%	90	24.46%	3.40
街镇政府不愿放弃管理权	72	19.57%	4	12.5%	122	33.15%	71	19.29%	57	15.49%	2.99

续表

题目/选项	非常不严重		不严重		一般		严重		非常严重		平均分
	频数	百分比	频数	百分比	频数	百分比	频数	百分比	频数	百分比	
分馆和服务点工作人员对隶属于县区文化馆态度消极	64	17.39%	62	16.85%	124	33.70%	70	19.02%	4	13.04%	2.93
在一定程度上失去街镇政府、村委会（居委会）的支持	51	13.86%	49	13.32%	124	33.70%	82	22.28%	62	16.85%	3.15
总馆现有人员较少，难以管理全部的分馆和服务点	37	10.05%	4	13.04%	118	32.07%	74	20.11%	91	24.73%	3.36
总和	265	14.40%	240	13.04%	606	32.93%	381	20.71%	348	18.91%	3.17

从表 8－14 来看，选择统筹型总分馆模式的被调查者认为，资源共享及流通困难是统筹型总分馆模式的最严重的阻碍因素，均值为 3.19 分。人才“上挂下派”工作或被形式化和各级馆、服务点的凝聚力不足则会形成一定的阻碍，均值均为 3.07 分。而总馆和街镇政府之间容易产生管理纠纷同其他因素相比阻碍程度较低，均值小于 3 分，为 2.93 分，基本不被认可。由此不难发现，在统筹型总分馆模式阻碍因素感知中，资源共享及流通困难是阻碍程度最大的因素。

表 8－14　统筹型总分馆模式下阻碍因素感知

题目/选项	非常不严重		不严重		一般		严重		非常严重		平均分
	频数	百分比	频数	百分比	频数	百分比	频数	百分比	频数	百分比	
资源共享及流通困难	52	14.13%	37	10.05%	141	38.32%	66	17.93%	72	19.57%	3.19
总馆和街镇政府之间容易产生管理纠纷	70	19.02%	53	14.40%	130	35.33%	63	17.12%	52	14.13%	2.93

续表

题目/选项	非常不严重		不严重		一般		严重		非常严重		平均分
	频数	百分比	频数	百分比	频数	百分比	频数	百分比	频数	百分比	
旨在促进人才发展的人才“上挂下派”工作或被形式化	56	15.22%	4	12.50%	142	38.59%	64	17.39%	60	16.30%	3.07
各级馆和服务点的凝聚力不足	58	15.76%	4	12.23%	138	37.50%	68	18.48%	59	16.03%	3.07
总馆号召力和影响力不足	65	17.66%	44	11.96%	134	36.41%	6	17.39%	61	16.58%	3.03
总和	301	16.36%	225	12.23%	685	37.23%	325	17.66%	304	16.52%	3.06

将垂直型总分馆模式阻碍因素感知和统筹型总分馆模式阻碍因素感知对比分析后发现,选择统筹型总分馆模式的被调查者均认为二者存在不同程度的阻碍。从大于3分的感知阻碍因素数量上来看,垂直型总分馆模式阻碍因素有3个高于3分,而统筹型总分馆模式则有4个高于3分,略多于垂直型总分馆模式。从平均分来看,垂直型总分馆模式阻碍感知平均分3.17分,而统筹型总分馆模式阻碍感知平均分略低,为3.06分。综合来看,被调查者认为统筹型总分馆模式阻碍因素感知是低于垂直型总分馆模式的,即统筹型总分馆模式对文化馆带来的阻碍更小。

将上述分析结果同前文“垂直型总分馆模式的构成要素分析”中“阻碍感知”的结果对比后发现,选择统筹型总分馆模式的被调查者普遍认为统筹型模式阻碍程度更小,而选择垂直型总分馆模式的被调查者则认为垂直型模式阻碍程度更小。

二、交叉分析

(一)改善感知

(1)图8-80显示,县(市、区)文化馆的被调查者认为统筹型文化馆总分馆模式对常规性活动服务效能提升程度较大。乡镇(街道)文化站的被调查者则认为该模式对考核评估规范化的改善程度较大,且乡镇(街道)文化站的被调查者对各方面的改善程度感知均低于县(市、区)文化馆和村(社区)综合文化室(中心)。而村(社区)综合文化室(中心)的被调查者认为对信息流通率的改善程度最大,且明显高于其他方面的改善程度。

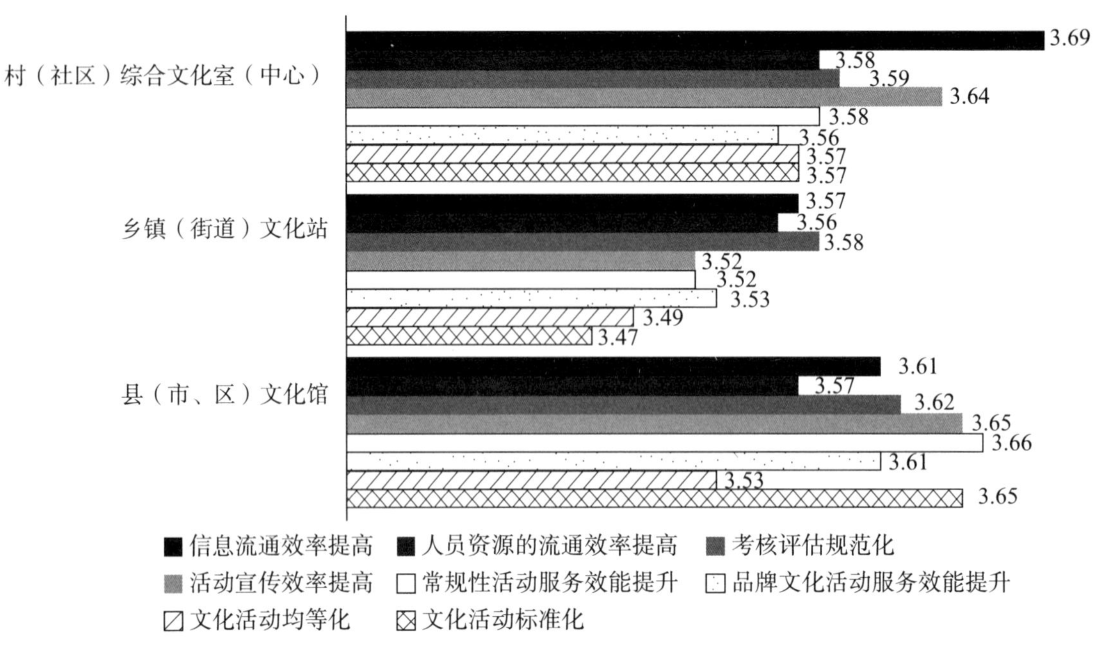

图 8－80　垂直型总分馆模式下改善感知与机构层级交叉分析

从岗位类型来看，如图 8－81 所示，一线服务岗和行政服务岗的被调查者认为垂直型文化馆总分馆模式对信息流通效率的改善程度最大。行政服务岗的被调查者对各方面的改善程度感知均低于其他三类被调查者。而专业技能岗的被调查者则认为该模式对品牌文化活动服务效能和常规性活动服务效能的改善程度相同且最大。管理岗的被调查者认为该模式对活动宣传效率的改善程度最高。

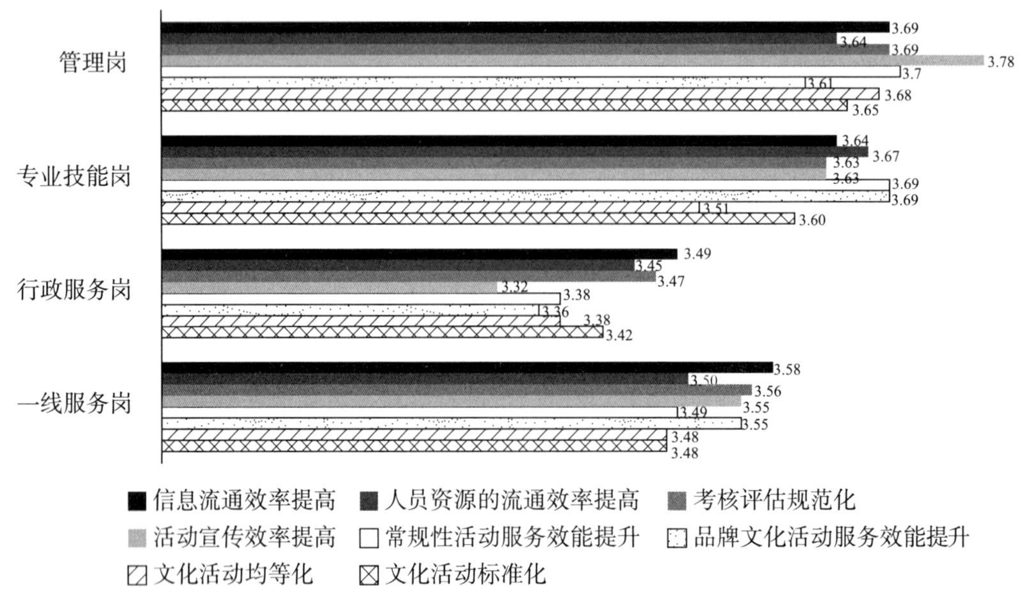

图 8－81　垂直型总分馆模式下改善感知与岗位类型交叉分析

(2)从图8－82来看,在机构层级上,县(市、区)文化馆的被调查者对统筹型模式各方面改善的感知得分均高于其他两种机构层级的被调查者,其中对品牌文化活动服务效能提升和活动宣传效率提高的改善感知最大。乡镇(街道)文化馆的被调查者认为信息流通效率将会改善最大,此外,常规性活动服务效能和品牌文化活动服务效能也是改善较大的两个方面。在村(社区)综合文化室(中心)的被调查者看来,文化活动标准化改善程度最高,而品牌文化活动服务效能、活动宣传效率、信息流通效率改善程度也会较大。

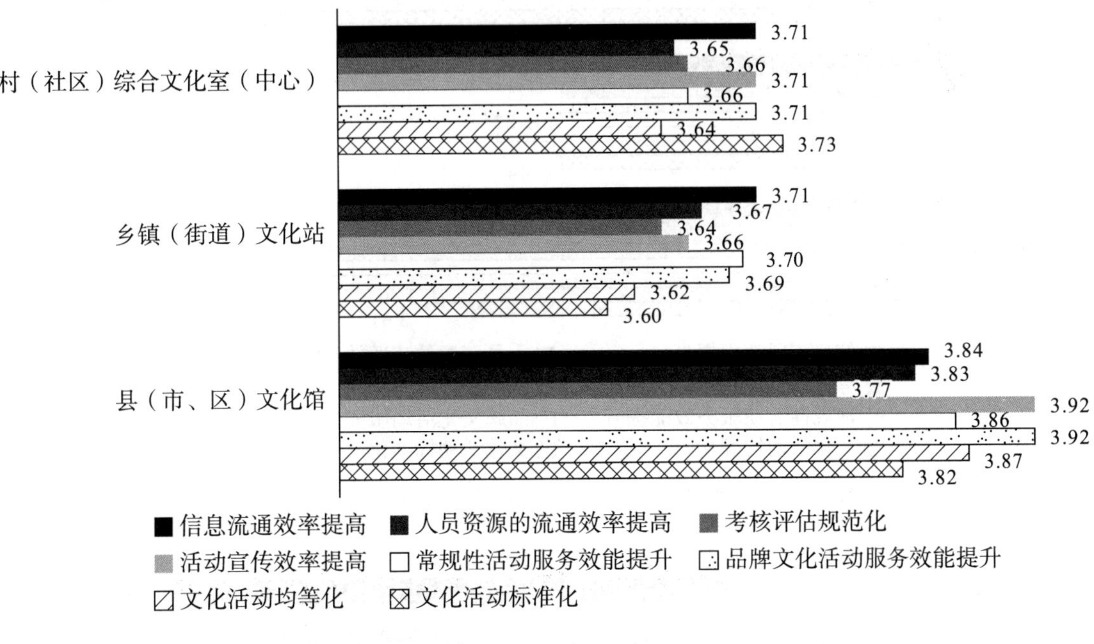

图8－82　统筹型总分馆模式下改善感知与机构层级交叉分析

由图8－83可知,在岗位类型上,专业技能岗和管理岗位的被调查者认为统筹型文化馆总分馆模式对各方面的改善程度明显高于其他岗位类型的被调查者,而行政服务岗的被调查者在各方面的感知得分均最低。活动宣传效率是专业技能岗被调查者认为改善程度最大的一项。管理岗位的被调查者认为该模式对各方面的改善程度较为一致,仅有信息流通效率提高改善程度较高。行政服务岗的被调查者则认为该模式对品牌文化服务效能的改善程度会最大。一线服务岗的被调查者认为活动宣传效率和品牌文化活动服务效能可能改善程度较大。

(二)阻碍感知

(1)从不同层级机构和岗位的被调查者对垂直型文化馆总分馆模式的阻碍感知来看,县(区)政府资金支持力度不够和总馆现有人员较少,难以管理全部的分馆和服务点是选择统筹型模式的被调查者认为垂直型文化馆总分馆模式所面临的主要阻碍因素,如图8－84和图8－85所示。从机构层级角度看,除了“分馆和服务点工作人员对隶属于县区文化馆态度消极”之外,机构层级越高,被调查者对其他各方面阻碍因素的感知越强烈。

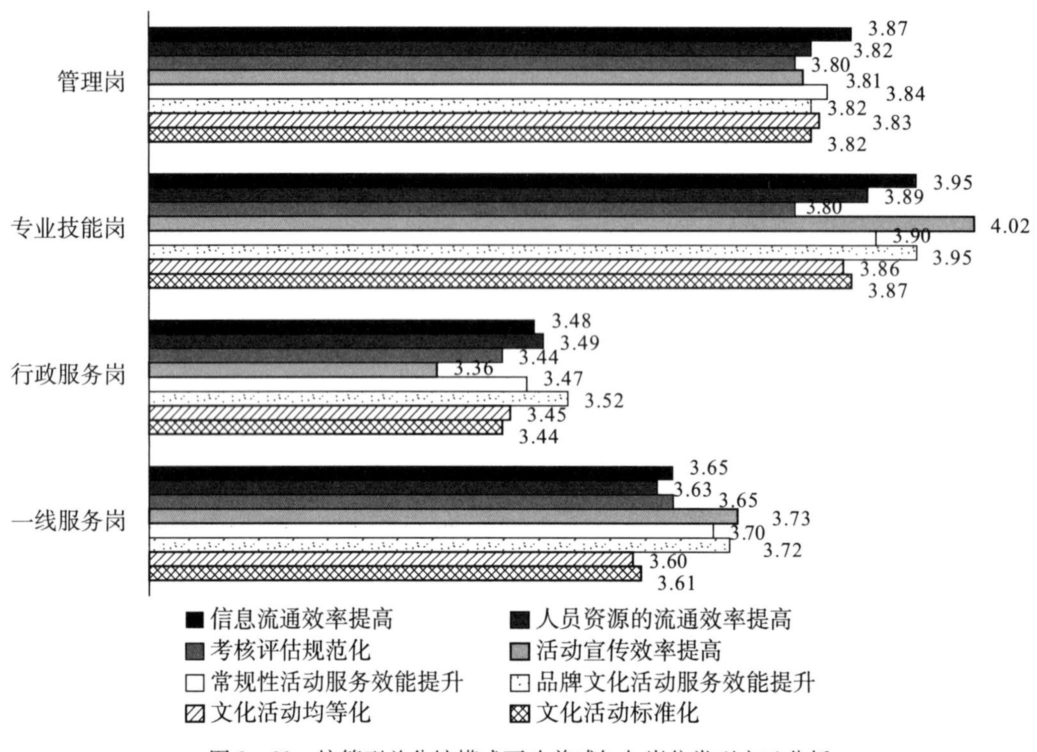

图 8－83　统筹型总分馆模式下改善感知与岗位类型交叉分析

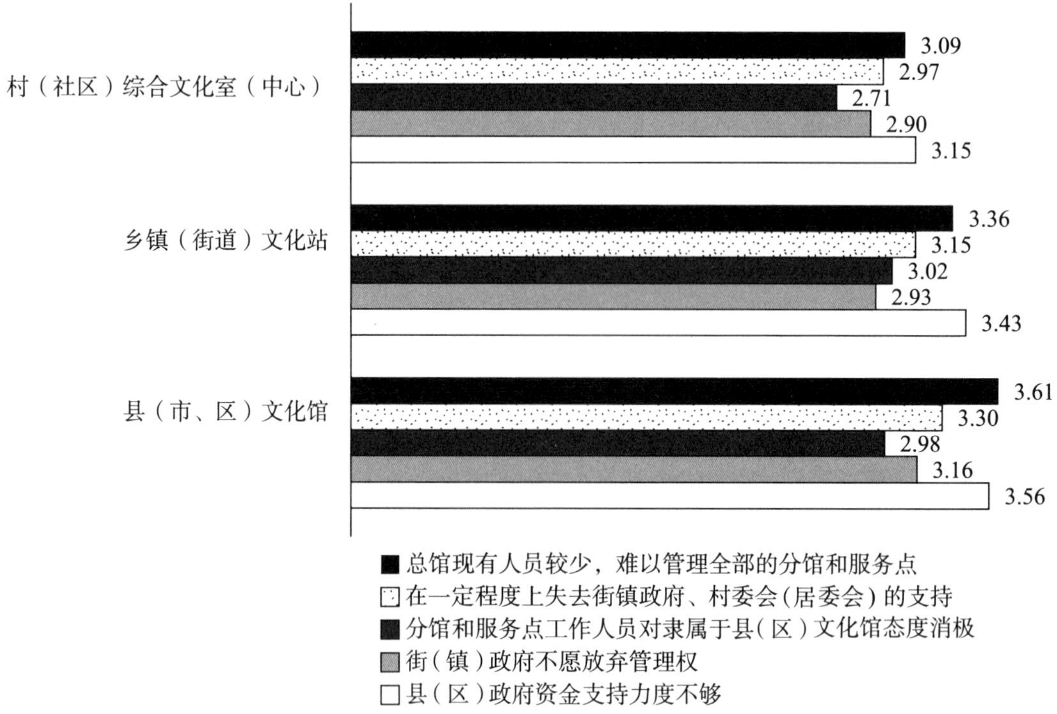

图 8－84　垂直型总分馆模式下阻碍因素感知与机构层级交叉分析

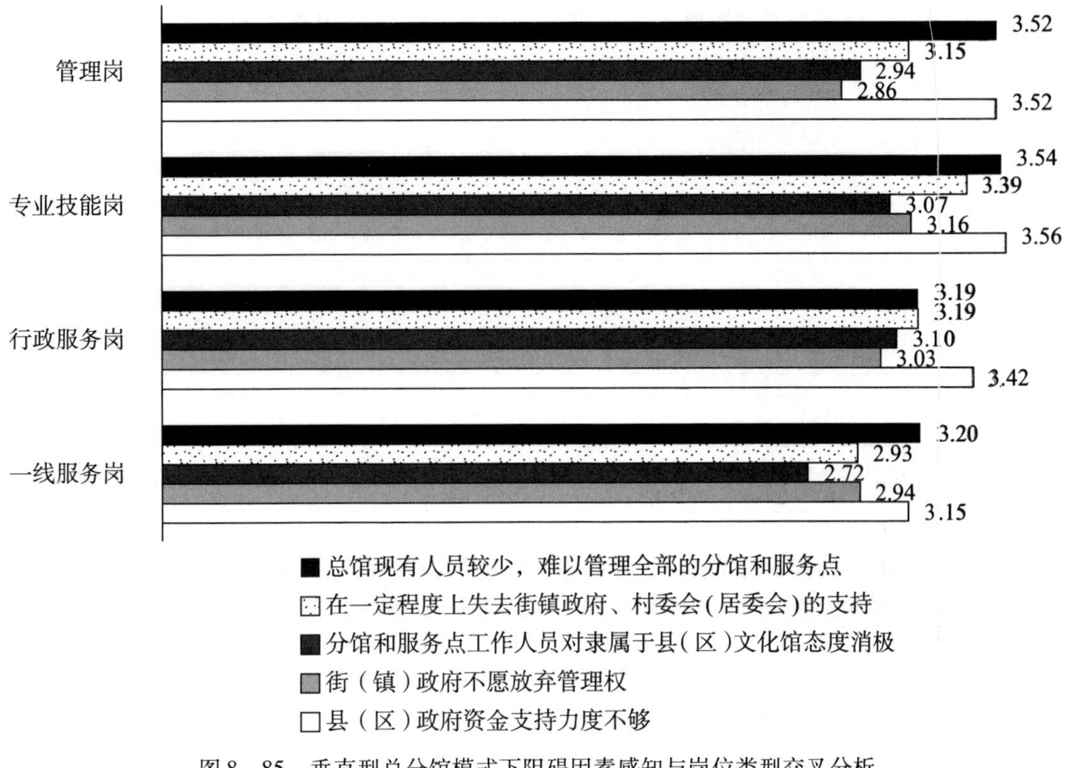

图 8－85　垂直型总分馆模式下阻碍因素感知与岗位类型交叉分析

(2)从机构层级分析,如图 8－86 所示,不同层级机构的被调查者均认为资源共享及流通困难是统筹型模式最大的阻碍因素,其中村(社区)综合文化室(中心)的被调查者在这方面的得分远高于其他方面。此外,除了"资源共享及流通困难"之外,机构层级越高,被调查者对其他阻碍因素的感知越强烈。

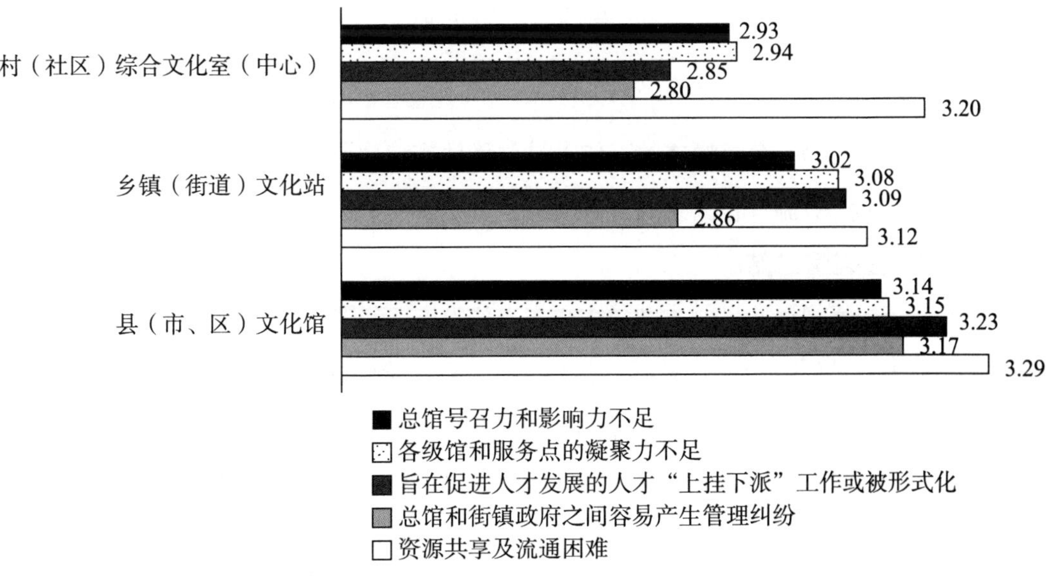

图 8－86　统筹型总分馆模式下阻碍因素感知与机构层级交叉分析

不同岗位的被调查者对统筹型文化馆总分馆模式的阻碍因素感知基本一致。其中,资源共享及交流困难是被调查者普遍认同的阻碍因素之一(见图8－87)。

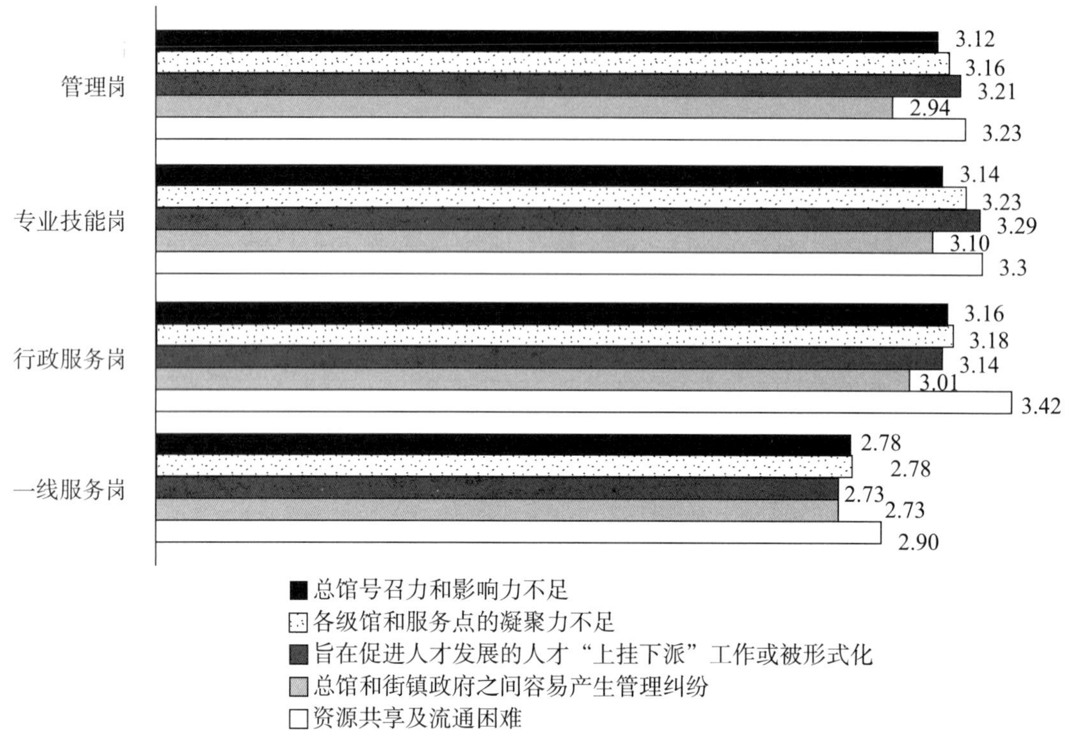

图8－87　统筹型总分馆模式下阻碍因素感知与岗位类型交叉分析

第七节　小结

根据选择统筹型总分馆模式的工作人员对该模式构成要素看法的统计分析,下面从经费因素、人员因素、设施设备因素、监督考评、服务目录与服务标准以及改善和阻碍因素感知六个方面进行讨论和总结。

经费因素方面,县(市、区)文化馆中更多人认为维持分馆/服务点日常工作、管理所需的相关费用由各乡镇(街道)、村(社区)财政支持,总馆仅按项目补充;而乡镇(街道)文化站和村(社区)综合文化室(中心)的被调查者则更多地认为日常工作、管理所需的相关费用应由总馆支持,各乡镇(街道)、村(社区)财政仅按所需进行补充。这说明各层级的单位都不希望使用自身的经费来维持分馆日常工作和管理,这也印证了绝大多数被调查者表示经费存在不足或非常紧缺的问题。因此,需要加大各级文化单位的经费投入,以支持文化活动的开展和文化服务的提供。

人员因素方面,被调查者的意见有比较明显的倾向。从绝大部分被调查者的意见来看,统筹型总分馆模式下存在人力不足或非常紧缺的问题,机构层级越高越认为这个问题严重,管理岗位的人更觉得这个问题严重。因此,应该结合实际工作量和所在区域人口数量来确定工作人员数量。对总馆下派专员协助工作的需要非常认可,并且最好是以业务顾问的身份下派专员。开展基础工作技能培训被认为是最有效的培训方式,机构层级高的被调查者以及管理岗位的工作人员的这种感觉最为明显。虽然大部分工作人员赞同应该采取各种考核相结合的方式对分馆馆长和服务点负责人进行考核,但机构层级越高,就有越多人认为应由总馆考核或馆内考核。工作人员最看重的激励方式是学习机会,对升职空间和物质激励也有明显的兴趣,说明在人才激励制度设计中要以学习机会激励为主,升职空间激励为辅,重视物质激励,因此应着重从这三方面入手调动工作人员的工作积极性。

设施设备因素方面,绝大部分被调查者都赞同总馆统一采购、统筹分配基础设施设备,其他所需由各所属乡镇(街道)、村(社区)、社会组织(如乡镇企业)补充。不过层级越高的单位更倾向于由分馆管理本馆和辖区服务点的设施设备,而层级越低的单位则更倾向于由分馆和服务点自行管理,一线服务岗的多数被调查者也认为应由分馆和服务点自行管理。由此可以看出,处于公共文化服务工作前沿的被调查者们偏向于分馆和服务点自行管理设施设备。

监督考评方面,总馆及其所属政府部门是被调查者认可度较高的监督考评主体。此外总馆还是最受认同的分馆、服务点监督考评主体,并且机构层级越高,这种倾向越明显,而层级越低的单位,被调查者则越倾向于由分馆、服务点所属政府主管部门进行监督考评。这说明不同层级的单位对于分馆、服务点监督考评主体的倾向性有所差异,其中的原因还有待进一步探究。

服务目录与服务标准方面,多数调查者对于开展文艺演出活动、公益性文体培训、讲座和展览、联合编创节目、打造品牌的场次、时间、数量的选择都普遍偏低,绝大部分被调查者也表示同意服务标准的考量指标,并且不同层级机构以及不同岗位类型的工作人员意见差异不大。这说明工作人员目前大多还不太愿意举办过多的文化活动,开展过长时间的培训和辅导,或者编创过多的节目。显然,制定文化馆总分馆的服务目录和标准时,不应只听取工作人员的意见,还需要充分考虑民众的需求,综合各方面的条件制定总分馆的服务标准。

改善感知和阻碍因素感知方面,选择统筹型总分馆模式的被调查者对于垂直型总分馆模式的改善感知中,乡镇(街道)文化站和行政服务岗人员改善感知均分低于其他单位和岗位,信息流通效率提高和活动宣传效率提高是不同层级机构和岗位的被调查者普遍的改善感知。他们对统筹型总分馆模式改善感知上,也是层级较低的单位以及行政服务岗人员的改善感知程度偏低。这表示层级较高的单位对于各方面的改善程度有较高的预期,而层级较低的单位和行政服务岗的工作人员则对各方面的改善程度预期相对偏低,这其中的原因还有待进一步探究。

大部分选择统筹型总分馆模式的被调查者认为总馆现有人员较少,难以管理全部的分馆和服务点以及区县政府资金支持力度不够是垂直型总分馆模式面临阻碍程度最大的两个因素。而资源共享及流通困难是统筹型总分馆模式面临的最严重阻碍因素。并且机构层级越高,被调查者几乎对各方面阻碍因素的感知得分越高。这说明在层级高的单位,工作人员感到两种总分馆模式的实行都存在较大的阻碍。机构层级越高,需要协调和处理的事项就越多,也因此可能会面临更多的障碍。实施文化馆总分馆制时,应该充分调查不同层级机构的人员感知的和在工作中存在的困难与挑战,有针对性地解决总分馆运行中的实际问题,提高工作效率和质量。

第九章　研究结论与对策建议

第一节　研究结论

文化馆总分馆制是我国现代公共文化服务体系建设背景下的制度性探索，推进文化馆总分馆建设，是完善现代公共文化服务体系的重要任务之一，合理的文化馆总分馆制可整合公共文化资源，提高公共文化服务效能，对实现公共文化服务标准化、均等化具有关键的保障作用。本研究通过总结我国文化馆的发展，分析全国具有代表性的文化馆总分馆制实践案例和广东省文化馆总分馆试点地区的经验，借鉴公共图书馆总分馆建设的相关成果，对我国基层文化馆总分馆模式及构成要素进行了调查分析，获得以下主要结论：

一、文化馆总分馆制的建设具有现实需求

本研究的调查表明，仅有一半左右的工作人员表示本单位开展的文化服务能够满足群众的文化生活需求，也就是说有一半左右的工作人员不确定或不认可当前所提供的服务能够满足群众的文化生活需求。而且，工作人员所在的机构层级越低，认为本单位开展的公共文化服务满足群众对文化生活的需求的程度越低。他们普遍认为各级文化馆、站、室在场所位置、设施数量、活动场所面积、经费投入、配套设施、服务质量、人员素养、人员数量和宣传措施等方面需要加以改善。这表明，当前的公共文化服务并不能很好地满足群众的文化生活需求，相比于县（市、区）文化馆而言，乡镇（街道）文化站和村（社区）综合文化室（中心）亟须进行多方面的改善，从而提高公共文化服务服务数量和质量，吸引民众积极参与公共文化活动，满足群众的文化生活需求。根据对广东省文化馆总分馆建设试点地区的调查，大部分的工作人员同意在进行了文化馆总分馆建设后，其所在单位更好地满足了当地群众文化需求；大部分试点地区在实施总分馆制后，改变了以往文化站、文化室场馆缺少，设施设备落后、公共文化活动缺乏等问题，公共文化管理和服务的效能有了显著的提升，较好地满足了试点地区民众的基本公共文化服务需求。

全国其他地区的文化馆总分馆实践案例表明，在实施文化馆总分馆制后，进一步明确了不同层级文化馆（站、室）的职能，协调总分馆之间的资源配送和交流互动，实现了物尽其用、

人尽其才，有效解决了文化馆运行中的“孤岛”问题，提升了服务效能。体系化的运行，推动了文化惠民项目与群众文化需求的有效对接，实现了优质公共文化资源向基层倾斜，增加了公共文化产品和服务供给，提升了总量和质量，促进了城乡公共文化服务标准化和均等化。

可见，当前大部分文化馆（站、室）提供的公共文化服务不能很好地满足民众的文化生活需求，而实施了文化馆总分馆制的地区在一定程度上解决了公共文化服务效能低的问题，能较好地满足民众的基本公共文化服务需求。所以说，在全国范围内推广文化馆总分馆制具有较强的现实需求。

二、总分馆制是实现基本公共文化服务均等化的重要举措

从全国范围内的文化馆总分馆实践案例及广东省文化馆总分馆制试点地区的分析可知，尽管部分地区在文化馆总分馆建设中仍存在一些问题，但总体来看，文化馆总分馆制的实施，在很大程度上解决了以往基层文化馆（站、室）的功能布局不合理、文化资源零散分布、城乡文化服务发展不均衡、服务效能低等问题。可见文化馆总分馆制在实现基层公共文化服务均等化上取得了一定的成效。

对广东省基层公共文化机构工作人员的调查结果也显示，无论是选择垂直型总分馆模式还是统筹型总分馆模式，被调查者均认为推行文化馆总分馆制对基层公共文化服务将具有重要的改善作用，其中改善的方面包括文化活动的标准化和均等化、信息流通效率、常规性和品牌化文化活动服务效能的提升等。

因此，文化馆总分馆制对于有效整合公共文化资源、促进优质资源向基层倾斜和延伸具有重要的推动作用，是实现党的十九大报告提出的“从 2020 年到 2035 年的 15 年内基本实现基本公共服务均等化”的重要举措。

三、统筹型总分馆模式是当前文化馆总分馆制的主流选择

无论是公共图书馆的总分馆制还是文化馆的总分馆制，我国目前主要采用的模式都是以不改变原有行政隶属及人事、财政关系为基本特征。当前我国公共图书馆总分馆制的实践主要以松散型总分馆模式和集约型总分馆模式为主，这两种模式都不改变原有图书馆行政隶属及人事、财政关系。与此类似，全国文化馆总分馆制实践和试点，采用的总分馆模式基本上都是统筹型模式，他们都属于非同一主体建设，人财物也只达到部分的统一管理。也就是说，目前我国文化馆总分馆建设实践中，统筹型总分馆模式是主流选择。

本研究的调查结果也显示，统筹型总分馆模式更受基层文化机构工作人员的青睐。其中，有一半以上的被调查者在模式选择时认为文化馆总分馆应采用统筹型总分馆模式。而

且，统筹型总分馆模式的选择意愿强度随着文化馆（站、室）层级的降低而逐渐升高。

虽然实施统筹型总分馆模式也会有一定的阻碍，如资源共享及流通困难、人才“上挂下派”工作或被形式化等，但是将垂直型总分馆模式阻碍因素感知与统筹型总分馆模式阻碍因素感知对比后可知，虽然二者的阻碍因素不相同，但垂直型总分馆模式阻碍因素感知的平均分高于统筹型总分馆模式阻碍因素感知的平均分。因此，从总分馆模式的阻碍因素感知来看，统筹型总分馆模式的实施阻碍比垂直型的更小一些，这在一定程度上解释了统筹型总分馆模式成为当前各地区开展文化馆总分馆制实践主流选择的原因。

因此，统筹型总分馆模式在一定时间内应是我国文化馆总分馆建设较为主流的选择，这一模式有助于推进基层公共文化服务的标准化和均等化，在一定程度上提升基层公共文化服务的效能。

四、垂直型总分馆模式是未来文化馆总分馆制选择的方向

虽然统筹型总分馆模式是当前的主流选择，但是本研究的调查发现，机构层级越高、岗位越高、收入越高的工作人员更倾向于选择垂直型总分馆模式。垂直型总分馆模式下，分馆和服务点是总馆的组成或派出机构，分馆和服务点的人、财、物和服务统一归总馆垂直管理和调配。

将垂直型总分馆模式阻碍因素感知同统筹型总分馆模式阻碍因素感知对比后可知，垂直型总分馆模式阻碍因素感知的平均分高于统筹型总分馆模式阻碍因素感知的平均分，这主要是由于垂直型总分馆模式需要在人员编制归属、资金分配、物资调配、服务组织等方面突破文化馆传统行政管理体制，因此面临的阻碍相对也就较大。

根据选择不同模式的被调查者对垂直型总分馆模式和统筹型总分馆模式的改善感知，可以看到，尽管选择垂直型总分馆模式的被调查者认为垂直型总分馆模式对文化馆工作和服务的改善比统筹型总分馆模式的改善大，选择统筹型总分馆模式的被调查者则认为统筹型总分馆模式对文化馆工作和服务的改善比垂直型总分馆模式的改善大，但是，选择垂直型总分馆模式的被调查者的垂直型总分馆模式改善感知与统筹型总分馆模式的改善感知之差大于选择统筹型总分馆模式的被调查者的统筹型总分馆模式改善感知与垂直型总分馆模式改善感知之差。这在一定程度上说明垂直型总分馆模式比统筹型总分馆模式更能改善文化馆总分馆的工作及服务效能。

由此可知，相比于统筹型总分馆模式，垂直型总分馆模式实施阻力较大但是对各项管理和服务改善程度较高。所以，在文化馆总分馆制实施一段时间之后，在条件成熟的地区，应该采用垂直型总分馆模式。

五、两种总分馆模式构成要素应有相应的制度性规定

无论选择何种文化馆总分馆模式，都需要对有关的构成要素做出相应的制度性规定。根据现有的实践和本研究的调研，发现有的要素容易做出较一致接受的规定，有的要素则难以找到一致认可的选择。因此，对相关要素做出制度性规定时，一方面应进行细致深入的研究，另一方面应允许各地结合实际、灵活选择。本研究的相关发现，尤其是第七章和第八章的调研结果可以提供一定的参考。

第二节　对策建议

一、鼓励因地制宜推行文化馆总分馆制，保障可持续发展

在“总馆 + 分馆 + 服务点”的总分馆基本架构上，鼓励各地因地制宜推进总分馆制建设。目前，全国各地县级公共文化建设千差万别，县级文化机构的服务和辐射能力参差不齐，因此需要在结合当地发展特点的基础上，慎重选择合适的文化馆总分馆模式。这也体现了文化部、新闻出版广电总局、体育总局、发展改革委、财政部以文公共发〔2016〕38 号印发的《关于推进县级文化馆图书馆总分馆制建设的指导意见》指出的，鼓励各地因地制宜，根据实际情况来推进总分馆制建设的要求。从目前全国各地的探索来看，同样是统筹型模式，其具体实施的制度和措施就有许多不同。本研究的调查也发现，业内人员对文化馆总分馆各种构成要素的制度性规定的看法，在许多时候不一致性较为突出。因此，全国各地建设文化馆总分馆时，在考虑选择垂直型文化馆总分馆模式或者统筹型文化馆总分馆模式的基础上，还应当因地制宜，根据当地已有的文化馆管理和资源特点，制定适合当地的文化馆总分馆制度，保障可持续发展。

二、出台文化馆总分馆建设相关政策文件，减少实施阻力

本研究总结全国文化馆总分馆实践案例和广东省文化馆总分馆试点的经验得出，文化馆总分馆制较为完善、服务效能好的地区通常都是因为得到了地方政府的充分重视，地方不重视则无法取得较好的进展。因此，地方各级政府首先应当依据《关于加快构建现代公共文化服务体系的意见》《关于推进基层综合性文化服务中心建设的指导意见》《关于推进县级文化馆图书馆总分馆制建设的指导意见》等文件，尽快出台符合各地文化馆总分馆发展特点

的政策文件(包括总分馆试点建设运营机制、经费管理和使用、服务项目、数字化建设、考评机制等内容),从而为基层更好地开展文化馆总分馆建设提供有力支持。其次,由于公共文化具有公益性,各地区还应当出台扶持性政策鼓励社会力量参与基层公共文化建设,从而更好地发挥群众的力量。最后,由于文化馆软硬件资源在各个地区发展不均衡的特点,上级部门在政策制定上应当对欠发达地区适当予以政策倾斜。

三、争取政府和社会的多方支持,建立长效资金保障机制

目前,从我国文化馆建设现状可知,绝大多数文化馆总分馆建设都有相应的专项建设经费保障,由多级政府提供财政支持,同时重视多元投入,积极引导社会资本、民间资本等参与公共文化服务体系建设。在坚持政府主导的同时,还强调全民参与的原则。

因此,除了政府应以固定经费和专项经费的形式保障经费的稳定长效投入,还可以发挥社会力量捐助。可通过鼓励民营资本从事公益性事业,通过资本投入的方式加入总分馆的理事机构。这样既可使总分馆建设运营的资金保障得到加强,又可使有关总分馆建设运营的相关决策增加一定的民意基础①。把民营资本引入文化馆总分馆,使总分馆的建设运营真正形成政府主导、社会力量参与的共建共享格局,是文化馆总分馆建设资金投入可持久性的重要内容。

四、加强基层公共文化人才队伍建设,保障文化服务质量

从全国文化馆总分馆实践案例和广东省文化馆总分馆试点的经验可知,除了资金问题外,各文化馆最为严重的问题是人才队伍方面没有很好的保障,一是人员数量不足,二是专业知识技能不足,三是往往为兼职,任务繁重,且工资低、发展空间不大,人才流动性较高。因此,需要增加必要的编制、培育引进高专人才、稳定人才队伍,尤其要重视分馆、服务点的基层文化人才队伍建设,保障文化服务质量。

首先,应当争取有关部门的重视支持,尽可能增加基层公共文化服务的编制数量。其次,应增加高级职称配置,以期能吸引相关专业人才。最后,由于分馆、服务点现有工作人员的素质所限,难以承担起文化馆的所有业务,因此,一方面应通过文化馆总馆免费为分馆、服务点工作人员提供长期且有延续性的人才培训,组织基层文化干部和相关专管工作人员进行定期培训、外出参观学习或城乡文化骨干间相互学习交流,强化文化馆人才队伍的业务技能、文化素养、艺术水平、策划调研能力,增长见识和实际业务技能,提高文化工作人员综合素质,更好发挥和开展文化工作;另一方面,工作人员应转变观念,立足本职工作,加强业务

---

① 蔡晓英.当前区域文化馆总分馆建设中的民生思考[J].艺术百家,2015(1):76－78.

学习，尽快熟悉文化馆总分馆制变革后的各项业务。

五、推行文化馆法人治理制度，完善文化馆总分馆管理机制

党的十八届三中全会通过的《中共中央关于全面深化改革若干重大问题的决定》中提出要明确不同文化事业单位功能定位，建立法人治理结构，完善绩效考核机制。推动公共图书馆、博物馆、文化馆、科技馆等组建理事会，吸纳有关方面代表、专业人士、各界群众参与管理。《中华人民共和国公共文化服务保障法》明确国家推动公共图书馆、博物馆、文化馆等公共文化资源管理单位根据其功能定位建立健全法人治理结构，吸收有关方面代表、专业人士和公众参与管理。可是，本研究发现，目前我国建设和试点文化馆总分馆的地区只有一部分将理事会制度引入管理体系，吸纳总馆代表、政府相关部门代表、分馆代表、基层政府代表、民众代表、专业人士组成理事会，负责制订文化馆馆发展计划，拟定规章制度，对重大事项进行决策。将以理事会为主要形式的法人治理结构全面引入文化馆的总分馆建设还有待各地的努力。

文化馆总分馆理事会制度的建立将有利于完善文化馆总分馆的绩效考核机制，健全决策、执行和监督机制，提高运行效率，确保公共文化服务均等化的目标实现，推动公共文化服务社会化发展。

六、整合总馆、分馆、服务点资源，提升公共文化服务效能

无论是实施统筹型总分馆制还是垂直型总分馆制，总馆和分馆都需要整合文化资源整合，提升服务效能。这不仅仅是需要总馆对于分馆的业务指导和资源调配，其根本要义还在于通过总分馆建设，整合文化资源，优化业务流程，统一服务规范，促进人员统筹利用、资源共建共享和资源互联互通，进而提升基层文化机构的服务能力和水平，使基层群众能够享受到与总馆水平大致相当的基本服务①。例如，通过总馆与分馆之间"上派下挂"、资源共享等措施，从而有效扩大了乡村文化资源供给总量，提高基层公共文化服务效能，推进城乡公共文化服务均等化。此外，作为总馆还可以鼓励具备条件的科研机构、企业等的文化室成为县级文化馆的分馆或者服务点，增加文化馆的分馆或服务点数量，提高的服务覆盖面。

七、融合实体服务与数字服务，以信息技术提高文化服务效能

随着网络的发展，文化馆总分馆服务也应当由实体服务为主转向实体服务与数字服务

① 杨永恒.促进资源和服务下移　提升基层文化服务能力——《关于推进县级文化馆图书馆总分馆制建设的指导意见》解读[J].图书馆杂志，2017(3)：9－10.

的融合开展。过去的文化馆公共文化服务主要是利用馆、站、室等实体向群众提供文化服务，现代信息技术的发展，为文化服务数字化提供了技术支撑，为打破文化服务时空限制提供了条件。文化馆总分馆建设过程中，既应建设总分馆数字平台等，实现文化馆总分馆服务由实体服务为主向实体服务与数字服务的融合，更需要为智慧化公共文化服务做准备，进一步提高公共文化服务效能。

八、在保障公共文化服务标准化均等化前提下，探索异质化服务

已有研究显示，各种特征不同的居民对文化生活的关注与需求不同，反映出了民众对公共文化需求从同质化走向了异质化，同时民众对精神文化生活的内容和层次需求越来越高，开始从一些常规性活动需求转向对高雅艺术、文化精品的需求①。而先进地区经验表明应该细分群体，有针对性地开展群众文化活动，充分尊重城乡差别、群体差别、文化差异等，有的放矢地提供不同类型、不同层次、不同侧重的文化服务、文化引导、文化熏陶。

在文化馆总分馆背景下，文化馆总馆在打造地域文化品牌及常规群众文化活动上要以多种方式了解民众需求，发挥民众创造力。特别要针对分馆、服务点不同居住地的民众，以开展民众代表座谈会、问卷调查、走访、活动反馈、在网络媒体上设置民意征集和交流渠道等方式充分了解和挖掘其需求和特长，使开展的群众文化活动更贴近民众需求，发挥民众主观能动性。

---

① 吕方. 我国公共文化服务需求导向转变研究[J]. 学海，2012(6)：57－60.